21世纪法学系列教材

法律史系列

中国法制史讲义

聂 鑫 著

图书在版编目(CIP)数据

中国法制史讲义 / 聂鑫著. —北京:北京大学出版社,2014.1
(21世纪法学系列教材)
ISBN 978-7-301-23624-6

Ⅰ. ①中… Ⅱ. ①聂… Ⅲ. ①法制史-中国-高等学校-教材 Ⅳ. ①D929

中国版本图书馆 CIP 数据核字(2013)第 303645 号

书　　　名:	中国法制史讲义
著作责任者:	聂　鑫　著
策 划 编 辑:	白丽丽
责 任 编 辑:	邓丽华
标 准 书 号:	ISBN 978-7-301-23624-6/D·3484
出 版 发 行:	北京大学出版社
地　　　址:	北京市海淀区成府路205号　100871
网　　　址:	http://www.pup.cn
新 浪 微 博:	@北京大学出版社　@北大出版社法律图书
电 子 信 箱:	law@pup.pku.edu.cn
电　　　话:	邮购部 62752015　发行部 62750672　编辑部 62752027 出版部 62754962
印 刷 者:	北京宏伟双华印刷有限公司
经 销 者:	新华书店
	730毫米×980毫米　16开本　20.75印张　442千字 2014年1月第1版　2014年1月第1次印刷
定　　　价:	39.00元

未经许可,不得以任何方式复制或抄袭本书之部分或全部内容。
版权所有,侵权必究
举报电话:010-62752024　电子信箱:fd@pup.pku.edu.cn

目　　录

第一章　导论 …………………………………………………………………… (1)

第一编　封建时代的法制

第二章　中国的封建社会与礼制：(夏商)周 ………………………………… (13)
　　第一节　商周革命 …………………………………………………………… (13)
　　第二节　礼制 ………………………………………………………………… (14)
　　第三节　封建（"封邦建国"、"封土地、建诸侯"）………………………… (16)
　　第四节　宗法 ………………………………………………………………… (18)
　　第五节　封建礼制之破坏 …………………………………………………… (20)
　　第六节　小结 ………………………………………………………………… (24)

第二编　帝制时期的法制

第三章　法源史：法典之编纂及因革 ………………………………………… (27)
　　第一节　历代主要法律形式及其辨析 ……………………………………… (27)
　　第二节　律之变迁 …………………………………………………………… (33)
　　第三节　作为政府组织法(官制)之"典" …………………………………… (46)
　　第四节　法律编纂机关与立法技术 ………………………………………… (48)

第四章　政府组织 ……………………………………………………………… (50)
　　第一节　中央官制 …………………………………………………………… (50)
　　第二节　中央集权与地方建制 ……………………………………………… (65)
　　第三节　政府上下的沟通：以清代为例 …………………………………… (77)

第五章　士大夫政治与文官制度 ……………………………………………… (80)
　　第一节　士大夫政治 ………………………………………………………… (80)
　　第二节　选举与科举 ………………………………………………………… (88)
　　第三节　铨叙与考课 ………………………………………………………… (94)
　　第四节　学校 ………………………………………………………………… (96)

第六章　财政制度 ……………………………………………………………… (100)
　　第一节　赋税 ………………………………………………………………… (100)

第二节　笼榷与均平:以盐政为中心 …………………………………… (105)

第七章　土地制度 ……………………………………………………… (116)
　　第一节　土地公有(国有)前提下的土地产权分立:井田制、均田制 …… (117)
　　第二节　土地私有前提下的土地产权分立 ……………………………… (121)
　　第三节　小结 ……………………………………………………………… (123)

第八章　财产规范 ………………………………………………………… (126)
　　第一节　物权 ……………………………………………………………… (126)
　　第二节　债 ………………………………………………………………… (132)
　　第三节　商事规范 ………………………………………………………… (136)

第九章　身份法 …………………………………………………………… (139)
　　第一节　家与族 …………………………………………………………… (139)
　　第二节　婚姻 ……………………………………………………………… (147)
　　第三节　亲子、监护与继承 ……………………………………………… (152)

第十章　刑事法 …………………………………………………………… (159)
　　第一节　刑罚 ……………………………………………………………… (159)
　　第二节　犯罪与量刑:刑之加减 ………………………………………… (165)
　　第三节　身份与罪刑 ……………………………………………………… (172)
　　第四节　中国刑法史上的重大争议问题 ………………………………… (178)

第十一章　司法制度 ……………………………………………………… (183)
　　第一节　司法组织 ………………………………………………………… (183)
　　第二节　司法程序 ………………………………………………………… (189)
　　第三节　从春秋决狱到父母官式的个别主义裁判 ……………………… (194)

第三编　近代中国法制

第十二章　晚清变法修律与中国法之大变局 …………………………… (205)
　　第一节　数千年未有之大变局 …………………………………………… (205)
　　第二节　预备立宪 ………………………………………………………… (209)
　　第三节　修订法律与礼法之争 …………………………………………… (215)

第十三章　近代宪法史 …………………………………………………… (223)
　　第一节　制宪史概要 ……………………………………………………… (223)
　　第二节　宪法史上的政体之争 …………………………………………… (239)
　　第三节　中国制宪史上的基本权利及其法律限制问题 ………………… (248)

第十四章 近代国会史 (255)
- 第一节 北京政府的国会 (255)
- 第二节 南京国民政府的国民大会 (262)

第十五章 近代监察制度 (272)
- 第一节 北洋政府的监察制度 (272)
- 第二节 孙中山宪法思想中的独立监察机关 (273)
- 第三节 南京国民政府的监察院 (275)
- 第四节 小结 (284)

第十六章 近代司法制度 (287)
- 第一节 中央司法机关：从三法司到司法院 (287)
- 第二节 地方各级司法机关与审级制度：从四级三审到三级三审 (297)
- 第三节 检察机关：从审检并立到审检合署 (311)

第十七章 民国六法全书体系与革命根据地法律制度 (313)
- 第一节 六法全书体系与民国立法概况 (313)
- 第二节 根据地的法律革命 (319)

基本参考书目 (324)

第一章 导 论

一、引例：公与私

（一）中国独特的（土地）所有权观念与制度

我们都听说过《诗经》里的这句话："普天之下，莫非王土，率土之滨，莫非王臣。"当时，土地与人民理论上归周天子所有，实际上经过逐级分封、层层占有的封建体制，造成所有权的分割，形成西周时期对于土地（与臣民）特殊的所有权形式。周天子所有并非王个人所有，"王有"在一定意义上等同于"公有"。所以有人开玩笑说，中国传统上是一个"所有权'归所有人'所有的国度"。"徘徊"在欧洲、不能扎根的共产主义（社会主义）制度为什么能在千万里之外的中国开花结果？这或许与中国特殊的土壤有关：

（1）与西方"所有权绝对、排他"的观念不同，中国传统的所有权既非绝对的，也非排他的。

（2）与西方崇尚个人价值的传统不同，"私"在中国几乎从来都不是一个好词，而"公"则通常是一个"光芒万丈"的词。民法上"隐私权"之名当初就引来争议，私营经济被称作"非公有制经济"（回避了"私"字）。例如，大家能否用"私"造一个褒义的句子（"无私"当然不算），或是用"公"来造一个贬义的句子？

大家都知道王莽改制，王莽"违民心，追复千载绝迹"，这是为什么？有人说他是野心家，有人说他是书呆子，也有学者说王莽是顺应"时代的要求"，"依照先圣的启示，理性的号召，为大众的福利和社会的正义，去推行一种新经济的制度"。① 王莽改制的主要内容是土地国有、占田不得过限，同时禁止买卖土地、奴婢。推动其改制的社会原因是土地兼并、民无立锥之地的现实。与美国不同，中国是一个人多地少的国家，"均田"成为持续数千年之社会现实要求。王莽改制失败了，但继王莽之后，西晋有限田之制；北魏则计口授田（均田制）；隋唐承之；唐末授田之制渐驰，北宋仁宗曾下诏"限田"，南宋理宗又收买民田；元代实行减租；至太平天国则颁布《天朝田亩制度》；孙中山提"平均地权"、"耕者有其田"；新中国则施行土地改革解决土地分配不均的问题。

（二）具体的私与抽象的公，好讼的社会与厌讼的政府②

有学者指出，古代中国民间好讼的根源在于传统中国经济、政治的高度垂直流动性带来的生存竞争与纠纷。所谓"君子之泽，五世而斩"，在政治上，科举制度造成政治地位的高度流动，政治地位的流动同时也会带来经济地位的流动；在经济上，由于

---

① 张荫麟：《中国史纲》，商务印书馆2003年版，第223页。
② 参见〔日〕寺田浩明：《权利与冤抑》，王亚新等译，清华大学出版社2012年版，第415—421页。

中国传统上继承是诸子均分而非长子继承,再大的家产经历累世的均分也会越分越小,分家带来的各家的兴衰更替与土地买卖易主的频繁,土地交易的频繁必然造成纠纷的增多。据统计,州县衙门除农忙的4个月外剩下的8个月中,每个月有6天受理户婚田土的诉讼("三八放告"),清代州县每年受理的案件约为160万件,以前现代的标准而言,这是一个相当"好讼"的社会。

对此,有日本学者提出"人口大国的列车模型",把人口大国的生存环境比作上下班高峰时期乘客拥挤在列车里。在拥挤的车厢中,并非情况各异的每个人都应均等地占有一定的空间,在此状态下,每个人首先应该"自肃",必须一方面"自卫"以保有自己的最低限度的空间,一方面对他人作适度的退让与调整。"通过这样在默默之中的相互推搡和退让,摸索谋求着全员的满足(或曰忍受)的均衡点。"所谓拥挤列车型的社会原理,"是一个对所有个别主体利益主张都不给予确定性的论据,或者更确切地说,通过将个别主体的利益主张视为'私欲'加以约束,从而营造整体秩序的逻辑世界"。"这样的权力结构必然要超越无数个私的相互竞争的世界","祈求其中以为实现当事人的共存为目标的'公'的主体的存在,并且赋予这样的主体以权威"。政府强调人民的"自肃",宣扬"欲之私为失",以"厌讼"来对抗好讼的社会。"通过采用公与私、全体与个私这样的修辞,剥夺个别主体的自我主张的绝对性根据,圆滑地为全体利益代表者的公权力奠基正位。""共存"乃是纠纷处理的最高原则,而当产权与生存权发生冲突的时候,财产权会受到法律与地方官具体裁判的限制。典型如地主要向佃户主张土地的所有权(夺佃)之时,法律必须平衡地主的财产权与佃农的生计所依(生存权),一旦地主夺佃引发佃农因生活无着而自杀,地主就要受到刑律中"威逼人致死条"的制裁。这在一定程度上制约了地主绝对、排他地行使自己的财产权力。用现代宪法的话语来概括,我们可以说:佃户的耕作权与其宪法上的生存权相关,这也是其宪法基本权利核心——人格尊严之所系;地主对于土地的权利则为财产权,当佃户"宪法"上的核心权利(基本权利)与地主的财产权发生冲突时,则发生"基本权的第三人效力",在裁判实践上,地主的财产权不得不受到一定程度的限制。

在当今社会,法制史容易被看作与当下完全不发生联系。但事实上,我们无法斩断与传统法制和法文化的联系。一般而言,传统与现代被看成两个对立的概念,但实际上,二者之间并没有明确的楚河汉界,它们仍有清楚的传承关系。正如有学者所说:"现代法律思想或制度虽有其自己的特征,但尚包含以前各时代的遗产;又法律制度或思想上一时代的特征,即为对前时代的反动,或为其补充及继续发展。"传统可能是个包袱,但同时也是变迁的基础与借镜。[①] 在今天,我们使用(借用)西方近代以来输入的制度与翻译汉化的强势语言时,必须考虑中国的制度及语言文化传统。

二、学习中国法制史的意义与方法

"中国法制史者,乃记述中国过去之法律及由法律所形成之制度,考其沿革、衡其

[①] 参见黄源盛:"中国法制史课程结构的回顾及现况",载黄源盛等:《中国法制史课程教学研讨会论文集》,台湾政治大学法律学系1993年版,第22—23页。

得失、并求其因果关系,俾资现代治其事者之考查也。"① 凡研究法制史,需法律制度与思想并重,辅以政治、经济与社会背景的考查,并兼顾史实与史论。

(一) 学习中国法制史学的意义(价值)

1. "真":求知

王尔德有"为艺术而艺术"(Arts for arts)的说法,学习研究本身在一定程度上应摒弃功利目的,怀抱"为学术而学术"的精神;从另一个角度说,"历史比小说更有趣",几乎每个中国人都是历史的爱好者。

2. "善":精神寄托与文化自尊

英文有言:越是民族的,越是国际的(More national, more international)。文化依其个性而独立存在,"一个民族应当有他的自尊心,哪里肯说自己的样样不如他人呢?"②

3. "用":"资(法)治通鉴"

"一个民族当然不能把他自己过去的文化一笔勾销,况且亦是办不到的事。"③ 中国文化一脉相承,从未间断。而法律分为"技术法"与"准则法",前者可以"超越中西"、"与时俱进";后者则应重视历史之伦理,其制定虽不能不顺应时代之进化,亦不能不兼顾历史之遗产。在当今中国,法学在很大程度上被作为"西学"来看待,法律现代化与西化被划了等号,这样一种"全盘西化"的态度有很多弊端,它造成法律未能与国情适应、国民心理渐失自信、民族精神不能发扬。中国法律现代化之所以至今困难重重,主要在于在谋求近代化的过程中,一直未能与传统取得协调,不仅未获得传统的协助,反而使传统与现代相互干扰。这样的现代化只是"片面的深刻",所谓现代化是一个"古典意义的悲剧",它带来的每一个利益都要求人类付出对他们仍有价值的东西作为代价。④ 其实,中国变法只算中国法律历史自己的发展,并没有弃旧律如敝屣,也没有张冠李戴。新法与旧律只是在几个根本原则上是对立的,新法对旧律既有抛弃的地方、增加的成分,也有保留的因子。⑤ 中国的现代化必然是中西文明文化互相接触、互相冲击、互相交流的结果,必然是中西对立的消解、矛盾的融化或中西融会贯通。所以只能是保存中国的、吸收西洋的,撮精取华、自己创造。⑥ 明日中国之法律是以中国人为主体,以中国的材料,参考外国资料,用外国的方法而创造的。明日中国之法学,必然也是中国人自我创造的,以中国的法律、判例、风俗、习惯、学说和思想为认识对象,运用科学的方法,修正已有的法律,创造新的法学体系。⑦

---

① 林咏荣:《中国法制史》,台湾1976年自刊,第2页。
② 王伯琦:《近代法律思潮与中国固有文化》,清华大学出版社2005年版,第62页。
③ 同上。
④ 参见〔美〕艾恺:《世界范围内的反现代化思潮:论文化守成主义》,贵州人民出版社1991年版,第212页。
⑤ 蔡枢衡:《中国法理自觉的发展》,台湾1947年自刊,第94页。
⑥ 参见孔庆平:"蔡枢衡法理思想与中西文化",载汪汉卿、王源扩、王继忠主编:《继承与创新》,法律出版社2001年版,第917页。
⑦ 蔡枢衡:《中国法理自觉的发展》,第73页。

（二）学习中国法制史学的态度

1. 两种错误的倾向

（1）"以今非古"，用现代西方的法治文明来批判古代中国的状况。

（2）"比较法"的滥用与"崇洋媚外"的心态。

2. 正确的态度应是"理解—转化"，而非简单的"批判—继承"①

对历史应予"了解之同情"②，怀抱温情与敬意。这种方法正如胡适所说，是"研究问题、输入学理、整理国故、再造文明"（研究中国的问题，参考西方的学理，深入了解、整理中国传统法律文化，超越中西，再造灿烂的中华法文明）。

（三）学习中国法制史学的方法

1. 朝代兴亡不应断以为史，史所疑者不应信以为史③

（1）"史之状，如流水然，抽刀断之，不可得断。"制度变迁是法制史研究的重点之一，所谓"变迁"，不外是关于"连续性"与"非连续性"（或者说断裂）的思考，这样一种延续或断裂与朝代兴替并不完全同步。断代法史的研究方法对于制度变迁的研究可能是不适宜的。

（2）中国历史悠久，古籍汗牛充栋，其中传说与推测显然不足为实据。加之古人又喜"祖述尧舜、宪章文武"作"伪书"、"托古改制"，学术与现实政治、与当下相联接过于密切，滋生一种后代对史料加以裁剪的史官文化。所以对史料一定要小心，"尽信书则不如无书"。

2. 具体的方法

（1）考订史实，以判别史之真伪。用陈寅恪的话说是："地下实物与纸上遗文互相释证"，"异国故书与吾国旧籍互相补正"，"外来之观念与固有之材料互相参证"。④

（2）整理史料，以贯通史之系统。不可"断章取义"，须"食古能化，取精用宏，故应博览而约取，由演绎而归纳，在纷繁之头绪中，予以整理，俾融会而通之"。⑤

（3）培养史识、确定史观，以把握史之中心。法律制度史虽然与思想史有所区别，但二者不应截然两分，理念本身虽是基于现实的被动反映与主动反思，但其仍有其独立的价值与判断标准。研究历史，论断制度之是非、把握其变迁，都需要史识的支撑。"论断固为读史之的，然无识，则止是任意爱憎，不得为学。"中国史料汗牛充栋，史家"未有无故而书"，"非天下所以存亡故"不书（方苞），"大事则书，变古则书，非常则书，意有所示则书，后有所因则书，非此五者则否"（欧阳修语）。⑥

---

① 参见阎步克：《士大夫政治演生史稿》，北京大学出版社1996年版，第504页。
② 此语出自陈寅恪："冯友兰中国哲学史上册审查报告"，载陈寅恪：《金明馆丛稿二编》，上海古籍出版社1980年版。
③ 参见陈顾远：《中国法制史概要》，台湾三民书局1977年版，第10—15页。
④ 参见陈寅恪："《王静安先生遗书》序"，载陈寅恪：《金明馆丛稿二编》，上海古籍出版社1980年版。
⑤ 林咏荣：《中国法制史》，第2—3页。
⑥ 参见柳诒徵：《国史要义》，上海古籍出版社2007年版，第122—124页、第138页。

三、中国传统法制的原则、特色及其基础

(一) 传统法制的原则①

1. 崇礼教:礼法配合,融礼入法

中国传统法制讲求道德。正如《唐律疏议》所说,"德礼为政教之本,刑罚为政教之用。"礼为正轨,刑为助力;礼重倡导,刑重制裁:"道德以礼为实践,则不流于空疏;礼教以刑为助力,则不陷于具文;刑罚以道德为归趋,亦不至于刻薄寡恩。"②例如"十恶"("重罪十条")中不少条文均是与伦理相关的犯罪;再如《唐律·户婚》规定:"诸祖父母、父母在,而子孙别籍异财者,徒三年。"

2. 尊经义

(1) 法律之创作与解释,均以"经"为依据。中国传统法律与道德关系密切,判断道德是非的标准首重儒家经典。汉以后,历代定律,皆准于礼;汉之折狱,常取义于春秋;汉唐之法律解释,亦多引证于礼经。

(2) 历史上几次重大变法运动,常溯源自"经"。"周"代之名与"周官"(周之官制)成为朝代更替与政制建构的模板,如"北周"与武则天之"后周"。王莽、王安石等变法运动,均以《周官》为重要理论依据。康梁倡导之戊戌变法,又以康有为之《新学伪经考》与《孔子改制考》为发端。

(3) "四书五经"成为科举考试的主要内容。

3. 重宗法

宗法制度之精神,在于:"伦理为公共关系之常规,家庭为共同生活之单位。"而"法理基于伦理,治国始于齐家"。宗法以家为本位,由家再衍进而为族、推及至国(天下)。国有君统,家有宗统,均以嫡长子承祧。国君在国有郊社之礼,以事上天;在家有宗庙之礼,以祀祖先。与西方的一神论不同,中国为泛神论、祖先与神亦混淆,一个人的理想是"生当封侯,死当庙食"。一国或一家之长,即为其主祭者,礼之关键便在于祭祀,所谓"国之大事,在祀与戎"(《左传》)。

(二) 传统法制的特色

1. 义务本位与父母官型的诉讼

有别于近代欧美的权利本位,传统中国特别强调个人的义务而非权利,举凡如下法律文化传统均缘于此:重公轻私、重义轻利、重农抑商、厌讼……而法官(地方官)在审理案件时则以"父母官"自居,倾向于在法定的程序之外、援用法律之外的规则(如礼教道德),自作主张、超越当事人的请求进行裁判。

2. 家族中心

有人用"3C"来概括三种不同的社会文化,中国为家族(clan)文化,美国为俱乐部(club)文化,印度为种姓(caste)文化。与欧美传统自由主义下的"个人本位"不同,中

---

① 参见林咏荣:《中国法制史》,第214—217页。
② 同上书,第2—3页。

国古代法上的权利、义务往往是以家为单位的。家内的关系以服制为中心,服制的轻重取决于亲属间的亲属远近,也决定了他们彼此间的法律关系。而在一家之中,男性的尊长(父祖)是"统治的首脑",一切权利,包括经济、法律、宗教权利等等,均集中于家长。在财产方面,父母在,子孙"不有私财",不得擅自使用、处分家中的财产,不得恣意分家析产。在人身方面,子孙的婚姻大事由家长做主,子孙只是"被结婚"而已。家长的一切权力又有其教令权作为后盾,家长有权扑责子孙,管教子孙若无心殴伤致死则处罚很轻,即使擅杀子孙也减等处罚。子孙不肖,法律除了承认父母的自行惩戒之权外,还给予父母"送惩权",其可请求地方政府代为行使教令权;只要父母提出"违反教令"或更严重的"不孝"指控,官府必须对子孙处以轻则杖、徒,重则流、死的刑罚;更有趣的是,父母的指控是可以撤回的,官府充分尊重父母的自由意志。家长对于家中男系的直系后裔的权力是最高的,"几乎是绝对的,并且是永久的。子孙即使在成年以后也不能获得自主权"①。

3. 阶级差别

所谓阶级差别,意指基于政治、社会身份所造成的不平等。西周封建时代贵族与平民截然两分,"国人"与"野人"亦有所差别;秦汉之后虽"编户齐民",仍有"齐中之不齐",又有"三纲五常"的规范,男女、长幼、官民、士绅与庶民、良人与贱民的法律地位均不平等,天子的至高地位更是神圣不可侵犯("皇权至上、法自君出")。不同阶级的显著差别,表现在生活方式(包括饮食、衣饰、房舍、舆马)、婚姻、丧葬、祭祀、法律权利与特权等方方面面。②

4. 天人合一与自然法精神

中国传统法律虽源于神权,但在西周时已去宗教化,特别强调"天意"而有自然法精神。为寻求与自然秩序达成和谐,自西汉董仲舒创立天人感应学说以来,便将刑罚与季节变化相配合,强调"赏以春夏、刑以秋冬";将天灾、包括天象与气候的异常变化,与政府行政的失误(失德)、司法的冤抑联系在一起,以警示君相与百官。而因为"讼则凶",故而追求和谐"无讼"的境界。

(三)传统法制的基础

中国古代法制有其固有的基础,家族主义是其社会基础,阶级与君主集权(专制)是其政治基础③,天人合一则是其哲学基础。这三者"深入人心"达数千年,不管改朝换代,也无论儒法,"天不变,道亦不变"。④

家族主义、阶级与君主集权(专制)是中国古代法制的基本特点,它们并非简单地源于儒家思想的设计,而是植根于中国古代的经济与社会基础。家族制度是中国古代基本的社会制度,它是中国传统法制与思想的社会基础,其本身是以农业社会为基

---

① 参见瞿同祖:《中国法律与中国社会》,中华书局1981年版,第一章。
② 参见同上书,第三章、第四章。
③ 瞿同祖先生在《中国法律与中国社会》中将其概括为"阶级",但加上"君主专制"一词似乎更为妥当。
④ 旧法制真正的消亡必须以三大基础的彻底崩溃为前提,但在晚清的中国,无论社会与人心,都不具备这个前提。

础的。在传统礼教的"三纲"中,父子、夫妻都是家族关系中的尊卑关系,而"君为臣纲"则是家族关系的放大与父子关系的拟制,由此在国家层面上确立了君上及其代理人(长官)的权威。帝制中国的专制传统由此形成并得以稳臣。由于农业生产是靠天吃饭、土中求食,形成了对自然的依赖与崇拜。这也就为天人合一的模式提供了现实基础。儒法两家在对待"天"的问题上并无根本的对立,它们都不承认人格化的"天",都排斥了宗教与迷信的观念。儒家谈"天"是为了"人",孟子所谓的天是伦理化的,天理与人情相通,"天道远,人道迩","民心即是天意",民心是统治的基础;荀子所谓天则是自然的天;法家思想中则根本排斥了"天"的概念或者说其观念里国君即是"天",其所谓法制的基础是国君的权力。董仲舒为代表的汉儒则沟通礼法与民俗,综合了儒家与法家、阴阳家等思想,创立了"天人感应"的学说,丰富了西周"以德配天"的思想,天人合一的观念由此超越儒法,深入中国人的内心进而影响中国古代法制达数千年。①

四、中国法制史的分期

(一)封建时代

封建时代包括殷商之部族政权时代、西周之封建时代、春秋之霸政时代、战国之蜕变时代,以西周为其典型。周天子分封同姓子弟与异姓功臣以屏藩周室,以血统与婚姻关系,构成"家族本位之政治",形成"世侯世卿"之制。其特色是国与家结合,政与教贯通。宗法上有宗庙之制,所以续昭穆、定尊卑;封建上有巡狩述职之礼,所以别上下、序君臣。其宗法与礼教对于后世法制有两大影响:其一,宗祧继承之制。其二,冠婚丧祭之礼(仪式),包括:冠(成年礼)则男子二十而冠、女子十五而笄;婚姻的成立须"六礼"(纳采、问名、纳吉、纳征、请期、亲迎);丧服则为"五服"(斩衰、齐衰、大功、小功、缌麻);祭祀则兼有宗教、政治与社会意涵("祭不欲数,数则烦,烦则不敬。祭不欲疏,疏则怠,怠则忘。是故君子合诸天道,春禘秋尝。"——《礼记·祭义》)。②

封建时代在政治与社会上有贵贱之分;经济上实行"公食贡,大夫食邑,士食田,庶人食力"的采邑制度,土地制度实行"井田制"。到礼崩乐坏,封建制逐渐变为郡县制,经济上因为"初税亩"的推行,天下的土地财产权利由天子分封到承认现实私有,由世卿世禄到编户齐民、军功封爵,法律亦倾向于公式主义。

在思想上,西周政教不分、官师合一,学术本于王官,民间未有著述。周室东迁后,天子失官,官学日衰、私学日兴,在历史的大变动时期形成诸子百家争鸣的局面。当时诸子所争的一个核心问题是国家的终极目的与政府的角色。法家强调"救时、富强"的功利性目的;儒家则会追问富强之后的终极目的;道家则主张清静无为。至于老子思想,实出于战国晚期,其主旨针对当时学者之扰动,而谋所以宁静,此亦为治者在政局平定后所企求。故而秦乱而后有黄老,南北朝大骚动而后有佛老。

---

① 作为一个例子,可参见卫周安:"清代中期法律文化中的政治和超自然现象",载高道蕴、高鸿钧、贺卫方编:《美国学者论中国法律传统》,清华大学出版社2004年版。

② 参见林咏荣:《中国法制史》,第5—11页。

（二）帝制中国时代

帝制始于秦汉,秦纯用法家二世而亡,汉则礼治与法治并用,"儒法合流",故曰"汉以后无纯粹之法家,亦无纯粹之儒家"。历经两汉、魏晋南北朝,本于法家之秦律的中国传统法制日趋儒家化,发展至隋唐则大放光彩。隋之法制远袭秦汉魏晋历代固有系统,近承北朝少数民族入主中原后所创立之规模。在刑律上,《开皇律》则为承前启后之重要法典;在政制上完善了三省六部制度;为隋所创设、唐发扬光大之科举制度,令天子得以笼络天下英才("天下英雄入吾彀"),并形成传统中国快速的社会阶层流动。唐承隋制,至《唐律疏议》则"融礼入法,得古今之平";唐还编纂了行政法典《唐六典》。"过去秦汉魏晋的法律与制度,到此得一总汇,以后宋元明清的演变,从此得其准绳。"①

唐代高峰之后,至宋代,中国传统又发生重大变化。在思想上,理学兴盛,文化上由进取转为收敛、由开放转为保守、由动转静,中国本位文化由此建立并走向封闭。②就社会结构而言,两汉以来在社会上逐渐形成了世家大族,划分社会阶层的标准不是贫富之分,而是基于血统与政治、文化传承的士(族)与庶(族)之别。故而由东汉至唐,虽无封建时代世卿世禄之制,高门得官却是常态。在士大夫心目中,士族之高门大姓甚至比皇族还要优越。而在皇权的抑制(例如通过科举制"掺沙子"、提拔重用庶族官僚,而唐代皇帝甚至在名门大姓的排序中刻意降低望族的排名)、战乱的破坏与农民起义的扫荡之下,至唐末士族已风光不再。

宋朝在社会上,超越中古世家大族的范式,形成新的宗族形态,其基础包括族谱、义田、祠堂与族长等,当时社会力量有很大成长;在政治上,与中古时代高门大姓得官相对照,宋以后的士大夫出身多为平民;在经济上,宋代商业发达,甚至士大夫也常常参与商业活动。③ 在这样的背景下,逐渐形成朝廷"国法体制"与民间"私约世界"并立的法制图景。宋代法学特别兴盛:"宋取士兼习法令,故儒者以经术润饰吏事,举能其官";"宋之中叶,文学法理,咸能其精。"(《宋史》)宋代皇帝多明法,如北宋之太祖、太宗、真宗、仁宗、神宗,南宋之高宗、孝宗、理宗,宋代于宫中设审刑院或者也与此有关。当时把法律作为一门重要的考试科目,进士考,选人考,流外补选也要考;文官考,武官也考,连国子监画学里的学生也要读律。宋的铨选制度,凡科举中试之人,第一次派遣职务("入官"),都是派到府县衙门做助理狱讼事务之官。安崇绪案,太宗亲自参与;"阿云之狱",巨卿大儒纷纷卷入法律适用之争。文学家苏轼同时也是"法学家",他在《上文侍中论强盗赏钱书》批评不通法律与实务的士大夫:"比来士大夫,好轻议旧法,皆未习事之人,知其一不知其二也。"他还作诗取笑其弟苏辙"耻言法

---

① 参见徐道邻:《中国法制史论略》,台湾正中书局1976年版,第35页。
② 参见付乐成:"唐型文化与宋型文化",载康乐、彭明辉主编:《史学方法与历史解释》,中国大百科全书出版社2005年版。
③ 参见杜正胜:"传统家族试论",载黄宽重、刘增贵主编:《家族与社会》,中国大百科全书出版社2005年版。

律",偏遇上决心用法律改良政治的神宗("读书万卷不读律,致君尧舜知无术")。①

（三）近代化（现代化）时期

即所谓"西方法侵入时期",始于1902年清廷下诏变法修律,源于1840年以来的内忧外患,时为器物、制度、思想上数千年未有之大变局。中国在立法与司法制度上开始全面向西方学习；国际关系与中国的定位,由"天下"观念变为"国家"观念,由朝贡体制（宗藩）变为条约体制（平等邦交）；国体由帝制转为共和；读书人的角色也由文化、政治、宗教合一的"士大夫"变为现代意义上的"知识分子"。

五、中国法制史的内容与本书的编排逻辑

传统中国法制史的教学侧重于刑律,以其作为教学的重点与教科书编纂的逻辑主线,这或许与"诸法合体、民刑不分"的刑律传统相关。近年来,或许受海外学者的影响,传统习惯法、民事契约与裁判受到很大的关注。但传统政治法律史（政治制度史、公法史）在研究与教学领域则不那么受到重视。依笔者的陋见,中国法律传统或可以描述为："刑法规定于律,政治体制与行政法律规定于典,民事规范则尊重习惯与道德（礼）；诸罚合体,倾向于用刑罚方法处理一切公、私法律事务。"在中央集权与官僚政治的背景之下,在传统中国,一些西方意义上的私法内容在中国则往往兼有公私法的双重属性,而且公法优越于私法,例如土地制度在传统中国始终是公法与政治上的重要议题。

为了学习、研究制度变迁的方便,也为了避免"抽刀断水"的问题,本书的章节设计没有采用简单断代的方法,历史的分期止于（夏商）周的封建时代、秦至清的帝制时代（中华帝国时期）与近代三个部分,而后两个时代则是本书的重点。在帝制中国时期,各章的划分主要是基于法律部门的不同,但这些法律部门不尽等同于今天部门法的划分体例,而是照顾到传统中国法制自身的特色与内在逻辑。至于近代时期的内容,则侧重于公法与政制,包括司法体制,其原因在于：清末修律以来,近代中国部门法律如民法、刑法、诉讼法与行政法已经充分现代化,近代的相关内容与当代法比较接近,而且专业化程度很高,已不是其本部门法"专业食槽"外之学者所能置喙；至于中国传统政治体制,虽然通过西化的立法制宪发生断裂,但传统政治文化却依然延续,传统政治制度由此也得以改头换面、"新瓶装旧酒",中国政制得以继续保有中国特色,例如监察制度；当然这也是笔者的术业专攻之所在。

本书写作得到清华大学"文化传承创新基金青年项目"的支持,在这里特表致谢。

---

① 参见徐道邻：《中国法制史论略》,第66—69页；徐道邻：《中国法制史论集》,台湾志文出版社1975年版,第178—217页、第309—326页。

第一编

封建时代的法制

第二章 中国的封建社会与礼制:(夏商)周

顾颉刚为首的古史辨学派对禹、尧、舜、炎、黄进行了反复研究,发现时代愈后传说的古史期愈长:西周人心目中最古的人是禹,到孔子时有尧舜,到战国时有炎黄,到秦有三皇,到汉才有盘古。尧舜见于"六经",为孔孟所乐道;炎黄始见于战国文献,到了汉代才有较系统的记述,而历来关于炎黄崇拜多于研究。司马迁将尧舜和炎黄传说混为一谈,创作了《五帝本纪》,体现了"天下一家"的民族观。尧舜故事是夷人的传说,反映了典型的新石器时代定居农业生活方式,人们过着"日出而作,日入而息,凿井而饮,耕田而食"的定居农耕生活,制陶是主要手工业,兼营渔猎与采集。炎帝(神农氏)部落是典型的农耕文明,其生活方式与尧舜的传说非常接近;黄帝则是夏人的故事,反映了青铜时代的游牧文化与尚武好战的风气。① 黄帝的部族南下中原取代了炎帝,黄帝的胜利意味着一个新的时代的开始,从考古学的角度来说就是青铜时代的到来。

关于夏代的史料十分有限,商王朝似乎仍处于部族国家联盟的阶段,本章主要以周代为主,并结合商周比较展开。

第一节 商周革命

"周虽旧邦,其命维新"。史书将商周之际的变革称"商周革命",其主导者为周公(姬旦)。"周人以蕞尔小邦,国力远逊于商,居然在牧野一战而克商。周人一方面对此成果有不可思议的感觉,必须以上帝所命为解,另一方面必须说明商人独有的上帝居然会放弃对商的护佑,势须另据血缘及族群之外的理由,以说明周之膺受天命。于是上帝赐周以天命,是由于商人失德,而周人的行为却使周人中选了。"② 周人在取得政权后,为确立其政权合法性,不得不制礼作乐,在政治理念与统治方式上有所创新。

一、政治观念上的变化

(一)"德"的重视

周人提出"皇天无亲,惟德是辅","以德配天"、"明德慎罚"。他们认为商王朝被取代的原因在于其"缺德",德的评价源于社会现实、基于民心向背。周公也由此告诫勉励周人,使得其知道创业艰难,应兢兢业业地守成。后世"商人"便成为"唯利是

---

① 《山海经·大荒南经》记述了黄帝的游牧生活方式:"不绩不经服也,不稼不穑食也。"黄帝以师兵为营卫,迁徙往来无常处;传说中黄帝有许多创造,如作车("轩辕")、作冕旒,还有采铜铸鼎,等等。

② 许倬云:《西周史》,生活·读书·新知三联书店2012年版,第117页。

"图"的职业群体的代名词。以至于直到现在,中国人缺什么也不承认"缺德"。

（二）"天"之超越观念:"向上看"→"向下看"

商人迷信,"尚鬼"、好卜,把国运寄托于未知世界的神祇,信奉祖宗神型的上帝;而周人的天命观念则具有普世性。与古埃及等古代文化类似,商人有着神权政治的传统,特别重视宗教事务。据甲骨文的记载,商王仅仅因为耳鸣就用了上百头牲畜祭祀以求平安。面对沸腾的民怨,商纣王却置之不理,认为国运取决于天帝的眷顾而不在于民心向背。关于宗教,"与埃及或两河流域不同,中国的'天',在周代已取代商人的'帝',成为最高的尊神,天为自然现象的神格化,……是神,也是超越的观念。因为'天'是超越的观念,'天'遂具有普世性,……天命靡常,惟德是辅,将普世与道德两大超越观念合二为一,由这一步的突破,中国文明与犹太、希腊同为人类的枢轴文明之一。"①

下表体现了商周二朝之间的区别:

朝代	商	周
"天"之观念	敬祀鬼神	敬天、惟人
经济形式	手工业、贸易发达	农业发达、重农抑商
文字	甲骨文	金文
生活方式	东方部落不同的生活方式:所谓"淫祀"	回归西方部落的典型生活方式:秩序
产业倾向	商业贸易中蕴含的交往方式	农业帝国所需要的政治模式
政权组织形式	较松散的部族国家联盟	相对紧密的封建制

二、问题

其一,商周之际到底发生了什么?

（1）卜筮地位的没落,天人关系从间接到直接。

（2）经济方面,农业社会（以农立国）的意识形态占主导地位。

其二,周代奠定的权力结构统治了中国历史的绝大多数时间,但这是否是中国内生政治结构的唯一道路?商代的政治模式或许蕴含着另一种尝试。

当然,尽管商人的生产力水平可能高于周人,但从文化素养与政治文明程度来看,周人明显高于商人,周代典章制度可谓"郁郁乎文哉"。以下详述周代的制度。

第二节 礼 制

一、"礼"的渊源与发展

作为一种言行规范,"礼"最早源于氏族时代的祭祀风俗。在阶级明显分化、国家形成以后,一部分反映等级差别和专制要求的精神原则逐渐从具体的礼仪形式中被

---

① 许倬云:《历史分光镜》,上海文艺出版社1998年版,第376页。

抽象、概括出来,形成了一系列指导阶级社会生活的原则和规范,即"礼"的抽象原则;而那些带有象征意义的各种礼仪,则仍保留在制度层面发挥作用。根据史籍记载,在夏、商时期,作为言行规范的"礼"就已经存在。孔子就曾说:"殷因于夏礼,所损益,可知也;周因于殷礼,所损益,可知也。"这说明在夏、商、西周的礼制之间,存在着密切的渊源关系。特别是在西周初年,经过"周公制礼"以后,周礼成了一个庞大的"礼治"体系,在国家生活和社会生活的各个方面都发挥着广泛的调节作用。

（一）俗(乡俗)—礼(礼制)—法(国法)

乡有俗,国有法。

——《管子》

礼从俗,政从上。

——《慎子》

缘人情而制礼,依人性而作仪。

——《史记·礼书》

礼制源于乡俗,乡俗构成礼的古老渊源。周代之礼,已不尽同于乡俗:因为周之封建国家,早已不是小型或原生的的乡土亲缘共同体。它是一个较发达的政权系统,具有相当的公共行政和政治强权性质。礼制与法制不同,它并不截然地将政治(行政)分化出来,使之具有独立的角色与目的,反而诉诸原生性的人际关系——"礼由人起"、"礼顺人情",由此达到"反本修古"的境界。

（二）礼、刑(法)

礼始于祭祀,特重仪式性,经常礼、仪连用,我们中国人总说自己是"礼仪之邦",礼首先是对精神追求的满足。"礼有差等",要求社会各阶层的人民"各守本分"。即使在现代社会,所谓礼(貌)其实也是"见什么人,说什么话,做什么事",例如长幼之间、师生之间其实是各有自己的本分的,称谓上的"你"、"您"之别就是一个例子。而所谓"法律面前人人平等",相对的则是现实中的不等与不均,而"不平则鸣"者多半是不平等关系中的弱者。古人说"出礼入刑","礼之所去,刑之所取",违背了礼,就难免有受刑之虞。我们可以把西周时期的礼、刑两种规范加在一起,就约略等于现代国家的法律。

二、礼的分类

一般而言,"礼"大体上包括抽象的精神原则(礼义)和具体的礼仪形式两个层面的内容。

（一）礼义

作为抽象的精神原则,诸如"忠"、"孝"、"节"、"义"、"仁"、"恕"等,都是"礼"的基本内容。从精神原则方面看,"礼"的核心在于"亲亲"和"尊尊",在于强调等级名分、等级差别。

（二）礼仪

从具体的礼仪形式方面看,"礼"通常有"五礼"、"六礼"和"九礼"之说。所谓

"五礼",是指"吉、凶、宾、军、嘉"。

三、礼乐文化

> 乐者为同,礼者为异。同则相亲,异则相敬。
> 乐者天地之和也,礼者天地之序也。
> 和,故百物皆化;序,故群物皆别。
>
> ——《礼记·乐记》
>
> 前代兴亡,实出于乐……乐在人和,不由音调。
>
> ——《贞观政要》

广义的"礼"包括了"礼"与"乐"两个部分。兼"礼"、"乐"二者而言的"礼",其处理人事的原则是"和而不同"。乐的功能,除了宗教、政治、教育、军事之外,一个很重要的功能是社会整合,即通过集体歌舞(狂欢)活动来实现"与民同乐"、"其乐融融"的目的。[①] 直到今天,我们依然有"同一首歌"、"联欢晚会"等形式,来营造"普天同庆"的气氛。

四、周礼的普遍适用

在西周时期,在国家行政、司法、军事、宗教、教育,乃至伦理道德、家庭生活各个方面,都有"礼"的调节和规范:"道德仁义,非礼不成;教训正俗,非礼不备;分争辩讼,非礼不决;君臣上下、父子兄弟,非礼不定;宦学事师,非礼不亲;班朝治军,莅官行法,非礼威严不行;祭祀鬼神,非礼不诚不庄。"(《礼记》)

第三节 封建("封邦建国"、"封土地、建诸侯")

周天子把土地和人民分封给诸侯,叫做"建国";诸侯再把土地和人民分封给卿、大夫,叫做"立家"。这样就形成了金字塔形状的封建体制:天子—诸侯—卿—大夫—士—庶民。就天子与姬姓诸侯这一体系而言,封建与宗法有着密切关系。周天子既是政治上的共主(国王),又是天下同姓(姬姓)的大宗。政治上的共主与血缘上的大宗,紧密结合,成为"封建"的精髓。

一、概念辨析:奴隶社会还是封建社会?

四千年来我国民族之社会政治型态的发展,可综合为三大阶段,亦即封建、帝制与民治(共和)。我国古代有奴隶(slaves),而无奴隶制(slavery)。既然无奴隶社会阶段,则我国历史上之封建制,实自原始公社(Primitive Commune)/部族联盟直接演变而来。封建社会之特征,有两点最为重要。其一为土地属于天子或诸侯,大贵族可以把土地"封"与小贵族,但不得买卖,百姓黎民更不得私有。其二则是居统治阶层的贵

---

① 参见阎步克:《士大夫政治演生史稿》,北京大学出版社1996年版,第482页。

族实行宗法制与世袭制,统治阶级内部上下有序,至于黎民百姓除却裙带关系或结帮造反之外,绝不能进入统治阶层。

封建制到郡县制(帝制)的转变是,诸侯用各种方法兼并来的土地,不再"封"与他人,而是暂时"悬而不决"或"悬而不封"。这就是"县"的起源了。在古文里,"县"、"悬"本是一字,读音亦相同。用许倬云先生的比喻,封建是天子将权利"批发"给诸侯,帝制是天子将权力"零售"给官员。①

二、西周分封

"周兼制天下,立七十一国,姬姓独居五十三人。"他们多在王畿附近的沃壤。其封异姓诸侯泰半属于不得已:其有古圣先王之后者如封神农之后于焦;黄帝之后于祝;帝尧之后于蓟;帝舜之后于陈;大禹之后于杞;殷之后于宋等。其外便是同平天下立有汗马功劳的功臣亦不得不封。然异姓诸侯所封多在边围,甚或指定某一块未经征服的土地,开一个空头支票封予之,令其自己去经营,如封齐便说:"五侯九伯,女实征之。"(《诗经·齐风》)还有后来的秦,周人为犬戎所逐,平王东迁时对秦襄公说:"戎无道侵夺我岐丰之地,秦能攻逐戎,即有其地。"(《史记·秦本纪》)与誓封爵之。后来秦文公逐戎,遂收周余民有之。地至歧,岐以东献之周。他们皆是独力发展而蔚成大国的。另外一种异姓诸侯,即是本有其国,实力亦相当强大,周人鞭长莫及,奈何他不得,只得就其地加封之,如楚、越。②

钱穆曾言:"西周封建,乃是一种侵略性的武装移民与军事占领,与后世统一政府只以封建制为一种政区与政权之分割绝然不同",乃"耕稼民族之武装拓殖"。面对商王朝遗留下来的众多既存邦国林立这一政治现实,针对殷商孤立而亡的教训,周王"取之所灭国与隙地",将同姓兄弟与姻姓亲信分封到各地建诸侯国,"封建亲戚,以屏藩周",乃是"以武力为背景,在原有众多邦国的地域内人为'插队'进去,新建的'殖民基点',很像是'掺沙子'。"③

另外,土地(胙土)与人民(族属)均为分封不可缺少的要素。"西周分封并不止是周人殖民队伍分别占有一片东方的故地,分封制度是人口的再编组,每一个封君受封的不仅是土地,更重要的是分封了不同的人群。"周初,"封建"之中"封人"的因素甚至大于"封土"的因素,周初各国每多迁移,这反映了当时诸侯的地著性还不强。周人在其封国之内整合、同化其他民族,"分封制度,在这一层意义下,是统治族群与各地土族族群的重叠关系"④。

---

① 参见许倬云:《历史分光镜》,第47—48页。
② 参见瞿同祖:《中国封建社会》,上海人民出版社2003年版,第30—31页。
③ 参见王家范:《中国历史通论》,生活·读书·新知三联书店2012年版,第56页。
④ 许倬云:《西周史》,第163、167页。

三、诸侯与天子的关系[1]

（1）贡赋：诸侯向天子所贡物限于其本地的产物；如王室畿辅遭遇天灾，诸侯应尽力接济。诸侯虽有纳贡的义务，但依礼天子不应主动开口向诸侯有所要求，因为天子是"无求"的，否则于礼不合，例如周天子向鲁国求车，《春秋》便认为是"非礼"。

（2）诸侯派人为天子服"役"，包括：工役，如筑城；兵役：戍、平王室之乱、为王讨诸侯。

（3）巡狩：天子巡行视察诸侯之国。

（4）朝聘：诸侯自己来亲朝为"朝"，派卿大夫来朝称为"聘"。

（5）诸侯的卿大夫有的由中央直接任命。

（6）诸侯随王祭祀。

（7）天子对诸侯的颁赐：如祭肉、服饰器用、田、赐命加服。

（8）天子与诸侯通庆吊。

（9）诸侯为王卿士。

（10）通婚。例如姬姓与姜姓之间频繁的通婚。

第四节 宗 法

一、宗法与封建

中国古代国家形成过程中亲缘关系与国家政制长期纠缠不清，故而在氏族社会阶段之后经历了漫长的宗法封建时期。宗法制度是用以维系封建制度的产物，"宗庙的谱牒即是政治上的名分"。"世国则有封建，世家则有宗法"。[2]

二、宗法制度

（一）嫡庶之别与嫡长子继承制

周代贵族婚姻实行一夫一妻多妾制，贵族的诸子之间会产生继承纠纷，诸子之间的冲突甚至会导致一国的衰亡。为了永久地解决继承人问题，周人实行嫡长子继承制度，嫡长子不仅继承爵位与采邑，也继承宗庙的祭主之位。贵族的诸子因为生母的不同而有嫡庶之别，同一生母的诸子因为出生的先后顺序有长幼之别，继承宗庙的嫡长子也称"宗子"，他的妻子称为"宗妇"，宗子的其他兄弟称为"别子"。周天子的历代宗子一系称为"大宗"，相应的其他分出去的别子所领的一系称为"小宗"。小宗对于其所属之大宗，有事宗之道。宗室（大宗之庙）所在，即国都所在。

---

[1] 参见瞿同祖：《中国封建社会》，第60—72页。
[2] 参见陈寅恪：《隋唐制度渊源略论稿·唐代政治史述论稿》，生活·读书·新知三联书店2001年版，第7页。

(二) 祭祀

天子七庙、诸侯五庙、大夫三庙、士二庙、庶人无。"一国无二君,一庙无二祭主","大宗统于上,小宗统于下"。始祖只有宗子一系可以祭祀,祭始祖的称为大宗。嫡长子称宗子,是继承大统的宗庙主,其庙称为"宗室"。始祖是所有后代的共同始祖,所以永远享祀,为百世不迁之大宗。小宗则五世而迁,亲尽之祖入于祧庙,即所谓"祖迁于上,宗易于下"。立庙须以昭穆为次,表大统之先后,天子七庙为太祖加三昭三穆。

(三) 婚姻

在等级制度之下,天子妻称后,诸侯妻称夫人,大夫妻称孺人,士妻称妇人,庶人妻称妻。其他相关的规定,如仪式、婚姻关系等与后世帝制中国的婚姻制度比较接近。

(四) 丧葬

依照等级的不同对于不同阶级之去世有不同的称谓,天子曰崩、诸侯曰薨、大夫曰卒、士曰不禄、庶人曰死。服制是丧礼的重要组成部分,也是礼制的核心内容之一。关系之有无决定丧服之有无,关系之深浅决定丧服之形式与服丧期之长短。具体情况如下例:

(1) 斩衰:3年。
(2) 齐衰:3年(明之后无)、1年(称"期")等。
(3) 大功:9个月。
(4) 小功:5个月。
(5) 缌麻:3个月。
(6) 袒免:五服之外无服。
(7) 加服:如父死嫡孙代位祀祖,谓之"承重"。
(8) 降服:儿子过继他人或女儿出嫁。

三、宗法与"孝"之观念对后世的影响

(一) 政治观念上宗法继承制度的延续

宗法继承制度,包括嫡长子继承制与大宗万世一系的体制,关乎皇帝世系的稳定性与儒家"正统"之理念,为后世士大夫群体所坚守。尽管历代帝王常有不立嫡长子之实践,但儒家正统观念仍坚持皇位的嫡长子继承制。例如明代万历皇帝就因废长立幼的问题,与士大夫集团发生严重冲突,最后作为最高统治者的万历也不得不屈从于儒家的理念。而万历的祖父嘉靖皇帝乃是藩王的儿子,并非其前任正德皇帝的直系亲属,在继位后便因为其生父之庙号问题、其在世的生母之称号问题,与奉行儒家正统观念的士大夫集团发生"大礼之争"(大礼之议)①,其背后的核心问题则是宗法继承上的根本问题——宗"统"(王朝世系的合法继承)与承"嗣"(家族惯例的血统继

---

① 士大夫集团以正统的宗法继承观念,坚持嘉靖应拟制为其具有皇帝身份的伯父的子嗣,相应地嘉靖应改称自己藩王身份的父亲为叔父;而嘉靖则以对生父母尽孝道为名,因为自己帝王的身份而奉生、父母为帝、后的尊号。

承或过继继承);当时有近两百名中央官员因与嘉靖正面对抗而受到皇权的责罚,但他们毫不畏惧、虽死犹荣。①

(二)婚、丧、祭礼的延续

秦汉以后,在社会上,封建时代之婚、丧、祭祀礼仪在很大程度上仍被延续;而宗庙的体制更为历朝皇帝所沿袭。

(三)刑律上以服制定罪的确立(本章略,参见本书"法源史"与"刑事法"两章的相关内容)

(四)"以孝治天下"

外族征服者,如北魏孝文帝、金、元、清均特别推崇《孝经》,在于推孝(事亲)及忠(事君)。而魏、晋"以孝治天下",在于其政权基于巧取豪夺,不便提倡"忠",便用"不孝"之罪名打击政敌。②

(五)"五世而迁"、"亲尽庙毁"与服制之争

北魏孝文帝以"孝道"为基础,输入整套中国的家族(包括汉姓、宗族)、祖先崇拜(宗庙祠堂、服制)等制度。他易庙号,改道武帝为太祖;行五服,排除远亲于皇族之外。孝武帝改革服制,"嫡封则爵禄无穷,枝庶则属内贬绝"。在其身后引发不愿因"旁支"而丧失特权地位的贵族的反弹。③

第五节　封建礼制之破坏

一、方伯体制对天子的威胁

方伯体制呈现为天子—方伯—诸侯。其中,方伯是作为地区首领的较大的诸侯,是天子在一方的政治代理人,有征伐之权。方伯的地位往往并非天子主动授予,而是天子被动承认的政治现实。方伯的产生源于诸侯的拥戴/承认,与天子的产生机制类似。与此同时,方伯实力与权威的膨胀将威胁天子,商即亡于方伯(西伯)。政治与血缘的结合,看似牢不可破,其实不然。既然周天子授土授民给诸侯叫做"建国",诸侯授土授民给卿、大夫叫做"立家",因此对于士、庶民而言,就有"国"与"家"的对立,他们把自己的宗族称为"家",只知效忠于"家",而不知效忠于"国"。这种离心力,是封建制度的致命弱点,导致分裂割据,与中央分庭抗礼,春秋战国的历史充分证明了这一点。

二、周室衰微与"礼崩乐坏"、"民在鼎矣"

周室东迁后,逐渐"礼崩乐坏"。天子—诸侯—大夫礼法失序,天子王田庄稼被诸

---

① 大礼之争参见[美]牟复礼、[英]崔瑞德编:《剑桥中国明代史》(上卷),张书生等译,中国社会科学出版社1992年版,第430—437页。
② 参康乐:"孝道与北魏政治",载邢义田、林丽月主编:《社会变迁》,中国大百科全书出版社2005年版。
③ 同上。

侯抢割,到战国时期诸侯国如晋居然被三家外姓大夫所分("三晋")。乱世百家争鸣(儒、法、墨、道、阴阳、名……);乱世也出圣人——孔子,孔子周游列国,劝诸侯"克己复礼",可大家都"不克己、只克他"。传说孔子削笔作春秋(国史)、令"乱臣贼子惧","春秋"也成为一个时代的代名词,指代东周前期。"战国"之称则源于《战国策》,在清代《东周列国志》出版之前,并无东周之名,只有西周和春秋、战国。新贵族为了巩固自身地位,笼络新兴地主、商人(让其放心),从"临事制刑"到公布成文法,贵族自身也受到法约束,"民在鼎矣",贵族不能再"信口雌黄"。

当时比较著名的公布成文法的事件有:(1)公元前536年郑国的执政子产把法律铸在鼎上,史称"铸刑书"。(2)其后,历史上著名的法律专家、郑国的大夫邓析私自编纂法律、书于竹简,史称"竹刑";郑国当时的执政以私著法律的罪名杀死邓析,但采用了邓著的文本作为官方法律。(3)公元前513年,晋国的权臣赵鞅"铸刑鼎",其内容为范宣子所作之"刑书"。"铸刑书"与"铸刑鼎"分别遭到了坚持礼制传统的叔向与孔子的批评,他们认为公布成文法,乃是对于奉行"先王议事以制,不为刑辟"的礼制的重大破坏,将导致贵族与平民上下失序、引起政治与社会混乱。但立法者不为所动,子产还以"救时"、"顺应时势变化"的理由为自己辩护。

春秋与战国之别在于,春秋时期的历史充斥着王室与诸侯、诸侯之间,诸侯国内部诸侯与大夫、大夫之间的冲突。但亲者不失为亲,宗族或姻戚间的阋争,总是容易调停,总会留点余地。这种顾念旧情、不为已甚的心理加上惧名分、虽干犯却不敢过度干犯的矛盾心理,是春秋之所以异于战国的地方,使得周室东迁后三百年间的中国尚不至于成为弱肉强食的世界。(春秋灭国在六十以上,但大多是以夷灭夏或以夏灭夷,诸夏国相灭极少,姬姓国相灭之例尤少。)宗族和姻亲的情谊经过的世代越多便越淡,君臣上下的名分,最初靠权力造成,名分背后的权力削弱、消失之后,名分便成了纸老虎,不免被戳穿,它窟窿越多,则威严越减。于是靠亲族与名分维系的封建制度必不能长久。①

春秋霸业之"义"包括尊王、攘夷、禁抑篡弑与抑制兼并。然而,晋三分、齐易主,姬、姜君统断而霸业歇。

三、郡县制之推行

郡县制推行、封建制破坏之原因:其一,"内废公族"(始于晋),从公族没收来的采邑不再分封出去,而是由国君交给由其自由任免的官员代管;其二,"外务兼并",兼并他国得来的土地,也由国君任命官员管理。

1. 县

"县"始于西周,义为"悬之",非定制也。古人亦有释"县"义本为"悬"者。唐,即是周初分封悬而未决者之一,其原因在于唐形势险要逼近王畿,在当时无适当人选可以封唐,倒不如悬之,至成王即位始封与胞弟叔虞。在将封予谁尚悬而未决之时,唐

---

① 参见张荫麟:《中国史纲》,商务印书馆2003年版,第65—66页。

不能为无政府状态,中央势必指派官员暂时治理其地,此即"县"(悬)之起源。这在周初不过暂时悬之,终必封人,是一时权宜之计;演变至后世,遂成为定制,而"县"就成为一级地方政府的代名词了。至春秋时诸侯强弱兼并,强国灭小国,惩周王封建之失权,不愿以之分封,因此师法唐之先例县之,使人暂时治理其地,其官名曰"县尹"、"县令"、"县公"或"县大夫"。悬之不封日久,县乃为定制矣。据统计,春秋晚期晋国至少有40个县。

2. 郡

郡、县在始皇统一中国以前各自成为一政治单位,绝无联系。《说文解字》:"郡从邑君声。"是形声字。似专造此字以名政治区划,或为适时需要而立之者。始皇以前之郡,似均与国防军事有关:"秦有陇西北地上郡,筑长城以拒胡。""魏有河西上郡,以与戎界边。"(《史记·匈奴列传》)时日推移至战国之世,征战益形频繁,武将地位当然亦随之增高,渐渐地郡之地位乃凌驾于县之上。且随着兼并战争,边郡日见大,腹县日见小。至始皇统一天下,乃明定县县于郡,遂为后来地方政治的二级制,是自然演变之结果。

四、社会结构之变化:从城邦氏族到编户齐民[①]

编户,即编列户籍(列入国家户籍)。封建时代以编查户口为不祥,其登记的是一家一人的"名籍",用以征兵、籍田、狩猎。帝制时代按时清查、编列户口,登记的是包括全家人口的"户籍",其原因之一乃是扩大征兵与军事化管理。齐民意味着法律身份平等(齐等),但这并不意味着个人社会与经济地位的平等,仅仅是行政与法律意义上的平等,现实中仍大量存在"齐中之不齐"。封建时代层层叠叠的贵族(公侯伯子男)、平民("国人"、"野人"),身份待遇迥异;春秋中晚期起,城邦各色人等的身份(待遇)之差异逐渐消失,首先是国人野人无差别,贵族也逐渐"齐民化"。具体反映在如下几个方面:

(1)军队组织:由战车武士(贵族)变为步兵(平民)。

(2)地方行政制度:形成严密组织的国家公民,他们组成兵农合一的社区;王畿、邦国、采邑等内部相当独立的政治社会单位消失,代之以郡、县、乡、里的隶属体系。

(3)什伍制:家—伍—里—连—邑。

(4)土地权属:从土地国有变为私有(土地"受而不还")。

(5)法律制度:编户齐民的生命与财产受国家法律保护。

(6)聚落社区:传统血缘、地缘关系被打破。

(7)身份爵位:秦二十等爵制代替了"世卿世禄"之制。

[①] 参见杜正胜:"'编户齐民论'的剖析",载王健文主编:《政治与权力》,中国大百科全书出版社2005年版。

五、君臣关系之变化与争论

（一）先秦封建制：重仪式、属地主义，"义合"的君臣关系

孔子所谓"君君、臣臣、父父、子子"，强调君臣各有本分，权利、义务相对。对于这种相对主义的君臣关系，孟子则说得更加直白："君之视臣如手足，则臣之视君如腹心；君之视臣如犬马，则臣视君如国人；君之视臣如土芥，则臣视君如寇仇。"

（二）秦汉以后帝制：自然化、"王者无外"、以"恩"为基础的君臣关系

儒家经典多成于战国，乃是针对当时的政治现状，对于秦以后大一统的政治局面完全无法预料，不能直接作为秦汉以后帝国制度的蓝图。故而西汉儒者欲建立"儒教国家"，必须对经典进行再诠释。在当时，就君臣关系的转变有许多争论。

1. "二重君主观"与"为旧君服丧"①

在封建时代，在天子—诸侯—卿—大夫—士的等级序列中，人们通常首先向自己直接的上级效忠，而不是向周天子效忠，在天子—诸侯—卿—大夫—士之间形成了多层次的君臣关系（效忠关系）。秦汉行帝制之后，这样的传统并未立刻中断，形成了君—臣—民三级的二重君臣关系，下级官僚首先向上级官僚，而非皇帝效忠。在长官与属官之间，形成了终生的"旧君—故吏"关系，当昔日的老长官去世时，老部下是要为其服丧的，这就是所谓"为旧君服丧"。在汲汲于"专制集权"的帝制之下，皇帝当然不能容忍这种"另立中央，搞小集团"的倾向，在效忠问题上皇帝希望由"君—臣—民"多级的君臣关系向"君—臣/民"的二级关系转变，全体臣民只向皇帝效忠。在东汉，针对臣下"为旧君服丧"的行为专门有禁止之科，但士大夫们往往不避风险"为旧君服丧"，这反映了士大夫社会的强制规范与官僚体制的矛盾。

2. 仪式（"策名委质"）的问题

所谓"策命"之礼，指的是周王通过典礼仪式，赏赐给臣属种种恩命，臣属由此"委质为臣"而肯定了主从之间的君臣关系，一旦委质"虽死不贰"。周礼对于主从双方接受赘礼的形式极为注重，铜器铭文中绝大部分都是关于策命礼的记录。② 在封建时代，这种仪式性的策名委质是确立君臣关系的必备条件；可在帝制时代，绝大多数官员与皇帝并没有过如此"亲密"的接触，由此产生了"纯臣"（与皇帝有当面的任命关系的）与"不纯臣"的区别，这两种臣子在对待皇帝的效忠义务上应当有所不同吗？在帝制时代，答案当然是否定的。

3. 义→恩

帝制时代的统治思想将君臣之恩比为父子之情，由此，君臣关系就由以义合的相对关系变成了绝对的关系，臣下不再可以和君上讲条件。"天下一家"、"王者无外"，臣下若与君主发生冲突，也不再可以像春秋战国那样从一个诸侯国逃亡到另一个诸侯国了。到唐太宗时就彻底将相对义务的"忠"变为绝对义务，他严惩隋朝的贰臣、旌

---

① 参见甘怀真："'旧君'的经典诠释——汉唐间的丧服礼与政治秩序"，载王健文主编：《政治与权力》，中国大百科全书出版社 2005 年版。

② 参见许倬云：《西周史》，第 184—186 页。

表隋代的忠臣,称"君可以不君,臣不可以不臣","他们放弃汤武革命之说,而只采用'比干谏而死'的忠君观念"。①

第六节 小 结

一、关于"礼制"

礼制(礼治)"首先只是儒家理念中的一种政治文化模式,在古代不能把它们等同于实际政治,在近代它们更是日益变成某种'遥远的回声'。"不过,礼制在时间维度上超越了封建社会,在长达数千年的时间里深刻影响了古代中国的政治思想、制度规划与政治行为,并深深植根于中华民族心理之中。与法家单向度地追求富强不同,儒家会更进一步追问:富强之后,国家的终极目的何在?子产所谓"救时"之外,政府是否有更吸引人的、长远的愿景?儒家礼制的思想,是以"和谐"而非"发展",以"人"而非"事"为中心的;它所理解的"治","不限于纯粹政治性的目标和秩序",而是一种更高、更远大的文化理想的贯彻,"并由此赋予了文化群体和教育组织以特殊的政治社会责任"。面对中国传统的礼乐文化与"和而不同"的精神,我们今天是否能够找到一脉相承的东西,能否由此激发文化创造的灵感?②

二、周之后的中国封建制度的延续

周之后的封建制度具体体现在:其一,西汉与西晋的分封;其二,延续至清的宗藩关系。尽管封邦建国这样一种非单一制的国家形式,在周以后只是偶一为之,并且总是与"割据"、"分裂"联系在一起,但是"在帝制时代的中国,'封建'一词已经发展出了一种很强的对专制权力的历史批判作用"。明末清初的启蒙思想家黄宗羲与顾炎武都主张调和封建制与郡县制,"寓封建之意于郡县之中",以限制君主过分集权。到了19世纪末,以封建批判专制的思想"又一次浮现出来";而民国初年的联省自治运动,甚至在行动上部分落实了这一反中央集权的思想。但很快,"封建"又与军阀割据和混乱联系在一起,成为一个完全贬义的词汇,在思想上和政治上都被唾弃,中央集权的民族国家成为当时唯一的历史诉求。③

---

① 参见萨孟武:《中国政治思想史》,台湾三民书局1969年版,第337—338页。
② 参见阎步克:《士大夫政治演生史稿》,第505—508页。
③ 参见〔美〕杜赞奇:《从民族国家拯救历史》,王宪明等译,江苏人民出版社2009年版,第192—194页。

第二编

帝制时期的法制

第二章

第三章 法源史:法典之编纂及因革

中国传统法律制度源远流长,其法律形式之丰富多样,与今天相比亦不遑多让。其中,律与典是中国古代最体系化、最具成文法典形式的法律规范;律以刑事法律规范为中心,典则为政府组织法。与今天类似,中国古代亦有专门的法律编纂机构,发展了独有的立法技术与法律用语。

第一节 历代主要法律形式及其辨析

一、历代主要法律形式概要

(一)秦

1. 律。经自商鞅"改法为律"后,"律"一直是秦最主要的法律形式,主要法律规范都以律相称,如《田律》、《金布律》、《关市律》、《工律》、《军爵律》等等。

2. "制"与"诏"。指皇帝的命令。秦始皇统一全国后,发布一系列法令,建立皇帝制度。规定皇帝自称"朕",皇帝的印信称"玺",皇帝口头命令称"制"、书面命令称"诏"等。此后,以"制"和"诏"为名的皇帝命令,成为帝制时代具有最高效力的法律规范。

3. 程。规定劳动定额等确定额度的法规。

4. 课。规定工作人员考核标准的法规。

5. 式。规定某些专门工作程序、原则及有关公文程式的法律。

6. 法律答问。是秦朝官吏在回答民众法律问题时对现行法律法令的阐释和补充。国家官吏有向民众解释法律的义务和责任,各级官吏的法律解释即法律答问,与正式的法律法令具有同样的法律效力。

7. 廷行事。是秦朝用来比照判案的成例。

(二)汉

1. 律。律为秦汉时期最基本的法律形式。律涉及国家刑罚权,是普遍性、经常性的成文法典,是国家大法。汉代在正律之外,还制定了一些单行律文,如《酎金律》、《上计律》、《左官律》等,以适应当时的政治需要。

2. 令。是皇帝针对特定事件、特定对象临时发布的诏令,具有最高的法律效力。汉代诏令多且涉及面宽,官府将皇帝诏令相继汇编为令甲、令乙、令丙等。同时还有一些单行的诏令颁行,如征税方面的《田令》、财产登记方面的《缗钱令》。

3. 科。"科,课也,课其不如法者罪责之也。"科与刑律有所不同,它是一种单行的刑事条例。如《后汉书·桓谭传》注说:"科谓事条"。它是针对特定犯罪而设,如汉代曾针对劫持人质勒索财物而规定《持质科》，专事惩办这类犯罪。（也有人认为科始于三国。）

4. 比。又称决事比，与近代类推相似。当发生法律无明文规定的案件时，或比照最接近的律令条文，或比照同类典型判例处理，比要经过中央廷尉的建议与皇帝的圣裁方具有法律效力。如汉高祖七年诏曰："廷尉不能决，谨具为奏，傅所当比律令以闻"。由于这种法律形式具有灵活性与针对性，所以被广泛应用。西汉武帝时仅死罪决事比就有13472事（可比照秦之"廷行事"）。

（三）唐

1. 律。即唐代基本法典《唐律疏议》。
2. 令。是国家政权组织方面的制度与规定，涉及范围较为广泛。
3. 格。在唐代的含义有别于前代，它是禁违止邪的官吏守则，带有行政法律的性质。在唐代把皇帝临时单行制敕加以汇编，称为"永格"，具有普遍的效力。
4. 式。是各级行政组织活动规则及上下级间的公文程式的法律规定。经过汇编的式，称为"永式"，具有普遍的效力。
5. 典。唐代有《唐六典》，是关于政府组织（官制）的法典。
6. （格后）敕。始于唐开元十九年（公元731年）编纂的格后长行敕。唐开元二十五年（公元737年）后最后一次大规模修订律、令、格、式后，政府不再大规模修订法律，而采用将皇帝的制敕修成"格后敕"的方式适应政治、社会的变化。

（四）宋

1. 律。通常指《宋刑统》内的十二篇律，其内容以《唐律疏议》为基础而有所变动。
2. 敕、令、格、式与《条法事类》。北宋立法特重编敕，敕始于唐之格后敕，自太祖制定《建隆新编敕》后，凡新帝继位或改元都有编敕。敕又分为不同层次，有针对全国的，有针对一司、一路、一州、一县的编敕。太宗时有《太平兴国编敕》与《大中祥符编敕》等，规模与数量远过太祖时期。仁宗时"律敕并行"，导致法令不一，相互矛盾。神宗变法宣布"律不足以周事情，凡律所不载者，一断以敕"，进一步提高敕的地位，"使律恒存乎敕之外"，其影响一直延续到南宋孝宗以前。太宗年间曾颁布《淳化令》、《淳化式》，仁宗天圣年间又整理敕、令编纂了《天圣附令敕》。南宋孝宗后，又把敕、令、格、式分门别类汇编，名为《淳熙条法事类》。宁宗又颁布《庆元条法事类》。
3. 断例和指挥。宋代重视编纂断例和指挥，以因应无法运用常法处理的复杂社会形势，这一情况在北宋后期与南宋更为明显。"断例"即皇帝本人或以皇帝名义做出的断案事例（"判例"），经编纂后可成为审判的依据，神宗变法期间首颁《熙宁法寺断例》，南宋高宗颁布《绍兴编修刑名疑难断例》、孝宗颁布《淳熙新编特旨断例》等。"指挥"指皇帝就特定的某人某事发布的命令，两宋皇帝多明法而好指挥断狱，其指挥本为特例，经编纂后则发生普遍效力。北宋哲宗首颁"权宜指挥"，至南宋中期指挥达数万件，地位日重。由于现行敕令与判例编篇幅巨大、过于庞杂，官员们在适用时无所适从,从北宋末期起,官员们"开始把问题推给上级,为它们处理的特殊案件寻求皇帝的御决"。"这种求助于皇帝判决形式的中间道路(判决以后变成了判例),仅仅是宋朝进一步走向'专制'倾向的表现。"①

(五)元

1. 格与制。辽人与元人都抱持游牧民族优越感,其政制汉化程度较低,所以连法律也不用汉人的"律"字,辽称为"条制",元称为"新格"、"通制"、"条格"。故而元之"格"与唐宋朝的"格",在性质与内容上完全是两回事。

2. 典。为政府组织法。

3. 《风宪宏纲》。元仁宗时"以格例条画有关于风纪者,类集成书",称之为《风宪宏纲》,其内容为纲纪与吏治。

(六)明清

1. 律与条例。条例为律之补充、与律并行。

2. 会典与事例、则例。会典即典,有"典章会要"之意,为规定官制官规之法典。清承明之遗制,以会典与刑律同为国家之宪典与常章,旨在恒久不易;其后随时势变化,既感不能因应时宜,故于会典外另编撰会典则例与会典事例以补充。会典所载为"经久常行"的大法,所以凡事关国家大体者极少改动。则例、事例则可根据"时势之推移"随时增减。会典则例为会典之补助法,乾隆会典编修时,改从来编纂方法,事例由会典各条之下分出,别出一书,名之为《大清会典则例》,改则例体例与会典一致,自宗人府内阁以下文武各衙门,按年次列举事例而编成。嘉庆会典编修时,就《乾隆会典则例》加以编订,编入其后各年事例,遂将原则例改名为事例。故在《乾隆会典》、《嘉庆会典》、《光绪会典》外,还有《乾隆会典事例》、《嘉庆会典事例》和《光绪会典事例》的编纂。而且,各部会典事例的规模,都大于会典本身。

另外还有专属各司之法规:除六部则例外,吏部有吏部则例、吏部铨选则例、吏部铨选品级考、吏部处分则例、吏部稽勋司则例、吏部验封司则例,户部有户部则例,礼部有礼部则例,兵部有兵部处分则例、兵部续纂处分则例,工部有工部则例。关于学校有学政全书,关于科举有科场条例,关于漕运有漕运全书,关于赋役有赋役全书,关于军器有军器则例,凡此皆由钦定。《理藩院则例》最初由《蒙古律书》演变而来,用以规定蒙古、西藏、青海和新疆地区的职官制度与社会管理制度等。

二、法律典籍辨析②

(一)律与令

汉代律令之间无明显区别:"前主所是著为律,后主所是疏为令。"(《史记·杜周传》)到晋以后才明确区分律与令:"律以正罪名,令以存事制。"(杜预:《晋律序》)此区分近乎刑法和行政法之分。律与令的关系与地位可概括为:"秦汉及魏,令以辅律;

---

① 马伯良:"从律到例:宋代法律及其演变简论",载高道蕴、高鸿钧、贺卫方编:《美国学者论中国法律传统》,清华大学出版社 2004 年版,第 311、314 页,第 318—319 页。

② 参见陈顾远:《中国法制史概要》,台湾三民书局 1977 年版,第 60—96 页。

两晋南朝隋唐,令有专典;自宋以后,令为末节。"

（二）敕、格、式

敕、格、式为唐宋重要的法律形式,均为皇帝命令的汇编。

1. 敕

唐代之敕,贵在编格,实质上效力或在律之上,但形式上不过为律之辅。敕经编纂成册,最后入于格。五代及宋仁宗之前,编敕盛行,有取律而代之势,然律尚有其独立地位,敕在形式上还不能独尊。神宗以后,直接以敕代律,终宋之世未改。

2. 格

"格者,百官有司之所常行事也",故"格"颇近似于行政程序法及官吏惩戒法。史称张仓定章程,当为格之始。但如此定义的"格"仅适用于唐之前及宋,至于唐代的"格"则为"敕"之所托,其效力"直在律上"。而元代,无完备之律,条格取律而代之。故而格之真正含义因时而变。唐以前,"格辅律令",唐代"格出于敕",宋代"格与敕分";元代"格为正统"（元"格"等同于唐宋之律典）。

3. 式

式者,本有"法"之意,有"制"之解,为"常守之法也"。"上古之品式章程,魏之款缝,晋之故事,陈之百官簿状,皆有式之意,惟不以式名。""式"之首为法典上的名称,始于西魏之《大统式》,但"式"之实际内涵,则近于东魏《麟趾格》之"格"。其后唐、宋之"式",名称虽宗于此,而含义与"格"则有差别。北朝魏、周之式,同于条格;隋唐之式,成为定典（唐律令格式并行,唐之式,其源多出自敕令,实际地位次于格而高于律）;宋之式,在存体制也（"设于此以待彼谓之格,使彼效之谓之式"）;金之式与格合并;明清则式无独立地位。

（三）科、比、例

1. 科

"科之为义,断也","科者课也,课其不如法者罪责之也"。故在原则上依律而断谓之科。但在古代罪刑既非法定,舍律而科之事恒有。"科条"成为法令上一独立名词。其中有法内之科,即依律令而科刑;又有法外之科,或者为辅助律令之科。汉科有独立之地位;吴蜀因之,科类条格;梁陈承之,有法典;北朝科已渐并入律,隋刑法志称齐律"科条简要";隋唐以降,科在法典失其地位,但仍有类似"科"者。

2. 比（附）

汉之比,类唐之格、宋之敕,用以破律也。"决事比"兴于汉代,以"奇请"开其端,"他比"喧于后。"奇请"为比附律令上闻而可之,其所科刑为补充律令之科。"他比"则为官员自行"转相比况",其所科刑为破坏律令之"科"。魏晋新律、泰始律前后制定,又有张斐、杜预注律,不须再依赖决事比。自唐以后,严禁比附。（因唐律已经明确"诸断罪无正条,其应出罪者则举重以明轻;其应入罪者则举轻以明重",不允许在律文之外比附。)宋代亦无决事比之名,严禁臣工妄自比附,对于情重法轻,情轻法重之比附,则有君主决之,但臣工妄自比附之事时有发生。明清两代,比附之权操于君主,"凡律令该载不尽事理,若断罪无正条者引律比附,应加应减,定拟罪名,议定奏闻"。但"特旨断罪,临时处治不为定律者,不得引比为律",一时之特旨不编入例中。故明清比附虽统于君主,却无宋代有内在矛盾之失。

3. 例

"例"与"比"类似,但"比"系以律文比附为重,"例"则以已有之事例为主。

(1)两汉六朝,例无专名。两汉以比为重,例被比吸收。

(2)唐及五代,例渐兴起。唐,式无正文,须举例比附,故例必待举,并非确定。

(3)两宋之例,各有轻重。北宋重敕不重例,与唐同;南宗例渐有取敕而代之之势。元制则"既不重律,亦不重敕,所重者唯条格",条格来源系"取行一时之例为条格",其颁布法律大量为例。

(4)明清之例,与律并行。明清的例大致有三种:条例、事例、则例。其中条例为刑律的补充和辅助。就清代来说,条例的制定程序如下:由部院大臣、督抚提出建议,相关部院拟定,内阁(雍正之后为军机处)最后定例。因时因地制例,原则上五年一修,决定是否纳入《大清律例》。

除与刑律相关的条例外,当时还有类似于现代行政法规与地方法规的例。其中"则例"、"事例"为中央及其各部院定例;还有"省例",督抚有例,藩司、臬司又有例(称承宣布政使司定例或按察使司定例)。道则无例,但有不少细则规定。其中负责专务之道台(如巡盐道、河道、军需道)等,则有较大立法权。府有制定某些规定的权力,州县亦然。总的来说,清之规范非常繁杂。这对于老百姓生活并无太大问题,对于官员则十分麻烦,必须遵循如此庞杂、琐碎的法律法规。特别是在面对士绅或重案时尤其需要小心。

(四)明清之律与例

1. 二者之关系

"明清官方处理律例关系的基本原则是以律为主导,条例为补充、辅助和变通,律例并行而非偏废某一方。律例关系的主流是相辅相成、互相补充。相互替代是有条件的,不是普遍的。"①

(1)例的制定以律为基础,"贵以律而定例"。例之精神、原则应与"律义相合",即或有些例的刑罚轻重于律,也不是违背律,而是补律之不足。明清虽然有"特旨断狱"的例外情况,但其刑罚也多为减刑、免罪、免死,而且政府也认为这是"法外"的特例,因其与律"大相抵牾",故不叫例也不许援引,从而杜绝了破律之路。

(2)例是应形势发展需要"因时酌定",是律的补充。律区区几百条,无法把形形色色的犯罪囊括无遗,也无法适应不断变化发展的社会形势,必须以例来补律所未备。

2. 援引"例"之规则与限制

有人认为,明清例便于司法官随心所欲地援引,以行其私,实际上明清对于例的引用有明确而严格的规定:

---

① 苏亦工:《明清律典与条例》,中国政法大学出版社2000年版,第246页。

（1）"例有新者，则置其故者"。即所谓"新例行，旧例既废"。而"旧例"有两种含义：其一，废例，即修例时删除的（旧）例，一律不得引用；其二，清朝有些例规定的是针对特定地点之特定事项，其在特定期间内有效，事过之后就恢复"旧例"，这个所谓旧例乃原有之例，仅仅是在特定时期内不许援引。

（2）"移情就例"、"妄行引拟"、"妄引榜文条例为深文者"罪之。

（3）比附引律时，不得"本有正条"而任意删减，或不引用"正条"而用"别条"。

3."律例有定，情伪无穷"与"再立法"问题①

当具体案件的"情"与律、例规定均不同的时候，就发生"再立法"。

（1）比附。"凡律令该载不尽事理，若断罪无正条者引律比附，应加应减，定拟罪名，议定奏闻。"（《清律·名例》之"断罪无正条"）在律例之外比附定罪，需要报请中央法司，由法司官员议定了结论之后，再报皇帝圣裁。如果在比附裁判的申报与复审中，官僚们不能达成一致，将正反两方面观点一并呈报给皇帝，皇帝作为"公论"的体现者进行圣裁；如果官僚体制内部达成定论，皇帝则一般仅仅是单纯表示同意。

（2）"通行"与编例。如果皇帝想将某个超越律例的个别化裁决应用于之后类似的案件，则在其圣裁的谕旨之尾注明："嗣后如遇此等案件，均照此案办理"或"嗣后以……为例"，这称为"通行"。每隔一段时间，这些"通行"就会被编纂、公布，"这实际上就是附载于律的'条例'的来历"。

（3）"成案"的援用禁止与实际刊行。所谓成案（"已成之案"），是对某些典型案例的汇编。其在明清两代特定的含义是"例无专条，援引比附、加减定拟之案"，它是"在制定法出现空缺时，可供司法当局援引的一种法源"，"是一种不成文的法律形式"。② 成案与英美判例法有类似之处，与英美不同的是，明清政府对于"成案"的效力有很大的限制，推其目的，应为确保中央编订的律例之权威、防止个案裁判破坏法律之普遍性。清代明确禁止官员在审理案件时恣意引用之前的裁判事例："其特旨断罪，临时处治，不为定律者，不得引比为律"；"除正律、正例而外，凡属成案未经通行著为定例，一概严禁，毋得混行牵引，置罪有出入"。但是，在清代的刑事司法事务中，"在比附之前调查成案几乎已经成立一种惯例"；而官员、幕友们也私下汇编、传抄与刊行中央重要判决选集（"成案集"，如《刑案汇览》）以为参考。到同治、光绪年间，清政府编纂条例的工作逐渐陷于停顿，而成案的出版活动则变得频繁，"围绕着个别案件处理的详细情报超越了该案件直接负责人的范围为官界全体而共有"。

---

① 参见〔日〕寺田浩明：《权利与冤抑》，王亚新等译，清华大学出版社2012年版，第331—334页、第345—350页。

② 苏亦工：《明清律典与条例》，中国政法大学出版社2000年版，第55页。

第二节 律之变迁

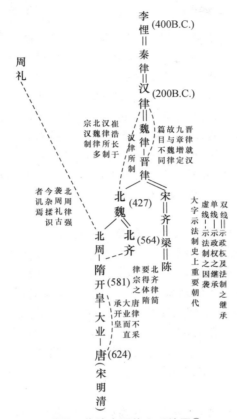

附图　传统中国律之系统图①

一、战国时期

(一) 魏之《法经》

从战国初期开始，各诸侯国为了在竞争中得以生存和发展，相继开展了以巩固和健全政治经济制度为目的的变法改革运动，其中魏国李悝所进行的变法是最早也是比较成功的一次。李悝曾担任魏文侯师及魏相等重要职务，在其主政期间推行了一系列重大政治、社会改革。为巩固改革的成果，李悝"撰次诸国法"，即总结各诸侯国的立法经验，制定了《法经》。《法经》是中国历史上第一部比较系统的成文法典。

《法经》原文早已失传。《晋书·刑法志》等后代文献保存了《法经》的篇目及简略情况。《法经》共分六篇：一为"盗法"，二为"贼法"，三为"囚法"，四为"捕法"，五为"杂

---

① 附图参见徐道邻：《中国法制史论略》，台湾正中书局1976年版，第1页。

法"，六为"具法"。其中，"盗法"、"贼法"是关于惩治危害国家安全、危害他人及侵害财产等犯罪的实体法规定。李悝认为"王者之政，莫急于盗贼"，所以《法经》将"盗法"和"贼法"列在法典之首。"囚法"（也作"网法"）、"捕法"是关于追捕、囚禁及审讯犯罪人的法律规定，大多属于程序法的范畴。第五篇"杂法"是规定贼盗以外其他犯罪的篇目，主要规定淫禁、狡禁、城禁、嬉禁、徙禁、金禁等"六禁"的内容。第六篇"具法"是关于从重从轻、减免刑罚等定罪量刑通用原则的规定，相当于后世法典中的总则部分。

《法经》作为中国历史上第一部比较系统、比较完整的成文法典，在中国古代立法史上具有重要历史地位。《法经》的主要内容大都为后世法典所继承；其创制的体例则为秦汉立法所本，魏晋以后在此基础上进一步发展，最终形成了以"名例"为统率、以各篇为分则的完善的法典体例。从法经六篇的内容来看，我们不能把法经简单等同于刑法，它其实还包括了今天诉讼程序、治安管理与处罚等方面的内容；后世历代的律均是如此"诸法合体"，往往在刑法、刑事诉讼程序之外还包括了很多行政法的内容，甚至还加上了一些民事规范（如田宅、户婚等）。

（二）秦之商鞅变法

商鞅原姓公孙，名鞅，卫国人，后因在秦国变法有功，被秦孝公封于商，故人称商鞅或商君。商鞅自幼"好刑名法术之学"，青年时期曾在法家势力强大的魏国游学，深受法家思想的熏陶。公元前361年，秦孝公招贤，法家著名代表人物商鞅挟魏国《法经》入秦，得到秦孝公重用。公元前359年，商鞅在秦国实施变法改革，史称"商鞅变法"。这是战国时期在魏国李悝改革之后推行的一次内容更广泛、规模更宏大、影响也更深远的法制改革。虽然商鞅在秦孝公死后，被反扑的旧势力所车裂，但商鞅变法的成果被秦国继承和发扬。秦国由此迅速强盛起来，最终一举吞并六国，建立了中国历史上第一个统一的中央集权的帝制王朝。

1. 主要内容

（1）"改法为律"。将魏国《法经》六篇改编为《秦律》六篇，并扩充律的内容，是为中国数千年"律统"之所宗。

（2）运用法律手段剥夺旧贵族的特权，推行"富国强兵"的措施。如奖励耕战、军功封爵。

（3）全面贯彻法家"以法治国"、"明法重刑"主张。具体包括：重视法律的制定和宣传，同时要求全体臣民学法、明法；实行"轻罪重刑"的重刑原则，用严酷的刑罚来扫除改革的阻力和障碍；坚持"不赦不宥"，为保证国家法律的严肃性，商鞅反对任何赦宥，主张凡有罪者均应受罚；鼓励告奸，实行连坐。

2. 商鞅网捕盗贼之法

战国时代，"盗贼"盛行已经成为当时政治与社会的重大问题，而严密防禁盗贼的政策为各诸侯国所普遍采纳。故而说："王者之政，莫急于盗贼"。"盗贼难治，乃起于平民阶级思想逐渐活动，对于贵族阶级的统治，试行反抗和捣乱。迁徙奔亡，则是当时反抗与捣乱之最普遍的手段。"商鞅"网捕"之法的发明、应用，便是针对"盗贼难治"的问题。史书上说："卫鞅定变法之令，令民为什伍，而相收司连坐。不告奸者腰斩,告奸者与敌同赏。匿奸者与降敌同罚……行之十年,秦民大悦,道不拾遗。"(《史记》)商鞅什伍连坐之新法,正是李悝之"网捕"精神之发挥,其效果是秦地"道不拾遗、山无盗贼"。然而后世有人笑谈商鞅这次变法为"自缚其身",商鞅自己日后也受到这种连坐政策的"网捕"而无所遁形:"其后秦捕商鞅,商君亡至关下,欲舍客舍。客舍不知是商君,曰:'商君之法,舍人无验者坐之。'商君叹曰:'为法之弊,一至此哉。'"①

3. 秦人变法与统一六国

秦地本是戎狄之区,至秦孝公时,秦人还不脱戎狄之俗。例如他们还父子兄弟和姑媳妯娌同寝一室(沿袭游牧时代以一个帐篷为一家的习俗),这种陋习经商鞅变法打击才归于消灭。秦国没有受到文明的雅化、驯化,自然也没有受到文明的软化,秦人在当时与六国人相较,是最粗犷矫健的。商鞅的严刑峻法使秦人养成循规蹈矩的习惯,而其奖励军功的特殊爵赏制度使得对外战争成了秦人唯一的出路。"以最强悍、最有纪律的民族,用全力向外发展,秦人遂无敌于天下。"②

秦统一后,《秦律》也推行到六国,成为秦朝的律典。秦之大一统不仅涉及政治、军事领域,而是无所不包。秦统一了六国文字、货币与度量衡,还在全国铺设驰道与直道,以实现军队的机动性与信息的快速传递,真正达到了"书同文,车同轨"。秦朝的法律内容涉及政治、军事、经济、社会治安、商业、货币、手工业、自然资源保护等许多领域,所谓"治道运行,皆有法式"。经过法家思想的长期熏陶,秦朝形成了极为显著的法制特征:其一,法自君出、君主独断,秦始皇吞并六国、在全国范围内推行郡县制,建立了一个高度集权的专制政权,皇帝把国家的立法、行政、司法、军事等权力都集中于己,形成了"天下事无小大皆决于上"的局面;其二,以法为本,严刑峻罚。

4. 睡虎地秦简

在秦墓竹简出土以前,研究秦朝法律制度的文献文物资料极少。1975年,考古工作者在湖北省云梦县城关睡虎地秦代墓葬中出土了1000余支竹简,共有4万余字,其中绝大部分属于法律方面的内容。这批珍贵资料的发现,有力地推动了对秦朝法制的研究。经过专家的整理,秦墓竹简中与法律密切相关的内容被分别归纳为《语书》、《秦律十八种》、《效律》、《秦律杂抄》、《法律答问》、《封诊式》、《为吏之道》等若干部分。这些法律文件大致可分为法律条文、法律解释和有关诉讼规则等三类。根据综合分析,可以断定在这批法律文件中至少包括了从商鞅变法到秦始皇三十年这段时间内秦政权法律制度的主要内容,这个时期正是秦法制发展的高峰期。

二、汉

(一)"礼法并用"、"德主刑辅"的指导思想

汉代在制度上承袭了法家的秦律,但在指导思想上汉初重黄老,对秦之法家思想加以变通。高祖时已注意到儒家的重要性,高祖以草莽出身却首开天子祭孔之先河。

---

① 参见钱穆:《两汉经学今古文平议》,商务印书馆2001年版,第391—396页。
② 参见张荫麟:《中国史纲》,商务印书馆2003年版,第112页。

到西汉武帝时期,儒学大师董仲舒适应统治需要,提出"罢黜百家,独尊儒术"的主张,系统阐述"礼法并用"、"德主刑辅"的治国指导思想。这种思想得到统治者肯定,遂上升为占统治地位的指导思想。汉儒承袭了先秦儒家思想,吸收了法家与阴阳等家学说,对两汉统治发挥了重要作用。

(二) 汉代主要立法

1. "约法三章"与《九章律》

早在楚汉相争时期,刘邦为争取民心,入咸阳后,宣布废秦苛法,与关中父老"约法三章",即"杀人者死,伤人及盗抵罪"。但建立汉王朝后深感三章之法不足以惩办犯罪。于是丞相萧何参照秦法,"取其宜于时者,作律九章",作为两汉的基本法律。《九章律》在原秦律六篇基础上,增加"户律"、"兴律"、"厩律"三篇,形成九篇体例。由于立法者知识与经验的局限,法经的第六篇具律乃是刑罚总则,九章结构具律在中间,而不是在最前或最后,不免有些奇怪。

2. 《傍章律》、《越宫律》与《朝律》

西汉除《九章律》外,还有《傍章律》、《越宫律》、《朝律》等,共计60篇,构成汉律主体部分。《傍章律》是秦末投靠高祖之儒生叔孙通参照古代礼仪而制定,主要是礼仪制度方面的内容,共计18篇。《越宫律》是汉武帝时廷尉张汤制定的有关宫廷警卫方面的法律,共计27篇。《朝律》又称《朝贺律》,是武帝时御史赵禹制定的有关朝见皇帝的制度礼法。

3. 汉代的法律儒家化与儒法合流

自汉武帝"罢黜百家,独尊儒术",熟习儒家经典的士大夫逐渐在政治上取得优势地位,他们在法律领域也汲汲于通过司法解释与法律注释,改变在法律领域"汉承秦制"的现状。尽管就当时情况而言,君主是儒法并用、外儒内法[①],而士大夫也是儒学与法术并用、师道与吏道并重。而所谓礼之入律,主要要就其"礼义"方面而言,也即礼治的纲常名教原则入律,至于礼的具体形式(仪式)如"礼仪"与"礼乐"则否。

(1)《春秋》决狱

《春秋》是孔子所著的一部鲁国编年史。它集中反映了儒家思想观念与是非标准。自西汉武帝确立"罢黜百家,独尊儒术"方针后,传统法律开始儒家化,反映到司法领域,便出现了《春秋》决狱。其特点是依据儒家经典——《春秋》等著作中提倡的精神、原则审判案件,而不是仅依据汉律审案。

(2) 两汉之法律注释与法学之昌明

引经决狱的盛行又导致了"引经注律"的出现。西汉时有杜周、杜延年父子注律,延年所传人称"小杜律"。东汉有马融、郑玄引经注律,为儒学兼律学大师。程树德《九朝律考》收集两汉法律家,有75人,学派众多、学说纷纭,遇事难以决断,故而到了魏明帝的时候便下诏,发生法律注释冲突时以郑玄的注释为准。史载:"叔孙宣、郭令

---

① 汉武帝虽受儒家熏陶,但观其一生的作为,他应是纯粹的法家;宣帝时召儒讲经,已经充分接受了儒家思想,但其对"柔仁好儒"的儿子(未来的元帝)曾有如下严厉教训:"汉家自有制度,本以霸王道杂之,奈何纯任德教,用周政乎!且俗儒不达时宜,好是古非今,使人眩于名实,不知所守,何足委任!"(《汉书·元帝纪》)

卿、马融、郑玄诸儒章句,十有余家,家数十万言,凡断罪所当由用者,合二万六千二百七十二条,七百七十三万三千二百余言。言数益繁,览者益难;天子于是下诏,但用郑氏章句,不得杂用余家。"(《晋书·刑法志》)

当时在知识界,法律及其注释的普及程度几乎可与后世之《法国民法典》①相媲美,何休注公羊、郑康成注周礼,均曾引用汉律来解经;而许慎《说文解字》,并引汉律来解字。汉代学校废弛后学术传承移于家族,而法学成为一种家传的学问:东汉时有颍川郭氏,一家中为廷尉者七人;河南吴氏,三代明法,皆为廷尉;颍川钟皓、钟繇、钟会三代为"刑名家";《后汉书》载杨赐以"世非法家",固辞廷尉之职。

三、魏晋南北朝

(一) 曹魏新律

因为曹魏的统治者偏重法家,魏国立法较蜀、吴卓有成效。"魏之初霸,术兼名法",早在曹操被封魏王时,就针对汉律繁芜和不适于动乱年代的状况,而对汉律有所改易。但迫于汉臣名份,遂有"科"这一独立性的临时法律形式的出现。当时制定有"新科"和"甲子科"。直到魏明帝时又着手制定新律。太和三年(公元229年)诏令陈群、刘邵、韩逊等"删约旧科,傍采汉律,定为魏法,制新律18篇"。与汉律将具律置于中间相较,新律将总则内容放在第一篇,称"刑名"。除前述下诏"但用郑氏章句"以解决法律解释冲突外,曹魏还设置"律博士",以儒生习律学。

(二) 晋律与法律儒家化

曹魏末年,晋王司马昭即命贾充、羊祜、杜预、裴楷等人以汉、魏律为基础,修定律令。历时4年,至晋武帝司马炎泰始三年(公元267年)完成。次年颁行全国。史称《晋律》或《泰始律》。在体例上,晋律分魏律总则篇"刑名"为"刑名"与"法例"两篇。晋律经张斐、杜预作注释,为武帝首肯"诏班天下",与律文同具法律效力,故后人又称《晋律》为"张杜律"。这一形式成为以《唐律疏义》为代表的律疏并行的先河。

《晋律》简要得体,又同时有两大家为之作注,为南朝所沿用,六朝诸律未有逾晋律者。陈寅恪有言:"古代礼律关系密切,而司马氏以东汉末年之儒学大族创制晋室,其法所制之律尤为儒家化,既为南朝历代所因袭,北魏改律,复采用之,辗转嬗蜕,经由(北)齐隋,以至于唐,实为华夏刑律不祧之正统。"②

(三) 南朝之因循

南朝历代之律典均不出晋律之范围。宋、齐均沿用晋律,皇室与士族崇尚玄学与佛学,蔑弃礼法,以清谈为高雅、以法理为俗务,优于词章、疏于律令。梁武帝萧衍代齐,依照《永明律》修订《梁律》,但与《晋律》相比,篇目次第依旧,仅名称有所改易,还做了些删削辞句、统一注释的工作。陈则颁布《陈律》,史载《陈律》"条流冗杂,纲目

---

① 有一种说法:《法国民法典》(拿破仑民法典)以文笔优美和通俗著称,颁布后法国人在家中将其与《圣经》并列,甚至有文人作家通过阅读《法国民法典》寻找语词的韵律与灵感。
② 参陈寅恪:《隋唐制度渊源略论稿·唐代政治史述论稿》,生活·读书·新知三联书店2001年版,第111—112页。

虽多,博而非要",其"篇目条纲,轻重繁简,一用梁法"。

总的来说,南朝前期在法律制度与思想上与两晋相较并无大发展,只是"两晋之故物也",至于南朝后期梁陈亦不过"宋齐之旧贯"。故而南北朝制律北优于南、为隋唐所祖,北朝制律虽参考南朝前期典章制度,但论其实质不超过晋律范围:"元魏正始以后之刑律虽其所采用者谅止于南朝前期,但律学在江东无甚发展,宋齐时代之律学仍两晋之故物也;梁陈时代之律学亦宋齐之旧贯也。隋唐刑律近承北齐,远祖后魏,其中江左因子虽多,止限于南朝前期,实则南朝后期之律学与其前期无大异同。故谓'自晋氏而后律分南北二支,而南朝之律至陈并于隋,其祀遂斩。'(程树德后魏律考序所言)者固非,以元魏刑律中已吸收南朝前朝因子在内也。但谓隋唐刑律颇采南朝后期之发展,如礼仪之比,则亦不符合事实之言也。"①

(四) 北魏之集大成

北魏首开北朝重视法典编纂之风。自太祖拓跋圭天兴元年,到孝文帝太和年间(公元477—499年),大大小小的立法活动见于记载的有九次,前后经历一个多世纪的改定,这大约是历史上修订最久的一部法律。《北魏律》共20篇,它的颁行,一改魏初"礼俗纯朴,刑禁疏简","临时决遣"的状况。因参与修律的崔浩、高允、游雅等人均是当时汉族中著名的律学家,加之北魏历代君臣都重视法律,使《北魏律》能"综合比较,取精用宏",冶汉、魏、晋律于一炉,开北系诸律之先河。

孝文帝拓拔宏是一个奉行"以夏变夷"的彻底汉化的鲜卑人,他废弃胡姓"拓拔"改姓"元",禁止胡俗胡语;他对于法律特别的爱好,《魏书·刑法志》载:孝文帝主持修定,多次诏群臣聚议,有疑议"亲临决之",并亲自下笔"润饰科旨,刊定轻重"。他认为律是礼的体现,应"齐之以法,示之以礼"。他改律的结果,"死刑止于三等,永绝门诛。慈祥恺恻,有逾文景。"②

陈寅恪评价说《北魏律》为当时集大成者:"元魏刑律实综汇中原士族仅传之汉学及永嘉乱后河西流寓儒者所保持或发展之汉魏晋文化,并加以江左所承西晋以来之律学,此诚可谓集当日之大成者。若就南朝承用之晋律论之,大体似较汉律为进化,然江东士大夫多不屑研求刑律,故其学无大发展。且汉律之学自亦有精湛之意旨,为江东所堕失者,而河西区域所保存汉以来之学术,别自发展,与北魏初期中原遗留者亦稍不通,故北魏前后定律能综合比较,取精用宏,所以成此伟业者,实有其广收博取之功,非偶然所致也。"③

(五) 东魏《麟趾格》与西魏《大统式》

东魏兴和三年(公元541年)命群臣议定新法。天平年间(公元534—538年)曾诏高澄与封述定新格,"以格代科,于麟趾殿删定,名为《麟趾格》,颁行天下"。西魏大统元年(公元535年)着手制定新法;大统十年(公元544年)命苏绰编定《大统式》,"总为五卷,颁于天下"。

---

① 参陈寅恪:《隋唐制度渊源略论稿·唐代政治史述论稿》,生活·读书·新知三联书店2001年版,第112页。
② 参见徐道邻:《中国法制史略论》,第29页。
③ 参见陈寅恪:《隋唐制度渊源略论稿·唐代政治史述论稿》,第123—124页。

（六）《北齐律》之地位

公元550年，东魏权臣高洋自立为帝，改东魏为北齐。初沿用《麟趾格》，至武成帝河清三年（公元564年），在封述等人主持下，以《北魏律》为蓝本，校正古今，锐意创新，省并篇名，务存清约，编定成《北齐律》12篇，949条，其内容以"法令明审，科条简要"著称。《北齐律》的总则篇合晋律以来之"刑名"与"法例"两篇为"名例"，被后世所沿用至清。针对危害皇权与礼教的犯罪，北齐律规定了"重罪十条"，是为后世"十恶"重罪之所本。《北齐律》上承汉魏律之精神，下启隋唐律之先河，成为隋唐法典的蓝本。程树德评价说："南北朝诸律，北优于南，而北朝尤以齐律为最"。①

（七）北周之复古

宇文泰模仿周礼（周官）建立典章制度，乃是基于政治需要而非理念追求。"自西汉以来，模仿周礼建设制度，则新莽、周文帝、宋神宗，而略附会其名号者则武则天，四代而已。四者之中三为后人所讥笑，独宇文之制甚为前代史学家所称道。"北周（关陇）与北齐（山东）、南朝（江左）鼎足而三。论人力财富，其远不及高欢之北齐；论文化，其不及南朝风流，也不及北齐自魏孝文帝以来经营之洛阳与邺都之典章制度。"宇文苟欲抗衡高齐及萧梁，必别有精神上独立自成系统之文化政策，其作用既能文饰辅助其物质建设，更可维系其关陇境内之胡汉各族之人心，使其融合为一体，以关陇地域为本位之坚强团体。利用关中氏族之保守性特长，假借关中本地姬姓旧土。"其"阳传周礼经典制度之文，阴适关陇胡汉现状之实。仅利用其名号，以暗合当日现状，故能收模仿之功用，少滞格不通之弊害"。但是，宇文泰的复古改革乃是出一时权宜，故创制未久子孙已不能奉行，逐渐改移汉魏之旧。② 至于周《大律》，文体模仿《大诰》，"强摹周礼"、"非驴非马"、"矫揉造作，经历数十年而自然淘汰"。③ 隋虽承袭北周之政权，却不采周律而用北齐律，不过周律所创之流刑分等④则为隋律所因袭。

（八）魏晋南北朝主要法典结构内容之变化

律典	总则名称体例之变化	入律之重要法律内容
魏新律	刑名	八议
晋律	刑名、法例	服制定罪
北魏律、陈律		官当
北齐律	名例	重罪十条
周大律		流刑分等

法典结构内容变化表

基于当时士族在政治、经济、社会上的优越地位，三国两晋南北朝法律制度特别强调上层阶级的法律特权，"八议"与"官当"入律就是突出表现。魏明帝在制定《魏律》时，以《周礼》"八辟"为依据，正式规定了"八议"制度。"八议"制度是对上层阶

---

① 程树德：《九朝律考》，中华书局2003年版，第391页。
② 参见陈寅恪：《隋唐制度渊源略论稿·唐代政治史述论稿》，第100—105页。
③ 同上书，第125页。
④ 参见程树德：《九朝律考》，第415页。

级犯罪后实行减免处罚的法律特权规定。它包括议亲（皇帝亲戚）、议故（皇帝故旧）、议贤（有德行与影响的人）、议能（有大才能）、议功（有大功勋）、议贵（贵族官僚）、议勤（为国家勤劳服务）、议宾（前代皇室宗亲）。自此以后，"八议"成为各代刑律的重要内容。"官当"是允许官吏以官职爵位折抵徒刑的一种特权制度。它正式出现在《北魏律》与《陈律》中。《北魏律·法例篇》规定：每一爵级抵当徒罪二年。南朝《陈律》规定更细，凡以官抵折徒刑，同赎刑结合使用：如官吏犯罪应判四至五年徒刑，准许以官当徒两年，其余年限服劳役；若判处三年徒刑，准许以官当徒两年，剩余一年可以赎罪。

《晋律》与《北齐律》中相继确立"准五服制罪"的制度。服制是中国古代社会以丧服为标志，区分亲属的范围和等级的制度。按服制依亲属远近关系分为五等：斩衰、齐衰、大功、小功、缌麻。服制不但确定继承与赡养等权利义务关系，同时也是亲属相犯时确定刑罚轻重的依据。如斩衰亲服制最高，尊长犯卑幼减免处罚，卑幼犯尊长加重处罚。袒免亲为服外远亲，尊长犯卑幼处罚相对从重，卑幼犯尊长处罚相对从轻。依五服制罪成为封建法律制度的重要内容，影响广泛，直到明清。

四、隋唐五代

（一）隋之《开皇律》

隋文帝杨坚于开皇元年（公元581年）下令修订刑律。开皇三年再行修订后，正式颁行，史称《开皇律》。其特点有：

（1）刑罚的人道化。以轻代重、化死为生，废除了鞭刑、宫刑、枭首及车裂，废除了孥戮连坐制度。

（2）篇章体例定型化。《开皇律》总结以往立法成果，以《北齐律》为基础，规定了名例、卫禁、职制、户婚、厩库、擅兴、贼盗、斗讼、诈伪、杂律、捕亡、断狱共12篇体例，调整了篇目内容，体现了"科条简要"的特点，并使刑律篇章体例走向定型化。

（3）五刑法定化。《开皇律》刑罚制度法定为笞、杖、徒、流、死五种。死刑为绞、斩两等。流刑分一千里、一千五百里、二千里三等。徒刑分一年、一年半、二年、二年半、三年五等。杖刑从杖六十到杖一百；笞刑从笞十到笞五十，各分五等。隋代对刑罚制度的重要改革，为后世王朝所沿用。

（4）区分官员之公、私罪，公罪处罚较轻；同时特权法进一步发展，除既有的八议制度外，对九品以上官吏犯罪，增加了"上请"、"例减"、"听赎"等项规定。

（5）"十恶"罪的确立。《开皇律》吸收《北齐律》"重罪十条"，正式形成了"十恶"制度。

至于隋炀帝颁布之《大业律》，则本着以轻代重的原则对《开皇律》多有修改，删去了十恶的规定，减轻了谋大逆与谋反的处罚，"其五刑之内降从轻典者二百余条，其枷杖决罚讯囚之制，并轻于旧"。（《隋书·刑法志》）但不久因炀帝苛政引发起义，烽烟四起，政府为镇压反抗在法外改用严刑峻法。隋亡后，唐律不采《大业律》而以《开皇律》为本，其理由如程树德所推测，大约乃效仿汉高祖入关约法之先例，必废炀帝之法以收民心,与《大业律》本身之良莠无关。①

(二) 唐律与唐律疏议

1. 《武德律》与《贞观律》

高祖武德年间以《开皇律》为基础,增加数十条新格制成《武德律》。太宗贞观年间,花费十一年时间,完成唐律的修订,称《贞观律》,自其修订完成后,唐代基本法典即告定型。

2. 唐律疏议

高宗永徽二年(公元651年)令臣下对《贞观律》作慎重修改,颁布《永徽律》。永徽三年(公元652年),长孙无忌等大臣历时一年,完成"律文"的疏议工作,作了具有法律效力的解释,并附律后。在永徽四年(公元653年)颁行天下,称为《永徽律疏》,是代表性法典,即现在所称之《唐律疏议》。后世之所以称之为疏议,是因为《律疏》每一条均以"《疏》议曰:……"开头。

玄宗开元年间,又下令修订《永徽律疏》,删掉不合时宜的条款与称谓,颁行天下,时称为《开元律疏》。

3. 唐律的历史地位及影响

唐律是中国传统法典的楷模,在中国法制史上具有继往开来、承前启后的重要地位。唐代承袭秦汉立法成果,吸收汉晋律学成就,使唐律表现出高度的成熟性,后世律典均本于唐律。唐律是法律儒家化之典范,它礼、律结合,以律辅礼,主持唐律注释工作的长孙无忌将其刑罚思想概括为:"德礼为政教之本,刑罚为政教之用"。清人纪昀评价《唐律》"一准乎礼而得古今之平"。(《四库全书总目·政书类》)"唐律内容在其后各朝法典中不断翻版,无疑部分地基于它作为古代产物的法典权威,部分地基于它的规定作为一般准则的重要性。……《唐律》长期持续的影响是建立在它的效用之上的,实体是如此,程序也如此。"②

作为中华法系的代表作,唐律影响超越国界,对亚洲诸国产生了重大影响。朝鲜《高丽律》篇章内容都取法于唐律,日本文武天皇制定《大宝律令》也以唐律为蓝本,越南李太尊时期颁布的《刑书》大都参用唐律。可见,唐律不仅对本国影响重大,而且在世界法制史上也占有重要的地位。

(三) 五代

唐朝末年,政治与司法制度固然中衰,但无损于《律疏》本身的完美。唐亡之后,天下五易其主(后梁、后唐、后晋、后汉、后周),却大都捧着唐律作为他们的法典。后周在法制上较前四代都有贡献。周世宗(柴荣)显德四年仿唐末之《大中刑统》制《大周刑统》,开宋刑统之先河。后周时唐朝的律疏依然有效,另外则有刑统。所谓刑统,乃是以唐代律文为主,对于疏文有增有减,并把一切令式格敕,凡是有关的,按条一一编纂在一起。

---

① 参见程树德:《九朝律考》,第424页。
② 马伯良:"《唐律》与后世的律:连续性的根基",载高道蕴、高鸿钧、贺卫方编:《美国学者论中国法律传统》,第290页。

五、宋元明清

(一)《宋刑统》与敕、例

太祖令工部尚书判大理寺卿窦仪等,主持修律。建隆四年(公元963年),《宋刑统》经太祖批准"模印颁行",成为历史上第一部雕版印行的法典。《宋刑统》在内容上沿袭《唐律疏议》,在各篇下分213门,其中律的部分基本取法于唐律,律后附有唐中期以后到宋初的敕、令、格、式。《宋刑统》在体例上取法于唐后期的《大中刑律统类》与五代的《大周刑律统类》,成为一种综合性的成文法典。宋朝法制的特征在于,"它最初基于成文法,后来基于敕令,最后发展到基于判例。""宋朝确实有'律'或成文法,它们是刑事规范,但是刑事规范也可能见诸于'敕令'、'例'(判例)或'申明'(司法解释)。"大体而言,北宋是以敕代律,究其原因,宋刑统基本沿袭了唐律,可宋代的社会经济状况与唐代相较发生了很大变化,而采用发布敕令与编敕的方式,使敕在实务中取代了律文,在形式上则保留作为"祖宗成法"之律典,这远较大规模修律更为简便易行。到了北宋后期,"例"又逐渐取代了"敕"的地位,官员们抱怨说:"判例正在推翻成文法",而"这种批评在南宋更为普遍"。①

(二)金

与辽人不同,金人汉化程度很高,其前后颁布之《明昌律义》、《泰和律义》,就其根本源自唐律。号称"小尧舜"的金世宗(完颜雍)对于政治与法律,都有极高明的见解:"愚民不识典法,有司亦未尝叮咛诰诫,岂可遽加极刑?""箠楚之下,何求不得,奈何鞫狱者不以情求之乎"。《刑法志》说他"或去律据经,或揆义制法,近世人君听断,言几于道,鲜有及之者"②。

(三)元

1.《至元新格》

元世祖至元二十八年(公元1291年),令右丞相何荣祖等"以公规、治民、御盗、理财等十事辑为一书,名曰《至元新格》,令刻版颁行,使百司遵守"。成为元代立国后第一部成文法的汇编。

2.《大元通制》

至治三年(公元1323年),英宗修订了元代较为完备的成文法典《大元通制》。这部法典共2539条,分制诏、条格、断例、别类四部分;有名例、卫禁、职制、祭令、学规、军律、户婚、食货、大恶、奸非、盗贼、诈伪、诉讼、斗殴、杀伤、禁令、杂犯、捕亡、恤刑、平反等20篇。它较为全面地反映了元代法制状况。

3. 四等人制度与元朝法律的奇奇怪怪③

(1) 元初把境内居民分为高下四等。蒙古人为一等,色目人(西夏、回回、西域人)为二等,汉人(原来金国统治下的汉人和契丹、女真人)为三等,南人(南宋统治下

---

① 马伯良:"从律到例:宋代法律及其演变简论",载高道蕴、高鸿钧、贺卫方编:《美国学者论中国法律传统》,第311、314页,第318—319页。
② 参见徐道邻:《中国法制史论略》,台湾正中书局1976年版,第81—84页。
③ 参见徐道邻:《中国法制史论略》,第86—87页。

的汉人与西南各族人民)为四等。

(2) 元代立法态度草草,立法技术十分"幼稚",观其法律条文,往往是把实在的案例,在判决上加个"诸"字,便草草算作抽象的法律。"尽管其外形与唐、明律类似,却对条目的内容没有总结性的概括,这是非常特别的",成了"一种具有判例法(指只通过列举具体判例来显示对于该判例的适用原则的一个方面的规定)形式的法律"。①

(3) 其法定笞杖数目之尾数自世祖起,由十下改为七下,据称理由是"天饶他一下,地饶他一下,我饶他一下",仿佛是改重为轻。但其实际定刑,则是把原来的杖五十改为杖五十七,名为"饶"三下,实为加七下。

(四) 明律及相关立法

1．《大明律》

明太祖于洪武元年(公元1368年)颁布《大明律》;因开国定律过于简单不足为用,随后又于洪武七年颁布重修的《大明律》,"篇目一准于唐",但条目有较大幅度增加;洪武二十二年,又增订《大明律》。洪武三十年(公元1397年)《大明律》定本颁行天下,全律共30卷460条,它一改唐律体例,更为名例、吏、户、礼、兵、刑、工等七篇的格局,用以适应强化六部,取消宰相制度,集权皇帝的需要。《大明律》其律文简于唐律,其精神严于宋律,成为终明之世通行不改的大法,其体例和条文被清律所继承。

2．《大诰》

朱元璋在洪武十八年(公元1385年)至洪武二十年(公元1387年)间,采辑官民犯罪的典型案例,结合朱元璋发布的训令,模仿周公"陈大道以诰天下"之意,亲手订立《大诰》四编,包括《御制大诰》、《御制大诰续编》、《御制大诰三编》、《御制大诰武臣》,共236条。《大诰》具有同《大明律》相同的法律效力。明太祖要求人民通晓《大诰》,凡"因有大诰者,罪减等",罪囚持有、通晓法律居然可以减轻处罚。"大诰所用刑甚峻。凡三诰所列凌迟、枭示、种诛者无虑千百,弃市以下万数。其目凡十。其第十曰'寰中士夫不为君用'。"当时有读书人拒不出仕,居然被处死并籍没其家。《大诰》为律外之严刑峻法,太祖之后"未尝轻用"。②

3．例

明代的例是由典型判例,发展而成为单行成例,例经过汇编后成为通行法律。明初严格限制例的单独使用;明宪宗成化以后,用例之风蔓延。明孝宗弘治五年(公元1492年),刑部删定《问刑条例》,使之成为正式法律。弘治十三年增《问刑条例》至297条,出现律、例并行的局面。至万历十三年(公元1585年),将律为正文,例为附注,合编为《大明律集解附例》,开创律例合编的先例,并影响清代。

4．明律所谓"重其所重","轻其所轻"③

后人比较唐律和明律时,得出了明律比唐律"重其所重","轻其所轻"的结论,即对以往的重罪加重了镇压,而对原来相对的轻罪却减轻了处罚。清代法律学家薛允升在《唐明律合编》中说:"贼盗及有关币帛钱粮等事,明律则又较唐律为重。"反映出

---

① 〔日〕仁井田陞:《中国法制史》,牟发松译,上海古籍出版社2011年版,第50页。
② 参见吕思勉:《中国制度史》,上海教育出版社2002年版,第663页。
③ 参见徐道邻:《中国法制史论略》,第95—98页。

明律重刑主义的特点。唐律对谋反大逆者处以斩刑,连坐处绞只限父与子(十六岁以上),其他都可以没官为奴;而明律对犯谋反大逆者,凌迟处死,连坐处斩扩大到祖父、父、子、孙及伯叔父等。可见,明律明显加重了对政治性犯罪的处罚。《唐明律合编》又说:"大抵事关典礼及风俗教化等事,唐律均较明律为重。"在"重其重罪"的同时明律实行"轻其所轻"的原则。凡属父母在,子孙别籍异财者,唐律列入不孝,判处徒刑三年,明律仅杖八十。子孙违反教令,唐律判处徒刑二年,明律杖一百。这体现出明律为突出"重其所重",而对某些危害不大的"轻罪"从轻处罚的意图。

明律中基本思想和主要制度,不出唐律范围。明人喜欢自作聪明,在因袭唐律时,往往故为同异,因而率意更张,常常不免弄巧成拙。后来有人批评明律,说明律之更改唐律,所谓"轻其所轻,重其所重",结果轻罪逾轻而易犯,重罪逾重则多冤。后世的清律与明律相较,不同之处微乎其微,但其所修正的地方确有道理,不似明律之改唐律。

(五)《大清律例》

1. 由来

清代统治者在后金政权曾有所谓"盛京定例",但其法制相当简陋。清人在入关前便就开始学习汉族的先进文化与典章制度,1644年入主中原后,在"参汉酌金"的原则下,清统治者于顺治四年(公元1647年)颁布了《大清律集解附例》,它基本上是在明律的基础上"照猫画虎"。康熙十八年(公元1679年),于正律之外,颁布《现行则例》;二十八年,将《现行则例》附入《大清律》。雍正元年(公元1723年)开始修订律例,雍正五年始成,为《大清律》定本。乾隆元年(公元1736年),再度开馆修律,在律为"万世不易"的思想下,雍正五年律文基本未再更动,只是调整了律文所附条例。至乾隆五年(1740年)修订完成,定名《大清律例》,刊布全国。至此,以明律为蓝本,历经顺治、康熙、雍正、乾隆各朝的修律活动,经过近百年的多次修订,《大清律例》最终定型。它集历代法典之大成,比以往的律典更为严密周详。乾隆以后的历代皇帝严格恪守"祖宗成法",对律典再没有进行过重大修改,只是不断增修条例(五年一小修,十年一大修),直至清末西风东渐为止。

2. 体例与内容

《大清律例》共七篇四十七卷,律文436条、附例1049条,篇目仍是名例律、吏律、户律、礼律、兵律、刑律、工律等七篇。卷一"律目",是全部律文的详细目录;卷二"诸图",是各种图表,包括六赃图、五刑图、狱具图、丧服图与各类收赎图例;卷三"服制",为服制的具体规定。卷四与卷五,为名例律,规定了刑罚原则和通例,包括"五刑"、"十恶"、"八议"等典型制度,每个条目后均附有条例。卷六至卷三十九为吏、户、礼、兵、刑、工各律的具体规定,附有条例,每条规定的编排体例为:以罪名为纲,律文先描述罪行、再规定罚责。卷四十至卷四十七为"总类",其编排体例为:将相应的罪行按刑罚种类,从轻到重依次进行分类编排,例如笞一十排在"总类"之首,将所有应笞十下的罪行,按照吏、户、礼、兵、刑、工的顺序集中在一起,依此类推。[1] 这种以刑罚为纲的编纂形式,在立法技术上有独到之处,也反映了古人独特的刑法理念。

---

[1] 参见《大清律例》,田涛、郑秦点校,法律出版社1999年版。

明律 清律		唐律	晋律	汉律	法经
(1) 名例律		名例律	刑名 法例	具律	具法
（Ⅰ）吏律	(2) 职制	职制律	违制律		
	(3) 公式				
（Ⅱ）户律	(4) 户役	户婚律	户律	户律	
	(5) 田宅				
	(6) 婚姻				
	(7) 仓库	厩库			
	(8) 课程				
	(9) 钱债				
	(10) 市厘		关市		
（Ⅲ）礼律	(11) 祭祀				
	(12) 仪制				
（Ⅳ）兵律	(13) 宫卫	卫禁律	宫卫律		
	(14) 军政	擅兴律	兴律	兴律	
	(15) 关津		关市		
	(16) 厩牧	厩库	厩牧	厩律	
	(17) 邮驿				
（Ⅴ）刑律	(18) 贼盗	贼盗	盗律	盗律	盗法
			贼律	贼律	贼法
			劫毁		
			水火		
	(19) 人命				
	(20) 斗殴	斗讼			
	(21) 骂詈				
	(22) 诉讼	斗讼	告劾		
	(23) 受赃		请赇		
	(24) 诈伪	诈伪	诈伪		
	(25) 犯奸				
	(26) 杂犯	杂律	杂律	杂律	杂法
	(27) 捕亡	捕亡	捕律	捕律	捕法
	(28) 断狱	断狱	囚律 系讯	囚律	囚法
（Ⅵ）工律	(29) 营造				
	(30) 河防				

中国历代刑律篇目比较①

---

① 附图为张伟仁先生所绘并惠赐笔者。

第三节　作为政府组织法(官制)之"典"

一、学说上的"典"：《周礼》之六官

西汉初年，河间献王刘德从民间征得一批古书，其中一部为《周官》。王莽时，因刘歆奏请，《周官》被列入学官，并更名为《周礼》。东汉末年，经学大师郑玄为《周礼》作注，《周礼》一跃而居《三礼》之首，成为儒家的重要经典。其实《周官》的主要内容为政府组织方面，其性质为政书而非礼仪之书。周礼被公认为"伪书"，它并非周公所作，据钱穆先生推测为战国晚期作品，其思想"远承李悝、商鞅，参以孟子"，其著作年代"与老子、管子书相先后"。①

《周官》的作者参考西周与春秋、战国之政制，综合儒家与法家之思想，创造了一部理念上的政府组织法典。其内容与体例如下："分政事为六类，称为六典，一曰治典，二曰教典，三曰礼典，四曰政典，五曰刑典，六曰事典；又分官守为六官，各掌一典：一曰天官冢宰，掌邦治；二曰地官司徒，掌邦教；三曰春官宗伯，掌邦礼；四曰夏官司马，掌邦政；五曰秋官司寇，掌邦禁；六曰冬官阙，盖掌邦事也。其书亦分为六部门，每一部门各载一官掌一典，体系整然。"②《周官》并非西周的典章，也并非战国时的制度，但其作为儒家学说与理想上的"典"，对后世影响深远。历朝"托古改制"，在官制上常常模仿周官，如武则天之后周；而《周官》的体例为唐六典之模板，唐六典则为后世"典"之范式，故《周官》实为后世政府组织法典学说上的鼻祖。

二、性质为典之"令"：北魏之《职员令》与北齐令

在唐之前，虽无典之名，但究其性质，北朝已有立法"是典而以令出之矣"。③ 北魏令为魏初崔浩所定，后经游雅等编撰，其文本在南宋时已佚。其内容散见于《唐六典》、《通典》与《太平御览》。从目前可以看到的内容判断，其内容为官制官规。据《隋书·经籍志》与《唐六典》，《北齐令》为五十卷，其体例取尚书之二十八曹为其篇目。④ 以政府部门划分作为立法之篇目，此体例开后世典之先河，并与明清律遥相呼应。考诸吾国政制史，尚书六部体制于北齐尚未最后定型，还在发展与变动之中，当时"六部分统列曹"，齐令不采六部之分而以二十八曹分篇，或者与此有关。

三、《唐六典》

《唐六典》是唐玄宗开元二十七年(公元739年)编成的国家典章汇编。开元十

---

① 参见钱穆："周官著作时代考"，载氏著：《两汉经学今古文平议》，商务印书馆2001年版，第405页。
② 严耕望："略论唐六典之性质与施行问题"，载严耕望著：《严耕望史学论文选集》(下册)，中华书局2006年版，第373—374页。
③ 参见陈顾远：《中国法制史概要》，第73页。
④ 参见程树德：《九朝律考》，第387—388页、第404页。

六年(公元728年),"玄宗诏书院撰《六典》以进",命令集贤殿书院按照儒家经典《周礼》的六官体制编纂《唐六典》,"以今朝六典象周官之制"。为指导编纂,玄宗钦定了"理、教、礼、政、刑、事典"等六典的编纂体例。《唐六典》的编纂前后历经了十余年,其编纂原则为"以官统典","官领其属,事归于职","以令、式分入六司,象周礼六官之制,其沿革并入注"。法典根据玄宗钦定的六典体例,分为治职、教职、礼职、政职、刑职、事职六部分,共30卷。其中涉及唐代三省六部及各寺监等国家机关的设置、奖罚、俸禄、休致、执掌等内容。

关于《唐六典》的性质,有学者说其是"行政法典",当属有误。钱大群教授的观点比较妥当,他说,《唐六典》是以周礼为体例,以显示唐代制度盛况为目的,以国家机关与职官为纲目,以抄摘现行令、式中有关国家机关组织编制的规定为内容的一部官修官制典籍。① 简言之,《唐六典》是政府组织法典(官制典籍),不是行政法典。

对于这种仿周礼六官来编制政府组织法的方式,陈寅恪先生评论说:"唐玄宗欲依周礼太宰六典之文,成唐六官之典,以文饰太平。"此乃"帝王一时兴到之举,未尝详思唐代官制,近因(北)齐隋,远祖汉魏,与周礼之制全不相同,难强为附会也"。大臣奉旨,先后易手数人、耗时十余年,方将唐代职官全体分为六类,强为不古不今之书,"乃计出无聊者也"。② 当然,陈先生的评价针对的是《唐六典》的编纂体例,并非全盘否定其价值。唐代以前,官方并不修典,《唐六典》实开中国古代政府组织法典之先河,其地位不言而喻。③

四、《元典章》与《经世大典》

元英宗时,江西行省的文书机构汇编了元初至英宗时期的法规,称为《大元圣政国朝典章》,简称《元典章》。《元典章》共分十门,即:诏令、圣政、朝纲、台纲、吏部、户部、律部、兵部、刑部、工部。《元典章》并非元朝中央所正式编纂,乃是由地方政府汇编而成,但它在当时仍发挥重要的规范作用,并且成为后世立法的典范。这种以政府各部门为纲,汇编相关各类法律规范的体例,下开明朝会典之权舆,而明律以六部分类,亦颇取法于此。

文宗时,中央政府编纂了《皇朝经世大典》(简称《经世大典》),共十篇,其中关于君事者四篇,"由蒙古局治之",分别为帝号、帝训、帝制、帝系;关于臣事者六篇,"由蒙汉官分治之",分别为治典、赋典、礼典、政典、宪典、工典。据魏源《元史新编》考证,其内容"略与令文相近",乃是"以令入于典也"。④

---

① 参见钱大群:《唐律与唐代法律体系研究》,南京大学出版社1996年版,第134页。
② 参见陈寅恪:《隋唐制度渊源略论稿·唐代政治史述论稿》,第109页。
③ 两宋的政府体制正处在由唐向元、明、清过渡的历史阶段,这使得其政府组织法律十分庞杂,如今还可见到宋代的《吏部七司法》残卷与《景定吏部条例》。但宋代没有如唐、元、明、清那样的一部综合性的行政组织法典。参见赵晓耕:《宋代法制研究》,中国政法大学出版社1994年版,第29页。
④ 参见陈顾远:《中国法制史概要》,第73页。

五、《大明会典》

"会典是明清时代的综合性法典,涵盖的领域非常广泛,是关于国家机关诸司之职掌,典章制度之总汇的纲领性文件";"从朝廷百官的组织,到其处理事务的规程,总括所有无遗"。从其涵盖领域来说,会典的性质除为政府组织法外,也兼有程序法的因素。会典的编修受到明代皇帝的高度重视,认为"国是所存,治化所著"皆系于会典,而如果不及时编修会典、统一法守,就会造成百官莫衷一是、奸吏舞文弄法。① 明英宗正统年间开始编纂《大明会典》,至孝宗弘治十五年(公元1587年)成书,但未及颁行。其后,武宗、世宗、神宗三朝重加校刊增补,相继编有《正德会典》、《嘉靖续纂会典》、《万历会典》等。《大明会典》基本仿照《唐六典》,而会典之名则始于明。

六、清"五朝会典"

清会典大体沿袭明制,记述了各朝主要国家机关的职掌、事例、活动规则与有关制度。清代先后多次颁布会典,计有《康熙会典》、《雍正会典》、《乾隆会典》、《嘉庆会典》、《光绪会典》,合称"五朝会典",也统称《大清会典》。每部会典体例大致相同,但依政府机构的变化而有所调整。如《康熙会典》是按照宗人府,内阁,吏、户、礼、兵、刑、工六部,理藩院,都察院,通政使司,内务府,大理寺及其他寺、院、府、监等机构分目;《乾隆会典》增八旗都统、步军统领;《嘉庆会典》增军机处;《光绪会典》增总理各国事务衙门等。

关于会典之性质,外国学者Preston称其为"中华帝国之宪法",但依日本学者织田万之观点,"会典所载,固为永久不变之大法,颇似有宪法之性质。然其所规定,则机关之编制权限及事务之准则耳。至彼统治者即皇帝之地位、皇位之继承,全然缺如,无有所见。而今视为宪法,恐其说有所未尽矣"②。在帝制之下,君主之地位与皇位继承规定不言而喻为成立宪法之必要条件,故清末大臣出洋考察宪政,回国后曾建议清廷仿效英国订立《王位继承法》,以为君主立宪之基础与帝系之保障。从这个角度讲,似乎元代之《经世大典》方为体系相对完备之"宪法"(当然其中并没有现代宪法中的人民基本权利条款)。

第四节 法律编纂机关与立法技术③

一、法律编纂机关

封建社会"先王议事以制,不为刑辟"。王言即法,君命即令,有法而无典,有刑而

---

① 参见苏亦工:《明清律典与条例》,第63—67页。
② 〔日〕织田万:《清国行政法》,中国政法大学出版社2003年版,第53页。
③ 参见陈顾远:《中国文化与中国法系——陈顾远法律史论集》,范忠信等编校,中国政法大学出版社2006年版,第527—528页。

无书。春秋始有法条书之于简、刑书铸之于鼎,遂演变而发生制定律令之事。各代均由盛世明君发愿,钦派臣工临时撰修,自不能与现代立法机关相比。

其法律编纂机关有:唐末及五代之编敕所,金之详定馆,清之律例馆,只有编纂职责,没有议定与颁布法律之权限,类今天的全国人大法工委。而宋神宗时所设之"制置三司条例司",由王安石所议创,编订度支、盐铁、户部三司之财经法律,为纯粹立法机关,类今日政府之法制办(局),其只存在一年,为司马光奏请而裁撤。

清之律例馆始于顺治二年(公元1645年),因律例纂修特设,为独立官厅,经四年纂修完成《大清律集解附例》。其后每届律例纂修之期,特命王大臣为总裁,选调刑部及其他部院官吏中通晓法律者,临时命为馆员(提调、纂修)。该馆非常设机关,纂毕即撤。乾隆七年,律例馆改隶于刑部,并明定提调官以下职员。[①]

二、立法技术与用词

古代律令规章之立法技术,各有其独到之处,如张斐之"晋律表"、长孙无忌之"唐律疏"、明清律之"律注",均充分发挥立法技术之优势,足资今日参考。

今日法律之"但书",其下往往缀以"不在此限",唐明清律则不用"但"字,而用"若"字,其下则恒缀以"不用此律",或可称之为"若书"。再如今日法律所用之"亦同",唐明清律则为"亦如之"。

不过,古代法律并不标明条次,唐律每条均以"诸"字开始,明清律则以"凡"字开始,但每条均有标题,载之于目录。

---

① 参见〔日〕织田万:《清国行政法》,第187—188页。

第四章 政府组织

中国古代虽无现代意义上的宪法,但在辽阔的帝国范围内搭建庞大的中央政府与各级地方政府,不能不在中央各机关之间、中央与地方政府之间进行适度的分权,以协调它们彼此的关系,并规范各级政府与官员的权力与义务。在此意义上,中国古代的政府组织体制与规范也蔚为大观。

第一节 中央官制

一、中枢机关

(一) 天子近臣转变为国家大臣①

> 吾国中央官制,秦汉以后,无时不在变化之中,而其变化的特质则为天子的近臣(汉时称为内朝官或中朝官)转变为国家的大臣。天子畏帝权旁落、惧大臣窃命,欲收大臣之权为己有,常用近臣以压制大臣。历时既久,近臣便夺取了大臣的职权,因之大臣乃退处于备员的地位,而近臣却渐次演变为大臣。近臣一旦演变为大臣,天子又欲剥夺其权,而更信任其他近臣。由近臣而大臣,演变不已,而吾国中央官制遂日益复杂起来。
>
> ——萨孟武

举例言之,秦汉之中枢大臣——丞相、太尉、御史大夫——均源于古之天子近臣,而三省制度之形成也即天子近臣转变为国家大臣之轮回。

(1) 丞相:"相"本为诸侯朝聘会盟只是辅导行礼的官员("相会仪也")。到了战国时期,君权日益扩大,贵族日益没落,人主启用身边的士人以抑制贵族,相之地位方渐次提高。最终在实质与名义上均成为一国最高行政长官。丞相之名似始于秦。

(2) (太)尉:封建时代贵族平时为卿而主政,战时为将而主军。到了战国,由车战而进步为马队与步兵之战,贵族在军事上被淘汰,代之而起的则为平民出身的武官(尉),如孙武、吴起。他们最初不过是人主的侍从参谋,居则侍卫左右,出则从征作战。尉由侍从武官变为国家的军官,地位最高的称"国尉",汉改称"太尉"。

(3) 御史(大夫):御史乃记事之官,侍从人主左右、记载百官言行,有肃正纲纪的作用;主四方文书,知四方政情。进而被寄以耳目之任,令其监察内、外官员。至秦,则置御史大夫为众御史之长。

---

① 参见萨孟武:《中国社会政治史》(一),台湾三民书局1975年版,第107—111页。

(二) 一省与三省之递衍

1. 尚书

尚书在秦为少府之属吏,汉承秦制,论其职权,不过掌管文书、传达诏令。("秦时置尚书四人在殿中,主发书,故称尚书。")武帝曾以中官(宦官)任尚书之事,称中书(谒者)令;成帝时更以士人任之,复尚书之旧名。故中书令与尚书令,在汉时因所任者身份不同(士人或宦官)而异名,乃是同职异名,且有同时并置之例,与后世中书与尚书系统截然两分不同。①

西汉之世,尚书已经分曹办事,置令一人,仆射一人,尚书四人,成帝时尚书增为五人。尚书既得阅读章奏,又得起草诏令,于是传达文书之吏逐渐变成天子的喉舌。丞相、御史大夫不得不阿附尚书令。至光武虚位三公,事归台阁(尚书),尚书系统终以秉笔之吏,重于三公。及曹魏,尚书乃脱离少府而独立,称为尚书台。

2. 中书②

尚书由掌理政务,体制化为大臣(外朝);皇帝另设其侍从秘书曰"秘书令",曹魏文帝受禅后改"秘书"为"中书",其长官为监、令各一人,中书侍郎四人,中书(通事)舍人数人。久之,原尚书之权移于中书,中书省成立。中书与尚书划分权限:中书职司起草诏令,进而参与决策,成为丞相之任;尚书奉行诏令,为执行机关。中书由魏晋历南朝四代,职权益重,梁陈尤甚。故曰:"大臣之预国论者,必兼中书监令,尤为政本之地";而尚书"但听命受事而已"。中书舍人在魏称通事,后改称通事舍人。南朝自宋齐以后,中书省之职权乃渐次归于中书舍人,中书监令反成为清简之职,"诏命殆不关中书,专出舍人"。这一方面是因为南朝尚玄虚,放诞不理"俗务";另一方面是南朝皇子自幼即宰州临郡,一切政务由"典签"理之,一旦皇子继承大统,常任"典签"为中书舍人,委以心腹之任,导致其弄权。

3. 门下③

晋承魏旧,唯原有之侍中,其地位日趋重要,以侍中为主管长官之门下省因而设立,与尚书台、中书省开三省制度之先河。自汉以来,侍中为"亲近之职",地在枢近,多承宠任。曹魏侍中"综理万机";至晋,其职权益重。

查中国古代历史,近臣往往转变为大臣,三公、尚书、中书无不如是。一个转变了,一个就来顶替,自内而外,自近而疏,这是中国古代政制演变的形式。侍中在其顶替之处,虽渐变成外朝官,同时尚有内朝官的性质,所以权任虽大,而尚侍从天子左右。其职务又张切问近对、拾遗补缺,于是就渐次成为枢机之任,管理机要、参断帷幄,而为丞相之职。侍中最初只是就中书起草的诏命对天子提供消极的咨询,以匡正其政治上的缺失;但中书逐渐重视侍中的意见,侍中便得以积极提出主张,进而为宰相,门下省属官给事黄门侍郎地位亦随之提高,有"小宰相"之称。

南朝侍中常以膏粱世家任之,又王谢居多,选用"后才先貌"。南朝政情如同魏

---

① 参见林咏荣:《中国法制史》,台湾 1976 年自刊,第 167 页。
② 参见萨孟武:《中国社会政治史》(二),台湾三民书局 2007 年版,第 414—416 页。
③ 参见萨孟武:《中国社会政治史》(二),第 419—421 页。

晋,中央无确定之宰相,而为宰相者非有外援,亦不能久居其位。至于北魏,多以侍中黄门为"小宰相"。

4. 隋之革新①

之前如汉之尚书,魏晋之中书与侍中,各以一个或两个机构秉理大政,担任宰辅之职;而隋之三省,则为联合并立之组织,各有专司、互相牵制。由尚书省之尚书令、门下省之纳言、内史省之内史,共议国政。尚书省领六部,处理国家一切政务;内史与门下两省,掌握发布命令与封驳之权。三者共同构成中枢机关。

5. 唐之三省并立与政事堂制度

唐承隋制,只是将内史省更名为中书省,以尚书令、中书令、侍中共议国政。三省长官议事,集于政事堂,"颇有近世内阁之精神"。三省权限划分明确作如下划分:(1)中书省取旨,掌理法令、政策之制定,置中书令二人;(2)门下省出纳王命,掌法令、政策之复核,置侍中二人;(3)尚书省执行,掌理法令与政务之推行,其长官原为尚书令,后因唐太宗曾任此职,臣下避讳而虚悬其缺,以尚书省副长官左、右仆射为其实际长官;(4)在唐人眼中,中书、门下才是"真宰相",尚书省仅为执行机关;左、右仆射若得兼衔如"参知机务"、"同中书门下平章事",方为"真宰相"、才有资格出席政事堂会议参与议政。唐时三省长官虽为丞相之职,也有其他较低级的官员"参知政事"、参与政事堂会议,如"同中书门下三品"及"同中书门下平章事"。因他官参议朝政,中书之权被侵蚀,制诰之任渐次归于翰林学士。②

6. 宋代三省制度的破坏

(1)从三省分立到两省并置、一省独大

宋宰相不是议大政,而是依圣旨草诏令、办理文书;当天子荒庸时,宰相就由办理文书,进而决定军国大计。翰林学士掌制诰,其常在天子左右,必要时可贡献意见,常迁为辅相。宋以尚书令、中书令、侍中官位隆崇,俱缺而不除,或以他官兼领,为荣誉职务,未尝真拜。初承唐制,以同平章事为宰相,以中书、门下两省侍郎拜之。宋代宰相人数不多,普通不过二、三人,再加以参知政事,亦不过四五人。宰相二人时,以一人为昭文馆大学士,并监修国史,一人为集贤殿大学士。若置三人,则分别为昭文、集贤、监修国史。

宋原拟将取旨(中书)、审议(门下)、执行(尚书)三权各自分立,但行之未久,制度就被破坏。其根源在于中书单独取旨,与君主接近至机会独多,较之他省,渐臻重要,终至演成一省独大("一省专政")。③ 宋初以尚书、中书、门下三省长官同秉国政。元丰改制后,以左右仆射为相,并以右仆射兼中书侍郎,以左仆射兼门下侍郎。以执行部门长官兼领其他两省,三省互相制衡的体制就被破坏了。南渡后则不置门下省。高宗将左右仆射并加同平章事,无须再兼二省侍郎;二省侍郎改为参知政事④。孝宗

---

① 参见林咏荣:《中国法制史》,第 167—168 页。
② 参见钱穆:《中国历代政治得失》,三联书店 2005 年版,第 37 页;林咏荣:《中国法制史》,第 168 页。
③ 参见林咏荣:《中国法制史》,第 168 页。
④ 参知政事本非官名,后成为"副相"。

设左右丞相代中书令与侍中,省仆射不置,另设参知政事代中书侍郎与门下侍郎,中书省名存实亡,"三省之政合乎一"。①

(2) 政、军、财分立②

宋既废三省分权,采政(中书省)、军(枢密院)、财(三司使)分立。宋仿五代设户部、度支、盐铁三司使,统财用大计,职权益重,统之者号为"计省",三司使号为"计臣",位亚执政。元丰改制后,三司使归并于户部,中书省与枢密院合称"两府"。

枢密之任本属丞相,唐后期帝宠任宦官,始以枢密归于内侍。五代之枢密使每以武臣为之,权重将相。宋代承唐及五代之制,设枢密院,掌军国机务、兵防、边备、戎马之政令,出纳密命,以佐邦治。枢密院以枢密使为长,佐天子执军政,由宰相兼之;元丰改制后,不复兼任;南宋则或兼或否不定。因中书与枢密行事常有龃龉,故有"政事军事不应分开"的意见。元丰改制,王安石等欲罢枢密院,神宗仍坚持祖宗遗训,不欲文武二柄归于同一机关,而希望其能互相牵制。南宋因常有战事,因此皇帝意识到军事与政务不能分开,宋高宗常令丞相兼任枢密使,其后或兼或否,开禧之后丞相兼枢密使成为定制。

7. 元代一省制度

元世祖采一省制度,以中书省总揽全国庶政、枢密院掌管军事、御史大夫掌纠劾百官,其体制与秦(汉)类似。中书省置中书令一人,以皇太子兼任,地位在一切臣僚之上,但形同虚领;其下设右、左丞相(元代以右为尊),为"真宰相";又设平章政事,右、左丞,参知政事,负责掌理机要、处理军国大事。

8. 明代权力中枢移于殿阁

明初,政府组织沿元制,设中书省,置左右丞相。洪武十三年左丞相胡惟庸擅权伏诛,乃废中书省及丞相之职,政归六部,以各部尚书秉理国政。另于中极殿、建极殿、文华殿、武英殿、文渊阁及东阁置大学士,每殿阁二位,均列六部之上,但仅备为顾问而已。因大学士常侍天子于殿阁之下,避宰相之名,而称之为内阁。大学士在制度上并非宰相,仅仅是"辅臣"。成祖开阁臣预政之始,嗣后六部在实务上渐变为内阁之隶属机关,政务多依内阁意旨行之,大学士俨然成为"真宰相"。

9. 清之军机处

清初官制沿用明制,以内阁为中枢,六部则分掌政务。内阁置殿阁大学士六名,其中由特简补授者仅满汉各二人,赞理机务、表率群僚;另置协办大学士满汉各一,由尚书、总督等大臣兼任,以为其贰。至于军事,则归议政王大臣议奏。翰林院因掌制诰而备顾问,稍分内阁之权力。雍正时,因西北用兵,虑内阁泄露军机,乃在宫门内另设军机房,后改称军机处,以重臣当之。凡寄信上谕,不经过内阁与六科,直接由军机处拟旨,皇帝过目后封好,盖"办理军机处"印,交兵部加封袋,直接发给受命之人。最初,军机处专理军务,以后逐渐侵入内阁职权,以至"内外要事悉归军机处",内阁虚有

---

① 参见萨孟武:《中国社会政治史》(四),台湾三民书局1975年版,第114页。
② 同上书,第148—153页。

其名。军机处设军机大臣4—6人,由皇帝于满汉大臣中选任;又下设军机章京相辅佐,编制满汉各16人。光绪新政时,设"督办政务处",其权力与军机处相埒。宣统三年颁行新内阁制,军机处随之撤废。①

(三) 君权与相权

1. 汉初丞相之职权②

秦置丞相,总百官,揆百事;汉承秦制,以丞相为宰相,于政事"无所不统","权重而体制亦崇"。

(1) 地位与职权

其一,天子的礼遇:"丞相进见圣主,御坐为起,在舆为下。"(《汉书》)

其二,决定大政方针之权。

其三,有执行赏罚之权,对于大臣可以先斩后奏,甚至有专杀之权。

其四,"天子不亲政,则丞相当理之。"(《汉书》)

其五,丞相所请求,天子须听从;天子的提议,丞相若不同意,只有作罢。其甚者,丞相得封还诏书。

(2) 汉初丞相位高权重的原因

在思想上,依黄老(法家)学说,人主高拱无为,必须有人辅佐以统领万机,此人便是丞相。故而"人主不问苍生问鬼神"。在政治上,汉武帝以前,丞相必是列侯(功臣)。列侯拥戴刘邦称帝,铲平诸吕之乱,迎立文帝,可左右政局。汉初丞相代表列侯集团,以节制君主之专制。

(3) 秦(西汉)之御史大夫为副相

秦汉之御史大夫,史称副丞相,故汉时名为"两府"。"御史之官,宰相之副,九卿之右。"(《汉书》)御史大夫职权与丞相相埒,常与丞相争权,有时权力在丞相之上:"晁错为御史大夫,权任出丞相右;张汤为御史,……丞相取充位,天下事皆决汤。萧望之为御史,意轻丞相。"(《容斋随笔》)自东汉省御史大夫,以御史中丞为台率,始专司纠察之任。后世或复置御史大夫为台主(或为中丞),但均不再兼任副相。

2. 内朝的兴起与丞相的失权③

汉初天子垂拱无为,"天下大计决于丞相",天子有事是询问丞相而不是其下属的大臣。国家政令由丞相总其纲,九卿分掌之。在汉武帝之前,在君主和丞相之间,并无可以干预政务的人,也就无所谓内朝。汉武帝力求有为,故重用幕僚、侵夺丞相之权,而当时外朝"权相"如窦婴、田蚡多不得善终,而公孙弘之流"充位"为相,不过取其雍容儒雅,朝廷大事不由丞相。天子近臣(内朝官)逐渐壮大,侵夺了丞相的权力,自此丞相失势,九卿"更进用事"、直接听命于皇帝及其近臣。由此,"汉代政治的源泉往往不由于丞相而由另外一般人,这就是所谓'内朝'。内朝的起源或由于军事的处置不是德业雍容的宰相所能胜任,因此将大计交给另外的人,但内朝和外朝既有分

---

① 参见陈顾远:《中国法制史概要》,台湾三民书局1977年版,第106页。
② 参见萨孟武:《中国社会政治史》(一),第242—250页。
③ 参见劳干:"论汉代的内朝与外朝",载黄清连主编:《制度与国家》,中国大百科全书出版社2005年版。

别,渐渐地在非军事时期也常常有天子的近臣来夺宰相之权,因此宰相便只成了一个奉命执行的机关了"。

3. 三公与丞相之更迭

传说殷周之制,三公系指太师、太傅与太保等师保之官,其下另有六卿,为政务执行者。秦之三公,则指丞相、太尉、御史大夫等执政之官。汉从秦制,以丞相统百官;太尉之尊虽类丞相,然不常置,即置亦未必有兵权;御史大夫"佐丞相,统理天下",有副相之称。汉武帝时罢太尉置大司马,以其同时为内朝(中朝)之领袖。汉成帝纳何武之议,以"丞相兼三公之事"、不能胜任,乃改御史为大司空、并置大司马,以分丞相之权,是为三公。汉哀帝时改丞相为大司徒,而大司马、大司空亦各有专司,遂恢复三公为执政之官。王莽篡位,沿用未改。

光武初因西汉末之制;后稍改其名,以太尉、司徒、司空为三公,三公鼎立、互相牵制,实权则出于纳王命之尚书。"光武皇帝愠数世之失权,忿强臣之窃命,矫枉过直,政不任下,虽置三公,事归台阁。"(《汉书·仲长统传》)①东汉明帝时更置录尚书事,三公非录尚书事者,不得与闻朝政。于是尚书乃由掌理文书之小职变为总典朝纲之中枢,三公遂成为备员。灵帝末大司马与太尉并置。汉献帝建安中改司徒为丞相、司空为御史大夫,其背景是曹操为了掌握大权、对抗皇室,恢复了汉初丞相与御史大夫(副相)的设置。但曹魏代汉之后又恢复了东汉的体制。

两汉相权衰落之后,外戚与宦官作为与皇室最为亲近之人常常弄权并且互相倾轧。

4. 唐代之政事堂与宰相副署制度

政事堂为中书、门下两省的联席会议。凡属皇帝命令,在敕字之下,须加盖"中书门下之印",即须政事堂会议正式通过,然后再送尚书省执行。若未盖印,而由皇帝直接发出的命令,则是违法的,不能为下级机关承认。武则天滥权,未经政事堂直接发布命令,被批评说"不经凤阁(中书)鸾台(门下),何名为敕";唐中宗未经两省径自任官,被讥讽是"斜封墨敕"。这样的副署制度一直延续到宋代,宋太祖欲派赵普为相,因之前几个宰相已全体去职,无人副署,只好援引唐代甘露亭变之例,令其他大臣代为盖印副署。②

翰林院设于唐玄宗开元初年,原为学士待诏之所,后遂掌理内命,渐次演变,逐渐代替中书舍人之职。到至德年间,天下用兵,翰林学士因在天子左右、侍从兼参谋,遂

---

① 光武帝刘秀有限的理想与政治体制改革:东汉光武帝年轻时虽游学京师,但其公开的理想是"做官当做执金吾(类京城的警察局长),娶妻当娶阴丽华(刘秀家乡的富家女,是著名的美人)"。称帝之后,其心中最大的政治问题便是如何巩固自己和子孙的权位,其有限的改革也都是朝着这个方向:(1)中央官制方面,把大司徒、大司空的"大"字去掉,大司马改称太尉,不让大将军兼领;把三公的职权移给本来替皇帝掌文书出纳的尚书台。令有位的无权,有权的无位,以杜绝臣下专权。(2)地方官制方面,令州牧复称刺史,秩禄由六百石增到二千石,并且有固定治所,年终遣人入奏,参劾不经三公、直接听皇帝定夺。(3)兵制变革方面,取消地方军事训练,削弱地方军事力量。导致郡国兵不中用,边疆有事,依靠雇佣的胡兵。参见张荫麟:《中国史纲》,商务印书馆2003年版,第233—235页。)

② 参见钱穆:《中国历代政治得失》,第36—39页。

有"内相"之称。于是枢密之中心,由外相移至内相。①

5. 宋代分割相权与君权上升

宋代相权较唐代低得多,三省只有中书省设在皇宫之内,由其单独取旨,称政事堂;军权归枢密院;财权归三司("计相");人事由吏部转归考课院(审官院),分文(东院)武(西院),用人之权也不归宰相。古制,三公"坐而论道";宋初,为纠正五代君权旁落之弊,宰相谦抑,逊让不坐。宰相替君主起草诏书,由唐之"熟拟"变为宋之"札子",由定稿变为草稿,由交君主裁可变为仅供君主参考,君主的决定权大大增加。但宋代君主集权乃是制度上的,而非事实(人事)上的,北宋诸帝通常无暴戾、无专擅。②

宋代君权扩张的一个重要领域为司法(包括再立法),宋代正式律典在司法实务中很少适用,取而代之的是皇帝的敕令与断例、指挥以及它们的汇编。由于现行敕令与判例汇编篇幅巨大、过于庞杂,官员们在适用时无所适从,从北宋末期起,官员们"开始把问题推给上级,为它们处理的特殊案件寻求皇帝的御决"。"这种求助于皇帝判决形式的中间道路(判决以后变成了判例),仅仅是宋朝进一步走向'专制'倾向的表现。"③

6. 明代内阁制度与皇帝独裁

元朝以少数民族入主中原,与宋朝相较相权有所扩张、君权有所抑制,被明太祖朱元璋评价为"事不师古"。丞相胡惟庸谋反案后,明太祖废中书、门下省,不再置相,并且谕令今后凡有臣下奏请设立丞相者皆处以极刑。自此尚书省不设长官,尚书省六部首长(正二品)各不相属,变成一个"多头衙门"。

明太祖不仅废除了宰相制度,事实上,他是把秦汉创立的中央政府的三个顶层机构(行政、军事、监察)均废除了,权责均集于皇帝,他亲自担任首辅与最高军事统帅,并直接领导上百位监察御史。除撤销中书省外,他还撤销了中央最高军事机关大都督府,将其一分为五(中、前、后、左、右都督府),使得没有一个将领可以专兵。同时,明太祖还撤销了御史台,将全部高级职位废除,仅保留"群龙无首"的察院,以其作为互不隶属的监察御史办公之处。1382年和1383年,明太祖为改变御史群龙无首的混乱状态,将御史分道,并且在诸道之上设置了都御史等三级长官,将监察机构重组为都察院。但这仅仅是基于内部的人事安排与行政目的,中央政府并没有一个官员能够真正控制监察机关,皇帝是"数百名御史的唯一协调人"。④

内阁学士不过是皇帝的顾问,官阶只有五品。后世皇帝偷懒,把政权交付内阁,阁权渐重。由经筵讲官(皇室的老师)与六部尚书兼任内阁大学士,内阁大学士的地位就尊贵了。但在制度上,明代一切诏令出自皇帝,责权都在皇帝,大学士只是其私

---

① 参见萨孟武:《中国社会政治史》(三),台湾三民书局1975年版,第303页。
② 参见钱穆:《中国历代政治得失》,第67—69页。
③ 马伯良:"从律到例:宋代法律及其演变简论",载高道蕴、高鸿钧、贺卫方编:《美国学者论中国法律传统》,清华大学出版社2004年版,第332页。
④ 参〔英〕崔瑞德、〔美〕牟复礼编:《剑桥中国明代史》(下卷),杨品泉等译,中国社会科学出版社2006年版,第66—69页。

人秘书。尚书六部才是政府的最高长官,他们只须听命于皇帝,而非内阁。内阁并非宰相,如其揽权专权,则是"权臣"而非大臣。例如,"能干"的首辅张居正,其在制度上并非政府的领袖,他超越制度问事揽权、干涉部院①,故有权臣奸臣之讥。

在明代,除内阁外,另一个控制政权的组织是宦官集团,他们拥有以司礼监为首的庞大机构,并且掌控了特务机构。宦官集团与内阁有合作也有倾轧,他们是皇帝的"两套顾问班子","自从1380年取消宰相的职务以后,这两个集团都没有行使咨询职能的明确的宪政基础,它们都属于内廷,都是皇帝亲密的私人随从,它们的权力都来自它们与皇帝的关系"。明代宦官势力高涨的根源,在于明太祖废相集权之后中枢系统的支离破碎,皇帝由此不得不求助身边的宦官侍从处理重要文件,而明代皇帝除洪武、永乐外又少有精明勤政者。"对皇帝来说,宦官侍从是一个针对外廷领导遭到破坏的临时性的反应,在以前的朝代中,这种领导给统治者提供了可靠的行政协助。"明代把庞大的宦官行政编制正规化的情况,在之前宦官肆虐的汉唐也未有先例。②

明亡后,黄宗羲《明夷待访录》认为明代废相是大错,将来应再立宰相做政府领袖,不要由皇帝亲揽大权。③

7. 清代之军机处与"圣君"独裁

(1) 康熙之南书房

南书房设于康熙十六年(公元1677年),康熙在翰林等官员中,"择词臣才品兼优者"入值,称"南书房行走"。入值者主要陪伴皇帝赋诗撰文、写字作画,同时秉承皇帝的意旨"撰述谕旨"。它是直接听命于皇帝的机要机构,随时承旨出诏行令,这使南书房"权势日崇"。康熙帝亲政以后,国家大事需经过由满洲王公贵族组织之王大臣会议,而内阁在名义上仍是外朝的最高政务机构,王大臣会议与内阁对于皇权有一定的限制作用。康熙帝为了把国家大权严密地控制在自己手中,决定以南书房为核心,削弱议政王大臣会议权力,同时将外朝内阁的某些职能移归内廷。但南书房在制度上只是秘书机关,并未取代内阁、体制化为真正意义上的中枢机关。

(2) 雍正之军机处

军机处如前所述乃是由于军务机密而设,其权力逐渐由军务扩大到一般政务。"所谓军机处者,非清朝创设也,唯从时势趋势,应其需要,一位内阁之一分局耳。及后收内阁之实权,遂为最高唯一统治机关也。"军机处直隶于君主,为最高议政机关,君主日常亲临以"裁断万机"。军机处办理军务与机要,特别注意保密,为避嫌军机大臣通常不接见地方官,与中央官员也很少私人往来。④ 清制,内阁仍为外朝之中枢,军

---

① 其表现有:不通过皇帝直接下命令,并要求各衙门奏章公事备两份,其中一份不通过六科给事中,直接送内阁。
② 参见[美]牟复礼编、[英]崔瑞德编:《剑桥中国明代史》(上卷),张书生等译,中国社会科学出版社2006年版,第352—355页。
③ 参见钱穆:《中国历代政治得失》,第97—103页。
④ 参见[日]织田万:《清国行政法》,中国政法大学出版社2003年版,第155—171页。

机处仅为皇帝内廷的御用班子,其在嘉庆之前甚至未列入《大清会典》,但军机处因其背后的皇权而成为实际的最高中枢机关。清朝历代天子特别勤勉有为,几乎无日不与军机大臣相见,而机务及用兵皆由军机大臣承旨办理,清朝的皇权专制由此达于极致。

（四）历代之超品（虚位）官

西汉以太师、太傅、太保为上公；**东汉**以太傅为上公。

魏之上公有：相国、太傅、太保、大司马、大将军、太尉、司徒、司空,均位居一品。

晋分特任公与八公：特任公有丞相与相国,八公为太宰、太傅、太保、大司马、大将军、太尉、司徒、司空。前五位为超品,后五位为一品。南北朝大致承晋制,其中有省罢及不常置者。其中相国与丞相则或无或不常置。

隋设三师三公：为太师、太傅、太保,太尉、司徒、司空。三师为超品官,三公为一品官。

唐承隋制,唯三师三公均为正一品。三师为训导之官,无所统职；三公为论道之官,佐天子、理阴阳、平邦国,无所不统。

宋设三师三公三孤,为正一品。

元设三公,为太师、太傅、太保,为正一品。

明设三公、三孤：太师、太傅、太保,正一品；少师、少傅、少保,从一品。

清无定制,但洪承畴曾被加封太子太师衔,也有不少重臣于生前身后被加封太子太保等衔。

二、中央各职能部门——"六部九卿"

（一）九卿之演变①

传说中周代即设九卿,为少师、少傅、少保、冢宰、司徒、宗伯、司马、司寇、司空。秦以丞相总揽政务,另置九卿分司职守：奉常掌祭祀礼仪,郎中掌宫殿掖门,卫尉掌门卫屯兵,宗正掌皇帝亲属,治粟内史掌谷货,廷尉掌刑辟,典客掌宾客,太仆掌舆马,少府掌地泽之税。汉承秦制,唯改奉常为太常,郎中为光禄勋,典客为大鸿胪,治粟内史为大司农,并将九卿直接统辖于丞相（或大司徒）,九卿之官邸称为"寺"。汉成帝置尚书分曹任事后,政归尚书,九卿遂渐失其重要性；唯尚书地位尚低,虽已分九卿之职务,却不能完全侵夺其职权。后汉九卿分隶于三公：太常、光禄勋隶于太尉,太仆、廷尉、大鸿胪隶于司徒,宗正、大司农、少府隶于司空。晋以九卿为基础增加数卿,并且各置属曹掾史。

梁武帝调整九卿职务,析少府增大府卿,改将作大匠为大匠卿,改都水使为都水卿,合为十二卿,分为春卿、夏卿、秋卿、冬卿四类,每类三卿。十二卿皆置丞及功曹、主簿作为属官。汉代虽号称九卿,但官名并无"卿"字,"卿"之名始于梁武帝,后世沿

---

① 参见杨鸿年、欧阳鑫：《中国政制史》,武汉大学出版社2005年版,第121—123页；林咏荣：《中国法制史》,第171页。

袭之。

北魏仍为九卿,并于九卿各设少卿为副。北齐改廷尉为大理寺,改少府为太府,并称其官署为"寺",故称为"九寺"。隋沿北齐九寺,又另置国子、少府、军器、将作、都水五监。唐沿隋制,唯增司天监。宋沿之,及南渡后(南宋)九寺六监多有裁撤,为五寺三监。明为五寺三监三司二府,如通政使司、宗人府、詹事府等。清有太常、光禄、大理、鸿胪、太仆五寺与钦天监、宗人府、内务府、通政使司等。清季改大理寺为大理院,通政使司裁撤,太常、光禄、鸿胪并入礼部,太仆并入陆军部。

九卿之中,半数为皇帝办宫室之务,即所谓"宫中府中,俱为一体"。故曰:"丞相与御史由君主左右有学识的近臣发展而来,九卿亦由君主的仆役发展而成。"清季改大理寺为大理院后,所存各寺,纯为皇室之服务机构,与政府各部分立,不再"宫中府中,俱为一体"。

(二)六部之更张

1. 尚书分曹①

汉成帝于尚书仆射之下,置尚书四人,分司四曹:(1)常侍曹,主丞相公卿奏事;(2)二千石曹,主刺史郡国事;(3)民曹,主吏民上书事;(4)客曹,主外国夷狄事。成帝后又增"三公曹"主断狱,并为五曹。

东汉光武帝设六曹:(1)三公曹,主岁考课诸州郡事;(2)改常侍曹为吏曹,主选举祠祀事;(3)民曹,主修缮功作盐池园苑事;(4)客曹,主护驾及羌胡朝贺事;(5)二千石曹,主词讼事;(6)中都官曹,主水火盗贼事。六曹合仆射二人,并称"八座",为六部制度之雏形。

魏有吏部、左民、客曹、五兵、度支五曹尚书。晋有吏部、三公、客、驾部、屯田、度支六曹。魏另有祀部尚书,晋另有祠部尚书,由右仆射兼领。故史载魏晋尚书曹数,"或五或六"不等。魏晋除尚书分曹,尚书郎亦分曹,开日后各部分司之先河。

2. 六部尚书

北齐分吏部、殿中、祠部、五兵、都官、度支六部尚书,分领二十八曹。隋初承北齐之制,嗣后除吏部照旧外,改度支为户部,祠部为礼部,五兵为兵部,都官为刑部,殿中为工部。六部每部下辖四司。唐因之,六部遂为定制。安史乱后,"方镇跋扈于外,宦官擅兵于内,兵部遂失其权";而户部失权于盐铁、度支、转运诸使;吏部铨叙之权在中央为君相所侵夺,在地方为诸使、道把持,刑部亦由此失权。②

宋以六部各治其事,不隶宰相。六部除吏部外,不置尚书,只置判部事1—2人。嗣后仿五代设户部、度支、盐铁三司使,统财用大计,职权益重;元丰改制后,三司使归并于户部。元代以六部隶中书省,部各置尚书三人而不分曹。明代废中书省,六部独立,每部设尚书一人,左右侍郎各一人。清承明制,唯各部设满汉尚书各一,侍郎各二。

---

① 参见林咏荣:《中国法制史》,第172—173页。
② 参见严耕望:"论唐代尚书省之职权与地位",载严耕望著:《严耕望史学论文选集》(下册),中华书局2006年版。

（三）寺监与六部之关系

秦汉的国家政令由丞相为中枢，九卿为执行机关；而汉末曹魏以后，尚书既夺丞相之权，又兼分九卿之职，直接参预行政。隋及唐初，则尚书令仍为宰相正官，六部分曹，共行国政。故尚书省为宰相机关兼行政机关。及唐神龙政变以后，仆射虽被摒于衡轴之外，然尚书省上承君相，下行百司，为国家政事之总枢纽，仍不失其国家最高行政机关之地位。自汉末以来，尚书虽参预行政、侵夺九卿之权，但九卿亦不废，与尚书并立、皆承君相之名，分行政务，双方职权难免有重复、混淆之困扰。例如，司农、太府两寺与户部，太常、鸿胪、光禄三寺与礼部，太仆、卫尉两寺与兵部，大理寺与刑部，少府、将作两监与工部，其执掌均有类似、重合之处。有人由此认为九卿有沦为冗曹之虞，"九寺（卿）可并于尚书"。考证事实，隋唐尚书省与六部之组织极简单，官之编制不过一百五十余人，吏之编制不过一千一百余人，国家大事远非这区区一千余人所能集办；而九卿组织远较尚书六部复杂而庞大，编制不下万人，其首长之品秩亦与六部尚书均等，若说九卿为冗曹，未免不合情理。其实，六部与九卿是有分工的，六部"掌政令"、以行（君相之）制命，九卿"掌诸事"、以行尚书之政令。即六部（二十四司）承丞相之制命，制为政令，下于九寺诸监，促其施行，而为之节制。于是六部为上司、主政务，故官员不必多；寺监为下级、掌事务，故组织需庞杂。六部长官为政务官，故地位崇隆；寺监长官为事务官，故权势自远逊。①

三、监察机关

中国监察制度源远流长，尧舜时代便有贵族民主监察制度，与西洋古代贵族民主制度有类似之处。但作为中国特色的传统监察制度，则是萌芽于夏商周、成于秦、大行于汉、绵延于后世的御史和谏官制度。②

（一）从御史台到都察院

1. 秦汉

周朝以小宰和中大夫担任监察，御史则以史官兼有监察职能，当时的史官，官职虽低，而清望很高、责任很重。秦的御史则不是史官，而是察官，是为中国御史制度的创始。秦的御史地位很高，御史大夫位列三公，与丞相和太尉共领朝政，其主要职务是监察和责罚。汉承秦制，但汉制与秦制相较，秦之御史类似现代的检察官，而汉御史则纯为监察官。③ 西汉御史的中央官署称为御史台（府），掌理监察内外、纠举百官不法，与丞相府并称"两府"。御史府首长为御史大夫，兼副丞相。④ 御史府副首长为御史中丞和御史丞；有御史四十五人，其中十五人为侍御史、供职殿中，其余三十人则留在御史府。在地方上，汉武帝在行政区郡国之外，另行设置了一种作为监察区的州，置刺史以查之，因为刺史各部一州，故亦称部刺史，隶属于御史中丞。中国古代传

---

① 参见严耕望："论唐代尚书省之职权与地位"，载严耕望著：《严耕望史学论文选集》（下册）。
② 参见陶百川：《比较监察制度》，台湾三民书局1978年版，第11—12页。
③ 参见同上书，第13—15页。
④ 东汉御史大夫转为司空，御史中丞成为御史府之长。

统上监察官均得独立行使职权,御史中丞虽为御史大夫属官,但其内领侍御史、外督部刺史,可与御史大夫相抗衡,后者有过,中丞亦得察举。①"因行政权之不可信,故置御史以监之,而御史又何可深信。"这就发生谁来监督监察官的问题。所以汉制监察权并非专属于御史府,丞相府亦设司直,掌佐丞相举不法;又另设独立的司隶校尉监察百官。司隶校尉权力极大,纵是丞相、御史大夫亦得弹劾,甚至可察及皇太后及贵戚;为避免司隶校尉恃权骄纵,汉制又令司隶位在司直之下。这就形成御史府、司直、司隶校尉并行的监察体制,三机关互相监察,进而监察百官,这就杜绝了御史专权妄为扰乱朝纲的可能。②

  汉制监察官的职等待遇可用"秩卑、权重、赏厚"六字概括,其理念如下。自御史中丞以下司监察的官员秩位都不高,御史中丞秩止千石、侍御史与部刺史秩仅六百石,却要监督秩位比他们高很多的公卿和郡守、国相,但是监察官因为工作成绩优异常常可以超擢。③"以小吏监察巨僚",这是因为"秩卑则其人激昂,权重则能行志";"官轻则爱惜身家之念轻",所以少患得患失之心,这就是后世监察官无不位卑而权重的理由。再加上破格提拔的刺激,"秩卑而赏厚,咸劝功而乐进"。尽管这样的制度安排有一定的道理,一直也有人质疑以小官监察巨僚是否可能,甚至认为这是中国古代监察制度的弊病之一。④ 但依笔者之管见,因为监察官乃是"帝王之报凶的鸟和守夜的狗"⑤,作为帝王鹰犬的人自然不可与辅佐帝王的公卿大吏同列,这或许也是御史秩卑的缘由之一。御史负责纠弹不法,乃"风霜之任",所以汉代常常选择明法律而性刚毅之士担任。⑥

  御史(包括司直、司隶)所察者为官员的失职与违法(枉法),前者是为官吏不善尽其义务而惩戒之,用以维持官纪;后者是为官吏滥用职权而惩戒之,用以维持社会秩序。"吾国古代对于斯二者没有截然划分,所以监察机关不但监察官吏枉法,且亦监察官吏失职。"⑦汉制,监察机关掌纠弹,审判官吏违法情事的则为廷尉(汉时最高司法机关),案情特别重大的,天子尚可派秩位为二千石的高官五人组成特别法庭审判。至于官吏因失职而受弹劾,也必须由三公派专人查验是否属实。所以审判权与弹劾权原则上是分开的,当然在君主专制的时代,一切权力最终归于天子。⑧

  2.(隋)唐

  唐代御史台⑨设大夫一人,正三品;中丞二人,正四品下。其下设三院:台院,设侍御史四人,从六品下,掌纠举百官;殿院,设殿中侍御史六人,从七品下,掌巡察两京,

---

① 参见萨孟武:《中国社会政治史》(一),第253—259页,第291页。
② 同上书,第321—323页。
③ 秩六百石的刺史有功绩者可直接升为秩二千石的郡守、国相。可参见《汉书》卷八十三,朱博传。
④ 邱永明:《中国监察制度史》,华东师范大学出版社1992年版,第138页。
⑤ 陶百川:《比较监察制度》,第15页。
⑥ 萨孟武:《中国社会政治史》(一),第256页。
⑦ 同上书,第320页。
⑧ 参见同上书,第323—324页。
⑨ 武后文明元年(公元684年),曾易御史台之名为肃政台。

肃正朝仪;察院,设监察御史多人,正八品上,掌巡按地方。① 监察御史并分察尚书省吏户礼兵刑工六司;至于地方监察机关,则置有十道巡按,由监察御史分任之。② 肃宗至德后,地方诸道使府参佐,皆以御史充任,谓之"外台"。"御史台的职掌,从秦到汉,虽有部分的司法监察权,但无司法审判权。到了唐朝,在原有基础上又赋予御史台部分的司法审判权。……三院御史都可以推鞫狱讼。御史台正是通过推鞫狱讼、鞫审诏狱、评定案件来获得部分司法审判权的。"③御史台还得以设立台狱,于台中设立东、西二狱。御史台推鞫诉讼,是其主要职权(监察)之外的附属职权,其往往是根据皇帝的旨意审案,故成为"鞫审诏狱"。御史台推鞫刑事有东推、西推和三司推,前两种是御史台独家鞫审诏狱,三司推则是与刑部、大理寺一起鞫审大狱。

(隋)唐"上承魏晋御史制度之遗绪,下开台院之先河,实为我国监察制度发展史上之转折点"④。"不唯分巡分察之制起自于唐,即各御史独立弹事,风闻弹事,于中丞之不奉违法制诏,亦极盛于唐。"⑤御史甚至得以拒绝君主的非法调遣,这是历代所罕见的。唐代御史制度对于后世影响深远的大约有如下几点:其一,三院制度为宋朝所因袭,而武后时肃正台之名为民初肃政厅之渊源;其二,唐之外台为元行御史台之所本,而明代督抚制度,又系由元代行御史台发展而来;其三,监察御史分察尚书省六司,为清代十五道监察御史分察各部院之滥觞;其四,十道巡按御史开清代监察御史之先河。⑥

3. 宋元

宋代不设御史大夫,以御史中丞为台长,这无形中降低了御史台的地位。同时,御史中丞也多由他官兼理,甚至由丞相的属官兼任。所以形式上宋代御史制度承袭了唐制,实际上御史地位却很难独立,甚至无异于使纠弹权形同虚设。

元代的御史台乃承袭辽金制度,御史台规模大为扩张,御史品级之高更史无前例。御史台设御史大夫为台长,从一品;御史中丞二人,正二品;殿中侍御史二人,正四品;另有监察御史三十二员,正七品。唐宋以来的三院仅余两院(殿中司和察院),而殿中司仅有两名侍御史,与察院御史不成比例。台院制度,至此已近尾声。元代御史制度一大特色为行御史台之设,其为地方最高监察机关,下设诸道廉访肃政司。当时全国分为三大监察区,一为内台(即御史台),下属八道(廉访肃政司);一为江南行御史台,下属十道;一为陕西行御史台,下属四道。总共三台二十二道监察区。⑦

4. 明清

明代彻底废除了唐代以来的御史台分院(台院、殿院、察院)的制度,合并为一,更

---

① 参见那思陆:《中国审判制度史》,台湾正典出版文化有限公司2004年版,第45—46页。
② 参见常泽民:《中国现代监察制度》,台湾商务印书馆1979年版,第14页。
③ 邱永明:《中国监察制度史》,第249—250页。
④ 常泽民:《中国现代监察制度》,第10页。
⑤ 陈顾远:《中国法制史概要》,台湾三民书局1977年版,第133—134页。
⑥ 参见常泽民:《中国现代监察制度》,第16页。
⑦ 参见"监察院"实录编辑委员会编:《国民政府监察院实录(一)》,台湾"监察院秘书处"1981年版,第4页。

御史台之名为都察院。弹劾、纠仪、巡按之任,均归于监察御史。都察院设左右都御史各一人,正三品;左右副都御史各一人,从三品;左右佥都御史各二人,正四品。左右都御史主管都察院院务,负责提督各道、纠弹百司、参与会审与廷推、廷议。左右副都御史和左右佥都御史襄助都御史工作,也常派赴地方巡视。都察院除设院务官之外,还下设十三道(监察区)监察御史。监察御史共一百一十人,皆正七品。他们虽然隶属都察院,却具有较强独立性,其主要监察对象是中央的中下级官吏和地方官吏。其具体职责是:纠弹官邪、巡按地方、参与廷推和廷议、纠察礼仪以及各种专差和临时派遣。① 清代都察院在品级与职权上高于前代,都察院长官与六部尚书平级,为从一品,除主管院务外,并可参与朝政。清代都察院长官为左都御史满汉各一人,左副都御史满汉各两人,不设佥都御史。至于右都御史与右副都御史,则分别为地方总督、巡抚的兼衔。② 至于地方监察御史,则改十三道为十五道。

(二) 从台谏并立到台谏合一

汉代由大夫"掌议论"③,以批评朝政,汉时大夫有太中大夫(秩比千石)、中大夫(西汉太初元年更名为光禄大夫,秩比二千石)、谏大夫(东汉时更名为谏议大夫,秩比八百石)。"后世大夫多为散官或为阶官,只唯谏(议)大夫与御史并置,即所谓台谏者也。前者批评朝政,后者弹击官邪。""历来居此职(大夫)者多择博学修行之人为之。学博而后知政策之得失,行修而后不党同伐异。"④掌批评朝政的大夫与掌纠弹的御史相较,前者秩位较高,选拔标准也较高。大夫要博学而有修为,御史只需明法而刚直。在中国传统文化中,法学(律学)并非显学,从学问上讲明法远不及博学;而从品性上讲刚直固然是美德,但其与"有修为"的差距是"勇者"与"仁者"之别,不可同日而语。御史所察者为法律问题;而谏官矫正朝政阙矢,所察者则为政治问题,这与西方现代议会制度有类似之处,尽管其本质迥异。⑤ 汉代的谏官尚未从皇帝的内廷中分离、独立出来,所以其谏官制度只是初步形成。⑥

唐初统治者吸取隋朝灭亡的教训,注意谏诤制度的建设,唐太宗更把谏官当作师友与明镜看待。唐代中书、门下两省多设谏官,谏议大夫、给事中属门下省;散骑常侍、补阙、拾遗则分左右,左属门下省,右属中书省。因为两省谏官很多,当时已有"谏院"之称。谏官独立行使谏诤权,并可随丞相入阁,与闻政事。唐时谏官制度的一大发展是封驳制的进一步确立,军国大事由中书舍人制敕草成,交由门下省审查,如有不合时宜的,则驳回。门下省给事中在不适宜的诏敕上直接涂窜封还,称为"涂归",对诏敕的封还叫做"封驳";门下省还可在敕书后用黄纸加上批语,称"批敕"。⑦

---

① 参见皮纯协等编著:《中外监察制度简史》,中州古籍出版社1991年版,第181—182页。
② 今天我们参观保定直隶总督府,看到其大门牌匾称"都(察)院衙门",便是这个缘故。
③ 参见《汉书》卷十九上,百官公卿表。
④ 萨孟武:《中国社会政治史》(一),第262页注。
⑤ 谏官与议会之不同在于谏官由君主任命、受制于君主,而议会由人民迭举产生、代表人民监督政府。参见萨孟武:《中国社会政治史》(三),台湾三民书局1995年版,第291—293页。
⑥ 参见皮纯协等编著:《中外监察制度简史》,第69—70页。
⑦ 参见邱永明:《中国监察制度史》,第229—233页。

经五代而至于宋,废拾遗、补阙,置司谏正言,后者与散骑常侍、谏议大夫均分左右,左属门下省,右属中书省。中书省置中书舍人四人分治六房,门下省亦置给事中四人分治六房。若政令不合时宜、或任免官员不当,谏官则"奏论而纠正之"。御史与谏官合称"台谏",给事中与中书舍人合称"给舍",合其四者即所谓"台谏给舍"。南宋废门下省,谏官虽分左右,但不属于两省,而是另设一局作为谏官的组织。南宋"给舍"只掌记天子言行,而非谏官。

宋代时已经发生谏官侵夺御史弹劾之权,反而忽略了自身谏诤事务的问题:"谏诤之官往往行御史之职,至于箴规阙失,寂无闻焉。"①这一方面固然是因为弹劾与谏诤在业务上有重合之处,官员的失职(御史的"业务范围")与政府的失策(谏官的"业务范围")往往不易区分;更重要的是,弹劾是对一般官员,谏诤则是针对天子或中枢,谏官难免会有避重(谏诤君上)就轻(弹劾百官)之心。这也是后世台谏合一的肇始。至于元代,则不设谏官,御史台除纠察百官善恶外,又掌纠察得失。

明代裁去谏官,将谏官之权,统归于六科给事中,独自为一曹,直接统属于天子。(吏户礼兵刑工)六科各设都给事中一人,正七品;左右给事中各一人,从七品;各科根据事务繁简设有给事中多人,从七品。六科给事中的具体职责是规谏皇帝、封驳奏疏、监察六部、纠弹中央官吏等。御史时称道官、察官,给事中则称科官、言官,二者合称科道。明代虽然御史与给事中职权混一,即台谏职权合一,但组织机构上仍保留了台谏分立的形式。到了清代雍正元年,清世宗力排众议,将六科隶属都察院、听都御史考核,六科给事中成为都察院内部与十五道监察御史并列的监察机构,台谏进一步统一。这同时也就废除了对于专制皇权给予一定制约的给事中封驳制度。②

(三) 古代监察制度之利弊

有人说,明"半亡于言官",明代以给事中代替谏官,其职权本与御史不同。明制,给事中为言事之官,非大臣之子不得为之。六科给事中除奏闻朝政得失之外,又得奏闻"百官贤佞"。给事中与御史职掌混淆不清,遂启科道之争,二者均得参加集议,但他们是言事之官,不了解实际情况,所发言论不免标新立异,以求扬名于当世:"然论国事而至于爱名,则将惟其名之可取,而事之得失有所不顾。……一字之误,则喋喋以言……深文弹劾"。"给事中讨论朝政,进而弹劾,加反对派以罪名;御史复由弹劾,进而论政,使既定之政策为之变更:言路势张,恣为抨击,是非瞀乱,贤良混淆,群相敌仇,罔顾国是。"严嵩、张居正、魏忠贤均以台谏为爪牙,以打击异己。"明祚之亡,言官要负一半责任。"③

中国古代监察制度在世界上独树一帜,御史纠弹官邪、给谏规正君主,在一定程度上替代了近代以来西方国会监督政府的职能,为我国两千年帝制下之闪光点。但是,随着君主集权的一步步深化,台、谏渐趋合一,监察官只察小奸小恶,不敢"打老虎",更不能"逆龙鳞",反倒在一定程度上沦为君主的鹰犬与政治斗争中的打手,是

---

① 参见萨孟武:《中国宪法新论》,台湾三民书局1993年版,第464—465页。
② 参见皮纯协等编著:《中外监察制度简史》,第182—183页、第196—197页。
③ 参见萨孟武:《中国社会政治史》(四),台湾三民书局1975年版,第440页。

为监察制度之沉沦。

第二节 中央集权与地方建制

一、中央与地方的关系：集权与分权

（一）帝制"大一统"与"均权"问题

以"统一"言，唐虞夏商之部落国家，已有"元后"之号，免其分离。周初封建国家，继以"天王"之尊，趋于一统。春秋王纲不振，霸主仍以"尊王"为号召。战国诸侯争霸，孟子则以"定于一"为期望。秦统一中国，封建之局告终，汉虽偶为之，致七国之祸。晋虽再为试之，致有八王之乱。清亦稍为仿之，致有三藩之患。然无论如何，地方犹在中央系统之下，藩国得有置兵特权而已。统一国家之局面，历二千年而不改，遂认其为立国之天经地义焉。于是正统、僭国之观念由是而生。正统云者，国家统一之象征也。僭国云者，反统一之道，非正也，乃闰也。不能以其事实上之割据一隅，而谓中国非统一国家也。汉失其政，三国分立，陈寿以魏为正统，朱熹以蜀为正统。无论理由何在，均不承认国家分裂之局面为正常现象，依然有一统一国家之观念耳。从而东晋南宋之偏安，仍皆为正。而魏齐周及辽金夏不与焉。……且侨郡之设，又所以表示其为统一国家也。①

西周行封建，诸侯、大夫等各级贵族依次受封后世袭采邑，中央天子、地方诸侯与大夫各级领主的关系可参本书"中国封建社会与礼制"一章。春秋战国，诸侯侵略他国土地而不再封与贵族，由君主直接控制的郡、县开始普遍设置。秦始皇统一中国，废封国，分天下为三十六郡，后增为四十郡，郡下设县。地方为郡、县二级政府。秦之郡守、县令均由中央委派，权力集于中央，而陷于孤立。汉惩秦孤立之失，封建与郡县并行，久而受封诸王坐大，晁错削藩而有七国之乱。平乱后，景帝留列侯不使就国，仅得食其租税，郡县之政遂大兴，武帝又使部刺史监临各地、监控地方大员与豪强。汉末灵帝出朝廷重臣为州牧，遂开地方割据之局。晋武帝又封宗室，先肇八王之乱，终至外患入寇。

也有学者认为，西汉与西晋的分封乃是事出有因，并非一味泥古。西汉草创，秦皇之专制为民众所反感，而推翻秦朝的乃六国之遗民，封建制度为当时人们所能想象的最好制度，高祖分封功臣与分封子弟，在理念与政治形势上有其必然性。"高祖虽灭项藉，然谓一人可以专天下，此当时人心所必不许，而亦非高祖之所敢望也。是时之所欲者，则分天下多自予，使其势足以临制诸侯；又多王同姓，俾其势足相夹辅耳。""独有天下之想，非汉初所能有。"②而西晋面对东汉以来世家大族盘踞地方的政情，不得不分封子弟以扩充司马氏的势力范围、以屏藩中央。南朝历代均派皇子出镇地

---

① 陈顾远：《中国文化与中国法系——陈顾远法律史论集》，范忠信等编校，中国政法大学出版社2006年版，第524页。
② 参见吕思勉：《秦汉史》，上海古籍出版社2005年版，第556—557页。

方要津(如荆州),便是这一传统的延续,只是回避了封国之名罢了。

除此之外,在大一统郡县制之下仍有中央与地方之"均权"问题,仍时常发生分裂与割据的情况。大一统本身即包含着内在的矛盾,一方面是权力高度集中于中央,地方刻板划一地执行中央政令,地方政府缺乏独立意志;另一方面,"国家行政管理实际仅到县衙一级,加上幅员辽阔,鞭长莫及,发展参差不齐,情况千差万别,中央对地方的有效监控程度,虽有强有弱(大致与离中央的距离远近成反比),总体水平却远逊于欧洲君主国。……名曰'大一统',其实'统一'也是有限度的,往往是一国多制",更重要的是国家权力系统与社会生活系统若即若离,民间的社会与经济通常按当地的自然状态运行。"统一的坚壳,内部却包容着许多松松垮垮、多元含混的板块,'捣浆糊'式的一体化既虚假又脆弱,气候适宜,也常常会弱化为名存实亡乃至分裂割据。"①

(二) 汉代的集权措施

1. 维护中央集权的法令

汉代法律规定了很多危害中央集权的犯罪,对此予以严惩:其一,"左官"罪。汉武帝时规定不准诸侯私自选任官吏,凡官吏违犯法令私自到诸侯国任官的,就构成"左官"罪,并依《左官律》给予刑事处罚。其二,"阿党附益"罪。② 汉律规定诸侯官吏与诸侯王结成一党,知罪不向中央举告,就构成"阿党"罪。官吏与诸侯王交好,图谋不轨的,则构成"附益"罪。凡有阿党附益行为者,都要根据《阿党附益法》,给予严厉惩罚。其三,"出界"罪。汉律规定诸侯王擅自越出封国疆界的,构成"出界"罪,按照《出界律》,轻者耐为司寇,重者诛杀。

除了以刑罚手段打击地方诸侯危害中央集权的行为之外,在诸侯王的继承制度上,汉代由嫡长子继承制改为"推恩令"(诸子均分),以分化瓦解地方势力。同时,天子常以"酎金"罪为借口,将诸侯削地甚至免爵灭国。(诸侯王在参与祭祠宗庙时,必须贡献上等醇酒与成色上乘的黄金,若以次充好,就构成"酎金"罪,要按《酎金律》给以削地免除封国的处罚。)

2. 中央与地方势力之博弈③

(1) 政治上列侯集团对君权之制约

在汉武帝之前,汉朝由功臣(列侯)集团垄断丞相之位,丞相大权在握、代表列侯集团,对天子中央集权形成一定的制约。汉高祖在削平汉、彭、黥、陈等功臣后,其领袖地位已确定无疑;但功臣集团仍分享高祖的权力,丞相必自功臣中选任,到功臣逐渐年老凋零之后,申屠嘉则以当年队率之微擢登相位,除分封列侯外,高祖功臣还有不少出任郡守。"在这种狭窄的小集团观念下,首都区域的关中并不把关东视为可以信赖的部分。文景以前的诸侯王始终是中央猜疑见外的对象。入关出关须用符传,

---

① 参见王家范:《中国历史通论》,第 11 页。
② "党"在古文里不是一个好词。
③ 参见许倬云:"西汉政权与社会势力的交互作用",载王健文主编:《政治与权力》,中国大百科全书出版社 2005 年版。

关防严紧,宛如外国。"中央在制服关东诸侯之前,能直接控制的地区只有畿辅一带,当时中央畿辅对于地方诸侯国的人民有特殊的歧视政策:"王国人"不得宿卫,不得在京师选吏;武帝禁止官吏交通诸侯王,李广因受过梁王之将军印,尽管梁王支持中央抗击吴楚之乱,李广终生不被中央封侯。

"从结构上说,西汉初中央政府能施之于诸侯王的制衡工具只是与王国犬牙相错的诸郡及亲子弟所封的王国。"郡守的首要任务在于钳制诸侯,因此汉初郡守以军人出身者为多。而郡县守令尽管由中央任命,不像诸侯王一般世卿世禄,但郡守仍沿袭了封建王侯独揽一方之大权,当时在法律体系上也有中央汉家法令与地方郡守"条教"(法规)之冲突。

(2)社会上"齐中之不齐":集权国家与地方豪强、门第的紧张关系

帝国时代虽曰"编户齐民",但地方上仍有豪强大户,他们作为地方领袖对于当地社会秩序有重大影响,其影响力甚至超过中央委任的地方官。为彻底贯彻中央集权,汉武帝采用各种手段打击地方势力:

其一,徙郡国豪杰及赀三百贯以上者于茂陵,用迁徙的办法"调虎离山"。

其二,用皇权人格化之酷吏,以非常手段打击、铲除未迁徙之地方豪强(豪侠)。

其三,设皇权制度化之部刺史,监督地方郡守及其子弟,并防止其与地方势力勾结。

其四,在经济上,用盐铁专卖、均输平准、算缗(告缗)制度打击富商。

其五,汉初仍承袭秦之"分异令",要求民家有二男者必须分家,客观上限制了家族力量。

(3)地方势力的复兴

其一,昭、宣之后地方长吏行回避制度,但所用掾吏则多为地方豪强,汉武以来中央厉行集权的局势发生变化。

其二,地方士大夫与察举到中央的人士、地方掾吏形成三位一体,。

其三,地方世族大姓崛起,逐渐形成"士大夫与统治者共天下"的局面。

其四,元帝、成帝、哀帝均无法徙动地方豪强。

3. 从刺史到州牧:由集权到割据

秦于各郡设监御史;汉初改由"丞相史"(由丞相派出)监察数郡。武帝时期,为了加强对地方的控制,于元封五年(公元前106年)废除丞相史,将全国分为十三州部,每个州部派刺史一人负责监察(京师所在州长官为司隶校尉),刺史遂成为固定的监察机关,"位卑而权重"。除此之外,郡府属吏都邮也承担着地方上的监察任务。刺史"掌诏条察州",以诏书六条问事。这六条是指:其一,强宗豪右田宅逾制,以强凌弱;其二,二千石官不奉诏遵承典制,背公向私,鱼肉百姓;其三,二千石官不恤疑狱,以个人喜怒判案,烦扰苛暴,为百姓所疾;其四,二千石官选官不平,蔽贤宠顽;其五,二千石官子弟有恃无恐,为害地方;其六,二千石官阿附豪强,通行货贿。六条均是针对地方最高长官(及其子弟)与地方豪强。部刺史"选第大吏,所荐位高于九卿,所恶立退,任职重大"。以六百石之刺史监察地方大员,其背后的原理在于"方伯权重则易

专,大夫位卑则不敢肆,此大小相维,内外相统之微意也"。这样设计的地方监察制度"得有察举之勤,未生陵犯之衅"。

可到了汉成帝时,丞相翟方进、大司空何武上奏:"春秋之意,用贵临贱,不以卑临尊,刺史位下大夫,而临二千石,轻重不相准,失位次之序。臣请罢刺史,更置州牧,以应古制。"成帝由此改制。因改制后的州牧但求"自守",无法发挥监督职能,汉哀帝时罢州牧而恢复汉武帝时的刺史制度。可是,刺史在地方因为权重,其地位也随之上升,进而长驻地方。光武帝时刺史品秩升为二千石,在地方有固定治所。到东汉末年灵帝时,刺史改称州牧("牧民"),"州任之重,自此而始",由"大夫"演变成为"方伯",逐渐尾大不掉,独立为一方诸侯。① 西汉成帝之时虽改刺史为牧,但仅是提高其级别(秩禄),州牧仍然仅是监察官而非行政官;到灵帝改刺史为牧,又和成帝不同,"州牧外领兵马,内亲民事,完全是个行政官。于是秦汉以来的郡县二级制度,由于这种改制,到了董卓作乱,就改变为州郡县三级制度。州地广民众,州牧有所凭藉,起而反抗中央,中央难以应付。外重内轻,干弱枝强,所以刺史改牧乃是中央集权分解为地方割据的一种过程"。②

(三) 隋以后的集权与分权③

隋承五胡十六国与南北朝分裂之后,建立大一统,国势因过分集中而颓,蹈秦之覆辙。隋承北齐之制,中央政府之吏部已夺取地方州郡令之自辟僚属之权。唐承隋制,中央以巡察使监临各道,以分郡县之势力。安史之乱后,诸道设镇府,节度使遍置于各地,以武臣兼理民政,不听中央号令,唐祚遂亡于地方割据。

方镇之祸至五代愈演愈烈,宋太祖黄袍加身后,以此为戒,致力于削弱地方势力、实现中央集权,力求达到"皇帝一纸令下,如身使臂,如臂使指,无有留难"。其措施有三:其一,将地方各路事务分为四司,以分地方之权,四司包括漕(转运使)、宪(提点刑狱公事,后更名为提刑按察使)、仓(提举常平司)、帅(安抚使/经略安抚使)。其二,采"杯酒释兵权",并留地方节度使、刺史于京遥领各州(府);州府长官牧尹不常设,以文臣代之权知其事,称为(权)知府事或(权)知州事;于州府另置通判1—2员,由朝廷委派,通判与知事均礼,凡兵民财刑诸政事,皆须通判签署方得行之。其三,收地方精兵而为禁军,移置于京师。宋制,有"官",有"职",有"差遣","差遣"方为该官员之职掌。宋初强干弱枝之策,导致地方事权分散、国势积弱,外患渐兴。南渡后,漕、宪、仓、帅四司为府州之长,而帅司地位特重,凌驾于其他三司之上,而为一路之长官;又合数路为一道,置宣抚、制置二使以统之,地方权力渐重。在立法与司法层面上,为实现中央集权,宋代早期还以大量通过(皇帝)敕令解决地方问题而著称,而这类大量颁布的"处理繁琐小事的敕令"与"明法"之君主针对个案裁判事例的泛滥,造

---

① 参见吕思勉:《中国制度史》,上海教育出版社2002年版,第527—528页。
② 参见萨孟武:《中国社会政治史》(一),第468页。
③ 参见林咏荣:《中国法制史》,第175—176页。

成了司法适用的混乱,"但它们同时也反映和象征了皇帝的权威地位"①。

元厉行中央集权,于地方设行中书省②,为中书省的派出机关,其后行中书省权重,中央政策不能贯彻。元于路、府、州、县设达鲁花赤,为掌印官(正印官),大都由蒙古人担任;路、府总管与州尹/知州、县尹为地方政府之二把手,由汉人任之。因汉人有行政经验,故可由其管理地方;但又不信任汉人,故而令达鲁花赤为盖印之官、负监督之责。凡地方政令,需由达鲁花赤盖印,方能发布,以此来钳制汉族地方官。③

明太祖于洪武九年废除"事权太重"之行中书省,改在地方分设"三司"以分地方政府之事权:其一,承宣布政使司,掌一省之政事财赋;其二,提刑按察使司,理一省之刑狱审断;其三,都指挥使司,领一省之军事。"嗣后因地方用兵,尚书奉旨出使假以总督之名,侍郎或御史出使假以巡抚之名。总督原系总督军事,巡抚亦因事而设,其职责不外督促、纠察所属官吏,终明之世,未成定制。"

清沿明旧,但总督、巡抚成为常设之官。太平天国乱后,曾国藩、左宗棠、李鸿章等汉族士人,以督抚统兵中兴清室,逐渐坐大。庚子之变,督抚张之洞、刘坤一、袁世凯等相约"东南互保"("南省中立运动"),共有十三省不奉诏与列强宣战,反而与之订立"互不相扰"的中立协议,形同独立于中央,清室亦莫奈何。

二、地方建制——地方行政区划与设置

(一) 制度之演变

秦为郡、县二级。汉初承秦二级制。景帝时改郡守为太守,并使列侯不就国,国之政交与中央任命之国相与尉。武帝又分天下为十三部(州),作为监察区。至东汉末,刺史改称州牧,总领地方民政与军事,俨然为地方第一级行政长官。遂变郡、县二级为州、郡、县三级。

晋地方建制为州郡县三级。晋惩汉末州牧之专横,分州牧之职权为刺史(民政)与都督(军政),"都督知军事,刺史理人"(《通典》),以实现军、民分治。但刺史仍多以都督兼任,凡刺史加将军衔者,"当方面,总兵权,有州将之称"。论其实,则为都督兼领刺史,其本职为"都督本州诸军事",称为"将军开府"。而刺史不加将军衔、专司民政者,则称之为"单车刺史",为纯粹地方行政长官。至东晋则"单车刺史"为例外,刺史内亲民事,外领兵马,身兼文武两职,造成政局不稳。④

隋文帝时,因州数渐多、与郡无异,遂废郡以州统县,炀帝时又更州名为郡;并仿汉武帝旧制,置司隶刺史分部巡查。地方为郡县两级。唐初复改郡为州,州依户口多寡分上中下三等,置刺史;并于重要之州置都督府,以都督府所在州刺史兼都督,统辖

---

① 马伯良:"从律到例:宋代法律及其演变简论",载高道蕴、高鸿钧、贺卫方编:《美国学者论中国法律传统》,清华大学出版社2004年版,第332页。
② "省"(行省)成为地方一级行政官厅之名,便肇始于此;在元以前,"省"为中央机关之名,如中书省、门下省、尚书省。
③ 参见萨孟武:《中国社会政治史》(四),台湾三民书局1975年版,第300—301页。
④ 参见萨孟武:《中国社会政治史》(二),台湾三民书局2007年版,第265页。

数州。太宗贞观时,分天下为十道,以御史台臣充任巡察使,巡按诸州;后增为十五道,各道置采访(处置)使;其后又改置观察使,兼所驻州之刺史,并总领全道兵民刑财诸政;其有戎旅之地即置节度使。安史乱后,天下分为四十余道,各道节度使行地方割据,"方镇相望于内地,大者十余州,小二三州";但其名义上仍为中央委派之使。宋因唐之道制,分设于诸路,唯诸路分置帅、宪、漕、仓四司。四司之中经略安抚使(帅)权特重,掌一路置兵民之事。中央为监视经略安抚使,军事方面置走马承受,每岁入朝奏事。走马承受承唐代宦官监军之制,虽通常以士人任之,亦有任用宦官者;原则上每路一员,也有两路合置一员或一路置两员者。故唐宋实际上为道/路、州(府)、县三级政府,唯道/路一级为中央划分的监察区,兼理军政、民政,不纯为地方一级政府。唐府之长官唐称为牧,尹为其贰;宋则牧尹不常设,只置知府事,至道以后,知府必带"权"字,为临时任命、暂代之意。①

元之地方行政组织可谓复杂,其地方行政区划,府(州)、县之外,另有路,或以路领府(州),或路与府(州)平级,并无定制。另设行中书省,虽名义上为中央中书省的派出机构,实为地方行政之第一级机关。合为省、府(州)、县三级;其以路领府(州)者则为四级。此外,中央之中书省亦直接统辖山西、河北所谓"腹里之地"。又合数省为一道,有所谓行枢密院以督军事,行御史台以司监察。每一省又有宣慰使、安抚司、招讨使、巡查军事;又有肃正廉访司巡查狱讼,儒学提举司管教育,盐课提举司管盐政。

明承元之行省制度,每省设"三司"分掌民财、军事、司法。其行政区划为三级制与四级制并用,四级制是以省—府—州—县,三级制则不设府这一级。其州分直隶州、属州两种,前者地位与府同,后者与县同。另于各府(州)县置卫所统军;边疆则不置府(州)县,仅置卫所兼理民事,为变相之行政区划。明中叶后督、抚之设;巡抚由中央派出之监察使而渐趋地方化,每省皆置一员,变为驻省三司之长官。明代四级或三级的地方建制的安排与财政有关:"县构成基本的征税单位,府构成基本的计税单位,省构成解税单位。州或是把大府分成若干行政上可以管理的单位,或是覆盖有中间层税收但位于僻远和交通不便的地方。州是为了调整这种不平衡状态而设置的,它没有自身的行政管理特点。当州隶属于府时,它作为府的分属发挥作用;当它隶属于省时,它作为一个次要的府发挥作用。当某层政府在指挥系统中变得没有必要时,它就被淘汰。由于两个京师区的府靠近北、南两京的行政官署,省级组织就被认为没有必要了。"②

(二) 概念之变迁

1. 县官之名的变化

秦之大县设令,小县设长。两汉、魏晋南北朝承之,分设令、长以治县。隋唐一律称县令,而无县长之名。知县("知某县事")之名,始于宋建隆三年。元代于县置达

---

① 参见林咏荣:《中国法制史》,第178页。
② 〔英〕崔瑞德、〔美〕牟复礼编:《剑桥中国明代史》下卷,第105页。

鲁花赤,县尹贰之。明清承宋制,每县置知县一人。

2. 州地位之升降

汉初州为监察区,刺史品级较郡守为低。成帝时改刺史为州牧,位在郡守之上。东汉灵帝以重臣出任州牧,州始成为最高行政区。隋初,因州数渐多、与郡无异,遂废郡以州统县。州之地位渐失其重要性。唐宋之州,有辅、雄、望、紧、上、中、下七等级之分,但无种类之别,其在地方为道/路与县的中间一级的地方政府。元代之州,既有上、中、下等级之差,又有省属州、路属州、府属州、州属州四种类之分。到明清时州不再有等级之差只有种类之别,州分直隶州、属州(散州)两种,前者地位与府同,后者与县同。(散)州遂成为与县并立之最低一级之地方政府。①

3. 府地位之下降②

府在秦汉本为中央政府办事机构的名称,如丞相府、御史府、少府、太府。唐以后,府为州之别名,"元以前,府比于州;明以后,府代替州"。"府之由官署之称谓演变成为地域称谓,正与省(行省)同。"

府之成为地方区域的称谓始于唐代,当时为首都及陪都所在之州的名称。宋代,府已扩大到其他比较重要的州,如北京大名府等;宋代府有京府与次府两个等级,京府有开封府、临安府、应天府。元府不分等级,但有种类之别,一类为"散府"直属于省,另一类为"属府"经路而间接隶于府。明之后府数大为增加,府成为省级之下,县级之上的一级政府(州)的通称,失却其早先的重要地位。明府的种类有三:军民府,设于四川、广西、云南、贵州,共14个;御夷府,仅于云南设2个;普通府。至于等级,明代160府,除顺天、应天二府为两京所在,体制特优,其长官为正三品外,其他158府一律均等,长官为正四品。明洪武六年曾尝试根据出粮多少将府分为上中下三等,旋即废除此种分别。清承明制,"只是府已成为地方行政系统中极普遍的区域,既无种别,又不分等"。

三、清代地方政府

(一) 地方建制

据《大清会典》,"总督,巡抚分其治于布政司,于按察司,于分守分巡道、司道。分其治于府、于直隶厅、于直隶州。府分其治于厅、州、县。直隶厅、直隶州复分其治于县。"各省通常设巡抚为一省最高长官;又合二、三省为一大区划,置总督一人统辖之;布政司为一省民政长官,专司钱谷;按察司(臬司)为一省刑名总汇,专司刑名。道分守道(布政使之次官,掌钱谷);分巡道(按察使之次官,掌刑名)。府、直隶厅、直隶州则设知府、知州、同知、通判。州、县、厅则设知州、知县、同知、通判。依清制,于各省旗人驻防之地,设理事同知与理事通判,均为府之佐贰官,负责审理旗人案件。地方建制为三级(四级)③地方政府:省→(道)→府/直隶厅/直隶州→厅/州/县。

---

① 参见杨鸿年、欧阳鑫:《中国政制史》,第345—353页。
② 参见同上书,第361—366页。
③ 三级或四级取决于是否将派出机关"道"作为一个层级。

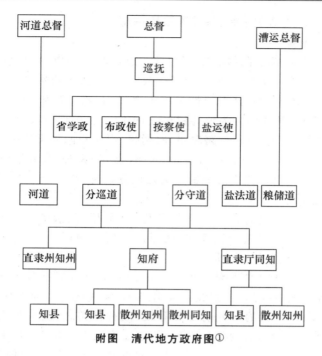

附图　清代地方政府图①

（二）清代官制（地方建制）中的个别化现象

清代官制最值得我们注意的，是在其一致性之外，充分地容忍个别化，重视地方性特点。具体如下②：

（1）中央设六部，东三省奉天则不设吏部，只设五部；中央各部长官为尚书，奉天五部仅设侍郎。其原因在于奉天作为清廷旧都，在政务上形式的意义大于实质。

（2）就总督而言，有辖一省者（直隶），有辖两省者（两广、闽浙），有辖三省者（两江）。各省有总督巡抚并置者，有使总督兼任巡抚者（直隶、四川、福建、甘肃），还有只设巡抚不设总督者（山东、山西、河南、新疆）。督抚同城（督抚并设）的原因在于该地为重要区域，"恐巡抚一人不能尽其任也"。

（3）各省皆设布政使一员，而江苏地广物阜，一布政使不足以管理之，故而分设两员于江宁（两江省城）、苏州（江苏省城）。

（4）各省皆设按察使掌刑狱，而新疆则以分巡道兼按察使之衔。

（5）同为道员，有管辖全省者（督粮道、盐法道），有限于一区者（分守道）。各类道署之设置，依据当地情形，繁简不一。

（6）各州县，有设佐贰官者，又有不设者。

（7）首都所在之地方政府——顺天府，其体制与一般的府有所差异。其长官称"府尹"，与寻常知府在品级上和职权上均有所差别。府尹在职务上之事件有时与直

---

① 附图参见瞿同祖：《清代地方政府》，范忠信等译，法律出版社2003年版，第16页。
② 参见〔日〕织田万：《清国行政法》，第223—229页。

隶总督连衔上奏;有时则可径直专断,不受总督节制。顺天府下辖四路厅,由其指挥监督州县事务。

(三)州县与地方行政

1. 州县官(正印官)的"一人政府"

州县官在帝国正式官僚体系中,是极少数与直接百姓打交道的,故被称作"亲民官"(管民之官、"治事之官"),他们是真正在处理地方行政事务的官员;而州县官的各级上司自然都是"管官之官"("治官之官"),或者说是监督州地方行政事务的"监督官"。这决定了州县官虽然品级很低,但在地方行政中却扮演着重要角色:"兴利除弊,不特藩臬道府能说不能行,即督抚亦仅托空言,惟州县则实见诸行事,故造福莫如州县。"帝国的地方行政实际委托在千余个州县官之手,"没有他们,地方行政就会停滞"。"州县政府的所有职能都由州县官一人负责,州县官就是'一人政府'。"州县官虽然有僚属与属员辅助其行政,但州县官本人才是"地方一切事务的唯一受托人和责任人,税收、司法、治安、教育、福利、公共工程等等,归根结底由他一人承担,一人负责"[①]。

2. 州县属官("僚属")与学官[②]

(1)助理知事("佐贰"):如州之"州同"(一级助理官)、"州判"(二级助理官);县之"县丞"(二尹)、"主簿"(三尹)。佐贰官在州县并非普遍设置,即使有也常被称为"闲曹"、"冗官",其往往并非科甲出身,在地方政府中人微言轻。

(2)书吏首领:州称"吏目",县称"典史"。是典狱官(也称"右堂"),同时负有警察职责,其办公处称为"捕厅"("督捕厅")。

(3)杂务官("杂职"):如分区守官(巡检)、邮政官(驿丞)、税收官(课税司大使)、粮仓监守官(仓大使)等。

(4)学官:学官分教学指导官(学正、教谕)、教学助理官(训导),他们受省学政领导,并非州县官的僚属,但他们有时也会参与州县事务行政、司法事务。学官在惩戒生员的案件中与州县官一起庭审,因州县官无权对生员施以笞责;有责任督促没有纳税的生员交纳赋税;有时被委以行政职责,如开拆纳税人交来的银两封包。

3. 州县属员

在州县的四种属员中,书吏与衙役一文一武,是州县政府的属员,往往是当地人;而幕友与长随则是州县官个人的属员。在任职籍贯回避的规定下,州县官往往被派往一个人生地不熟、甚至语言不通的地方任职,他在很大程度上要依赖其个人聘任的幕友与长随来指挥、监督作为"地头蛇"的书吏与衙役。

(1)书吏(胥吏)

如本书"士大夫政治与文官制度"所述,两汉以来,在政府之中逐渐形成了士大夫与胥吏两个截然分开的阶层。士大夫是政治与文化精英,但他们往往并不熟悉、也不偏好纷繁复杂的日常行政管理事务,而裁判必需的刑律、成案与惯例通常也并非通过

---

① 参见瞿同祖:《清代地方政府》,"代译序"第7—8页,正文第29、64页。
② 同上书,第17—28页。

科举的必要知识,钱谷等财政事务更是"重义轻利"的读书人所疏远的。由此,大量的案牍与簿记工作则仰赖胥吏承担,他们世代相传、对于律典与行政惯例"无不精熟"。根据公务的划分,各级官衙书吏通常也被编为吏、户、礼、兵、刑、工六房。

书吏被认为在道德上是有欠缺的,他们习惯于滥权与敛财,是士大夫政治下不得不依赖的"恶"。胥吏之害发展到极致,甚至造成胥吏上下其手、欺瞒长官、把持衙门政务,而官员则因为"外行"而无所作为。康熙元年,由于对不法胥吏的痛恨,中央政府基于奇怪的逻辑发布命令完全取消了书吏的薪资,但仍有人趋之若鹜地充当书吏。政府为避免书吏长期把持政务,规定书吏有固定的任期,不得连任,但很多书吏在任满后改名换姓,钻政府管理体制的漏洞、继续充任书吏。书吏的职位("缺")通过"顶首"继承,它是如此的有利可图,书吏甚至习惯于向接替其职位的人收费,称为"缺底"。而朝廷通过立法严厉打击也不能禁止此种陋习。

(2) 衙役(差役)①

差役顾名思义,乃"供役"于衙门之人。其贪鄙有两大原因:其一,差役身份低贱,多由当地市井无赖投充,甚至不得与良民婚配,子孙三代不得应试做官;其二,差役虽有薪资,但其法定收入"仰不足事父母,俯不足蓄妻子"。而投充差役的目的有二:其一,可免徭役,因此甚至有人花钱买缺而充当挂名差役;其二,可通过职务索取好处,于是有人在役册没有编制却充当"白役",跟随正役奔走牟利。

(3) 幕友(师爷)②

"幕友佐治"之传统由来已久,但其风清代尤盛,上至督抚、下至州县,无不礼聘幕友,"此非基于法律之规定,而是由于事实之需要",当时有"无幕不成衙"之说。幕友师徒相传,有见习"学幕"的传统,逐渐形成了一个职业群体。上级长官的幕友常向下级官员推荐幕友,而上下级衙门的幕友常常熟识甚至有血缘、业缘或者地缘等亲密关系,以地域论又以"绍兴师爷"最负盛名。

幕友为政务之专家,作为官员的私人顾问,受到官员的礼聘与倚重,幕友的工资称为"束修"(学费的代称),他是官员的客卿而非下属。幕友的主要职责一为"佐官",一为"检吏"。民谚有云:"清官难逃猾吏手",书吏是地方官的重点提防对象,而约束书吏是幕友的第一要务。地方官依据地方政务的繁简不一可聘任不同种类的幕友多名,"剧者需才十余人,简者或以二三人兼之",而"刑名"与"钱谷"师爷是其中不可或缺的,地方官审理案件与处理财税事务必须仰赖二者。"如果幕友有守有为,才识兼优,则州县官自可无为而治。"但是,"幕中流品最杂",各衙门的幕友常利用其职业群体的关系"引类胡朋,与上下衙门交结,因之盘踞把持,勾结串合","甚至与衙官、吏胥上下关通,结成一片,蒙蔽长官,欺压良民"。

(4) 长随③

长随由州县官私人雇佣,并依附于州县官,他们与州县官关系密切,是州县官的

---

① 参见那思陆:《清代州县衙门审判制度》,中国政法大学出版社2006年版,第34—37页。
② 参见同上书,第18—22页。
③ 参见瞿同祖:《清代地方政府》,第124—153页。

"家人"(家仆)、"亲信"与"耳目"。长随的主要工作是负责监督、协调衙门内不同部门与人员的工作,特别是督察为州县官所猜疑的书吏("奸胥")与衙役,故而其职务与书吏、衙役常常竞合。长随的社会地位很低,甚至被归为"贱类"。对于贪污腐败的州县官来说,长随是不可或缺的,他们通常充当帮凶与贿赂的中间人。而尽管被视为州县官的"心腹",长随也常常会欺瞒其主人,利用其职权索取陋规与贿赂,甚至与书吏、衙役等勾结以谋取私利。

4. 州县政府的职责

(1) 司法。司法为州县官的重要乃至首要职掌,我们今人对于古代地方官的第一印象便是在"明镜高悬"下坐堂问案的"青天大老爷"。故而有人反过来说,中国古代与其说是行政官兼理司法,不如说是司法官兼理行政。

(2) 征税。税赋是各级政府运作的基本财源,而州县则是基本的征税单位,州县官由此承担着重要的财政压力。因征税不力而无法完成财政任务,州县官自然要受到处罚,而不择手段的苛征可能会造成大规模的逃税、甚至民怨与民变。

(3) 治安。州县官必须对地方的治安负责,地方盗贼横行或缉捕盗贼不力都会给地方官的仕途带来灾难性的后果。而地方政府的治安是与保甲制度紧密结合在一起的。

(4) 其他。包括户口编查、邮驿服务、公共工程与福利、教育与教化、祭祀等。

5. 地方政府的"规费"问题:陋规与乱收费

在帝制中国的太平年景,政府法定的税额并不高,财税收入非常有限,支撑庞大的中央政府日常开销已无太多盈余,若有边疆战事或大规模工程建设则难免捉襟见肘。明清两朝在制度上,国家一切的财税收入都属于中央,地方政府没有独立的支配权。在国家赋税的征收与解运过程中,中央政府并没有为地方政府提留合理的办公经费,而指望地方政府自筹经费。地方官本人年薪很低却要自掏腰包支付幕友与长随的薪资,还要应付上级衙门的摊派(以解决上级衙门的亏空)、接待到访或过境的官员,甚至衙门的文具与属员的工资都无处开销……帝国官员的工资普遍较低,常常入不敷出,这使得上级官衙的官员(包括京官)也指望着地方官在逢年过节时能赠送礼金,通过这一陋规(如"冰敬"、"炭敬")来补贴个人亏空。在这样的背景下,即使清廉的地方官也不得不通过一些名目的收费,来解决经费问题;至于书吏和衙役等政府属员,更是将"陋规"视作正常的工资收入,并进一步巧立名目来敛财。

(1) 法定的规费:"火耗"

"火耗"是以地方政府收税所得散银熔铸成银锭时的损耗为由向人民定额加收的税赋,它是所谓陋规收取的,由州县官留作办公经费与个人花销。1724 年,经皇帝批准,该项陋规以"火耗归公"的名义制度化为合法的税种,其收入被纳入"耗羡"名下。但这笔税银不上交中央户部,而是归各省布政使司掌握,作为本省官员的津贴(养廉银)以及衙门的办公费用。而依照惯例,州县官从"耗羡"提留其养廉银与衙役的薪水后,再将余下的部分解送给布政使司。①

---

① 参见瞿同祖:《清代地方政府》,第 219—210 页。

（2）法外的"陋规"

民谚有所谓"衙门口朝南开,有理无钱莫进来",且不说衙门内大小管事索贿与受贿枉法的问题,由于衙门在各个环节收取处于灰色地带的陋规,老百姓要想获得地方政府的服务(如裁判)这一公共产品,必须支付很多费用来"购买",至于被告与证人则是被动地支付陋规。就书吏而言,代书盖戳有戳记费,传呈有传呈费,呈词数日不批以索取买批费,案件数日不审以索取升堂费,审讯时有坐堂费,结案时有衙门费;就差役而言,刑案之现场勘验有检验费,财产纠纷之土地勘丈有踏堪费,传唤案件当事人与证人有草鞋钱(鞋袜钱)、车马费(舟车费)、酒食钱,拘提时有解锁(绳)费,审讯时有到案费,关押时有班房费,案件调解息讼还要收取和息费。① 在现实的财政需求与属员的生活所需的压力下,即使清廉的地方官也只能限制而无法取消陋规。例如,一个善良而有经验的地方官在派遣差役送达传票或拘提被告时,会在传票上详细注明派遣衙役的姓名与所办理的事务,并明言不准其他人随同前往,以最大限度减少索取陋规的机会与人数、减轻百姓的负担。

"从两宋的'折薄'、'脚钱'到明清的'火耗'等名目,均可视作是如今'乱收费'的祖宗。那时的理由竟然与今天的借口惊人地相似,据说都是为了弥补'财政经费的不足'。而在其时的百姓心目中,也有惊人相似的评价——均不过是中饱私囊。"②

（四）督抚与省级政府的衙门重叠问题

清承明制,设省为地方最高层级政府,分全国为十八省,光绪年间增为二十二省。省以巡抚统布政使、按察使两司。又另置总督,所辖由一省至三省不等。所辖一省者照例由总督兼巡抚,又有不兼者。总督原掌军事,而有节制巡抚之权;巡抚原掌民政,而亦常兼提督军务。"督、抚的职责无大区别,亦无统属关系,均直接向皇帝负责。此一重叠峙立的制度,自有制衡作用。编制上,督、抚均为独任,辅佐人员为六房与幕友。六房分职有如六部,以书吏任之。幕友由督、抚延聘,经办刑、名、钱、谷、章奏,参与机要,有如督抚的顾问或秘书。"③

"督抚同城"时,两者职权重叠,常发生冲突,其后遂以总督专制地方,但督、抚均兼(副)都御史衔,有单独上奏与弹劾对方之权。自巡抚成为地方行政长官后,布政使司失权;自督抚专制地方后,巡抚又失权,"徒使公文呈转多一层机关"。光绪末年,凡督抚同城者,裁撤巡抚;督抚分省者,总督仍照旧兼辖,"不过行文关白而已"。且明定督抚为一省长官,下辖三司(布政使司、提学使司、提法使司)二道(劝业道、巡警道),诸司道皆其僚属。司道皆置公所,分科办事,现行之省制,实肇始于此。④

---

① 参见那思陆:《清代州县衙门审判制度》,第28、35页。
② 赵晓耕:《宋代官商及其法律调整》,中国人民大学出版社2001年版,第216页。
③ 郭廷以:《近代中国史纲》,格致出版社·上海人民出版社2012年版,第5页。
④ 参见林咏荣:《中国法制史》,第179页。

第三节 政府上下的沟通:以清代为例

一、题本与奏折

古代官员写给皇帝的报告和请示(章奏)有不同的形式。以题本和奏本最为重要。题本用于公事,以部门的名义上奏;奏本则含有私人的意味,以官员个人的名义上奏;题本用印,奏本不用印。清初沿袭明制,并用题本与奏本。康熙时起,开始授权极少数亲信官员密折奏事。雍正时,密折作为机密文书被普遍使用,改成奏折或折子,并成为定制,这或许与军机处的设置相关。乾隆十三年(1784年)停止奏本的使用,专用奏折,使奏折与题本并重。①

事实上,绝大多数圣旨(上谕)都是直接批写在题本、奏折上的,非常简略,而非正式的"奉天承运,皇帝诏曰……"之模式。

(一)题本

题本上传的程序如下:地方大臣拟具题本,通过驿站上传到通政使司;汉文题本在通政使司需由"笔贴式"译为"清字",以"满汉合璧"的形式上奏给内阁;再由大学士、学士审阅题本,并附注"票签"意见供天子圣裁;天子过目,发交都察院,由御史、给事中审查;发交内阁;再(由都察院御史)发交相关部院议奏。题本上所批红字为内阁学士依皇帝谕旨所书,称"红笔"。题本因其无效率、易泄密、形式化(况且当时已有电报),在光绪年间被废除。御史参劾不一定用奏折"密参",更多用题本"题参",以公开而非秘密的方式在朝堂形成舆论压力。

(二)奏折

奏折原则上限于督抚等高级官员,由其亲笔书写,以个人信函的方式奏报给皇帝。奏折呈递换马不用驿站,而用各省沿途之办事处。奏折直接呈递给皇帝,皇帝亲自批折(称"朱笔")。皇帝批折后,交由原送信人送还上奏督抚。奏折及朱批制度成为有清一代特殊的制度。

二、清代之提塘官与"政府公报"②

清代中央政府设有提塘官,定员16人,驻在北京,由兵部督之,因为当时邮政(驿传)属于兵部。提塘官职掌为:(1)中央政府与地方官厅所有往复公文、书之递送无误;(2)解付敕印于地方官;(3)一切事件之公布者,乃付诸印行。

提塘官必设报房,以发行京报,其所载谕旨、上奏,均亲赴都察院之六科抄录。印刷之后,转致地方官厅。中央官厅之上奏,勿论其蒙裁可者,或附复审者,若欲发行之,则当该官厅,作为誊本,交付直季之提塘官。直季即轮流也,提塘官乃日日印刷之,又日日颁布之而官厅文书不准公布者,提塘官勿得印刷发行之。文书中若有机

---

① 参见张群:《上奏与召对:中国古代决策规则和程序研究》,上海人民出版社2011年版,第10—11页。
② 参见〔日〕织田万:《清国行政法》,第71—73页。

密,六科誊本到各部后,经过十日,提塘官始当作稿本,以发行之。文书未到各部,而京报先行登载,或誊写无足轻重之事,或泄密,提塘官都会被纠弹。"中国之官报,远始于唐",清代有京报、京抄、邸报、邸抄等。

京报材料之供给:内阁有一吏,日日出入宫廷,接奉军机处评议可决之谕旨,随手记录,送呈内阁;内阁乃转送相关官厅,这是正式的程序。现实中的操作往往如下:各部及中央官厅吏员,直接到内阁誊写谕旨,以节省中间环节与时间。

京报格式及内容:用木板活字印刷。每册10—12页,册用黄色,左隅印"京报"二字。其内容首载"宫门抄"(宫门录事),次为谕旨,再次为中央地方各官厅奏折。京报发行收入归提塘官。

京报之外,公文之公布,尚有两个"媒体":(1) 抄本:官文书手写,半公半私之事业,通报快捷,信息早于京报数日,其价格亦高;(2) 长本:提塘官发行,其文较长,故称长本,文笔与印刷粗糙,提供给欲详悉官文书者。

京报在地方的公布:地方官厅令其下辖报房翻刻,颁布于其所属各处。该报房亦随时留意督抚处之动静,将这些内容印刷发行,称为"辕门报"。

三、里甲制度:政府对基层社会的管理①

所谓里甲制度,或称乡里制度、保甲制度、什伍制度,指的是中国古代县以下的基层行政管理体制,它一方面是政府触角的延伸,另一方面又有社区自治组织的因子。而国家一方面要通过什伍保甲制度把民众划分成小单位予以管控,另一方面又通过三老、老人、乡约等社会力量对人民施行教化。

> 令五家为比,使之相保;五比为闾,使之相爱;四闾为族,使之相葬;五族为党,使之相救;五党为州,使之相赒;五州为乡,使之相宾。……五家为邻,五邻为里,四里为酇,五酇为鄙,五鄙为县,五县为遂。
>
> ——《周礼》

(一) 先秦形形色色的乡官

《周礼·地官·司徒》记国中设"乡大夫,每乡卿一人;州长,每州中大夫一人;党正,每党下大夫一人;族师,每族上士一人;闾胥,每闾中士一人;比长,五家下士一人";野中设"遂大夫,每遂中大夫一人;县正,每县下大夫一人;鄙师,每鄙上士一人;酇长,每酇中士一人;里宰,每里下士一人;邻长,五家则一人"。《国语·齐语》记管仲改革时所涉及的乡官,国中有轨长、里有司、连长、乡良人;野中有邑有司、卒帅、县帅。《左传》中的乡官,宋国有司里、隧正、乡良人;鲁国有隧正;晋国有县大夫、县师、舆尉。《墨子》中乡官有乡长、里长、三老。《管子》中涉及乡官名称最多:《小匡》国中有轨长、里有司、连长、乡良人、乡长,野中有轨长、邑有司、卒长、乡良人;《度地》有三老、里有司、伍长;《权修》有乡师;《君臣上》有啬夫。《韩非子·外储说》有里正、伍

---

① 参见赵秀玲:《中国乡里制度》,社会科学文献出版社1998年版。

老。《荀子·王制》有乡师。睡虎地秦简中有里典、三老。

(二) 帝制时期里甲组织层级之变迁

秦：乡、亭、里。秦商鞅创什伍连坐之制，令民为什伍而相司连坐。不告奸者腰斩，告奸者与斩敌者同赏，匿奸者与降敌者同罚。

汉：乡、亭、里。什主十家，五主五家。百家为一里，十里一亭，十亭一乡。

三国魏晋南北朝：三国、晋、宋取法秦汉，设乡、亭、里。北魏、东魏、北齐、北周，仿《周礼》，行邻、里、族党三级制。其中北魏称邻、里、党；北齐称党、闾、邻里；北周称党、闾、里。

隋初无乡级，为族、闾、保三级；后改为乡、里两级。

唐：乡、里、村三级。百户为里，五里为乡，两京及州县之郭内，分为坊，郊外为村。四家为邻，五邻为保。保有长，以相禁约。

宋：牌、甲、保。保甲制始于王安石变法，以五户为一保，五小保为一大保，十大保为一都保。户有二丁以上者，举一人为保丁；每一大保轮值五人，负捕盗之责。相邻户三二十家排比成甲，迭为甲头，督输税赋苗役。

元：行乡、里制和社制。五十家立一社，择高年晓事者一人为之长。

明：乡、都、图或乡、都、里三级，有的是乡、保、村、里或乡、保、区、图四级，有的地方有社、甲等层级。

清：多沿明代之旧，乡、都、图(乡、都、里或乡、都、村)，有的地方是二级制，或叫保、里，或叫里、甲，或叫镇、保。清初，令各州县所属之乡村，十家设一甲长，百家设一总甲。若有盗贼、逃犯、奸宄等事，自邻佑报知甲长，甲长报知总甲，总甲申告于州县衙门。一家犯罪，其他九家及甲长、总甲如不申告，俱以罪论。乾隆以后，改十家为牌，设牌头；十牌为甲，设甲长；十甲为保，有保正；各省并设保甲总分局以统辖之。凡矿场、寺观、店埠、海船等皆予以编列之。

(三) 里甲职能之变化

从先秦时起，基层乡官的主要职责有四：组织生产；登记户口，分派徭役；受理诉讼，调解纠纷，负责乡里治安；监视教化。《汉书·百官公卿表》记载："大率十里一亭，亭有长。十亭一乡，乡有三老、有秩、啬夫、游徼。三老掌教化。啬夫职听讼，收赋税。游徼禁贼盗。"从唐中叶起，乡职开始职役化，由选任变为轮差。而里甲制度的重心也发生变化："重相监相察而轻相爱相恤；重征收赋役而轻利民惠民。"明太祖朱元璋起于草根，他在一定程度上中兴了里甲制度。洪武二十七年(1394年)四月，朱元璋设立老人制："命有司择民间高年老人，公正可任事者，理其乡之词讼，……若不由里老处分而径诉州县者，即谓之越诉。"里老人的职责有五：教化(劝民为善)；议政；荐举与监督；劝农；理讼。

第五章　士大夫政治与文官制度

与现代公务员体制相较,帝制时期的中国官僚体系非常特殊,它主要是由文人出身的士大夫担任官员,以艺术而非纯粹技术的手段运转政府,由此形成了中国独有的政治模式——士大夫政治。支撑士大夫政治的文官制度包括:官员的选拔制度(选举制度、科举制度),任用制度(铨叙)与考核制度(考课),还有学校制度(包括京师之学与地方之学)。

第一节　士大夫政治

一、士大夫的"一身二任"(官僚与文人)①

士大夫这个词在外文中有如下说法:scholar-official,scholar-bureaucrat,literati and officialdom,其含义无外说中国的士大夫身兼官僚与学者(文人)。有人说士大夫乃是"最高文化价值与最高社会权力的辉煌象征性结合"。

韦伯(Max Weber)引用"君子不器"来说明传统"中国缺少专家政治"。有学者用外行或业余选手(Amateur)来概括士大夫的"二任":"在政务之中他们是 amateur,因为他们所修习的是艺术;而其对艺术本身的爱好也是 amateur 式的,因为他们的职务是政务。"但是,专门化的行政并不一定就能构成一个理想的、具有良好社会适应性的政治系统,这还取决于政治文化传统与政治社会背景。中国的士大夫政治尽管缺乏"专门化",但其仍不失为一个精致微妙的运作机制,并在两千多年中长盛不衰。

除了行政事务与文化活动之外,中国传统士大夫还负责传播儒家正统意识形态。儒家思想对天、地、人之间的众多事象加以系统的解释安排,以此来处理人生、家庭、教育、文化、治国平天下等等问题,直到宇宙问题;并力图以这种无所不包的体系支配帝国政治。儒家意识形态的无所不包特性,与士大夫角色的功能混溶性质互为表里,并使其"文人"与"官僚"的两面充分一体化。

传统中国科举制度与士大夫政治充分结合,彼此互相维系:其一,科举以诗赋八股取士,适合知识群体的文化兴趣与知识结构;其二,考试内容兼有策论,同时可以考察士人对于国务的理解(能);其三,经典的阐发构成维系儒术正统地位的重要手段(德),而考试的美文要求赋予体制以文化感召力(Charisma)。

二、礼法之辨

"礼制"是一种把政治秩序、亲缘秩序、文化秩序等融为一体的更具弥散性的理想

---

① 参见阎步克:《士大夫政治演生史稿》,北京大学出版社1996年版,第一章第一节。

文化秩序。它是君、亲、师三位一体,亲亲、尊尊、贤贤相维相济,君(吏)道、父道、师道互渗互补。"法"不只是"刑",它可以理解为专制官僚政治的理性行政原则和规范。而"法治"则是一种纯粹的政治秩序,它由国家来宰制社会及其传统礼俗。它只强调吏道(君道)。在法家的阐释中,"法制"是立足于以科层形式分配权威、职能和资源的中央集权体制,以非人格化、程序化、具有可计算性并服从于功利目的的成文法规作为行政依据。在此,它与"礼制"划清了界限。① 也有人说,法家与别家的根本区别便在于"法家专替君主打算"。②

法家"中断"的原因在于:其一,汉兴之后,认为秦亡于用法之弊,到了武帝更极力表彰六经、罢黜百家,故而民间不敢也不再有人推崇法家理论。其二,秦汉以后,中国长期保持大一统的局面,少有争强夺霸之诸侯,读书人纵有战国法家的雄心,却无游说诸侯的机会,也不敢做法家的论调。其三,汉室推崇儒家的伦理哲学,一方面固然是因为其符合皇室的胃口(利益),另一方面也是因为其适合于自然经济之下的中国农业社会,所以能深入人心。其四,法家的法律理论,把法律看得至高无上,偏于形式主义的法律论,在论理上说不过儒家更侧重"天理人情"的礼教法律论。尽管如此,法家精神也一直持续不断地影响着后世,如三国之曹操、诸葛亮,北宋之王安石,明朝的张居正,都是"如假包换的法家"。但因为儒家传统的熏染与压力,法家的名声不好,所以他们都不肯自承为法家。③

三、孟子与荀子④

(一) 单向度追求"礼治"的(孔)孟

(孔子)孟子之言"礼"与其所追求的"礼治",多半是从"礼乐"、"礼教"的角度发挥。其在文化传统上传承了"乐师"之业。"乐为天地之和",而"和"之经义在于:其一,主亲、主爱,珍重并维系和谐的人际关系;其二,强调异质因素之间的和谐调适。"仁"者爱人,"大同"之境成了孔孟之道最高之理想。儒者专在道统(师道)一方,不在政统之内。孟子"长于诗书",但"疏于礼"、"疏于王政";而荀子则"长于制度","隆礼义而杀诗书"。(章太炎语)

(二)"兼综礼法"的荀子

对于专制官僚政治,孟子每取超然的批判立场,而荀子则设身处地地具体规划;他们同尊"礼治",但孟子特崇师道,而荀子不弃"吏道"。二者对礼的着眼点不全一致。荀子的贡献在于:

其一,在"传经"上,荀子是战国末期儒家学说的集大成者,为秦汉之后的"大一统"的帝制政治准备了理论基础。《礼记》除《中庸》一篇外,基本是荀子思想的继承和发展。所以有人说帝制中国的政治思想传统是"儒法兼综"、"儒表法里","二千年

---

① 阎步克:《士大夫政治演生史稿》,第470页。
② 参见张荫麟:《中国史纲》,商务印书馆2003年版,第147页。
③ 参见徐道邻:《中国法制史论略》,台湾正中书局1976年版,第9—10页。
④ 参见阎步克:《士大夫政治演生史稿》,第180—211页。

之学,荀学也。"

其二,春秋战国时期,周的礼治政治文化传统为诸子分别向不同方向加以发挥,"道术将为天下裂"。荀子在其中少偏执而多综合,对于三统相维之礼治,作了创造性的转化,从而为中国古代士大夫政治的传承和发展奠定了理论基础。

其三,他所规划的"士君子—官人百吏"模式,上承封建时代的士大夫政治,下开帝国时代"士大夫—胥吏"模式之先声。

四、乐师与史官、学士与文吏

乐师和太史(史官)是古文化的集中保有者。乐师司礼司教之责衍生了"师道";史官主书主法之责则推进了"吏道"。史官之发展演化为文吏,周之史官与后世文吏群体的源流关系在于史官"主书主法之责,在行政的规范化、程序化、文档化、法制化,无疑发挥了催生关系"。乐师所教者为学士:司礼司教,而较少涉身"兵刑钱谷"之具体行政。① 与士大夫相较,文吏的特征有三:其一,专门的行政技能培训;其二,严格遵循法律规章和充分利用文书簿计进行工作;其三,依照能力、功绩和年劳任职升迁。"一身二任"的士大夫政治,并非自古已然,而是自汉以后,学士与文吏的关系在此之前经历了分立、对立、结合、分途多个阶段。

(一)分立与对立——"士"与"吏"的分化与秦的文吏政治②

1. 分立

春秋后期和战国时期,"士阶层"非常活跃,具体包括:学士(专门家)、策士(纵横家)、方士或术士、食客。战国时期的大规模变法运动,可视为专制官僚化的社会转型,秦帝国则是其中典型的官僚帝国,"文吏"在其中构成了典型的职业官僚群体,与"学士"分立。

2. 对立

秦奉行法家的"以吏为师,以法为教"、"非学说",视学士为"蠹","焚书坑儒",蔑视文化、采文化专制政策。在法家的"秩序崇拜和权力哲学之中,道德完善和道义价值、文化发展和学术研讨,几无意义可言。吏员不过是官僚机器的齿轮与螺钉,民众不过是人格化的力役和赋税;他们仅仅在数量和功能上具有意义"③。我们可以说,在一定意义上,正是法家的理论与文吏政治的局限导致秦帝国的灭亡。

(二)结合:汉代儒生与文吏的并用与融合④

学士与文吏在经历了分立、对立的阶段之后,在汉代融合为一身二任的士大夫阶级。汉代从郡县吏选官,儒生亦往往要借"吏"以进身,"儒生的充分官僚化","泛言则百官皆吏"(如"吏部"其实是管百官的)。汉以德行、经书、法律、政事分科取士,"以儒进"和"以吏进"为选官之二途,一取其"轨德立化",一取其"优事理乱"。察举

---

① 参见阎步克:《乐师与史官——传统政治文化与政治制度论集》,三联书店 2001 年版。
② 阎步克:《士大夫政治演生史稿》,第六章。
③ 同上书,第 175 页。
④ 参见同上书,第一章第二节。

制以"孝廉"选官,是基于"以德取人"的"礼治"精神。东汉矫正王莽"新政"之弊,课"孝廉"以"吏能功次","以能取人之法"大大推动了儒生与文吏的融合。

(三) 分途①

但是,在时人内心,儒生与文吏明明有别:"文吏以事胜,以忠负;儒生以节优,以职劣。二者长短各有所宜……取儒生者,必轨德立化者也;取文吏者,必优事理乱者也。……儒生所学者,道也;文吏所学者,事也。……儒生治本,文吏理末,道本与事末比,定尊卑之高下,可得程矣!"(王充《论衡·程材》)东汉顺帝时孝廉察举程序的重点转移到"以文取人"上来,经魏晋南北朝而积累到隋唐,就演变成为科举制度。士大夫阶层负责维系政治文化模式,胥吏则承担具体技术性行政事务。

五、汉儒与循吏②

先进于礼乐,野人也;后进于礼乐,君子也。如用之,则吾从先进。

——孔子

余观世之小人,未有不好唱歌看戏者,此性天中之诗与乐也;未有不看小说听说书者,此性天中之书与春秋也;未有不心占卜祀鬼神者,此性天中之易与礼也。圣人六经之教,本于人情。

——《广阳杂记》

学于众人,斯为圣人。

——章学诚

从 20 世纪中期以来,许多人类学家和历史学家都不再把文化看成一个笼统的研究对象,而倾向于二分法,把文化分为大传统(great tradition)与小传统(little tradition),或者精英文化(elite culture)与大众文化(popular culture),雅文学与俗文学。与欧洲相对封闭的两个系统相较,帝制中国下大、小传统的交流更为通畅,而在帝制早期两个传统的混杂与沟通之中,担当"循吏"的汉儒起着不可替代的作用。

从纯哲学的角度,汉儒"无甚高论",但的确发挥了"移风易俗"的作用,使孝悌观念深入人心。汉儒用阴阳五行的通俗观念取代了先秦儒家精微的哲学论证,通俗文化中的信仰为儒家所接受,而儒家的基本教义也由此突破了精英文化的藩篱,为一般民众所接受。正如孔子所说:"我欲载之空言,不如见之行事之深切著明。"儒教在汉代的功用主要表现在人伦日用方面,属于今天所谓文化、社会的范畴。汉代政治并未定于儒家一尊,儒家化是一个潜移默化的过程,民间重于朝廷,风俗多于制度。作为"亲民官"的循吏在其中扮演的角色比卿相、经师都要重要。

循吏三方面的成就(代表人物有文翁、儿宽、韩延寿等)如下:

(1) 富之:兴修农田水利、促进商业贸易。

(2) 教之:办学校、移风俗。文翁在蜀地兴办学校(学官)为中国地方学校之始;

---

① 参见阎步克:《士大夫政治演生史稿》,第一章第二节。
② 参见余英时:"汉代循吏与文化传播",载王健文主编:《政治与权力》,中国大百科全书出版社 2005 年版。

汉初,民间常有遗弃老人之事,而在边疆地区民间男女关系也十分不稳定,汉儒循吏则通过简化与当地化的礼法仪式移风易俗,"议定嫁娶丧祭仪品,略依古法,不得过法……令文学校官诸生,皮弁执俎豆,为吏民行丧嫁娶礼,百姓遵用其教"。

(3)理讼与息讼("无讼"):史载韩延寿"躬自厚而薄责于人",其治下有兄弟为田产争讼,韩延寿自责"为郡表率,不能宣明教化",乃闭门思过,其下属均惶恐在家"自系待罪"。直到这两兄弟悔过息讼之后,韩延寿才重新恢复工作。

六、"魏晋风骨"与门阀政治①

所谓门阀政治,指的是世族与皇帝分享政治权力,典型即所谓"王与(司)马共天下"。东晋一朝,皇帝垂拱、士族当权、流民出力,门阀政治才能维持。门阀政治为"皇权政治之变态",其形成的特殊条件有三:其一,成熟而有影响的社会阶层(士族);其二,丧失权威但尚余一定号召力的王室;其三,民族矛盾尖锐。但门阀政治同时具有暂时性与过渡性:其一,侨姓士族在江左立足不易,生根更难;其二,士族只掌握军队指挥权,却不亲自驰骋疆场,不能"专兵",日渐积弱;其三,士族人才日渐凋零,可能与狭窄通婚范围导致的人种退化有关。南朝皇帝恢复了权威,但士族仍然保有了社会、政治与"人物风流"之优势,故而皇帝选官离不开士族,甚至还向士族攀结姻亲。

魏晋风流的多姿多彩②,究其缘由有三:其一,大乱之后读书人经历精神上的磨练,尚玄学与清谈,是对两汉道统的反动。其二,南朝君主势弱,士大夫在当时的政治生态下可以衣食无忧,相对自由地生存,"不为五斗米折腰","采菊东篱下,悠然见南山"。其三,以儒学著称的司马氏是政治上的胜利者,而非思想上的胜利者。两晋时期,儒学家族如果不入玄风,就产生不了为世所知的名士,从而也不能继续维持尊显的士族地位。当然儒学自有其社会效用,玄学阵容中,很少有人完全站在儒学的对立面。能够运转门阀政治的人,是"遵儒者之教,履道家之言"的出入玄儒的名士,如王导、庾亮、谢安、恒温。其实,魏晋清谈可分为前后两期,魏末西晋为前期,此时清谈为政治上的实际问题,与当时士大夫的出处进退关系密切,士大夫借以表示本人态度及辩护自身立场;后期为东晋一朝,清谈失去了政治内涵,仅仅是名士口中笔下的玄言,是其身份的装饰品。③

七、儒士地位的变化

儒士地位之隆始于西汉武帝,汉儒由儒学之变通,进而影响政治、教化百姓。自东汉末至唐,儒士地位大不如前。思想上,佛、道日盛;政治上,门阀控制了政权。儒士的地位真正奠定于两宋。④ 中国本位文化的三要素(民族意识、儒家思想、科举制

---

① 参见田余庆:《东晋门阀政治》,北京大学出版社2005年版。
② 思想文化的活跃,往往发生在旧体制解体的时期,而非大一统时期。
③ 参见万绳楠整理:《陈寅恪魏晋南北朝史讲演录》,黄山书社1987年版。
④ 参见付乐成:"唐型文化与宋型文化",载康乐、彭明辉主编:《史学方法与历史解释》,中国大百科全书出版社2005年版。

度)都在宋代"发展至极致"。思想上儒学日益包罗万象,与"学问"成为可以互换的名词;政治上,宋代君主抑武扬文;经济上,新兴的地主及都市中产之家,成为士大夫的经济保障与温床。南宋朱熹更"私立道统",用以限制皇权为代表的"治统"。

汉儒与宋儒之别如下:汉儒近荀子,重《春秋》大义、重治国平天下、重华夷之辨,对于人主私生活不甚苛求;宋儒自韩愈推崇孟子,朱熹重四书、重个人修养,强调"格君心之非"。严复评价说,春秋未尝令乱臣贼子惧;而宋道学兴,乱臣贼子真惧,自此中国之亡也,多亡于外国。但时人已经意识到宋儒的弱点:"高谈者远述性命,而以功业为可略。精论者妄推天意,而以华夷为无辨。"(叶适)朱熹有言:"何必恁地论,只天下为一,诸侯朝觐,狱讼皆归,便是得正统。"宋亡后,仕元的多为道学家。

通常认为元代儒士地位非常低下,有所谓"八娼妓九儒十丐"之说,读书人"臭老九"之名便缘于此,其实此乃语出过激。元代将读圣贤书之人划为专门之"儒户",对儒生在经济上有一定的优待,只是儒家从唯一的"道"降为"(宗)教"之一种,与道士、和尚等宗教人士并列而已。①

八、治统与道统②

(一)治统、道统分立与道统的优越地位

道统不是王统(治统)。孔子推崇的是尧、舜、禹、周公,不是启、汤、文、武;孟子推崇的是尧、舜、禹、孔子,不是春秋五霸、战国七雄;韩愈推崇的是尧、舜、孔、孟,不是秦皇汉武。尊道不是忠君。《孟子·尽心下》:"尧、舜,性者也。汤、武,反之也。"有道再留,无道再去。道统之说,肇始于韩愈《原道》,正式确立于朱熹。道一脉相传,犹政治上所谓正统。三代治统与道统合一(君师合一),典型如周公。礼崩乐坏之后,二者分离,南宋更"私立道统"。"明道之圣"远胜于"行道之圣",后者行于一时,前者为"万世师表"。在士大夫的理念与实践上,孔子为代表的"道统"优越于历代君王之"治统":其一,汉章帝谒孔庙,孔子后人孔僖对皇帝说,孔门并不因圣驾光临而添光,反倒章帝须借莅临孔门以增辉圣德;其二,明太祖欲压制孔庙之地位、并贬低孟子,遭到反弹,儒者殉道,"虽死犹荣",明王室最终作罢。

(二)治统、道统合一与圣君("哲学王")的吊诡

治统与道统的再次合一,始于清康熙,雍正、乾隆承之,政治权威与文化权威合一。清代出明君,康熙尤为"圣君",他强调:"学问为百事根本","治天下之道莫详于经,治天下之事莫详于史"。面对治统与道统的紧张关系,清朝一改明太祖之对抗政策,追求二者的合一,由君主掌握了道统,君师一体。清王朝赋予孔子、孔庙、孔家以超越前代的殊荣,康熙对孔子像行三拜九叩之大礼,乾隆嫁女于孔门。其原因在于孔教为传统社会凝聚力,"在君上尤受其益"(雍正语)。但清廷对孔庙既"贵之",亦然

---

① 参见萧启庆:"元代的儒户——儒士地位演进史上的一章",载邢义田、林丽月主编:《社会变迁》,中国大百科全书出版社2005年版。
② 参见黄进兴:"清初政权意识形态之探究——政治化的'道统观'",载陈弱水、王汎森主编:《思想与学术》,中国大百科全书出版社2005年版。

保留"贱之"与整肃的权力。面对康熙拜谒孔庙,孔尚任已无前辈孔僖的志气。雍正驳斥曾静,孔孟虽为圣贤,却"无做皇帝之理",君臣关系绝对化;清朝不设宰相,这一儒生的最高抱负既无实权,也无政治担当,甚至没有名分。清代大学问家章学诚创"周公胜于孔子之说",这源于当时"理"与"势"合一的大背景。

这反映出儒者内心的矛盾:期待"圣君",圣君的来临却使儒士付出昂贵的代价,儒者得以批判政治权威的立足点——道统——烟消云散。

九、士绅与地方行政——"皇权与绅权"①

(一) 士绅(绅衿、缙绅,local elite)

士绅是与地方政府共同管理当地事务的地方精英,他们是唯一能合法代表当地社群与地方官员共商地方事务、参与政治过程的集团。地方官员对于士绅总是以礼相待。

士绅的权力直接源于传统政治秩序。士绅与官吏隶属于同一个集团,都是官僚集团的实际成员或候补成员,这个权力集团在公共领域表现为官吏,在私人领域表现为士绅。用钱穆的话说,"做官"对士人而言类似于宗教,只有做官"最可造福人类",可以施展读书人的理想与抱负,"不得已退居教授,或著书立说,依然希望他的学徒或读者,将来依他的信仰或抱负,实际在政治上展布"。② 士绅的身份取得:首先不在于财富,而是以官宦身份或者仕宦资格的取得(通过科举,有功名者)为前提或基础。在向政府购买官爵或者功名/学衔时,财富才与士绅的身份发生直接关系,但所能买到的官爵和功名只是低级的,且不被视为"正途"。

士绅又分为官绅和学绅,统称为"居乡士大夫"。官绅(官员、"绅")包括:现职、退休、罢黜官员,也包括捐买官衔和官阶的官员。根据禁止官员在故里任职的规定,在职官员有双重身份,其在任职地为官员,在家乡为"缺席士绅"。学绅(有功名/学衔者、"士")包括:文武进士、文武举人、贡生(地方官学学生选贡入国子监者,包括捐买此衔者)、监生(国子监学生,包括捐买监生资格者)、文武生员("秀才")。

与作为"外乡人"的地方官不同,士绅们天然有捍卫和促进社区福利的责任感。

(二) 士绅的特权与不同士绅的差别待遇

(1) 与地方官交往过程的礼遇(具体取决于其身份等级)。

(2) 社会(衣冠、居所、礼仪等)与经济(税赋)特权。

(3) 法律上的优待与特殊保护:官绅不在当地司法管辖之下,学绅在公堂上也享有与百姓不同的待遇;士绅可以免除较轻微的刑罚(例如可以用赎金折抵笞杖);士绅与普通百姓之间发生户婚田土纠纷,可不亲自参加诉讼,而指派一名家属或仆人作为代表到堂;庶民若打伤(现职/退休)官员,将被加重处罚。

(三) 士绅发挥影响力的渠道

(1) 在普通百姓圈子中作为社群的首领。

---

① 参见瞿同祖:《清代地方政府》,范忠信等译,法律出版社2003年版,第十章。
② 钱穆:《中国文化史导论》,商务印书馆2002年版,第127页。

（2）在地方官圈子中施加影响：士绅的影响力取决于其个人的显赫程度与当地的实际情况（例如在拥有功名人数众多的江浙，举人的影响力不大；在相反的地区，即使拥有低级的功名也可能有较大影响）。具有超常身份的"官绅"甚至可以直接向皇帝奏请。

（3）士绅与正式权力的联系、科举制度产生的社会关系，包括老师（座师、房师）、学生（门生）、同科及第者（同年），是其发挥影响力的重要渠道。

生员在权力集团之外，他们是士绅中影响力最低的，作为个体，其影响力微乎其微，其权力或力量主要来源于团结与集体行动（如联名请愿或集体罢考、哄闹衙署）。生员在集体行动前常常在孔庙（文庙，也是学校的所在地）集会，进行"哭庙"仪式。① 完整的仪式包括祭告孔子、焚儒服裂青衿（代表无意仕进）、作卷堂文（代表主动退学）、击鼓鸣钟（聚众声讨，扩大社会影响）。清顺治十八年（1661年）在苏州发生千余名生员哭庙抗粮，即有名的"哭庙之变"。康熙二十六年（1687年）因江南乡试科场案，在苏州又发生哭庙事件。除哭庙外，生员还有另一种形式的抗议仪式，就是抱孔子木主牌位到抗争对象门前，置对方于窘境。雍正以后甚至有生员将孔子像作为斗殴的护身符，"抬孔圣木主、及诸贤牌位，与人打架"。②

（四）士绅家庭

（1）士绅的声望与特权可以与家人分享。官员身份可以通过"封（生）赠（死）"（给官祖封赠官衔）、"封诰"（给妻子）、"荫袭"（给子孙）制度合法地扩展到其家庭成员。从技术上来讲，法律对于有荣誉官衔者与正式官员同等对待，甚至扩展到官员未获得荣誉官爵的家庭成员。士绅的父亲和其他近亲属不仅比庶民影响力更大，而且其影响力几乎等同于士绅本人。身居要职的"官绅"的家人的影响力，可能比一般低级官绅、学绅还大。

（2）家族是中国社会的基本单位，士绅的言行要受到家族亲党的强烈支配与限制。一个人保护自己和家族的能力的大小，取决于其在官僚等级体系中的地位。随之而来的，每个家族都将本族中的士绅视为全族的保护人，而该士绅也必须接受这一义务。

（五）士绅在地方行政中的地位、作用

（1）士绅参与地方行政的原动力在于追求地方社会安定有序。

（2）在百姓与官吏之间，士绅常担当调停人的角色。

（3）为地方官提供咨询建议。帝国境内各地差异很大，但中央的法规却十分刚性，缺乏地方适应性。与地方政府属员（差役、胥吏）相较，士绅被认为更有见识（知识与文化），也更有道德，士绅对于本地情况较为熟悉，可以向地方官提出与当地实际情况结合的建议。"官绅"的行政经验在公共工程与地方防务等重大复杂问题上可资借鉴。除州县官自动咨询士绅外，其上司也常作如此建议或要求。

---

① 参见陈国栋："哭庙与焚儒服——明末清初生员层的社会动作"，载邢义田、林丽月主编：《社会变迁》，中国大百科全书出版社2005年版。

② 参见巫仁恕："明清城市'民变'的集体行动模式及其影响"，载同上书。

（4）参与地方行政。包括公共工程与公共福利、教育活动、保甲管理、地方民团（团练）等。比较有名的例子是曾国藩以朝廷大臣丁忧在湖南家乡筹办"湘军"的故事。

（六）官、绅之间的合作与冲突

一般来说，州县官和士绅的利益冲突，更多的是州县官与个别士绅，而非士绅整体的冲突。因为他们同属于一个特权阶级，要相互依赖以固守共同利益、维持现状。州县官的前途与名声很大程度上依赖于士绅；士绅也要仰仗州县官来维持自己在本地区的影响力与特权。一旦双方利益发生冲突，官、绅的合作会暂时瓦解，彼此将发生直接冲突。例如在州县官坚持执行士绅们一贯规避的法律，或在州县官阻碍士绅谋求不法利益时。地方官经常处在士绅的批评、恫吓、毁谤和控告的威胁之下；士绅也同样处在地方官的压力和束缚之下，"学绅"的利益尤其容易受到侵害。

第二节 选举与科举

一、选举

（一）荐举[①]

两汉用人之法，以察举、征辟为主，而辅以考试和荫袭。

察举，始于汉高祖十一年之求贤诏；惠帝、文帝亦先后下诏求"孝悌力田"、"贤良方正"、"直言极谏"。武帝初，令郡国岁举"孝廉"各一人。（古代君王讲究"以孝治天下"，皇帝的谥号通常有"孝"字。）其后又令诸郡县察吏民有秀才异等，可为将相及使绝国者，岁举一人。东汉避光武帝刘秀讳，改称"秀才"为"茂才"。两汉士人进身以贤良方正与孝廉为正途，秀才次之。以上均为"乡举里选"，又辅以考试，如射策、对策。如贾谊、公孙弘、董仲舒均以应选贤良方正后，又临轩对策，而为皇帝赏识。当时选举有三种方式，或由郡国"贡举"，或派大臣"察举"，或令公卿"荐举"。

征辟之法，始于西汉，而盛行于东汉。乡举里选，需循序而进，而征召辟士则可不拘资格、超擢而升。"征"（特征）乃是对于高才重名之人，皇帝径召之，唯应征者未见得皆被任用。"辟"（辟举），乃是公府对其掾属，（州）郡县对其曹僚，皆由公府（州）郡县自行辟举而试用，考行查能，以次迁补，或至二千石高官。[②]

魏晋南北朝采"九品中正"之法。汉代举荐的责任逐渐由地方官转到了退休回地方的士大夫手中，为其把持，渐有"举秀才，不知书；举孝廉，父别居"的弊端。魏晋荐举，惩两汉察举之弊，采九品中正之法。汉末丧乱，曹操秉政，军中权立九品，以论人才之高劣。魏文帝立，用"九品官人"之法，于州郡置大小宗正之官，择州郡之贤者，区别高下为九品，谓之"九品中正"。初由郡县之小宗正将当地人才以九品区别高下，呈报于州之大宗正，大宗正核而报于中央之司徒，司徒核而交尚书以录用之。九品官人

[①] 可参见阎步克：《察举制度变迁史稿》。
[②] 参见萨孟武：《中国社会政治史》（一），台湾三民书局1975年版，第306—307页。

之法,本以就察举、征辟之弊,可降至南朝,自滋流弊,其请托更甚于乡里"沽誉";且九等之差,无一定标准,当时又值门阀势力大兴,计人定品转为计门第定品。于是有"上品无寒门,下品无士族"之讥。至隋文帝,"罢州郡之辟,废乡里之举,内外一命,悉归吏部"。察举制度遂废。

（二）后世之制举①

隋唐后科举大行,但仍有与之并行之制举,乃天子自诏征人才。

隋炀帝初年,诏五品以上官举孝悌有闻、德行敦厚、执宪不挠、学业优美、文采美秀、才堪将略等士子。是故隋虽废古代之荐举制度,又开后世之制举制度。

唐承隋旧,取士之法兼用制举,列于科者有:贤良方正直言极谏、博通坟典达于教化,军谋宏远堪称将率等。

宋于进士之外,设有直言极谏、博学宏词等科,又有所谓"大科",乃天子亲临策问,擢举才异。

元初未设科举,笼络汉族士人,专赖荐举。其事则集贤院掌之,其名则廉访司送之。

明取金陵后,辟征耆儒、设礼贤馆,又设有聪明正直、贤良方正、孝悌力田等科,皆礼送京师,不次擢用。其后科举日重。

清之制科,如康熙十七年、乾隆元年之"博学鸿词科",光绪二十二年之"经济特科"。

（三）保举②

乃是大吏对于其属僚有才及有劳绩者,举以上闻而提拔之。其乃佐铨法之不及,而分吏部之权。汉代称其为辟举,是公府对其掾属,郡县对其曹僚,皆自荐举而自试用之,考行查能,以次迁补,或至二千石,入为公卿。大吏自辟僚属之权,至北齐便为吏部所侵夺。

保举于后世又盛于明清。明之保举,始于洪武十七年命天下朝觐官举廉能属吏,至永乐年间定举主连坐之法。行之逾久,弊端丛生,有乡里亲旧门下私相授受者,又有因无官保举而多年不迁者。清之保举始于中叶之内忧外患,至清末不衰。当时"丧乱有望勘定","科举不能得贤豪","属僚幕友往往得大吏一言,即跻身显要"。如曾国藩进剿太平天国,其幕府人才盛极一时,经其保举而大用者,有左宗棠、李鸿章、彭玉麟等。

二、科举（考试）

严格说来,中国的科举制度应分为文举和武举（文科和武科）制度。武举是专门选拔武官而设置的科目。武举制度是唐武则天长安二年（公元702年）始置,清光绪二十七年（公元1901年）废除,历时1200年。其考试程序与文举基本一样,只是内容与时间不同。在中国科举史上,自唐以后,历来是文武两科,殊途并进。但是,中国的

---

① 参见陈顾远:《中国法制史概要》,台湾三民书局1977年版,第147—150页。
② 参见同上书,第150—151页。

科举制度历来重视文科,文科一直占据科举的统治地位。实因武举作用有限,影响不大,资料不多。

(一)历代科举制度概要

1. 隋唐

隋文帝建"秀才科",另诸州每岁选送三人参加考试,得高第者称"秀才",终文帝之世,天下举秀才者不过十人。隋炀帝建"进士科",试以诗赋,此为后世科举之所宗。唐因隋制而加以完善,唐太宗有"天下英雄入吾彀中矣"的说法。其学馆(京师之广文馆、弘文馆)之生徒与州县之乡贡,按岁一体试以科目而取之。乡贡者,由士子怀牒自列于州县,州县试其可者,长吏举行"乡饮酒礼",贡之于京师。士子由地方贡于京后,参加尚书省礼部举行的考试,故称之为"省试"。其考试科目见于史者有五十余科,较著者有秀才、明经、进士、明法、明算等等,以明经、进士二科最贵。"明经"先试帖文,再口试经问大义十条,后答时务策三道;"进士"先试诗赋,取者再试时务策,帖一"大经"。其弊端,"明经者但记帖,进士不通经史"。天宝末选士益重艺文,才与职乖,徒尚浮华。牛李以考试舞弊而肇党争,黄巢以进士不第而乱天下,其弊可见。①

2. 宋金元

宋仿唐制,但于制度多有发挥,并为后世所沿袭。宋太祖由省试之复试,发展出了殿试制度。而在太祖与太宗之时,已有进士分三甲发榜的做法;到太平兴国八年,正式确立了三甲取士的制度。科举于英宗后改为三岁一行,亦为后世沿用。宋设弥封、誊录制度,考试制度日趋严密。"但制度逐步严密化,有时反而失却本义,专从防弊上着想。……如是则则考试防制言了,有时反得不到真才。"②诸科之中,独重进士,故以此科最盛。王安石变法,罢诗赋明经诸科,以经义论策试士,又颁三经新义于学官;司马光当政,罢三经新义,而沿用经义论策。宋又有"明法科",试以律令、刑统大义,断案中格即取。③

金世宗依宋制,将科举分乡试、府试、会试、御试四级,唐宋之"省试"至此改称"会试"。

元代,仁宗始定科举之制,凡乡试中式者参加会试,会试中式者参加御试。将蒙古、色目、北人、南人分为两榜,其考试科目不通,均罢去诗赋,重视经学,并参以试策及应用文各一道。

3. 明

明代试士科目沿唐宋之旧,唯专以四书五经为命题范围,其文略仿宋经义,然后须以古人语气为之,体用俳偶,谓之八股文,通称"制义"。三年大比,以诸生试于省者曰乡试,中式者为举人,次为会试、殿试(廷试)。殿试结果分三甲。乡试以八月,会试以二月,皆以九日为第一场,又三日为第二场,再三日为第三场。试卷用墨谓之墨卷,

---

① 参见陈顾远:《中国法制史概要》,第155—156页。
② 钱穆:《中国历代政治得失》,三联书店2005年版,第79页。
③ 参见付乐成:"唐型文化与宋型文化",载康乐、彭明辉主编:《史学方法与历史解释》,中国大百科全书出版社2005年版。

誊录用朱,谓之朱卷。试士之所称贡院;诸生席舍谓之号房;考场由军士监守,谓之号军。试官入院,则封锁内外门户,在外提调监事者谓之外帘官,在内主考者谓之内帘官。殿试用翰林及朝臣文学之优者为读卷官,拟定名次候天子临轩圣裁,或如所拟,或有所更定。①

(二) 清代科举制度②

1. 岁考与科考

各省学政,在各府及直隶州设置考场("分棚考试"),每三年之中,分别举行一次岁考和一次科考,考试各府州县学生。岁考的目的,在考取"童生""进学",并考察已进学生员之勤惰。凡参加岁考之童生,须在当地有籍贯,三代清白,非倡隶皂及贱役之家,并不居父母丧者。由同考五人互结,并同县廪生一人任保。如有冒籍、冒名及出身卑贱者,廪保同罪。先经一次初试("县考");再经复试("府考");然后才参加"院试"(岁考或科考)。每试三场,逐场淘汰。各州县每次岁考所取名额,依人口多寡,为 20—40 人不等。童生在岁考被录取者,称为"附生"(附学生员),谓之"进学"。已进学之附生,除非已进学三十年,或年满七十岁,每逢岁考,必须参加。考试优异者,升为"增生"、"廪生"(廪膳生);不好者,则由廪降增或降附,甚至"扑责"或"黜为百姓"。廪生每年有"廪饩银"四两,廪生、增生各州县皆有定额。应"补廪"而无缺者称"候廪",应补增而无缺者仍居"附生"。

科考的作用,则是次年"乡试"的预考,在每次乡试的前一年举行。考取列一二等者,由学政册送乡试;其因故未经科考之生员,得于乡试时,临时补考,谓之"录遗"。廪生、增生、附生同为生员,即俗称之"秀才"。他们比一般平民,有高一等的身份。戴九品的顶戴,例免差徭;他们在公堂上不用下跪,地方官未经学官允许,不得打他们板子。其违犯法律禁令,情节轻者,由地方官行文当地学官/教官(教授、学政、教谕)责罚;情节重者申请学政黜革其功名之后,方能治罪。贡生:名义上是"贡"于国子监的学生,分为恩、拔、副、岁、优"五贡",由此出身者称为"正途";又有出资捐纳之"例贡"。经过中央的考试,可被授以"七品小京官"、知县、州判、学官。监生:名义上是国子监("太学")的学生,分为恩、荫、优、例四类。其身份与贡生相近而略逊,其考职授官之法亦近似。清后期例监为捐纳入官必由之路,"监生"即表示捐官出身,为士林所不齿。

2. 乡试

乡试每三年一次,每次考三场,每场三日。乡试由皇帝选派主考至各省主持,因在八月举行,故称"秋闱"。遇有国家庆典,例外举行者,谓之"恩科"。乡试考取正榜者,谓之"举人",称"科甲出身",名列第一者称为"解元";考取副榜者,谓之"副贡"。凡中举者,得应次年之会试。应会试三次不中者,得具履历,加六品以上同乡京官之保证,申详吏部,听候"大挑"。大挑每六年举行一次,一等准用知县,二等准用学正、

---

① 参见林咏荣:《中国法制史》,台湾 1976 年自刊,第 195—196 页。
② 参见徐道邻:《中国法制史论略》,第 111—116 页。

教谕。到吏部注册候选。

乡试所在考场(称"贡院")布局独特,考场内有数十排紧密相连的小屋,名曰"号房"。屋高约四尺、长约三尺,应试的考生独居一间,一连九日考试吃住都在其中。所有考生要在考前一天的凌晨在贡院门前集合,被依次点名、搜身之后进考场。八月初八点名进场,八月十五考试结束,发榜在九月初九前后。① 蒲松龄在《聊斋志异》里对乡试士子所受的煎熬有如下生动的描述:入场提篮像乞丐,点名受呵责像囚犯,进入号房像秋后的冷蜂,出场后像出笼的病鸟,盼望报子时坐立不安像被捆住的猴子,得报没中像中了毒的苍蝇。

3. 会试

会试于乡试后之次年三月,在京由礼部举行。录取名额不定,每年依乡试"中式"人数,由皇帝临时定之。大概为三百又数十名,最高者为雍正八年之406名,最少者为乾隆五十四年之96名。取中者,参加殿试,由皇帝亲定最优者之名次。其在会试考取第一名者,俗称"会元"。

4. 殿试

殿试于会试发榜(四月十五)后十一日(四月二十六)举行,五月初一发榜,谓之"传胪"。全部参试人员分为三甲,一甲三名,二甲三甲无定数。一甲称"赐进士及第",依次为状元、榜眼、探花;二甲称"赐进士出身",其第一名亦称"传胪";三甲称"赐同进士出身"。三甲皆进士也,俗亦统称"翰林"。

乡试、会试、殿试,"连中三元"者,有清一代,二人而已。

殿试之后,状元授"翰林院修撰"(从六品),榜眼、探花授"翰林院编修"(正七品)。二三甲者,经"朝考"后,成绩优异者入翰林院"庶常馆"继续学习,为"庶吉士"(食七品俸)。进士之中非庶吉士者,为六部之"额外主事",亦有任国子监学正、学录,或府州县教职者。庶吉士在学三年后,举行"散馆"考试,并钦定等次。原殿试二甲者授"编修",三甲者授"检讨"(从七品);其余不入翰林者,则为六部主事(正六品),或"即用知县"(正七品)。

(三) 科举名额的地方分配与区域平衡

汉代察举孝廉在名额分配时就已注意到了地区平等与民族平等的问题。东汉时已根据各郡人口的多少分配不同数额的孝廉指标:"时大郡五六十万,举孝廉二人,小郡二十万并有蛮夷者亦举二人。帝以为不均,下公卿会议。"经过朝臣讨论,改为:"郡国率二十万口岁举孝廉一人,四十万二人,六十万三人,八十万四人,百万五人,百二十万六人;不满二十万,二岁一人;不满十万,三岁一人。"(《后汉书·丁鸿传》)同时,对于人口稀少且汉族与少数民族杂处的边疆地区予以特别的照顾:"幽、并、凉州,户口率少,边役众剧,束修良吏,进仕路狭。抚接夷狄,以人为本。其令缘边郡口十万以上岁举孝廉一人;不满十万,二岁举一人;五万以下,三岁举一人。"(《后汉书·和帝纪》)

---

① 参见赵晓耕:《大衙门》,法律出版社2007年版,第144页。

宋代对于各省举人名额(解额)的分配采用区域配额制度;但在进士取士中则没有配额制度,实行"区域间的自由分配"。元代首开科举时,会试开始实行配额制,进士录取名额平均分配给蒙古、色目、汉人、南人,南人所在地域包括原来南宋治下的江浙、江西、湖广、河南。占人口大多数的汉人、南人分配名额相对很少,对于南人的歧视意味尤其明显。与宋代不同,元代的区域配额制主要是基于地缘政治、特别注重政治势力的均衡分配,"与其说是区域配额,不如说是阶级配额或种族配额"①。

明初,进士取士没有关于地域分配的规定,如此造成"代表帝国最富裕和最有文化的地区的南方人和东南方人"在科举中占有绝对优势,在 1391 年他们甚至囊括了所有的进士名额。明太祖对地域分配如此不平衡的取士结果大为震怒,下令处死主考官,并再举行一次考试,增补了全为北方人的进士名单。1425 年,明政府订立制度,把 40% 的进士名额划给北方、60% 名额划给其他地方,即所谓的"南北卷"制度。此后,明政府又改进分配方案,把 10% 进士名额留给欠发达的四川、云南、贵州、广西四省与南直隶的三府三州(中卷),35% 的名额给北方(北卷),55% 的名额给南方和东南方(南卷)。这样的分配方案基本反映了人口的分布状况。②到了清代康熙五十一年(1712 年),进士名额的地域分配更为细密化,改为按省分配(分省取进士)。

科举按区域分配不仅涉及进士名额的分配,也涉及乡试解额(举人名额)的分配,宋、明、清皆如是。例如清代考取名额各省不一,最少为 40 名(贵州),最多为 96 名(江西)。另有副榜,名额为正榜五分之一。参加乡试者,由学政通过"科考"考送。其参考名额限制,每一正榜名额,大省准送 80 人,中省 60 人,小省 50 人;副榜名额一名准送 20 人。

科举名额的区域分配,是一种"矫正正义",不时也有人质疑其公平性与合理性。与此同时,还产生了两个问题:其一,是"冒籍应试"的问题,冒籍的目的主要与今天所谓"高考移民"类似,通常是"避难就易"、以图侥幸;另一种情况,是因为受处罚被剥夺功名、不许应试的生儒到别省冒籍参加考试,"以图功名路上起死回生"。其二,南、北两京国子监的学生在两京学习,不便回本籍就考,他们获准在应天府、顺天府参加乡试,这挤占了当地的解额,因此两京对于国子监学生的录取名额有严格的限制。为国子监学生单独规定最高录取配额,主要目的是为了保障两京当地学生的名额不被国子监学生挤占。但数据调查显示,考试竞争激烈的南部省份(如江苏、浙江、江西)的士子在两监录取士子中占据了大多数,而就学两监的北方学生并未因此受惠。这样的制度引起了很大争议,明政府尝试进行改革,居然引起了监生的抗议风波,只能

---

① 参见林丽月:"科场竞争与天下为公:明代科举区域配额问题的一些考察",载邢义田、林丽月主编:《社会变迁》,中国大百科全书出版社 2005 年版。
② 参见〔英〕崔瑞德、〔美〕牟复礼编:《剑桥中国明代史》(下卷),杨品泉等译,中国社会科学出版社 2006 年版,第 36 页。

作罢。①

（四）科举制之优点②

1. 公平的竞选

清代科举,其最大缺点在于限于七百字之"八股文"与五言八韵之"试帖诗",形式僵化、内容空虚。"诗赋只尚浮华,而全无实用;明经徒事记诵,而文义不通;习非所用,用非所习。"但科举出发点未必"用意刻毒",尽管"耗费一代又一代读书人的心智",但也选拔了不少人才。况其优点也十分明显:科举制之优点,首先便在于其追求公平竞选的制度设计,其所防微杜渐,可以说实在尽了人间的能事:考生入场,先要收检夹带,后用"号军"看守。考生写完试卷后,由"受卷所"剔除不合式者;合式者由"弥封所"粘纸遮盖考生姓名及考号;再由"誊录所"把原来墨笔写的卷子(墨卷),用朱笔誊抄为朱卷;再由"对误所"校对清楚。考官分内外:外帘官(提调、监试);内帘官(主考、同考)所有参加试政的,上自主考,下至门房及洒扫夫役,均系临时委任。考官作弊,要被论斩、充军。

2. 将考试与任官相联接

三甲之中,庶吉士三年后经散馆考试可授编修、检讨;庶吉士翰林院散馆出来,在吏部优先录用,谓之"老虎班"。未入翰林者,若肯屈就知县,在吏部候选,两三年之内大都能够分发。举人经大挑,如知县、州同、州判、县丞、学正、教谕,出路也较宽。尤其是翰林这一级,有一个好出身,"国家养你在那里,担保你有大官做",而事情清闲,可以从容地一面读书,一面获得许多政治知识。即使放到外省做主考,"还是没有许多事,旅行各地,多识民间风俗,多认识朋友","如是多少年,才正式当官任事"。"明清两代,许多大学问家、大政治家,多半从进士翰林出身。"③

3. 国家控制了考试,便无须再控制教育

中国古制,虽有学校,但后来考试制度发达,学校渐趋有名无实,而教育成了相对民间自治的事情。但国家掌握了考试,考试要求什么,民间就准备什么,国家由此间接控制教育,是所谓"执简驭繁"之办法。

第三节 铨叙与考课

一、铨叙(任用)④

汉经乡里选而为孝廉或贤良方正者,朝廷也可加试"策问"而除官,经"对策"入选郎官者,谓之"郎选";亦有经射策、荫袭与纳币而为郎者。汉光禄勋(承秦郎中令)

---

① 参见林丽月:"科场竞争与天下为公:明代科举区域配额问题的一些考察",载邢义田、林丽月主编:《社会变迁》,中国大百科全书出版社 2005 年版。
② 参见徐道邻:《中国法制史论略》,第 117—119 页。
③ 钱穆:《中国历代政治得失》,三联书店 2005 年版,第 116—117 页。
④ 参见林咏荣:《中国法制史》,第 196—198 页。

为九卿之一,其所属之郎官有数十人,为储才候补之所。初任官先"试守",犹今之"试署",届一岁乃"真除"。汉任官期限无限制,且重久任。任官资格方面汉初商人不得为官,汉武帝时废除这一身份限制。汉初任地方官无回避制度,至汉桓帝时有"三互法",即婚姻之家与两州之人不得交互为官。汉初重视基层政治经验,晋将其列为中央官员的任用条件,明令"不经县宰,不得入为台郎"。

北魏武官退役皆入仕,官位少而候选人多;崔亮为吏部尚书,创"停年格",以年资深浅而定其选用之顺序。

至隋代,以科举代汉之辟举,六品以下官,皆归吏部铨选,中央政府之吏部夺取地方州郡令之自辟僚属之权;且行"革选"之法,令县佐回避本郡,尽用他乡人为地方官。是为中央集权的重要步骤:"往者州唯置纲纪,郡置守丞,县唯令而已,其所具僚则长官自辟,受诏赴任,每州不过数十,今则不然,大小之官悉由吏部,纤介之迹皆属考功。"汉制,丞尉诸曹掾"多以本郡人为之,三辅则兼用他郡,及隋氏革选,尽用他郡人"。如此制度乃创始自北魏末年及北齐,隋沿袭之而加以普遍化。①

唐承隋制,唯文武分途,吏部掌文官之铨叙,武官归兵部。唐制,举士举官判为两途。岁举及第者,不过得出身(资格);尚须试于吏部,方可得官。其择人标准有四:身(体貌)、言(言辞)、书(书法)、判(判词),四事皆可取,则德均以才,才均以劳。六品以下,计资量劳而拟其官;五品以上,不试,列名于中书门下,听候圣裁。例如"韩愈三试于吏部无成,十年犹布衣也"。

宋优待士人,其科举为任官考试,进士及第即授官,异于唐制。

明代取士严而任官宽,进士为第一途,举贡为第二途,吏员又为一途,三途并用。任官亦依文、武分属吏部、兵部管辖。当时新取的进士往往不能立即得到正式的任命,而是被派至各机构任观政。而首次任命往往是为期一年的见习或代理职务,之后再根据其表现决定是否可以改任实职。得到实职的官员一任为三年,通常可以再连任两期。九年之后满三任,官员回到吏部报到,吏部则根据其考课情况决定其之后的职位安排。②

清代任官,除皇帝遴选之人不限资格外,凡大员出缺,由吏部(后改为军机处)开列合格任用奏请圣裁。各地方官员不归吏部铨叙者,皆由督抚选拔,报准行之。清制,凡正印官、京官、监察御史,须正途出身;翰林院、詹事府、吏部、礼部官员,限科甲出身。布政使限于曾任按察使者。并沿明代南北互选之法,往往选人于千里之外,地方官往往不晓当地风土,甚至不通当地语言。

---

① 参见陈寅恪:《隋唐制度渊源略论稿·唐代政治史述论稿》,三联书店2001年版,第94—96页。
② 参见〔英〕崔瑞德、〔美〕牟复礼编:《剑桥中国明代史》(下卷),杨品泉等译,中国社会科学出版社2006年版,第39页。

二、考课(考绩)

(一)秦汉[①]

每年一小考,三年一大考,考课记录称计簿。主管长官对其僚属有考课之权,郡国守相、公府考课掾吏,县令考课县吏,九卿、守令由丞相考课。天下一切"上计"归丞相、御史两府。由丞相府根据计簿"课其殿最,奉行赏罚",而御史大夫则"察计簿之虚实,而判其真伪"。考课之后有赏罚:赏则升官、赐金、增秩;罚则责问、降级、免官。考课优秀甚至可以越级升迁;考课居殿,则应罢黜。

(二)隋唐[②]

考课每年一小考,累计各年考绩后行一大考("考满"),以大考决定官员升降。至于几年行一大考("考数"),规定屡有变更。基本上越往后,考数越长。考课官与考课对象,根据官阶高低,有的由皇帝亲考,有的则有吏部考功司主管其考核。一般来说,四品以下官由吏部(考功司郎中、员外郎、都事、主事)考核;州刺史则除外,由皇帝派专使或亲考。对于全国各机构上报的考绩,有繁复的监校程序。地方官的考簿由刺史或"朝集使"解送到京,期限为年底。同时,因为要适应官僚组织的膨胀、解决人多官少的问题,官僚的升迁除了看考绩,还要辅以年资。其考查标准,以德义、清慎、公平、恪勤各为一"善"。采取积分制度考核官吏,分为"上上……下下"九等,而"中中"是奖惩的分水岭。负责考课的有四名监校官:监京官考使与监外官考使由门下省给事中与中书省舍人担任;校京官考使与校外官考使由刑部、吏部的尚书、侍郎,御史台御史大夫担任。

(三)宋元明清[③]

考核三年一察,在内者称"京察",在外者称"大计"。宋设审官院与考课院,以清望官任之。前者考京朝官,后者考幕职及州县官。考绩等第分上中下三等。元循资考绩,以任职时间长短定先后。明考课分为考满与考察。在明代,考满论其所历之俸,分为三等:称职、平常、不称。三年一考,九年三考,予以黜陟。如官员有贪、酷、浮躁、不及、老、病、疲、不谨"八法",则处以致仕、降调、闲住、为民"四罚"。京察,四品以上官,自陈以候上裁;外官,州县以月计上之府,府上下其考以岁上之布政使司,满三年则由巡抚批注、册报吏部,以定等级去留。清承明制,而稍有不同。

第四节 学 校[④]

一、京师之学("太学"、"国学")

三代之学,夏曰校,殷曰序,周曰庠,均为存疑。

---

① 参见萨孟武:《中国社会政治史》(一),台湾三民书局1975年版,第324—328页。
② 参见黄清连:"唐代的文官考课制度",载黄清连主编:《制度与国家》,中国大百科全书出版社2005年版。
③ 参见林咏荣:《中国法制史》,第199—201页。
④ 参见陈顾远:《中国法制史概要》,第137—145页。

第五章　士大夫政治与文官制度

汉武帝始设学,两汉国学隶于太常,以经术研究为主。汉承秦制,太常设有博士官,武帝置五经博士,并用公孙弘议,为置弟子五十人,令郡国县官荐举好文学、敬长上、肃政教、顺乡里老者于郡守,郡守察可者,贡于太常,受业如弟子。因其隶于太常,故称太学。昭帝时,增博士弟子员满百人;宣帝又倍之;成帝末,达三千余人。五经博士数亦增加,凡经今文家十四派皆列于学官。东汉,以五经博士中聪慧而最有威信一人为祭酒。除修太学外,并建明堂辟雍。日后游学者日增,至桓帝达三万人。[①] 但东汉太学虽盛,教育却日益移于私家。观古文经学虽不列入学官,而在东汉特占势力;马融、郑玄诸儒皆门徒甚众可知。

魏晋太学均虚有其名:魏黄初五年立太学,置十九博士;晋因之,并设国子学,置祭酒、博士各一人,助教十五人,隶于太学,教授内容以国子学为主;江左减其数,不复分掌五经,谓之太学博士。江左尚老庄,经学一蹶不振,国子学徒有其名。

南朝国学承晋颓风,国子学时废时置,太学亦极空虚。

北朝国学则远宗汉旧。魏道武帝首设太学,置五经博士,生员三千人;孝文帝益重之,置国子太学、四门小学、明堂辟雍。

隋代国学不隶太常,另置国子监以领之。隋初设国子寺,祭酒主之,统国子、太学、四门书、算学,各置博士、助教,学生(古代学生亦往往列入官品)。炀帝时,置国子监,有祭酒、司业等官,国子学、太学并置,各有博士、助教。唯国子学学生无定员,太学则为五百人。

唐代国学最盛,不因贵族化而减色。国子监设祭酒一人,司业二人,掌邦国儒学训导之政令,并统七学:国子学系三品以上子孙所学,额三百人;太学系五品以上子孙所学,额五百人。此两学以经术为主,不限于今文;以隶书、国语、说文、子林、三仓、尔雅为副科,暇则习之。四门学以七品以上子孙就读,额三千人,其教法一如太学而位较卑。书学以石经、说文、子林为主科,兼习他书,额三十人;律学以律令为主科,兼习格式法例,员额五十人;算学分为二班习业,额三十人。此三学系八品以下子孙及庶人子为生者习之,乃专门之学也。另一学为天宝九年所置之广文馆,掌国子学生业进进士者,至德后则废。凡教学,除博士、助教外,国子、四门两学于其下又设直讲以佐之。另于门下省设弘文馆,学生三十人;东宫设崇文馆,学生二十人。均系宗室及功臣子孙,由学士教之。其他学如玄学、医学亦盛。

宋代国学已趋衰微,而"三舍法"独具特色:宋初仅有国子学,至神宗学制始备。国子学以京官七品以上子孙属之,太学生以八品以下子弟及庶人之俊异者属之。其他如四门学、律学、算学、书学等,则废置不常,且不必隶国子监。此外学之设于京师者,有宗正大小学以教授宗室,有武学、画学,然亦时兴时废。王安石行"三舍法",始入学者居外舍,以次升内舍、上舍,上舍生得免礼部试,授官。

元代无太学,只有国子学,国子学属于集贤院。延佑年,用赵孟頫策,行阶斋之法,分上中下三阶,每阶左右二斋。每季考所习经书课业,及不违规矩者依次升阶,类

[①] 参见萨孟武:《中国社会政治史》(一),第 301—302 页。

王安石之三舍法。国子学之外,又设蒙古国子学及回回国子学,以蒙古、回回语言文字教授。

明代初则重视国学,后仅储才以待科举:明初设国子学,后更名为国子监,入学者统称监生,分六堂,从其积分依次升阶。其优异者则超擢为显宦。一再传后,科举日重,监生遂轻。且自开纳捐例,庶民亦得授生员例入监,流品复杂,国子监遂轻。京师国子监外,又有南京国子监,故明太学有南北监之分。

清代国学更成虚设。国子监虽设生徒,且分六堂,但有名无实,徒养冗官而已。国子监之外,又有宗学以教宗室子弟,旗学以教八旗之子弟。

清末,门户开放,译学需才,上海广方言馆外,同治时于京师设同文馆,光绪时又设俄文馆。戊戌变法后,更有京师大学堂之设。

二、地方之学

汉有郡国学,设科射策,劝士人以利禄。之后地方公学日衰,虽备其制,有同虚设。宋以后则私学日兴,讲学莫盛于书院;清之社学、义学并有起色。然地方公学虽不足以言教育,其分官设职,统辖士子,使其自成一系,亦中国特有之制度。

汉初中央、地方均未有学。景帝时,文翁为蜀郡守,修起学官,招下县子弟,以为学官弟子,地方始有学。武帝时,乃令天下郡国皆立学校。平帝更立学官如太常例:郡国曰学,县、道、邑、侯国曰校,乡曰庠,聚曰序;学及校各置经师一人,序及庠各置孝经师一人;汉代学校制度始备。汉制,乡、郡、京师均有学校,"每级学校似无联系","乡里学校人不升入太学"。①

魏晋南朝,地方大乱,地方学不著;然北魏道武帝并重乡学,每郡置有博士、助教,教授生徒。

隋初全废州县诸学,学生被遣散者成千上万;炀帝时恢复之,但并无起色。

唐宋至元,地方学徒有其名,故宋元则有书院制度以代之。

唐于府、州、县皆置有学,然成绩并不显著。

宋庆历四年后,州郡无不立学;生徒达二百人以上,许更置县学。熙宁时更置五路学。元丰时并置诸路府学官五十三员,而太学之三舍法,亦行之于地方。宋之地方学,已渐为科举之预备,而非留心于治乱、学术,其时稍可称道者,士须在学三百日,方可参加秋赋。而书院虽非始于宋,却盛于宋,最著者有白鹿洞等四大书院,其声誉远在地方官学之上。凡书院之掌教者称山长,朝廷或赐匾额,或赐学田以表彰。

元世祖颇重学校,凡路、府、州、县皆有学;地方书院亦很盛。故元以异族入中国,而汉家固有文化未堕者,教育大半操于汉人之手使然。凡师儒命于朝廷者称教授,路府上中州置之;命于礼部及行省及宣慰司者曰学正、学录、教谕、山长,路州县及书院置之。各行省有儒学提举司,统辖诸路府州县学校考核祭祀钱粮之事。

明清地方学制更密,但愈与科举相混,唯书院社学乃真学校。明府州县卫所均建

---

① 萨孟武:《中国社会政治史》(一),第303页。

官学,府设教授、州设学正、县设教谕各一人,皆置训导数人以副之;卫所学制如府,系教武臣子弟者。生员府学40人,州县以次减,宣德中增加其员额("增广之")。于是初设食廪者谓之廪膳生员;增广者谓之增广生员;久后又额外增取于诸生之末,谓之附学生员。凡初入学者谓之附学,而廪膳、增广以岁、科两试成绩优异者补之。清因其制,无大改革。故明清地方官学("乡党小学"),乃完全是士子取得入仕资格之始(科举之始)。未能儒学者称童生,而"入学"并非真有学校可入,实则能入乡试之门而已。明初由巡抚及布、按两司及府州县官兼管学政;正统后设提学官主之;清称提督学政,专司全省学政,不隶督抚,其权特重。凡在学生员,月有课,岁有考,所坐细微事故,地方有司具详学政,会教官戒饬,不得随意扑责。生员并免本身徭役,而优者并食饩于官,故其养士虽无教学,却颇有"养"之可言。①

明之书院分公立、私立;清代因政府文化高压政策,书院亦衰,高才或不屑而入。

---

① 参见萨孟武:《中国社会政治史》(四),台湾三民书局1975年版,第452—457页。

第六章 财政制度

尽管士大夫"耻于言利",但财政支持为运转政府不可或缺的前提,故而《通典》以"食货"开篇。赋税历来为中国古代政府首要的财政来源,专卖(特别是盐专卖)则后来居上成为政府扩大财源的主要手段。中国古代还有"均平"的理念,即通过政府参与市场活动调节物价,这与现代国家对于市场经济的干预有类似之处。

第一节 赋　　税

一、丁役("力役之征")

在中国古代,农民除了要耕作农田、向国家上缴田租之外,必须为国家负担"公作"("当差")。而劳动人手是农业最重要的资源之一,政府常常会在法外过量或超时地役使小民,过度的力役与兵役对农民生计会造成很大破坏。秦亡于役。汉代有"更赋",一月一更;富者可出钱雇人代更,谓之"践更"。汉制,任何人每年须"戍边"三日,虽丞相子亦不能免,不行者出钱三百入官,给予戍卒,一年一更,谓之"过更"。汉制,年二十三(二十)出役,年五十六而免,单丁或老疾者免之。东晋男丁每岁役不过二十日;南朝丁役至多每年四十五日。北魏年二十一—六十出役;民年八十以上,听一子不从役。隋初轻徭役;炀帝反之,遂亡。唐承隋开皇制,用人之力岁二十日,闰加二日;不役者日为绢三尺,布加五分之一,乃役之代价,谓之"庸"。国家有事而加役过旬有五日者,免调;三旬,租调俱免;总共不得过五十日。六朝至隋唐,丁役虽轻,然贵族及平民仍希图免役。于是贵族私度其亲族及奴婢出家,实则为保存生产上之劳力,而为徭役上之规避。唐时创度牒制度,禁止私度,有度牒方可免税役。

宋承晚唐之弊,行差役之制。分户为九等,著于户籍上,四等量其轻重给役,余免之,后有贫富随时升降。王安石变法,创"募役法",使农民可以专心稼穑。当役之户,依等第分夏秋两季出钱免役,谓之"免役钱";有产业物力而之前无役者,如官户、寺观等,则出"助役钱"。其数目由政府根据雇佣所需费用平摊给个人,后来又额外增加两分,谓之"免役宽剩钱",用以备水旱歉收。其法虽被滥用伤民,但"若量入未出,不至多取,则自足以利民"(苏东坡语)。司马光当政后一度废除募役法,但后来又将其与差役法并行。南渡后,又有所谓"义役",众充田谷,助役户轮充。该法本便于募役法而优于差役法,但因其名为人民自发组织,实为豪右所把持,故无实效。

明初有力役,有募役。中叶行一条鞭法,总括一切州县之赋役,量地计丁,丁粮毕输入官;一岁之役官为金募,力差则计其工食之费,量为增减;银差则计其交纳之费,加以增耗。丁税丁役有赖于户籍之编查,其事甚难。清雍正毅然改革,摊丁入亩,只维持康熙五十年之登记丁数,丁随地起,丁银并入地粮中征收。

有学者考查汉代赋税,得出了"出自人身的重,出自土地的轻"的结论;尽管田租可能仅三十税一,但无论汉唐,农民赋税(包括力役)总额折成实物或货币后占了其劳动总收入的约一半,负担不可谓不重,其中又以力役及其变种(人头税、布调)比重最大。① 当人民不堪忍受力役的负担时,逃亡(投献)便是主要的出路,由此我们可以理解为什么历史上会不时发生自耕农逃离国家管辖而"依托于豪强"的怪现象,这是因为"豪强总有许多法内外'隐占'的特权,托庇其下即可逃役"。从唐后期开始,政府鉴于以上弊端,将赋税制度由"税人"为主转为"税地"为主,其间经过了唐"两税法"、明"一条鞭法"到清"摊丁入亩"的长期过程。但王朝每变赋税之法,都做的是"加法"而非"减法"。"终至清亡,改革之难,只要看改革补救,即会出现税外有税、鞭外加鞭的复旧,摊派横征何其多,力役又何曾取消,就知道个中奥秘了。"②

"役不能简单被看作是徭役"。典型的徭役是基于特定目的(如修路与开凿运河)征用劳动力;而除劳务之外,役还有财政方面的责任,它包括"大范围的物资和劳动力的征用"。徭役以因时因事征发为特色,"从未被制度化";而役则是"在永久性的或半永久性的基础上被固定下来"。与遵循同一税率的田赋也不同,"役是根据累进税制的观念征用的",富户往往要承担更大的责任。③

二、田租与口赋("粟米之征、布缕之征")④

田租与口赋(户口税),唐以前视为正税。田租为粟米之征,口赋类布缕之征,至清则合田租、口赋、力役为地丁。

汉高祖十五而税一,景帝半之;后汉初尝行十一之税,建武后改令三十税一。汉之田租取民甚薄,唯在土地兼并之下,受惠者乃地主而非贫民,佃农"阙名三十,实什税五也"。汉制,有算赋,类后世之口赋,令民年十五—五十六岁,出钱一百二十,是为一算;商人奴婢倍之;以治库兵车马。文帝时,因人口增殖,令丁男三年而算,自二十三岁始征之,并仅赋四十钱,平均下来每年不过十三钱有奇。昭帝、宣帝以后,有时也进行减免。汉惠帝时,令民女年十五以上至三十不嫁者五算(倍),乃社会政策。又有"口赋",年未及算赋者赋之。武帝时财政紧张,民生满三岁,出口赋钱二十三,民困顿,至于生子辄杀。宣帝元帝之后,改为自七岁始征收。

汉末曹操主政,令田租每亩粟四升,户绢二匹,面二斤。是计亩而税,计户而征。晋武帝初,借授田之法招流亡归,故不征田租,只按户依人口征收绢、棉,称"户调"。成帝始度百姓田,取十分之一,大概每亩税米三升,而为粟米之征。南朝无田可授,因侨民无田,改计户征税。唯南朝民多荫附士族大户,往往合数十家为一户以逃税。北

---

① 参见王家范:《中国历史通论》,生活·读书·新知三联书店2012年版,第121—123页。
② 同上书,第123、168页。
③ 参见[英]崔瑞德、[美]牟复礼编:《剑桥中国明代史》(下卷),杨品泉等译,中国社会科学出版社2006年版,第118页。
④ 参见陈顾远:《中国法制史概要》,台湾三民书局1977年版,第319—325页。

魏行均田制,采户调之法。一对夫妇年纳租粟二石,调帛一匹。其未成家之丁男(15岁以上),四人出一对夫妇之调;奴婢为耕织者,八口当未娶者四;耕牛十头当奴婢八。北齐、北周及隋均行户调之法。

唐初,丁男(21—60岁)每年输粟二石,谓之租。根据当地的出产,纳绫、绢、絁各二丈,布加五分之一;输绫绢絁者兼调棉三两,输布者麻三斤,谓之调。凡遇水旱霜蝗之灾,收成损失十分之四者,免租;十分之六者免租、调;仅损失桑麻者免调。其孝顺节义、京师学生、宗室及五品以上之祖父兄弟统免。唐中叶,土地买卖频繁,均田制废弃;加之安史乱后,丁口转死、版藉丧失,无法计丁征税。"两税法"应运而生:并租庸调为一,令以输钱,分两期取之。夏税无过六月,秋税无过十一月,置两税使以总之。两税之法,每岁计州县之费,与其上供之赋,量出制入,以定为赋;户不问主客,以见居为薄;人不计中丁,以贫富为差;其不居处而行商者,以所在州县税三十之一。两税法之弊在于:其一,各地物价高低涨跌,将原来调之棉绢换算为钱,官吏可上下其手;其二,两税法依田产定赋,而官吏所报田数,未尽属实,多者少之,少者多之,富人往往更占便宜;其三,北朝隋唐之租庸调法之精神在于均田,两税法则以税收为鹄,其后兼并逾烈,均田法永不复兴。

宋初税额较唐轻,为二十/三十取一。因外患渐起,国用不足,王安石有"方田"、"均税"之法。王安石变法因规模巨大而需要庞大的财政支持,由此变法倒因为果,以"理财"为中心,变理财为聚敛、由利民而扰民,牺牲了人民的利益。① 变法失败后,政府唯以苛征为务。

明初依户籍册(黄册、白册),以田从户、按户征税,因户口常有变动,户口编查不易,赋役之法遂坏。万历九年,张居正推行嘉靖时数行数止之"一条鞭法",为赋税史上又一大变革。以前税法,田赋丁役土贡方物,名目繁多,民不堪征;一条鞭法则合其为一,征收银两,民稍称便。(唐两税法本已将丁役并入,但后来又税与役并行,一条鞭法实际上是再次加税而免役。)明崇祯时,因用兵而在一条鞭法基础上又对田赋增加"三饷",数倍正供。

清初,并征地、丁两税,丁册五年一编,按户稽查。康熙时,人口增殖,诏以康熙五十年之丁额为准,永不加赋,于是丁税始轻。雍正时,行摊丁入亩,将丁银摊入田地,计亩征收,地、丁税合一(因康熙时已将纳税丁数、丁税固定,故比较容易操作)。此改革,使无田土者无税赋,税赋悉出于有产者。光绪时,漕粮议折银两;地税之外,又加亩捐,乃庚子赔款所致。

地丁银:清初的赋税分别摊在土地和可役人丁身上。土地根据土地的肥瘠程度以现金征收;丁银或称丁赋,以"丁"即年16至60岁的成年男子为征收对象,"是明后期一条鞭法改革赋役合并不彻底的遗留,在内容上兼有人头税和代役银的性质",故又称"丁徭银"、"徭里银"。不同经济状况的人丁的征收税率不同,可分为三等九级;同一类人丁的征收税率轻重也因省份、地区不同而各异,差别很大。"其科则最轻者

---

① 参见萨孟武:《中国社会政治史》(四),台湾三民书局1975年版,第44—45页。

每丁科一分五厘,重者至一两三四钱不等,有至八九两者"。"北方地区因丁银较重,通常按人丁贫富分等则征收;南方丁银较轻,以不分等则一条鞭征者居多。"清初的丁银征收极其混乱。主要问题是吏胥上下其手、地主转嫁负担,致使丁银征派贫富倒置。穷苦之丁不堪苛征、大量逃亡漏籍;而地方政府为保证征收额数,便以现丁包赔逃亡者之税赋,从而进一步激化了矛盾,并引发更大规模的逃税。在社会矛盾激化与大规模逃税造成的财政压力双重背景下,方有康熙、雍正的改革。与地丁银相伴的还有加收的"火耗"(熔铸银两时的损耗)。人民理论上应用银两纳税,但实际上政府则往往以铜钱征收,其规定的折算率总是高于市场兑换率。清后期因白银流失,银贵钱轻而伤民问题特别严重。①

漕粮:清朝除地丁银外,还在部分省份(山东、河南、湖南、湖北、江西、江苏、安徽、浙江八省)另征"漕粮",它是以精米形式征收的一种实物税。在海运出现以前,每年经由运河解送京、通各仓,供京师王公百官俸米及八旗兵丁口粮等项之需,是一项特殊的田赋。漕粮与地丁银一样,按亩征收,在不同省份或同一省份不同地区,其税额不等。并非所有漕粮都是以实物形式征收,有一部分漕粮是以银子代替大米征收的,叫"永折"(永久性折兑现银)。还有将原定本色改收他种实物的,称"改征"。有的地方则允许花户缴现钱给州县政府,由其买米上缴。漕粮征收还有一系列附加费。为了弥补储运过程中的损耗,在每石粮食以固定比例加增的,称为"耗米"。此外,花户还需承担粮食运输、官仓修缮等附加费用。例征的漕项以及不断加增的种种额外漕费和陋规使国家每征正漕一石,税户往往要上缴 3—4 石才能完纳,这成为农民的一种苛重负担。而部分地方要求花户将漕粮折算成现钱缴纳,这给农民带来更大的负担。②

三、赋税之"轻重折变"与虚假的农产品市场交易

从《管子·轻重篇》来看,战国时期的统治者已经懂得在粮食、布帛等实物赋税之间通过"轻重折变"来谋取财政利益,迫使小民不得不以布易米或者以米易布,"诱导出畸形的市场行为",并产生了通过差价取利的投机商人(包括官商)。唐代自开国以来,人民所缴纳之租金本应为粟,开元二十五年则定令"其江南诸州租并迴造纳布",这种以布代租乃是南朝旧制,从武则天时开始推广,至开元年间则成为定制,这被认为是"国家财政制度上之一大变革"。政府再通过"和籴"这一带有强迫性质的收买方法,用(麻)布(作为一般等价物)向关中农民以较低的价格购买粮食。唐玄宗在国库宽裕、人民富足的盛世之时,政府尚能平价向人民购买粮食;待到"安史之乱"后国家财政吃紧,政府自然倾向于以低于市场的价格向人民强买粮食,而此时人民困窘、自顾不暇,"和籴"遂演变为"病民"、"厉民"之政。到德宗、宪宗之时,"和籴"变为

---

① 参见史志宏:"清前期财政概述",载"中华文史网",http://www.historychina.net/qsyj/ztyj/ztyjjj/2004-07-13/24695.shtml(最后访问时间为 2013 年 5 月 16 日)。
② 参见瞿同祖:《清代地方政府》,范忠信等译,法律出版社 2003 年版,第 233—240 页。

"严加征催"之"强迫收取农民农产品之方法"。①

农民的赋税有一部分必须以货币或者其他一般等价物的形式上缴给国家,农民因此必须到市场上用农产品换取货币方能"完纳国课"。因此农民卖出农产品,在很大程度上不是因为其有多余的粮食来换取货币进行消费,而常常只是为了交纳货币形式的赋税。"中国货币的出现与使用之早,与统治者寻找最小交易成本的财政征收方略不无关联。"而政府出于自私的考虑,不断玩弄"折变"的手法,结果使得赋税率变相提高了。"于是二律背反的事实就摆在我们面前:一方面农民与市场的'虚假'交易日渐增多,另一方面农民向市场购买的正常消费能力却日趋下降。中国古代市场的扩张能力受到这层限制,就不能指望有多大的发展前景。"事实上,"多收了三五斗"造成的"谷贱伤农",在很大程度上可归咎于政府在赋税上所玩弄之"轻重折变"手段。②

四、杂税

(1) 富人税。汉代商人富比王侯,高祖重税以辱之,故算赋每人百二十钱为一算,贾人奴隶则倍,重及奴隶者,以蓄奴者皆富人也。汉武帝置算缗钱,算舟车等,令商人自报税,偷漏税者戍边一年,财产没官。举报偷漏税者,奖励没收财产之一半。北齐末政府财政危机,于是科境内六等富人,令其出钱。隋炀帝亦屡课富人,量其资产而出;唐中叶自租庸调之法坏,中央与方镇均课富人。宋、金以富户定力役之等。而金凡田园屋舍车马牛羊等等,均征物力钱,不限于富人,类今之资本税、物业税、所得税。清末令盐商捐输报销,多至数百万。

(2) 地方进贡("土贡方物")。至明代行一条鞭法,始将田赋、丁税、土贡方物合而为一,计田征银,折办于官。然内史往往借宫中采办之名,行强买之实。

(3) 鬻爵、卖官、卖功名(监)、赎刑。清末,袁世凯始奏除捐官与捐监之恶例。

(4) 其他,如营业税、契税等。晋制,凡买卖奴婢、牛马、田宅,有文券,钱一万税四百,其中卖者三百,买者一百;无文券者,亦征税4%,名为散估。南朝承之,为契税之始,唯并课买卖双方。唐中叶后,有间架税,算及宅居;有除陌钱,算及缗钱;至于青苗钱、地头钱,则加之于田亩。宋有经制钱等杂税;元之其他杂税统称"额外课"。明有鱼课、商税、矿税等等。清有销售税(棉花、烟草、酒类)、契税(田宅买卖)、铺税、牙税(行纪税)、典商税(当铺税)、牛马税(牲口买卖等)、茶税、渔课等。州县官须将从"花户"的征收悉数上缴布政使司。

(5) 关税。由"关税委员"或在通商口岸设立的海关道台征收。

(6) 厘金。对货物流通的地方税,是1853年清政府为镇压太平天国筹款而征收,1862年之后,变为一个地方税种。

---

① 参见陈寅恪:《隋唐制度渊源略论稿·唐代政治史述论稿》,三联书店2001年版,第164—174页。
② 参见王家范:《中国历史通论》,第185—187页。

第二节 笼榷与均平：以盐政为中心

一、均平

中国历来有"不患寡而患不均"之思想。虽历代所用之方法有异，其目的均在于："通国赇而饶国用，救灾荒而裕民食，制物价之低昂，抑豪富而垄断。"周礼有司市，以陈肆物而平市，以政令禁物靡而均市。魏李悝始创平粜制度，岁熟则敛粟而籴之，岁饥则发粟而粜之。《史记》所谓"平粜齐物，关市不乏"。汉武帝用大司农桑弘羊策，采均输、平准之法。于郡国置均输官，令各地择该地生产过剩的货物进贡于中央，以抬高该物于当地的价格；再由政府将其运至该商品匮乏之处予以抛售。于京师置平准官，"尽笼天下货物，贵则粜之，贱则买之，使万物不得腾踊，于是商人大贾，无所牟其大利"。晋武帝拟行平籴法未果，北魏行之。从汉宣帝之后，直至明清，均设有常平仓，其主要目的在于备荒救农，其主要方法仍为贱籴贵粜，含有均平之意，但并非以抑商为目的。宋神宗时有均输（籴买税敛上贡之物）、市易法。历代均平之法不尽一致，但其目的皆为调节市场物价和增加政府财政收入。

"均平"的理念虽好，但政府基于现实的财政需要，常常以"均平"为名，取利其实，不肖官员与奸商又上下其手，"均平"常常有演变为"厉民"之政的危险，而所谓"常平仓"的设置，也颇值得怀疑。例如，前述唐玄宗创设的"和籴"政策，本为解决政府的财政困难，号称"米贱则少府加估而入，贵则贱价而粜"，却逐渐由平价"和"买变为低价"强"征。再如，隋开皇时以积谷备荒为目的，由政府劝导、民间自筹自理的"社仓"，因管理不善，逐渐变为由政府强迫征收的"义仓"；唐沿袭隋之"义仓"制度，但"已令率户出粟，变为一种赋税，中唐以后遂为两税之一重要收入"。①

二、笼榷与盐铁②问题

古人"笼"（管制）"榷"（专卖）并提，非简单只言"榷"。"取利"之外，"管制"在中国古代政治经济思想中也十分重要。

（一）《盐铁论》的由来

西汉初年中央政府提倡无为而治、务求节俭（"约法省禁"），财权并不集中于中央，对地方的煮盐冶铁铸钱等民生事务采取放任主义。汉武帝时，因为对匈奴用兵的关系，中央财政吃紧，所以为增加财政收入实行盐铁管制（官营），用商人为吏，管理盐铁。③ 中国历史上盐铁管制（官营）的制度化始于汉武帝时的孔仅、东郭咸阳，桑弘羊进一步发展了这一制度，他将盐铁作为垄断全国商业活动（均输平准法）的骨干，将应

---

① 陈寅恪：《隋唐制度渊源略论稿·唐代政治史述论稿》，第164、167页。
② 盐铁官之设与盐铁之辩始于汉，《盐铁论》亦成书于汉，汉代以后，虽然仍盐铁并提，但后世铁禁之限与盐禁相较极宽，故而本书论及汉以后盐铁之政则仅及盐政。
③ 杜佑：《通典·食货》卷十，中华书局1988年版，第227页。

付战时的财经措施推进为一个由朝廷一统的财经体制。① 孔仅、咸阳时,主管盐铁专卖的官府是分属于各郡县,桑弘羊则将管理权收归中央,使其直属于大司农,这样方能全国财经一统。所谓均输、平准之法,简单说均输就是调剂运输,平准即平衡物价。汉武帝接受桑弘羊的意见,由大司农统一在郡国设均输官,负责管理、调度、征发从郡国征收来的赋税物资,并向京师和各地输送;大司农又置平准官于京师,总管全国均输官运到京师的财货,除官需外,作为官家资本经营官营商业,贵则卖之,贱则买之。

盐铁管制(官营)后出现弊病("县官作铁器苦恶,价贵,或强令民买之,而船有算,商者少,物贵"),影响了百姓的生计。首先反对盐铁专卖(官营)的是卜式。

汉昭帝始元六年(公元前 81 年),经杜延年提议,大将军霍光以昭帝的名义,令丞相田千秋、御史大夫桑弘羊召集郡国所举的贤良文学(六十余名儒生)商讨时政,贤良文学都说应当废除盐铁和酒类官营,还有均输平准法,政府不要与百姓争利。御史大夫桑弘羊反驳贤良文学说:盐铁和酒类官营和均输平准法都是国家的大计,它们可以充实国库,是国家"制四夷、安边足用之本"。而且盐铁之利在民间很容易被豪强富商垄断,不仅危害中央统治,也造成百姓的贫困。② 盐铁管制(官营)之利,可以补贴国家军费,赈济百姓,不可废除。贤良文学认为君子应该重义轻利,盐铁民营无害朝廷。御史大夫桑弘羊认为:均输平准法保证了市场的公平交易,如果废除,将导致豪强富商垄断市场。总之,贤良文学认为盐铁管制(官营)等等是与民争利,刻薄寡恩;桑弘羊则认为这关系到国家的富强和市场的稳定。双方还就德治与法治等问题进行了辩论。最后,朝廷部分采纳了贤良文学的意见,废除了酒类专卖和关内地区的铁器专卖("罢郡国榷酤,关内铁官")。③

汉昭帝时的盐铁之争,从现代观点看是一个宪法案例,它关系到国家的财经大计,很像一场国会辩论(听证),恒宽所著《盐铁论》则是这场辩论(听证)的记录。④

盐铁是国家的重要资源,也是人们生活的必需品,煮盐铸铁所能获得的丰厚利润显而易见。汉初,国家对盐铁之利并无法律规范,文帝时甚至"纵民得铸钱、冶铁、煮盐"。武帝时,为了解决国家财政困难,将盐铁的开发权、经营权收归国有已成为当务之急。在洛阳商人之子御史大夫桑弘羊等人的推动下,武帝颁布盐铁管制(官营)法,汉政府掌握了当时社会的两大支柱产业——煮盐与铸铁。据《汉书·地理志》载,当时全国设铁官 48 处,盐官 38 处,这些盐铁机构在中央统筹下,为国家输送了不尽的

---

① 参见徐复观:"《盐铁论》中的政治社会文化问题",载徐复观著:《两汉思想史》(第三卷),华东师范大学出版社 2001 年版,第 84 页。《管子》、《商君书》里都有盐铁的内容,《管子》主张盐铁官营,所以不少学者以齐国管仲为盐政之始,但其史实不可考,而《管子》成书年代本身即存在疑问。

② 《史记·平准书》有如下记载:"于是县官大空,而富商大贾,或蹛财役贫,转毂百数,废居居邑,封君皆低首仰给。冶铸煮盐,财或累万金,而不佐国家之急,黎民重困。"(司马迁:《史记》,中华书局 1982 年第 2 版,第 1425 页。)

③ 本段文字为《通典》所记盐铁会议的大意,详参见杜佑:《通典·食货》卷十,第 227—229 页。

④ 汉昭帝始元六年的盐铁会议当时留下了会议记录,到汉宣帝初年时,恒宽根据所留下的会议记录,进行整理、编辑,成书《盐铁论》。该书采对话的形式,共分六十篇,前五十九篇是记录当时辩论双方的意见,最后一篇"杂论"则是介绍编书的起源及作者自己的见解。参见恒宽:《盐铁论》,上海古籍出版社 1990 年版。

财源。但是盐铁管制（官营）政策遭到了"重义轻利"的儒生（"贤良文学"）的坚决反对，认为这是"与民争利"。这里隐含着儒家"藏富于民"与法家"藏富于国"之争。在昭帝始元六年中央召开的盐铁会议上，盐铁管制（官营）法受到贤良文学的猛烈批判。以御史大夫桑弘羊为代表的崇尚法制、务实求功的公卿（法家）面对六十余名"不明县官事"的贤良文学（儒家）不得不妥协，于是废除了酒类官营与关内铁官。但是引文中丞相上奏时所谓"贤良文学不明县官事"颇耐人寻味，是说书生们不了解地方上的实际情况、不懂牧民之术、空谈政治吗？那怎么又接受贤良文学的意见废除了酒类官营与关内铁官呢？欧宗祐先生的解释是公卿大夫认为"诸生莫能安集国中，怀藏以来远方，使边境无寇虏之灾，租税尽为诸生除之，何况盐铁乎？"（《盐铁论·国病篇》）所以公卿大夫罢以止词，不更与之辩论，而姑且奏罢郡国酒沽以敷衍贤良文学，昭帝从丞相言，罢榷沽而盐专卖制度仍旧继续实行。① 但《通典》中记载除罢"郡国榷沽"外还有"关内铁官"。废铁官而不罢盐专卖，一方面可能是铁官伤民更甚，引起民愤更大（"县官作铁器苦恶，价贵，或强令民买之"）；另一方面，如果欧宗祐先生"敷衍之说"（丢车保帅）成立的话，我们便可推知从汉代盐在政府财政上的重要性便大大胜于铁，这也说明日后为什么铁禁渐驰而盐禁屡废而终不得废。② 徐复观先生研究两汉思想史，认为盐铁之争背后还隐含着内朝（霍光）外朝（桑弘羊）之争与边疆政策的歧见等种种政治社会文化背景。本书不再赘述。

（二）《盐铁论》之后之盐铁辩（以盐为中心）

《盐铁论》之后，盐铁管制（官营）与否的问题又反复多次：

> 孝元时，尝罢盐铁官，三年而复之。
>
> 后汉章帝时，尚书张林上言："盐，食之急者，虽贵，人不得不须，官可自鬻。"
> ……
>
> 陈文帝天嘉二年，太子中庶子虞荔、御史中丞孔奂以国用不足，奏立煮海盐税，从之。
>
> 后魏宣武时，河东郡有盐池，旧立官司以收税利。先是罢之，而人有富强者专擅其用，贫弱者不得资益。延兴末，复立监司，量其贵贱，节其赋入，公私兼利。……其后更罢更立，至于永熙。自迁邺后，于沧、瀛、幽、青四州之境，傍海煮盐。……军国所资，得以周赡矣。
> ……
>
> 大唐开元元年十一月，……玄宗令宰臣议其可否，咸以盐铁之利，甚益国用……自兵兴，上元以后，天下出盐，各置盐司，节级权利，每岁所入九百余万贯文。③

汉武之后至唐代这一阶段的史料记载似乎有利于盐铁管制（官营）。盐铁管制

---

① 参见欧宗祐编：《中国盐政小史》，商务印书馆 1935 年版，第 14—21 页。
② 事实上，《通典·食货志》盐铁一章的记载中，汉昭帝之后虽有时仍盐铁并提，但单独提及盐政的次数更多，未有一处单独提及铁政，可见盐铁虽然并提，在财政上铁却远不及盐重要。
③ 杜佑：《通典·食货》卷十，第 229—232 页。

（官营）除了可以增加中央财政收入,弥补国用不足以外,居然也"公私兼利"。增加的中央财政不仅用于军国大政,还可用以赞助民生,招募流民（"以其直益市犁牛,百姓归者以供给之。劝耕积粟,以丰殖关中。"）。① 到了唐代开元年间,左拾遗刘彤上书论及盐铁时更着重强调了盐铁管制（官营）重农抑商之功效,而且高度赞扬了汉武帝时的盐铁管制（官营）政策,认为其"一则专农,一则饶国",是善政是王道,奉为当代楷模（"夫煮海为盐,采山铸钱,伐木为室,农余之辈也。寒而无衣,饥而无食,佣赁自资者,穷苦之流也。若能收山海厚利,夺农余之人,调敛重徭,免穷苦之子,所谓损有余而益不足,帝王之道,可不谓然乎？"）②尽管儒家在理论上反对盐铁官营,但却无法阻碍"国家专盐铁之利"在事实上的发达③;尽管盐铁官屡设屡罢,但是越到后来,可以看出政府财政上对盐铁之利的依赖越大,似乎盐(铁)管制（官营）已是欲罢不能了。陈顾远先生论及此时有如下结论:"齐筦山海之利,秦有盐铁之权;汉置盐铁官以筦（管制）其事,又禁人民酿酒,由官家榷（专卖）之;后世相承,至清未改,惟其范围则有广狭也。王莽六筦,金代十榷,皆最广者;清则仅榷盐茶,为最狭者。筦榷之设,其对特定物品之设官专营,古者或以其与民争利为病,尝亦罢其禁,以示与民共之;顾其结果,豪贵之家乘势占夺,强梁之徒肆其兼并,民既不裕,国亦不富,于是屡废而终不得废者此故耳。"④

（三）盐铁辨之吊诡

欧宗祐先生将桑弘羊主张盐铁官营的理由归纳为四个方面⑤:

（1）法律上的理由:普天之下,莫非王土,盐在法律上为君主所有,将其收归官营为理所当然。

（2）财政上的理由:当局欲征外安内、富国强兵,须有巨额之费用,若此种费用求之于盐利,则绰绰有余,人民不感痛苦,上下俱足,此外别无其他诸大财源。

（3）政治上的理由:权利（权利利源之意）下移,大足移危害国权,养成大奸（可参见吴王于汉文帝时煮盐铸钱逐渐坐大,于景帝时作乱的故事）。

（4）社会(经济)上的理由:制盐非有大资本不可,拥有大量资本者往往囤积居奇、操纵市价,其结果将加大社会上的贫富差距,造成贫富悬殊。

---

① 参见杜佑:《通典·食货》卷十,第229—230页。
② 同上书,第231页。
③ 吕思勉先生在论及盐政收入时说:"租税宜多其途以取之,然后国用抒而民不至于困。然中国政治家于此不甚明了。自隋唐以前,迄任田租口赋为正税。唐中叶后,藩镇擅土,王赋所入无几,不得已,取给于盐铁等杂税。宋以后遂不复能免。至于今日,而又盐等税且为国家收入之大宗焉。然此乃事实上之发达,在理论上则古人未尝识此为良好税源也。"（吕思勉:《中国制度史》,上海教育出版社2002年版,第479页。）古代中国政府在理论上一直坚持"重农业轻工商"的思想,以田租口赋为"正税",但其事实上却越来越依赖于盐铁等杂项收入。对于吕思勉先生所谓"盐税",笔者以为可以扩大为盐政收入（包括盐税和盐专卖的收入）理解,吕思勉先生将盐铁问题纳入"征榷"一章（该章不仅论及盐税,也论及盐专卖,而笔者引文为该章之首段）,故而笼统将盐政收入都称为"盐税"。这正如"榷"在古汉语中既可作政府"征税"解,也可作"专卖"解（《汉书·车千秋传》"自以为国家兴榷筦之利。"注:"榷,谓专利使入官也。""榷筦"并提时所谓"专其利入官"之"榷"非"征税"可解）。
④ 陈顾远:《中国法制史概要》,台湾三民书局1977年版,第332—333页。
⑤ 参见欧宗祐编:《中国盐政小史》,第14—21页。

表面上看桑弘羊这四个理由在理论上似乎都站得住脚,其实不然。理由(1)与儒家不与民争利的思想相左,且过于霸道,依此理由可完全否定私有财产与私营工商业的正当性。由盐、铁、酒三者专卖所崛起的以桑弘羊为首的一批经济官僚及其家族的豪富骄横奢侈①(或可称之为官僚资本的垄断)部分否定了理由(4),同理也可部分否定理由(3)。人们甚至怀疑桑弘羊之流整套理论只是借口,进而完全否定了政府参与、干预社会商业(经济)活动的合法性:"盐铁、均输、酒沽、算缗等政,皆藉口于摧抑豪强,然其结果皆成为厉民之政,则以自始本无诚意,徒以是为藉口也。"②仅余对政府来说最重要最现实的理由(2)——财政方面的理由,但理由(2)也并非无懈可击,至少其所谓"人民不感痛苦,上下俱足"可能为官僚资本垄断导致的盐价上涨而否定,"县官作铁器苦恶,价贵,或强令民买之"也是反例。这些理由中唯一确实的仅余两点:其一,盐(铁)之利可以满足政府的财政需要,这点无须解释;其二,盐铁管制与官营可以收国家管制经济之功效,其目的同理由(3)、(4):管制经济,一则可以巩固中央集权,一则可以抑商。古人"筦"(管制)"榷"(专卖)并提,而非简单地只言"榷"。"取利"之外,"管制"在中国古代政治经济思想中也十分重要。

贤良文学奉行儒家"重义轻利"、"藏富于民"的思想,反对国家介入社会经济生活,反对以盐铁专卖为骨干的均输平准法。但这其实在结果上鼓励了民间商人的致富、垄断与囤积居奇,这又与儒家重农抑商的思想矛盾。所以贤良文学的观点用重农抑商这一儒家思想的重要原则检讨其实是自相矛盾的(用现代经济学观点来看,我们可以带一点夸张地说贤良文学的做法至少在结果上抑止了国有化,捍卫了自由放任的市场经济/商品经济)。当然我们可以否认重农抑商是儒家专有的思想,事实上它或许是儒、法、道共有的基于农业社会这一基本社会经济条件的共通思想("在经济政策的形成上,儒法有汇合之点。在政策的目的上,儒家与道家有会同之处"③),但它毕竟是荀子以后儒家的重要思想。汉初用税收杠杆调节市场,以重税的方式抑止盐商,结果却"今法律贱商人,商人已富贵矣;尊农夫,农夫已贫贱矣。故俗之所贵,主之所贱也;吏之所卑,法之所尊也。上下相反,好恶乖迕,而欲国富法立,不可得也"。(《汉书·食货志上》)汉武时则采国家直接介入经济生活,以关系国民经济命脉的产业(盐、铁、酒等)国有化的方式推行均输平准法、操控市场。

就现实的民生而言,双方都是输家。理想主义的贤良文学(儒家)实现不了爱民富民的理想,在客观上鼓励了富商豪强的兼并、剥削与囤积,在结果上也贯彻不了自己的原则(重农抑商);现实主义的桑弘羊(法家)败给了官僚体制(吏治),也输了民心。盐铁的困境也预示了后世(北宋)王安石改革的吊诡(王荆公好言利而终不能利国利民,反王者可解变法之弊却不能兴政府与百姓之利)。

桑弘羊(法家)以国有化的方式管制经济,在理论上不能说服贤良文学(儒家),

---

① 参见徐复观:"《盐铁论》中的政治社会文化问题",载徐复观著:《两汉思想史》(第三卷),华东师范大学出版社 2001 年版,第 93 页。
② 杜佑:《通典·食货》卷十,第 483 页。
③ 参见徐复观:"《盐铁论》中的政治社会文化问题",载徐复观著:《两汉思想史》(第三卷),第 86 页。

在现实上不能造福民生。但"筦榷"之制越到后来越变得不可或缺无可置疑,统治者现实的财政需要与管制的政治哲学是其根本原因,现实政治理由压倒了儒家的教条与民生的理想,这其中又以现实的财政需要为首要原因。

盐由政府专卖并非古代中国所独有①,但像古代中国政府在财政上这么依赖盐政收入(所谓"天下利居其半",直至民国初年,中央政府还以盐税收入作为抵押向列强借款。)的国家则很少见,这大约与中国资本主义(民间工商业)的不发达有关。与之相较,英国历史上虽然向无专卖制度,但盐税制度也屡设屡废,也曾经"私盐充斥、税入大减,于是设法防私,严为禁止,究则徒累人民,终归无效。其后渔业发达,工业勃兴,……至 1825 年,将盐税毅然废止"②。终及晚清,诺大的帝国始终国不富(强)民亦不富(足),这或许是古代中国盐政问题(进而可能也是财政问题)的死结。

(四) 古代中国盐政制度变迁检讨

1. 古代中国的盐政制度概要(兼与世界各国比较)

"我国各事皆后于人,独于盐法,则颇可称一日之长,盖于欧西各国不知盐法为何物之时,而我国盐法则早已灿然大备矣。"③中国古代盐政制度,每朝每代皆有变化,即使在同一朝代,也常常因时因地有所不同。概括而言,其制度主要分为三种④:

(1) 无税制。⑤ 其实行理由是盐为人生日用所必需,所以既不应专卖,也不应征税,应听由民间自取自给(实行该制的,只有三代以前及隋代唐初)。

(2) 征税制。其实行理由是盐虽为人人不可缺,但每个人的需求量并不大,所以百姓的税务负担并不大,征税又比较容易。盐税乃国家财政收入之大宗,可以辅军国制用。其征税方式为在产地征收,国家征税以后,听任民间自由贩运买卖,不加限制(实行该制的,为夏商周三代、秦及汉初、东汉、六朝)。

(3) 专卖制。其实行理由是盐业为重大产业,不应由商人垄断,应该改由国营,这样既可以防止资本家盘剥、囤积取利(抑商),又可减轻百姓的负担,同时又增加了国库收入。其具体又可分为五种:① 一部分专卖/狭义专卖:即民制为主,官制为辅,运销归官(《管子》中记载的盐制)。② 全部专卖/广义专卖:制造和运销皆归政府,完全国营(汉武帝时的专卖制度)。③ 就场专卖/间接专卖:产制归民,由政府收买,专卖于商,归其运销(唐代刘晏、宋朝中叶及金元与明万历以前之制)。④ 官商并卖/混合专卖:将行盐地方划分为二,一由官运官销,一由商运商销,彼此都不越界(五代、宋及辽金元的部分时期之法)。⑤ 商专卖/两重专卖:政府将收买运销之权授予专商,而居间课其税(明末及清代之制)。③和④在同一朝代的不同地方可能是并用的。

---

① 世界各国盐政沿革和现状(到作者写作的时代为止)比较可参见林振瀚编:《中国盐政纪要》(上册),商务印书馆 1930 年版,第 7—18 页。

② 同上书,第 9 页。

③ 欧宗祐编:《中国盐政小史》,第 2 页。

④ 参见曾仰丰著:《中国盐政史》,商务印书馆 1936 年版,第 1—2 页。

⑤ 笔者以为,或可称为自由制或无禁制,比无税制更为恰当。

综观世界各国盐政,大致可分为三种,即自由制、租税制、专卖制①:

(1) 自由制。即无税制。例如英国、比利时。

(2) 征税制。分为两种:① 就场征税制:即在产地征收。例如德国、法国和意大利。② 关税制:即对本国出产之盐,不征收租税,而对于外国输入者则征税。例如美国、丹麦、挪威、西班牙、葡萄牙以及十月革命前之俄国。

(3) 专卖制。可分为三种:① 全部专卖制:即制造运销都由政府办理。如第一次世界大战前之奥匈帝国、瑞士、突尼斯。② 一部专卖制:其法或制造归民,或官民共制,运销归国,贩卖归民。如意大利、希腊、土耳其。③ 就场专卖制:即制造归民,收买归国,运销归商。如日本、印度。

通过对比,我们可以发现,中外盐政制度大同小异。外国有中国无的为关税制度,这是因为我国古代一直闭关锁国,不存在进口盐的问题。中国特色的一为官商并卖,一为商专卖。也就是说中国到唐代已发展出了除关税外的各种世界通行的盐政制度,五代以后中国独辟蹊径,发展了独具特色的专商制度。引票也为中国古代所独有,其实引票制度是与商人参与专卖共生的,不管是官商并卖还是更进一步的政府退到幕后的商专卖,引票(或其雏形)仅仅是方式,其本质是政府通过引票的颁发与引地之分管制盐业(并获利),商人通过引票制度参与盐的运销。商专卖的实质是政府管制+盐商运销+政府征税,商专卖之所以为专卖制而非征税制,便在于其是在政府管制("筦")之下的商人专卖,所以它又称"双重专卖"。通过引票制度,管制、专卖、征税得以结合,"筦"(管制)"榷"(专卖和征税)完全结合在一起,也就不再有征税或专卖的争论。

2. 中国盐政史分期与中国盐政制度变迁的历史轨迹

> 我国盐法滥觞于管子,推衍于弘羊,孳行于刘晏,其间自汉迄隋,由专卖而收税,由收税而无税,洎乎李唐由无税而变为收税,复由收税而进于专卖。自是以后,盐法浸繁。引地之分,始于五代,续于宋而成于元。专商之兴源于宋沿于元而极于明清。②

田斌著《中国盐税与盐政》,将古代中国盐政的变迁分为三个时期③:

(1) 赋税专卖循环时期(先秦—汉—南北朝—隋—唐);

(2) 引票制度胚胎时期(五代—宋);

(3) 引票制度形成时期(金—元—明—清)。

曾仰丰著《中国盐政史》,则将古代中国盐政分为三种④:

(1) 无税制。三代以前无税。后世隋文帝曾复无税制:"隋,开皇三年,通盐池盐井,并与百姓共之。"

---

① 参见欧宗祐:《中国盐政小史》,第1—2页;也可参林振瀚编:《中国盐政纪要》(上册),第8页列表。所述各国情况限于作者写作的年代。
② 林振瀚编:《中国盐政纪要》(上册),第7页。
③ 参见田斌:《中国盐税与盐政》,江苏省政府印刷局1929年版,第1—7页。
④ 参见曾仰丰:《中国盐政史》,第2—29页。

(2) 征税制。榷盐之制,始于有夏。

(3) 专卖制。具体又分为五种:一部分专卖;全部专卖(始于西汉武帝);就场专卖(始于唐代);官商并卖(始于五代);商专卖①(始于明万历四十五年)。

前引曾仰丰《中国盐政史》虽然是划分盐政制度,而非将盐政史分期,但其基本是以时间为序的(隋至唐初回归无税制例外),所以本书也将其作为分期的一种方案。

欧宗祐编《中国盐政小史》将古代中国盐政史按朝代分为:先秦之盐政、汉晋六朝之盐政、隋唐五代之盐政、宋元明清之盐政。笔者理解,这主要是以时间进程为序,以制度变化分期:盐政制度化之前(《管子》、《商君书》中相关论述或可作为古代中国盐政思想的胚胎时期)→以汉武帝时盐政制度化为始的官卖存废反复时期→从隋文帝废盐禁的自由时期起始,直至五代引票制度胚胎的盐政制度发展时期→引票制度形成、成熟时期,也即古代中国盐政史的最后一个时期。

田斌的分类特别突出了引票制度在中国盐政史上的重要地位,但作为同一问题的另一面,他也过于重视了引票制度;另外,将唐以前概括为赋税专卖循环时期似乎不够精确。② 而曾氏对盐政的分类没有关注盐政制度在历史上的反复问题,而且分类过细,故以其来对中国盐政史进行分期也有不足。欧宗祐《中国盐政小史》的分期方法或许是最佳的方案,它充分照顾、协调了历史进程(朝代更替、由古及今)与制度变迁这两大要素。

通过检讨中国盐政史分期的问题,我们可以勾勒出中国盐政制度变迁的历史轨迹:盐政制度化之前→汉武帝始的盐(铁)专卖制度之存废反复→隋唐至五代盐政制度的探索(无税、征税、专卖之更替,引票之萌芽)→宋元明清盐政制度之最后发展与定型(以管制取利为鹄,以专商为体,以引票为用)。

3. 古代中国盐政制度变迁的困境与反思

隋唐之盐政为三代以后首善。隋代唐初之盐政能采无税主义,可谓历史的奇迹。唐中叶盐铁使刘晏除采就场专卖制外,还实行平准法抑止盐价,堪称善政,但刘晏之后,盐法渐繁渐乱,其间之大要如下:"自开皇三年废除盐禁,无税主义,盖自始于此,唐初沿隋旧制,亦免除盐税,计自隋开皇三年至唐景云末年,其间共一百二十八年,概无盐税,此为我国盐政史上一大纪念时期也。自开元初,始议收盐税,旋为议者所阻,不克实行。及开元十年,始行征税制度,但当时征收之权,分隶地方,禁令既阔,未有盐法。天宝末,安禄山反,颜真卿为河北招抚使,时军费困竭,为权宜计,遂收景城盐,输销诸郡,用度遂足。至德乾元年,第五琦③领诸道盐铁使,仿真卿法,略加变通,复行专卖制度。……综观第五琦盐法,与管子盐法颇相仿佛,所谓制造归民,运输归官而已。

---

① 根据陈顾远的解释:"实皆政府关于盐之专卖权,招商缴价承包之办法而已。"(陈顾远:《中国法制史概要》,第335页。)引票制度所谓商专卖,无非是由商人分包政府的专卖权而已。

② 根据吕思勉的《中国制度史》,至少在唐以前,中国古代并不把盐税作为政府的重要税源。我们也知道,汉武帝以前盐税之设,更多的是为了抑制盐商(尽管没有达到目的)。所以,笔者以为,唐以前尽管从现象上说有赋税专卖之循环,但其本质在于专卖的存废,而非赋税之有无,隋代唐初128年实行无税制也是一证。

③ 第五琦,人名,曾任盐铁、铸钱使,后任诸州榷盐铁使。

宝应时，又有刘晏之法。……综其大要，实不外民制、官收、商运，与所谓就场专卖制，正复相同。管子之后，盐法之善，殆无逾于晏法者。……刘晏既罢，盐法渐紊……"①

宋以后是古代中国盐政发展定型的最后阶段，它上承五代，发展出以引票为特色的专商制度。引票萌芽自五代，至宋称"钞"，至元始称为"引"，至清则"引"、"票"②并行。所谓引票，就是商人用一定代价（或"输粟"，或"入钱"）向政府换取盐的运销权之凭证，每一引换取一定数量的盐。政府对盐商运销的路线与地域有严格的规定，称"引界"。宋初在不同地域有"官般官卖"（盐业运销归官）和"通商"（官府在其的直接控制下有限制地将盐批发给商人在指定的区域销售）两种形式的盐业运销制度，通称"官商并卖"。宋徽宗崇宁、政和年间，废止了官般官销，改用商运商销。后世逐渐发展出由商专卖的制度，盐业商人受到政府严格管制并世代相袭，也称专商。宋元明清盐政之概要如下："宋以盐铁使属三司使，政和以后，各路置提举茶盐司，掌摘山海之利。其为法也，天下盐利皆归县官鬻，……而尤重私贩之禁。……仁宗时，范祥始为钞法，令商人就边郡入钱四贯八百，售一钞，至解地，请盐二百斤，任其私卖，得钱以实塞下；是为宋代盐钞之始，而又后世盐引之所承也。金之榷货有十，而盐居首，鬻盐以引，行引为界，……元盐行引法，……凡伪造盐引者斩，……犯私者徒二年，……行盐各有郡邑，犯界者减私盐罪一等。其设官则以置都转运盐使司于两淮两浙等处为者，明清皆因之。明，诸产盐地皆设盐转运使，或盐课提举；盐仍以引行焉。并有所谓中盐者，则招商输粟于边，按引支盐之谓也。清，盐务所榷有三……一曰灶课，为盐灶盐铁之地税灶丁所纳者。一曰引课，招商就灶买盐，梱包与售，按引抽其正课加课，故又为之商课。一曰杂课，如盐厂房租赃罚帑息之类是。其后又有盐厘者……凡盐以二百四十斤至五百六十斤为一引，盐商须领引券，始可纳税向盐户购盐，故盐称引盐，商称引商，课称引课；而销盐之地则称引地。引商既承认特定地域之引税，在其地界内，则在专卖之权；其已纳引税之盐，曰官盐，未纳者曰私盐。甲引地之盐关入乙引地销售者谓之占销，或在自己引地而销售逾额者，皆做私盐论。山东浙江两淮等处，则盐引盐票并行，由部印颁者为引，由盐政填给为票，实皆政府关于盐之专卖权，招商缴价承包之办法而已！"③

盐政制度无非无税、征税、专卖（榷）三种，无税除不可考的三代以前外，仅行于隋代唐初的128年间。大约以隋唐之强盛，特别是在贞观之治、开元盛事的盛唐，政府在财政上方可不依赖于盐。④ 除这128年外，综观古代中国盐政，汉武至隋无非在征税与官营之间摇摆，唐中叶以后及清则是在政府管制取利的基础上尝试各类产、运、销的方式而已，终归是前门拒虎、后门引狼。制度创设主要源于财政目的，制度废止则主要由于时弊，制度再创设又是因为财政，……制度创设与革除弊制遂成为循

---

① 欧宗祐编：《中国盐政小史》，第25—26页。
② 售给盐商的凭证为"正引"，"或引多而商少，则设票而售之于民，听其专售，不问所之，是为票引"。（吕思勉：《中国制度史》，第508页。）
③ 陈顾远：《中国法制史概要》，第333—335页。
④ 杜甫诗云："忆昔开元全盛日，小邑犹藏万家室。稻米流脂粟米白，公私仓廪俱丰实。"

环,却终不能无弊。

在唐代,中国已经发展出后世各国通行的各种盐政制度(关税制度除外),中国盐政制度已渐趋成熟:"管子之后,盐法之善,殆无逾于晏法者。"刘晏的盐法主要有二:政策一是放松管制、政府部分退出市场:改"官制、官收、官运、官销"(全部专卖)为"民制、官收、商运、商销"的通商法(就场专卖),将私商的活力注入到盐的运销中,借此除去官商的腐败和低效;政策二是用经济杠杆调节市场价格,使盐价维持在百姓可以接受的水平("民无淡食之苦"):设立"常平盐仓",国家储备食盐,用经济手段打击商人的囤积行为、调节盐价,这样既可控制盐价、保证盐税,又可节制商人,缓解社会矛盾。在以上政策的基础上刘晏也严厉打击走私。刘晏盐法收效很大,到唐大历末,盐业收入占国家财政收入的一半。刘晏盐法的优点在于区分政府取利与政府管制,理性地求得二者的平衡:政策一的目的是取利,政策二的目的是管制市场(通过设立国家盐仓造福民生),二者的目的都能得到实现。由于政治斗争的关系,在当时宰相杨炎的排挤下,刘晏被贬,"刘晏既罢,盐法渐紊"。盐法紊乱的第一个标志便是盐价暴涨,其原因是刘晏的后继者自作聪明,企图简单地通过提高盐价来增加盐业收入,显示政绩。盐法紊乱的第二个标志是(盐价暴涨导致的)私盐屡禁不止:官盐价格居高不下,私盐有暴利的刺激,自然屡禁不止;私盐不止,官方控制更严、惩罚更重,形成恶性循环。① 晚唐以后"盐法浸繁",又发展出了中国独有的引票制度,与之相关的还有官商并卖与专商(商专卖)制度。

唐初能实行无税制(自由制),唐中又能创设善制。参照唐律在中国法律史上的地位(尽管有人认为《大清律例》才是古代中国律典的集大成者,但《大清律例》始终无法企及唐律在中国法律史乃至世界法律史上的地位②),我们或许可以得出结论说,尽管五代之后发展出了中国独有的引票制度,但有唐一代(不包括混乱的晚唐)的盐政堪称中国历史上之首善。

西汉在未改专卖之前实行征税制度,盐税之重,不亚于秦,百姓受苦而盐商专利。用重税的方式抑止盐商,其结果是盐商将重税转嫁给普通民众,百姓受苦,盐商却无所损。汉武帝时因为政府财政的需要,将盐铁收归官营,同时将盐铁管制制度化。③之后盐业国营屡废屡设,汉武帝之全部专卖不可行,之后又有就场专卖与官商并卖,最终演变为专卖与征税结合——政府将收买运销之权承包给专商,而居间课其税。其实,这与其说是专卖与征税的结合,倒不如说是管制("筦")与征税的结合。政府依然依赖盐税(税种颇多,除灶课、引课、杂课外,还征收关厘),盐的运销受到政府的

---

① 唐代盐政之变可参张中秋:《唐代经济民事法律述论》,法律出版社2002年版,第79—83页。
② 《大清律例》本于《大明律》。《大明律》虽改唐律面目、条文,其主要制度和基本思想却不出唐律的范围;另一方面,《大明律》自作聪明、率意更张,常常不免弄巧成拙。可参见徐道邻:《中国法制史论略》,台湾正中书局1976年版,第95—99页。
③ 至少在隋唐以前古人未尝认为盐税为重要税种,大约在此之前的征盐税除了增加财政收入以外,更有抑止盐商的目的。

严格管制,但从汉武以来官商之弊始终未除①,盐商依然富甲天下(可参明清扬州盐商之故事)。"本来食盐是工业革命之前的利薮,也为其他国家如法国采用。只是因为明朝全部以官僚主义的精神把持,害多利少。有时弄得产盐之处食盐堆积,原来已付费的商人筹不出额外需索的费用,各处待配盐的地方又缺货,资金冻结,食盐损耗,只有最少数的投机商人和不肖官僚发了一批横财,政府与正当商人一齐与老百姓受罪。这种情况终明季未止。"②政府本身的目的在于管教(管制)而非服务,盐政之变由古及今,无税—有税—专卖循环,专卖制度又生出许多花样,最后在政府的管制下专卖与征税结合(筦榷③结合),依然是除时弊而不能兴长利。晚唐以降,管制主义的政治经济哲学始终占据上风,千年之盐政,管制取利之制也!

管制的目的在于抑止盐商、造福民生,专卖与征税的目的在于政府取利。正确处理政府财政收入(富国)与民间的利益(富民)的矛盾,取得二者平衡,达致双赢,科学地管理盐业,是盐政问题的关键。唐代的刘晏艺术性地处理了富国与富民的关系,真正达到公私兼利。可隋代唐初颇具儒家理想主义色彩的无税(无禁)制如昙花一现,中唐刘晏"公私兼利"的善政人亡政息。刘晏的善政何以能行于一时却终不能长行,这大约也构成中国盐政史上的"刘晏之谜"。④ 晚唐以降,我们看到的情况是政府不能理性地面对盐利、创设盐政,国与民无法实现双赢,官与商却打成一片结合而为官商共同发财。笔者在这里大胆断言——宋元以来的引票—专商制度尽管与世界各国相较独辟蹊径,但基本上是失败的制度。

回顾中国古代盐政制度变迁的历程,我们很难认为制度在进步,为"救时"(获利或除弊)而急就章的盐政制度与落后的以管制而非服务为宗旨的官僚体制共结连理,其结果便是从汉武帝以来此起彼伏、永无休止的盐政之弊,到后来除了不法的官商外,其余都是输家。贤良文学及其后学("重义轻利"、"不知县官事"者)败给政府现实的财政需要,桑弘羊及其"后羊"(好"言利"、"务实"者)败给盐政制度运作的现实(败给吏治),盐铁论终成空论。中国古代盐政问题的困境,资本主义(工商业)的不发达并不是其根本原因,制度本身,包括缺乏计划、难称"进步"的制度变迁与落后的奉行管制主义的官僚体制方是罪魁所在。"管制主义以政治权力宰制社会发展,近代资本主义又怎能在中国出现?"⑤

---

① 宋代盐政主要之弊仍为官商问题。宰执政大臣(如贾似道、史嵩之)、主管榷盐的官吏、盐产地行销地的官员等等纷纷参与贩私盐,还有不少官员借因公外出的机会贩卖私盐,而官贩私盐有时甚至达到垄断的地步。具体可参见赵晓耕著:《宋代官商及其法律调整》,中国人民大学出版社2001年版,第137—143页。

② 明代盐政之弊参黄仁宇:"中国近代史的出路",载黄仁宇著:《大历史不会萎缩》,广西师范大学出版社2004年版,第67—70页。清代盐政之弊与明接近:在落后的官僚主义体制下,官商勾结与走私盛行。(可参见吕思勉:《中国制度史》,第508页。)

③ 此处"榷"是征税、专卖两种意思并用。

④ 笔者猜测,刘晏能够推行善政大约是因为上承隋代唐初的无税制传统,政府求利更为克制,管制也比较宽松。刘晏人亡政息,不仅是源于其后继者自作聪明这一偶然事实,更大程度上可能是因为中唐以后藩镇割据的现实。这里还有一个疑问就是:隋炀帝时期横征暴敛,可以说是无所不用其极,为何却没有染指盐利?

⑤ 许倬云:《历史分光镜》,上海文艺出版社1998年版,第328页。

第七章 土地制度

与英美财产法和欧陆物权法上的土地制度不同,土地制度是中国历代首要的政治问题之一,兼具公私法双重性质,且以产权分立为特色,其传统延续至今而未斩,故而本书将其独立为一章。

土地产权问题是中国古代首要的问题之一,也是当代仍然面临的重大问题。传统中国是一个典型的农业国家,也是人口大国,人与地的紧张关系在上千年前便十分突出。《通典》正文第一句话便是:"谷者,人之司命也;地者,谷之所生也;人者,君之所治也。有其谷则国用足,辨其地则人食足,察其人则徭役均。治此三者,谓之治政。"①"辨其地",即土地的产权问题,也成为数千年中华帝国的首要问题之一。基于马克思所谓的"亚细亚生产方式",以及儒家倡导的家族主义传统,传统中国逐渐形成了独特并影响深远的土地所有权观念与制度,其最典型的特征便是产权分立,也即在同一土地上不同阶层的所有权并立,它们用不同的方式分享土地的占有、使用、收益、处分权。在经历了一百多年翻天覆地的法制现代化之后,直至今日,我们仍能轻易辨识出我们土地产权制度的"中国特色",例如:农村土地国家(集体)所有权与个人使用、收益权的分立,城市住宅用地国家所有权与个人使用权的分立等等。

有的学者将土地所有权作为绝对无限制的物权,在其看来,所谓土地产权制度的"中国特色"只意味着产权不清的落后状态,他们认为彻底的土地私有化才是最佳的选择;但也有人认为土地所有权并非确定不动的逻辑概念,乃因历史的、具体的事实变动而变化。事实上,在比较法制史上,关于土地(不动产)所有权,历来有两种对立的法律传统:罗马法传统与日耳曼法传统。从法律传统上来说,古代中国的土地所有权(包括整个不动产物权)制度与西欧经典的罗马法传统不同,更接近于团体主义的日耳曼法传统:其一,罗马法传统奉行个人主义;日耳曼法与中国古代法则奉行团体主义,其土地所有权含有身份法的色彩。其二,罗马法上的土地所有权系"绝对排他性权利";而日耳曼法与中国古代法上的土地所有权是可与其他种类物权相容的物上权。其三,前者系恒有一定内容的单一且抽象的权利,后者则可因经济上的需要分立为两个以上阶层的异类所有权,系具体的权利。其四,罗马法上的土地所有权纯属私法的领域,日耳曼法与中国古代法上的土地所有权则与公法上的土地支配权相混淆。②

传统中国,在意识形态上奉行团体主义(家族主义),强调国家、集体利益高于个人利益;在政治上,坚持土地国有(土地王有),《诗经·小雅》上便有"普天之下,莫非

---

① 杜佑:《通典》,中华书局1988年版,第2页。
② 参见戴炎辉:《中国法制史》,台湾三民书局1966年版,第283—284页。

王土"的观念,土地所有权附属、受制于国家权力;在日常经济生活中,土地所有权也并非绝对排他的权利,它可为集体所共同所有,也可与其他的物权并存,它自身还可分立为不同阶层的所有权,如田皮骨、大小租等。以下我们将具体讨论这些"中国特色"。

第一节 土地公有(国有)前提下的土地产权分立:井田制、均田制

一、分封与井田制

土地被认为是国有资产最初、最原始的形态,当原始社会的人们集体在土地上耕作并平均分配时,便朴素地将土地作为集体财产,这便是井田制的起源;国家产生后,继承了土地公有的观念,并将其转化为土地国有的制度,国王被认为是国家的代表与象征,故而土地国有也即土地王有,二者合而为一。① 一般认为,在魏李悝"尽地力"、秦商鞅"废井田、开阡陌、令民自实田"之前,为实行土地公有制的时代。② 当时的"井田制"名为公有/王有/国有,其实质上则是天子将土地于形式上、实质上分封于诸侯,诸侯又分封于卿大夫,形成采地食邑;庶人并无田可分,仅受井田而耕之,形同农奴。③ 此时虽云"普天之下,莫非王土",但王(天子)并不实际占有分封给诸侯的土地,而是由诸侯及其卿大夫依次占有,交由庶人耕种(使用),并沿着士—卿大夫—诸侯—王的次序依次上贡,以分享土地的产出收益。我们可以说,从国家产生伊始,中国的土地产权便分立为国家与其他所有者分享土地所有权。

二、对土地兼并问题的补救与对井田制的追思

井田制一经废除,"土地可归个人私有之后,分割既成原则,集中又随之而起,兼以货殖兴家,战国已然,强梁兼并之风,遂不可遏制"。秦汉以后,为谋求补救,"关于土地问题之立法设策","均以原始的井田制为最理想之制度焉";纵使井田制只是后人子虚乌有的想象,但孟子"井田制"的观念已深入后人之心,"无论主张模仿与反对者,要皆视为黄金时代之圣制"。④

"孟子曰:夫仁政必自经界始。经界不正,井地不均,谷禄不平,是故暴君污吏必慢其经界。"⑤汉代"富者田连阡陌,贫者无立锥之地",其酷烈有甚于秦,武帝时董仲舒首倡"限民名田"之说,对于百姓豪强占有田地的数额作出限制,他认为"古井田法

---

① 参见陶一桃:"产权虚置的历史追踪",载《学术月刊》2000年第3期,第52页。
② 从新近出土的史料来看,秦实行的土地改革是"严格的国家授地制",而非土地自由买卖。(参见秦晖:"公社之谜——农业集体化的再认识",载秦晖:《传统十论——本土社会的制度、文化及其变革》,复旦大学出版社2003年版,第315页。)
③ 陈顾远:《中国法制史概要》,台湾三民书局1977年版,第307页。
④ 同上。
⑤ 杜佑:《通典》,中华书局1988年版,第6页。

虽难卒行,宜少近古,限民名田"。他的建议没有得到采纳。① 汉哀帝时,大臣师丹、孔光等建议"限民名田","诸侯王以至吏民名田不过三十顷",由于权臣的反对,未能实行。②

汉王朝解决人地冲突的方法有二:其一,移民,允许或鼓励过剩人口从人口稠密地区迁移到拥有较多可耕地的地区;其二,授地,将公地(包括皇家所有的林苑等土地和地方政府所有的土地)"假"(出借/出租)给贫民③,《汉书》中一共记载了11次授地活动。但政府的土地资源是有限的,当政府耗尽了自己的土地资源后,不得不要求皇亲国戚和高官显贵交出部分土地以便安置无地的贫民,这意味着汉朝土地政策的根本转变,"即从创造更多的可耕地专向更合理地分配现有土地"。④

到了王莽篡汉之后,他在"胜利的乐观、信古和自信之余",缺乏董仲舒、师丹的审慎,认为孟子提倡的井田制"可卒行","他要依照先圣的启示,理性的唤召,为大众的福利和社会的正义,去推行一种新经济的制度"。他下诏:田地国有,不得买卖;男丁八口以下之家占田不得过一井,即九百亩;占田过限的人,要将其余田分给宗族乡邻;无田的人,由政府授田。王莽的这一新政实行未久,便遭遇障碍,才三年,便在欧博的进谏之下下诏废除了,欧博的谏言如下:"井田虽王法,其废久矣。……今欲违民心,追复千载绝迹,虽尧、舜复起,而无百年之渐,弗能行也。"⑤

王莽改制失败之后,后世虽仍不乏将井田制作为理想的,但在现实操作上仅退而求其次,追求"耕者有其田"的均田制。东汉末的荀悦第一次提出"耕而勿有",即土地占有使用权与所有权分立的主张:"诸侯不专封,夫人名田逾限,富过公侯,是自封也。大夫不专地,卖买由己,是专地也。或曰:复井田欤?曰,否。专地,非古也;井田,非今也。然则如之何?曰,耕而勿有,以俟制度可也。"⑥关于"限民名田",荀悦论证说:"且夫井田制,不宜于人众之时,田广人寡,苟为可也。然欲废之于寡,苟为于众,土地布列在豪强,卒而革之,并有怨心,则生纷乱,制度难行。……既未系备井田之法,宜以口数占田为之立限。人得耕种,不得卖买,以赡贫弱,以防兼并,且为制度张本,不亦宜乎!"⑦

东汉政府的农业扶贫政策逐渐萎缩,从授人以渔(土地)到授人以鱼(食品):"最

---

① 董仲舒上书内容如下:"古者税民不过什一,其求易共;使民不过三日,其力易足。……至秦则不然,用商鞅之法,改帝王之制,除井田,民得卖买,富者田连阡陌,贫者无立锥之地。又颛川泽之利,管山林之饶,荒淫越制,逾侈以相高;邑有人君之尊,里有公侯之富,小民安得不困? 又加月为更卒……三十倍于古;田租口赋,盐铁之利,二十倍于古。……汉兴,循而未改。古井田法虽难卒行,宜少近古,限民名田,以澹不足,塞并兼之路。盐铁皆归于民。去奴婢,除专杀之威。薄赋敛,省徭役,以宽民力。然后可善治也。"董仲舒全文的意思主要是重农抑商、抑止兼并、轻徭薄赋、与民休息……。"(《汉书·食货志上》)
② 董仲舒、师丹等人的建议参见吕思勉:《中国制度史》,上海教育出版社2002年版,第437页。
③ 在少数情况下是将土地送给农民。
④ 参见许倬云:《汉代农业:早期中国农业经济的形成》,张鸣等译,江苏人民出版社2012年版,第25—30页。
⑤ 王莽改制参见张荫麟:《中国史纲》,商务印书馆2003年版,第223—225页。
⑥ 转引自赵俪生:《中国土地制度史》,齐鲁书社1984年版,第261页。
⑦ 杜佑:《通典》,第13页。

初,是将皇家直接掌管的土地授给穷人。然后,皇帝不得不转向地方官吏,要他们将地方官府控制的土地分授出去。再后,皇帝的恩典仅限于允许人民在皇家林苑中采集食物和其他物品。最后,政府只能靠分发食品来救济穷人了。"究其原因,首先是东汉朝廷不像西汉朝廷那样拥有大量未开垦的荒地;更重要的是,东汉政府通常是将土地分给而不像西汉政府那样只是借给贫民耕作,而授给贫民的土地常常又遭遇私人兼并,政府控制的土地有减无增,扶贫行动不可持续。①

三、均田制的兴衰

西晋时,政府总结前人的理论与实践经验,颁布了《品官占田荫客令》和《占田令》,规定了官员和百姓占田的数额限制,以抑制土地兼并,其官第一品 50 顷,每品减 5 顷,依次递减至九品官占田限额为 10 顷;百姓则男子限占田 70 亩,女子 10 亩。② 是为北魏均田制之先声。

北魏孝文帝于太和九年(公元 485 年)首颁均田制,以后北齐、北周、隋、唐前后相承,均田制延续了约 300 年。北魏因长期战乱,人口逃亡、土地荒芜,留居农民亦不堪沉重赋役,多荫附士族豪门。针对这一状况,政府颁布《均田令》:十五岁以上男子受露田(植谷物)四十亩,女子受露田二十亩;男子受桑田(植树)二十亩,女子受桑田五亩;产麻区则男受麻田十亩,女子五亩。奴婢与良人一样授田;四岁以上耕牛("丁牛")每头受露田三十亩,以四头牛为限。露田所有权归官府,人到法定纳税年龄则由政府授给耕作,必须用来种植谷物粮食,不得改种其他经济作物,更不得买卖或抛荒,待其年老免役或死亡时则归还政府;因拥有奴婢、耕牛而分得之田则随其奴婢与耕牛之有无以还受。桑田则"皆为代业,终身不还"。又土地的还受时间为正月(农闲时),以避免影响庄稼正常的耕作与收获。"诸人有新居者,三口给田一亩,以为居室;奴婢五口给一亩",类似今天的宅基地。至于各级地方官,则由政府在其任职处附近依官等高低拨付一定数额的公田,但严禁买卖,此为后世"职分田"之始。③ 均田制在"均田"与国家控制土地所有权(处分权)的大原则之下,也充分照顾了民间的实际情况。例如:对于"桑田",由于树是多年生制度,由栽培到收获须经过多年时间,等到开始收获的时候,一旦需还给政府,由其转授他人,必然会造成栽培者的损失,故而《均田令》规定桑田不必退还政府,而可以传给后代,北齐则称其为"永业田"。④ 因桑田可以传给子孙,经过数代之后,在一家之中桑田便会越积越多,对此,《均田令》又明确规定:"有盈者无受无还,不足者受种如法。盈者得卖其盈,不足者得买不足。"⑤但是卖者不得卖过其分,买者不得买过所足。同时,由于各地人口密度不一,人田之多寡不能相符,田多人少("宽乡"),若不增加授田量,则造成多余田地的荒芜;田少人多

---

① 参见许倬云:《汉代农业:早期中国农业经济的形成》,第 31 页。
② 杜佑:《通典》,第 15 页。
③ 北魏均田制详参见杜佑:《通典》,第 17—19 页。
④ 萨孟武:《中国社会政治史》(二),台湾三民书局 2007 年版,第 302 页。
⑤ 杜佑:《通典》,第 18 页。

("狭乡"),若不减授,则供不应求。北魏《均田令》也充分考虑到以上情况,政府在授露田时,常常加倍授予,一丁男往往可受露田 80 亩,女子可受 40 亩,称为"倍田制";唯地狭人众时不倍授。①

北魏均田制比较好地实现了荀悦"耕而勿有"的精神,通过土地还受的制度将大量土地(露田)的所有权收归政府,农民只有占有、使用权(占耕之权),而无自由处分土地(如买卖)之权。通过土地所有权与占有使用权的分立限制了土地的买卖与过分集中,在一定程度上实现了"耕者有其田"的理想。但是我们必须看到其局限,一方面,北魏实行均田制的物质基础是长期战乱之后农民流亡、大量土地抛荒的现实让政府有田可授,随着人口的增殖,人多地少的矛盾必将再度出现。另一方面,均田制在使百姓均田的同时却赋予官员更多的职分公田,进而在北魏宣帝时又改职分公田为永赐,"得听买卖"。国家放弃了对于职分田处分权的控制,这严重破坏了均田制下产权分立的格局,使职分田主拥有了完全产权,造成了土地的兼并与集中。更严重的是,很多官僚打着"买卖职分公田"的旗号,大量买入或强占百姓的土地,农民便无法维持小土地的占有。"北齐政权在事实上允许了土地的卖买,而出卖者当然是贫民,收买者则是大土地所有者。这就造成'强弱相凌,恃势侵夺,富有连畛亘陌,贫无立锥之地'的现象,均田制度,不易维持了。""自北魏末到隋末八九十年中,均田制上所存在的问题,主要是农民对小土地的占有能否稳定的问题。……他们的问题,不是增加耕地的问题,而是保持不住耕地的问题;在土地买卖中,他们是出卖者而不是买入者"。② 这其中的根本在于国家是否有田可授,而授田之后又是否控制得住土地的处分权。

唐初继续实行"均田制",但其对于土地自由处分(买卖)的限制更宽,其授予百姓的土地分为口分田、永业田两部分,另有私田作为宅地。口分田,少壮受田,老死后要还给官府;永业田可以继承。二者理论上讲都不可自由买卖,《唐律·户婚律》规定有"卖口分田"之罪。但依成书于永徽年间的《唐律疏议》,永业田在家贫无以供葬时可以出卖;口分田在自狭乡迁往宽乡时可以卖,还可以卖充宅及碾硙、邸店;所赐之田与五品以上勋官永业地均可自由买卖。③ 土地得以自由买卖导致了土地兼并的盛行,均田制便日趋破坏。唐开元年间,"农民受田不足的问题已经十分突出,在京畿地区,'民户殷繁,计丁给田,尚犹不足'"。④ 加之"天下户籍久不更造,丁口转死,田亩久易",再经历安史战乱,"祖宗的善政,至此已扫荡无余。加以节度使割据地盘,政权不能统一,国家就想整顿,也怎样整顿得来"。⑤

---

① 萨孟武:《中国社会政治史》(二),第 303 页。
② 徐德嶙:"均田制的产生和破坏",载"历史研究"编辑部编:《中国历代土地制度讨论集》,三联书店 1957 年版,第 445、447、450 页。
③ 唐律及疏议条文参《故唐律疏议》,卷十二第十五,商务印书馆 1936 年影印本。
④ 陈豪:《中农村土地制度思想的考察》,复旦大学经济学院硕士论文(2008 年),第 14 页。
⑤ 徐士圭:《中国田制史略》,商务印书馆 1935 年版,第 63 页。

宋代土地更见集中，北宋仁宗曾下诏"限田"，可"任事者终以限田不便，未几即废"。① 当时的大地主占有全国绝大多数的耕地，小自耕农的数量大大萎缩。② 更有甚者，政府强迫收购、刮取民田而为官田，放给农民佃种以获利，这样的官田，其实是一种官庄园。③ 这样的"官田"乃是统治集团私有、服务于该集团私利的土地，而非真正公有之土地（"公田"），"平均地权"的均田制也从此不再复兴。

第二节 土地私有前提下的土地产权分立

由五代至宋，是中国历史上的一个重要转折时期，学术思想由"汉学"变为"宋学"；在土地所有制的形式与实质方面也发生了巨大的变化，这被学者总结为"官田的私田化与官租的私租化"。在此之前，"在东方（亚细亚）特征起作用的时期里，问题是沿着与此恰好倒置的倾向发展的，即私田的官田化和私租的官租化，也就是说，在那段时间里，国家兼有地主的身份，私田在法令上作为'永业'而以国家的名义授予，而国家赋税中则兼备着地租的性质。现在，从五代和北宋开始，事情又来了一个倒置，国家把土地更大限度地下放给普通的地主了，……从而地主手里的土地所有权不知不觉就深化了很多。即便封建国家手里还留有一批土地的话，他们也完全按照普通地主的样子来进行经营，执行剥削。"④也有人总结说，唐以前国家土地政策的核心在于"均田"，宋之后国家土地政策的核心在于"聚敛"。但由宋至清，土地私有权的深化并不意味着所有的土地产权完全由分立走向合一，在土地私有的前提之下，仍然存在着共同所有权与分割所有权等土地产权分立的现象。

一、共同所有权

在传统中国，"个人不能由团体而独立，个人依赖于团体而存在。而这些团体中，最紧密坚固、且对人影响最大者，乃乡庄与宗族。……宗族常有其公产，如宗祠、祭田、义庄、族产等；而乡村亦有其公产，如公共樵牧地、公地、义地、乡村公庙及庙产等。这些公产的主体系具有综合人的性质的宗族、乡村。公产系总有，乃组成所有权内容的各种机能，分属于团体及团体成员的所有权。"⑤族产与乡村的公产，均以土地为主，其所有权也存在产权分立的现象。在五代及宋土地私有化的背景下，政府不再积极地实现为小农平均地权的理想，但人民却不得不谋私力救济，他们以宗族和乡党为

---

① 萨孟武：《中国社会政治史》（四）台湾三民书局1975年版，第119页。（《宋史》，卷一七三，食货志上一：农田。）
② 当时土地兼并的数据可参杨志玖："北宋的土地兼并问题"，载"历史研究"编辑部编：《中国历代土地制度讨论集》，第476—478页。
③ 程溯洛："南宋的官田制度与农民"，载同上书，第489页。
④ 赵俪生：《中国土地制度史》，齐鲁书社1984年版，第387—388页。
⑤ 戴炎辉：《中国法制史》，第304页。

集体,以谋求互助与赈济贫寒。相应的,宗族组织于宋代复兴①,祭田、义庄等也创始于北宋。从数据上看,在 20 世纪初、中叶,中国北方地区的族庙公产不超过全部耕地的 1%,为纯粹私有化地区;长江流域如湖南、湖北,族产占全部耕地的 15% 左右;而在广东、浙江、江苏这些传统中国民间小共同体(宗族组织)最为活跃的省份,其全部耕地的 30%—80% 为公田,"与其说这三省许多地方的传统农民是'小私有者',不如说是宗族公社成员"。② 可见农村土地集体所有制度在中国相当范围的地区也是由来已久。即便为一家所私有的土地,在家长的家产管理权与教令权之下,其产权构成也呈现出与西方个人私有产权不同的样态。

1. 族产

族产之典型者为祭田和义庄。设立祭田的主要目的在于祭祀祖先,但也有兼具周济族人与育才等目的者。"祭田不仅为族人个人利益的存在,乃具有超越个人利益的共同目的。"祭田设有管理人,但其重大决策需由族人大会以集体决议作出。义庄据说始于北宋范仲淹所创设之范氏义庄,其设立目的在于以义庄土地的收益,赈济族中贫寒孤寡,亦有兼及祭祖、育才目的者。与祭田相较,义庄更加独立于族人,以其自身名义拥有财产,为法律行为,以管理人为其代表,其主要管理工作为出租义田、收租米、分配义米等。除族人共同出资设立者外,族人虽可由义庄受益,但其根据为义庄章程,不得仅以族人之身份主张权利。③

2. 乡村之公产

乡村公产乃是乡村与乡村民的总有财产。其所有权的处分及管理权,属于乡村;牧养、采取材薪等使用收益权,属于乡村民。就乡村(村会、村庙)的债务,乡村民负连带责任。村民因居住于乡村,而取得相应的权利,负相应的义务;因迁徙他乡而终止其权利义务。④

3. 家产

传统中国的家庭与现代西方的所谓核心家庭不同,往往至少三世同堂,祖孙、叔侄、妯娌同财共居一处。在分家析产之前,家产为家族成员共有的财产,所有家人均在一定范围内享有家产的收益权,在分家或继承时同一世代的男子拥有均分财产的权利;但家产的管理权与处分权却统摄于家长(特别是直系尊亲家长)。这里也明显存在产权分立的特征。

---

① 祠堂古已有之;但已分家的宗族,共同营建宗祠,全体参加一宗一族的祖先祭祀,始于宋代。族谱因门阀而盛行于六朝(谱牒),唐中叶以后渐衰;至宋以降,修谱之风复兴,但已无政治作用,其目的在于纠合宗族,以谋求自卫自立。参见戴炎辉:《中国法制史》,第 192—193 页。

② 数据参秦晖:"公社之谜——农业集体化的再认识",载秦晖:《传统十论——本土社会的制度、文化及其变革》,复旦大学出版社 2003 年版,第 312—313 页。

③ 戴炎辉:《中国法制史》,第 195—198 页。

④ 同上书,第 305 页。

二、土地使用权的长期化与分割所有权：从"永佃权"到"一田两主"

永佃权是中国传统社会后期的一种租佃形式,它盛行于明中叶以后。采用永佃形式租佃地主土地的佃农,在不欠租的情况下,有永远耕种的权利,但不得自行将土地转佃他人。从制度经济学角度看,永佃权使得地主获得长期稳定的租金收入,减少监督管理费用与签订契约的成本;它也使得佃农拥有长期投资回报的稳定预期,使得其愿意增加土地投入成本、提高土地肥力。"地主仅仅收取地租,地主的变动不影响佃户的地位,即土地所有者的变化不影响土地所有权。这一制度不仅反映了使用权的相对独立也体现了土地使用权的长期化思想。"[1]

所谓分割(土地)所有权即一田(地)两主,宋元已有记载,盛行于明以后的江南等地区。一地两主指将土地分为两层,称上层为田面(田皮),下层为田底(田骨)。通常以原主为底(骨)主,以原佃户或受业人为田面(皮)主,但有些地方称谓正好相反,台湾地区的称法则是大小租。产生土地所有权分割的原因有三:其一,为开垦改良,即地主以永佃的方式将土地出租给佃户,由其开垦或改良,而永佃户以实力占耕;日久之后,永佃户自认为业主,一般人亦予以承认,于是一地的所有权分为两层,原地主为田底主,原永佃户为田面主。其与一般"永佃权"的区别在于,田面主(原永佃户)可以自行将土地转佃以收取超额地租,甚至可以设定新的永佃权给转租佃户;即使田面主欠租,田皮主(原地主)也不得将土地收回。其二,为地主将其土地的部分所有权,也即收租权(大租),或耕作权与转佃收租权(小租)卖给他人。其三,为地主基于布施寺庙、投献豪族等目的而无偿地将收租权给予他人。[2] 这其中又以第一种,也即由永佃权转变为一田两主为典型。另外,清代在垦荒时,为了刺激佃户的生产积极性,有时地主在设定租佃关系之始便授予佃户田面权,在新开发地区如台湾、热河这种情况尤其普遍。[3]

第三节 小 结

通过研究中国土地产权制度的历史,笔者总结了如下三个特色,而这三者在实际运作中都与土地产权分立制度密不可分,这在今天仍有一定现实意义。

一、政治上土地公有的理念与实践

在中国历史上,公田制是最高的理想,所以尽管不合时宜,却总不断地有人提倡。井田制在理论上是纯粹的公田制,均田制是在国家拥有大量可授土地前提下兼容土地私有制的公田制。在传统中国,"任何看似私有的产权都会受到国家的限制,历经挣扎,也仍然逃不脱私有产权不完全的困境";"国有乃是人人皆有的虚拟化","在中

---

[1] 陈豪:《中农村土地制度思想的考察》,复旦大学经济学院硕士论文(2008年),第22—23页。
[2] 戴炎辉:《中国法制史》,第301—303页。
[3] 杨国桢:"论中国永佃权的基本特征",载《中国社会经济史研究》1988年第2期,第14页。

国古代社会,没有西欧中世纪那种国王与各级贵族、商人、市民的'协议'关系,所有的关系都必须由各种形态的'家长'来作为唯一的'法人代表'。各级家长之间又构成纵向往上'统一'的从属关系——最后其顶端就是'产权'的最后家长——国王或皇帝"。[①] 土地公有(国有/天子所有)也是抑制土地兼并、实现"耕者有其田"理想的根本路径。在西周,土地与人民理论上归国王所有,实际上经过逐级分封、层层占有的封建体制,造成土地产权的分割(分立),形成西周时期对于土地特殊的所有权形式。北魏至唐的均田制,则是小农的土地长期占有使用收益权与国家所有权分立,土地处分权(自由买卖)受到国家的限制;国家作为地主用赋税的方式向小农收取地租("租税合一")。论其实质,土地公有的理想在井田制与均田制中,乃是通过不同的土地产权分立方式变为现实。而当国家对于土地处分权的控制越来越弱时,产权分立模式被打破,随之而来的是土地兼并的横行与土地公有制的破坏,小农随之遭殃。

近年来,"土地私有化"成为不少法学与经济学研究者津津乐道的话题,认为其是财产权保障的核心问题。但是,在我们这样一个人多地少、三农问题突出的国度,土地的私有化与自由流转是否真正有利于普通民众的长远利益?历史的经验与教训不可忽视。而对于"国家不肯放弃土地国有乃是纯粹基于现实利益考量"之类的说法,我们比照宋代以后的历史,也可发现:国家放弃土地公有的模式并不等于国家放弃聚敛,它仍可通过增加税赋的方式获得比均田制下更多的财政收入,在这种情况之下,升斗小民可能面临大土地所有者与政府的双重剥削。

二、土地集体所有的民间传统

在宋以后的中国南方地区,宗族乡村等团体(集体)所有的土地在全部耕地中占有相当大的比重;在家族之中,家产又为家族成员这个"小集体"所共有。这些集体共同所有的"公田"的产权状态是一种复杂的"总有"模式,土地的管理处分权、使用权、受益权等为作为整体的团体与个人分享。

研究这一民间传统,对于我们理解当下的农村土地集体所有制度的由来及其变迁有重要意义。对于集体所有这样一种土地产权模式,我们不能简单地给它贴上"产权界定模糊"的标签,应当认识到这一"长期现实存在"的合理性与积极意义。

三、社会经济生活中土地产权分立的习惯

土地是传统中国人民的基本生产资料与生活依靠,再加上人多地少的现实,人民对于土地产权极其重视,不到万不得已绝不肯完全放弃土地。于是在土地使用权与所有权分离(分立)的模式之外,一田两主的现象发生了,地主在出让部分土地所有权的同时仍保留了剩余的土地所有权。此外,为了在获得地价的同时保有土地所有权,古代中国人设计了"出典"的方式与"典权"这一传统中国独有的不动产物权,使之与

---

① 王家范:"中国传统社会农业产权辨析",载《史林》1999年第4期,第2、5页。

土地所有权并立;即使在不得已整个出卖土地时,也尽量采用"活典"而非"绝卖"的方式,这都是中国特有的土地产权处分方式。土地产权分立、甚至所有权分割的模式,尽管不符合"西方法理"[1],但却为传统习惯所普遍接受,乃是法律生活之中"经验重于逻辑"活生生的例证,对此笔者便不再赘述。

---

[1] 这里所谓西方法理,可能只是欧陆法律传统下严格的所有权概念;至于在英美法系则有所变通,产权并不被认为是单一的权利,而是若干不同权利的集束(bundle),其中部分权利的出让并不导致所有权的转移。

第八章 财产规范

中国古代虽无民法典,但由于民间交易活动频繁,与财产内容有关的法律规范可谓应有尽有。其法律规范就其性质、内容,与现代民商法并不能完全通约,并且很多规范并不见之于成文的律典,而是以民间习惯的方式存在并发挥作用。本章主要涉及三个部分:物权、债与商事规范。

第一节 物 权

一、概述

古代中国法对财产区别为财物与田宅,类似现代法动产与不动产之分。其区分的标准,在于是否可移动:"车船可以行使,……店舍、碾磨不动之物,就其处以用之。"(《清律辑注》)传统法称动产为物、财或财物;不动产称产、业或产业。动产属于私人,称私财、私物;属于国家,称官财、官物。动产所有权人,称物主、财主;不动产所有权人,称业主、田主、地主、房主。

田宅与财物的区别,体现在如下几方面[①]:

(1)田宅重视其使用收益权;财物则重视其物的存在。

(2)田宅尤其田地,经济上为私人的重要财产,且为国家课税的重要对象,其买卖与典押,大都须作成文契;财物在经济上重要性则有限,其买卖原则上不立文契,奴婢、牛马的买卖与其他动产的典押(当铺之收当)除外。

(3)田宅的所有可与实际占有分开;财物需实际掌握。

两宋由于经济的发展,财产争议特别多,今天留存的《名公书判清明集》,其中大多是财产纠纷;相应的,两宋的财产立法也比较发达。宋时所有权已明确区分为动产所有权(宋称物主权)与不动产所有权(宋称业主权)。《宋刑统》对动产如宿藏物(埋藏物)、阑遗物(遗失物)、漂流物、无主物、生产蕃息(孳息)等所有权都作了明确规定。同时对不动产(田宅)所有权的转移,包括租佃、典、押等形式,都规定要书面立契并取得官府承认,即所谓:"皆得本司文牒,然后听之",否则发生纠纷法律则不予保护。《宋会要·食货》中,有如下类似于现代民法上添附与相邻权的规定:"赁官屋者,如自备添修……徙居者,并听拆随";"如元(原)典地载木,年满收赎之时,两家商量。要,即交还价值;不要,取便斫伐,业主不得占各"。"居住原有出入行路,在见出卖地者,特与存留";"地原从官地上出入者,买者不得阻碍。且新旧间驾丈尺间扩狭,

---

① 参见戴炎辉:《中国法制史》,台湾三民书局1966年版,第275页。

城市乡村等紧慢去处,并度量示众,估价务要公当,不至亏损公私"。①

二、动产物权②

（一）动产所有权

动产的种类包括:财物、六畜、奴婢,以及在某些情况下附着于土地的矿物、植物。动产所有权的取得方式有原始取得、承继取得与孳息取得。

1. 原始取得

（1）先占:山野柴草、木石、禽兽、鱼虫,所有权属于采获者。

（2）发现埋藏物（唐宋法称"宿藏物"）:在官地内得宿藏物者,听其全得;在他人地内得者,与地主平分。但发现文物（"古器形制异者"）则交公。

（3）拾得遗失物:依明清律,拾得须送官,由政府招领。三十日内有人认领,将一半分与拾得者;无人认领,则全给拾得者。

（4）拾得漂流物:与拾得遗失物类似。

2. 承继取得

承继取得指因买卖、赠与、继承取得。

3. 孳息取得

家畜及奴婢所生之子,属于母体的所有人;植物的果实,属于其与植物分离之时有收获权利者。

（二）质权（典当）

借银者将动产的占有,交付银主为担保,称为:质、当、典、解、押。以典为业者,称当铺、典铺、解库,系民间金融机构。唐代以来,寺院多置典库,以质钱取利,号曰"长生库"、"无尽藏"。

1. 动产质权的设定

（1）约定当价、回赎期限、利率。当期通常不超过三年;至于每月利率,唐宋律规定不得过6%、元明清规定不得过3%,且累计不得超过一倍（"一本一利"）。

（2）写立当契或当票。

（3）物主交付（"寄"）当物,当主收受当物（"收当"）。

2. 当主的保管义务

当物如有减损灭失,当主须负赔偿责任。若当主并无故意、过失情节,则可减轻、免除赔偿责任。

3. 当物的回赎

在约定的回赎期限内,物主可以支付当价和利息以赎回当物,当主不得拒绝回赎或藏匿当物。

---

① 参见赵晓耕:《宋代官商及其法律调整》,中国人民大学出版社2001年版,第227—228页。
② 参见戴炎辉:《中国法制史》,第275—287页。

4. 当物的下架及售卖

当契(当票)约定的回赎期限届满,物主即丧失回赎权,当主则取得当物的自由处分权。

三、不动产物权(业主权)

(一) 概述

1. 不动产的种类

(1) 土地

依地主之不同,土地可分为王田、官田、寺田、庙地、祭田、旗地、私田等;又因其用途、种类之别可分为田园、基地、墓园、山场、盐滩、沙滩、牧场、陂塘等。

(2) 附着物

从属于土地者,有草木、果实、作物、矿物;独立为不动产者,有房屋、碾磨等。

2. 特色

(1) 不动产所有者的业主权,侧重于使用收益权,与限制物权类似。

(2) 业主权负有负担、期限或条件,又有大小租(田骨、田面)之分阶级者。

(3) 业主权常有身份色彩,受到团体的限制。

3. 业主权与用益物权

传统法制上的"业"字,不但用于所有权,亦用于典权、永佃权、地基权等强有力的用益物权。宋以后,因典主得留置典产,且予以收益处分,而原业主之业变成"虚有权",故亦称典权为业。元以后,附买回条件的不动产买卖,称为活卖,其标的物为活业,买主称现业主,卖主为原业主。南宋以后,佃户由垦户(业户)给垦,自投工本,开垦荒地,而取得永佃权,垦户不得恣意撤佃。久而久之,佃户变成业主,于是成立一地二主,即大小租户(田底与田面业)。① 地基权类永佃权,甚至效力更强,其设定人与地基权人之间成立地基大小租。

(二) 地基权

地基权的分类:(1) 具有小租权性质者(因给出、卖出);(2) 具有限制物权性质者(因租出,或永久租借);(3) 具有租赁权(债权性质)性质者(因普通租出或租借)。当房东与地主发生冲突时,基于对房屋价值的考量,习惯法上多保护房东之利益,而非地主之利益。其租赁期限虽然有约定期限者,但通常以房屋坍塌为期限(不确定期限),所谓"房倒还地"。地基权的性质为地基权人沿革变为与出给人并立的业主,再变为唯一掌握所有权实质的业主,地基设定人(原地主)褪变为收租权人。

(三) 永佃权

1. 永佃权的成立原因

(1) 给垦:地主将其所有荒地给垦于佃户,由其投本施工。

(2) 改良:佃户施工下肥,将薄田改造为膏腴。

---

① 关于土地的分割所有权,包括田面/田底与大租权/小租权,参本书第七章"土地制度"。

(3) 受押租钱:地主受领佃户的巨额押租钱。
(4) 私垦与(公/私)地放租。
(5) 保留佃权:地主出卖其土地,但保留其耕种权。
(6) 投献及施舍。
(7) 久佃。

2. 永佃权的性质
(1) 永佃权人得永远耕种其标的产业。
(2) 永佃权人得处分其权利。
(3) 业主纵有变动,永佃权人得对抗新业主("倒东不倒佃")。
(4) 永佃权人应纳地租,但其租金低廉,且不许升租。
(5) 除永佃权人积欠地租或有其他不法行为之外,业主不得撤佃。

3. 永佃权与田面权(小租权)的关系及区别
小租权源于永佃权,其成立原因类似,只是因为地方习惯或沿革的原因,有权利已臻业主权者,有仍为永佃权者。一般来说,历时久远的永佃权大多变为小租权。其区别在于:(1) 永佃权人将其佃权转让他人,须征得业主同意;(2) 永佃权人拖欠地租,业主得予以撤佃;若永佃权人将地转给承耕之人,业主得对现耕佃户直接收租。

(四) 物权的变动
中国古代由于政治与经济、社会地位的高度流动性,以土地为代表的不动产物权变动异常频繁。不动产物权的变动方式体现为立契与标的物的交付。典卖产业,大都需立契字(地契、房契),但并非绝对必要的条件。

1. 概念解析
(1) 上手契。订立契约时,需于契内注明产业的来历,如有"上手契"(老契),需一并交付承买人、承典人。新立之契则称"现手契"。上手契的种类,除卖契、典契外,还有佃批及垦照等。上手契如失落,需于现手契内注明。
(2) 契税与红、白契。自东晋以来,政府对田宅买卖即征收契税。其目的首先是征税,其次为对田宅典卖的公证。典卖而不税契者,依明清律应笞五十,追征田宅价钱之一半。向政府登记并缴纳契税的不动产买卖,其买卖合同上会加盖地方政府的红色官印,称为"红契",其合同受法律保护;但民间不动产交易常常为避契税而不向政府登记,其买卖合同未盖官印,称"白契"。
(3) 过割。即过户,目的在于确定赋税的对象。
(4) 鱼鳞图册。宋代以后,政府绘制土地登记图册,记录土地的所有人、形状与方位面积("四至"),因其小块的土地交错类似鱼鳞,故称"鱼鳞图册"。它是确定税赋的底册,同时也可作为田土争议的证据,田产过户时须登记于册。

2. 物权频繁变动带来的土地租佃关系的复杂化[①]
"所谓租佃契约,基本上是一种田主答应把自己无力耕种或没有耕种的土地交给

---

① 参见〔日〕寺田浩明:《权利与冤抑》,王亚新等译,清华大学出版社 2012 年版,第 220—233 页。

请求承佃的佃户耕作而产生的债权式关系。通常不附期限(一旦缔结契约,下一年度在同样的条件下自动延续)。但如果有佃户欠租或者田主需要自耕以及将土地出卖出典等事由,中止原来的契约('夺佃'或'退佃')就被认为是理所当然的事情。"但现实远非如此简单,特别是因为明清以来所谓"不在乡地主"(地主搬到远离农村的城市居住)大量存在,土地经营的实际情况往往变为佃户完全承包了土地经营("管业"),其向地主缴纳定额地租并且承担荒年风险。除了须缴纳地租外,佃户土地经营的日常状态与自耕农差异很小。在缔结租佃契约时,为防止佃户欠租,地主往往要求佃户缴纳抵押金("押租钱"),其数额大致相当于一年的地租。在以定额地租全面承包土地经营权的情况下,经营中实际发生的附加利益首先归于佃户,例如因佃户提高土地肥力("肥培")而带来的土地生产效率的增加。当地主夺佃时,佃户除了要求地主退还押租金以外,也会要求其补偿自己"肥培"的工本。但事实上,"肥培"(施肥翻耕)本来只是农民耕作土地的必要步骤,而其与土地产量的关系也十分不确定,左右收成好坏的除了土地的肥力外,还有气候的变化等诸多不确定因素。由于土地交易的频繁,地主与佃户的关系也日益复杂化:

(1) 前佃户—后佃户—后后佃户……最末佃户

尽管佃户无力或无理对抗地主的夺佃,但他完全可能以毁苗、决渠等破坏农事的骚扰行为相威胁,胁迫下一任佃户支付补偿金(如工本费或者"谢仪"等名目)。而在田主不知情或默认的情况下,前后佃之间金钱授受成为一个连锁。

(2) 原地主—新地主—新新地主……最新地主

由于中国古代土地交易的频繁,一块土地经历了几十上百年之后,"最新地主"持有的上手契(老契)有时多达十几张,他很难完全知悉之前历任地主与之前历任佃户之前的复杂关系(所谓"来历"),以及其所获得土地所附带的债务。比如,前佃户曾经支付了高额的押租金,在退佃时他不是向地主、而是向后佃户要求退还押租金,这样的押租金还有累世递增的趋势;而土地买卖之际"最新地主"所支付的土地价格,很可能因为"以发生夺佃或退佃时由买主承当返还佃户押租的负担为条件",低于不附条件的土地交易价格。

当"最新地主"想要自己耕种而向最末佃户"夺佃"时,处于金钱授受最末端的佃户基于正当与不正当("图赖")的理由,常常会有对抗地主的行为。而佃户所主张的土地之"来历",以及其对土地的承包权("管业"),可能证明佃户已经与地主分享了土地的权利。但"管业"与"来历"的源头已经因年代久远难以溯及、无法确定,而处在链条末端的地主与佃农双方"都不得不以这样模糊的根据,背负着模糊的连锁背景来进行争议"。在刑律禁止威逼条款的平衡之下[①],作为"权利之王"的土地所有权,在传统中国并不能绝对地对抗其他权利(如生计等),并不存在任何将土地所有权与其他权利明确区别开来的制度安排。

---

① 参本书导论部分的相关论述。

（五）不动产担保物权

1. 抵押

抵押系债务人由债权人处借钱,预先指定特定的财产为担保,债务人如到期不赎,债权人即取得典权(或所有权)之制度。习惯法上,逾期不赎,抵押权人只能收管押产,以抵付利息。当事人有时就押限已到而不回赎,特别纫定,以加强押权的效力,如:作典约款、作绝押、变卖约款等等。

依抵押的标的不同,抵押可分为动产押与不动产押,前者较少见。依是否过手收管田宅,抵押可分为"不过手押"与"过手押"(质押)。抵押又可分为普通押与汇租押,后者乃钱主可对佃田人或租屋人直接收租的抵押,此时抵押人让与给押权人只是对佃田人或租屋人收租的权利,而非田宅的权利,故其仍为不过手押。

（1）不过手押:出押人仍占有、使用、收益押产,押主则否。押限到后,理论上只要延付一期利息,债权人即可收管田宅。但实际上因债务人可将抵押物另行出押与他人,以清偿原押债,故押主多准予宽限。

（2）过手押(过耕押):当事人依据特别约定,钱主对抵押物行使占有、使用与收益权,但其收益限于约定利息额内的抵押。如收益无限制则为典,而非押。

2. 典

典常与卖连称为典卖,系借钱人向钱主借钱,而以其不动产作为担保,将其占有交付钱主用益之制。所借之钱,称为典价(钱);提供典价而取得典权,称为承(受、接)典;典权的设定,称出典;出典人称为业主、原业主或原主;承典人称为典主、银主或现业主。所谓典权,依民国民法典,系指"支付典价,占有他人不动产,而为使用及收益之权"。

（1）典权的设立:须将典产交付典权人(要物契约),并应写立典契(并非绝对必要条件)。

（2）典权人的权利义务:占有、使用、收益权;先买权;典产所有权的取得;典产保管义务。

（3）出典人的权利义务:加找典价(增借、添典、加典);担保物权(如抵押权)的设定;找绝(指经过典权人与出典人合意,经找贴/加价后,将出典之不动产绝卖给典权人)或别售;典产的回赎,回赎权行使限于秋收之后、春耕之前,即所谓"钱挂牛角"。出典人的例外负担:房宅通常依约定/法定,出典人须承担部分或全部的修缮费用;典产因延烧等原因灭失时,出典人须与典权人共担责任。

3. 典与质押的区别

典与质押均为担保物权,其区别包括:

（1）典主有使用收益权,押主则否。

（2）出典人无须另付利息,因其以典物的收益冲抵。

（3）典系永久质,而押则定有回赎期限。

（4）典具有"物的代当责任"性质,出典人仅以典物代当责任。

4. 典与贴卖的区别

典与贴卖(活卖)常常混淆,其区别在于所有权是否移转,典可以回赎,所谓"一典千年活"、"典在千年,卖在一朝"。贴卖较早见于六朝时代,它常与典并称为"典贴",作为与绝卖相对的一种特殊买卖形式,贴卖系附买回条件的买卖,卖主得备出原价买回,因而称该产业为"活业"(绝卖者谓之"绝业")。之所以出现这种特殊买卖方式,乃是因为农业社会的中国人对于土地(特别是祖产)有特殊的感情,卖方虽为经济所迫出卖土地,但仍希望有朝一日将产业赎回;对买方而言,贴卖与绝卖相较,通常有一定的价格优势。绝卖系无条件将所有权让与买主,亦称为断卖,嗣后不得回赎;不过在有的地方,有些卖主虽已出卖产业,仍会不断骚扰买方,请求对方加价("找贴"、"增找"),近于强索;而买主因同情或不堪骚扰,常常不得不应其需索。

5. 典权制度的变迁及其独特价值

典乃中国古代物权上最具特色的制度,非可强同于外国法。典与质押之区别,首先在于典作为担保物权兼具用益物权之性质;典与绝卖的差异,则在于能否回赎。因民间典之回赎期限不一,到期出典人无力回赎者,往往延长期限;日久,则典契与卖契混淆不清,颇滋纷扰。乾隆时遂定例,划清典与卖之界限,规定出典超过三十年者,除典契内注明"回赎"字样者,即视为绝卖,不准找价回赎。但典权之存续期限因漫无限制,日久仍不免发生争讼,并因土地所有权的不确定影响了土地实际占有人改良土地的积极性。故清之户部则例规定十年期以内的典契不须纳税,超过十年则须纳税,以鼓励民间缩短典之期限。清末修律,政府聘任的日本专家松冈义正与冈田朝太郎混淆了典权与质权,拟定民律草案时以质代典,湮没了典权所兼具之用益物权性质。民国四年(1915年),政府颁布"清理不动产典当办法十条",恢复了典权的规定;民国北京政府的民法草案与大理院的司法解释与裁判均肯定了典权的独立地位;南京国民政府颁布的《民法典·物权编》将典权与质权并列,设立了专章,中国法律人逐渐认识到典权在于典物之用益,迥异于外国质权在于质物之担保。[①] 民国《民法典》在典权一章之始,特别作如下说明:"我国之有典权,由来已久,此种习惯,各地均有,盖因典用找贴之办法,即可取得所有权,非若不动产质于出质人不为清偿时,须将其物拍卖。且出典人于典物价格高涨时,可主张找贴之权利,有自由伸缩之余地,实足以保障经济上之弱者,故本法特设本章之规定。"

第二节 债

一、中国古代债权关系的早熟

古代中国债权关系,主要是基于契约。现代意义上的物权,在中国古代往往体现为契约(如地契、房契),故而古代债法特别发达。不妨举一例:中国古代茶属于"禁

---

① 参见林咏荣:《中国法制史》,台湾1976年自刊,第142—143页。

权物"（官卖之物），不管收成好坏，茶农都被迫种植；而依据宋代以来的制度，商人要向政府购买"茶引"，才有权经营。面对茶叶收成不确定性带来的价格波动的风险，商人与茶农往往提前签订合同，这种不立即支付货款，而约定未来的买卖，称为"赊卖"。茶商与茶农为规避实际茶价涨跌带来的不确定性风险，就未来的买卖价格达成妥协，需要彼此的保证（中人、保人），以保证茶叶成熟时交钱交货，这非常类似于今天期货交易。

早在西周时期，随着私田的出现和商品经济的进一步发展，相对成熟和稳定的债权便逐渐形成。债权债务关系大致有两类，一是因契约而产生的债，一是因侵权和损害赔偿而产生的债。其中，契约之债是主要的表现形式。与债权债务关系的发展紧密联系在一起的，是民事契约关系的发展。据史料记载，西周时期的契约关系比以前有了较大的进步。在当时，比较普遍的契约形式有两种，一种称为"质剂"，一种称为"傅别"。"质剂"是使用于买卖关系中的契约形式。其中，"大市以质，小市以剂"。"傅别"则是使用于借贷关系中的契约形式，乃是在一契券的正面、反面都书一大字，然后一分为二，借贷双方各执其一，以为凭证。在西周青铜器铭文中，有大量的关于买卖、借贷和租赁关系的记载。

二、各种债权形式①

（一）买卖②

1. 分类

买卖分动产买卖与不动产买卖。不动产买卖分绝卖与活卖。动产买卖，通常为即时买卖，也有赊卖及定金买卖。动产买卖，通常不立文契，系不要式行为。牛马奴婢买卖则照律须由官给以公验（市券），但实际上民间多所规避。

2. 担保责任

担保责任则分为以下几种：

（1）瑕疵担保：包括货物质量与数量的担保，以及奴隶、牲畜的健康担保。

（2）违约担保：以制约交易完成后的悔约行为，常见于土地买卖。

（3）第三人追夺担保（包括亲族追夺担保）：以预防卖方对于买卖标的物的所有权瑕疵。由于亲族（不动产）优先购买权与家族共产制对于个人财产的限制，如果亲族追夺已售财产的风险，卖主须负预防和赔偿义务。

（4）恩赦担保：自汉至宋，恩赦往往也及于公私债务，有危害交易安全之虞，故而债务字据中常有恩赦担保字样，如"即或有恩赦流行，亦不在论理之限"，以规避恩赦的风险。

3. 特殊的买卖形式

（1）定金买卖：在六朝与唐代便很流行，当时称为"赗"；宋以后，定金也被称为"定钱"或者"定银"。以元代为例，不仅是买卖契约，在订立包工契约之际，也须交接定金。

---

① 参见戴炎辉：《中国法制史》，第327—336页。
② 参见〔日〕仁井田陞：《中国法制史》，牟发松译，上海古籍出版社2011年版，第234—246页。

（2）赊卖（赊赁）：主要见于动产的买卖。农民因收成关系，常向店铺赊买杂货，夏秋两季收获庄稼后结账。未付的价钱，通常不另付利息，即俗语所谓"货不长芽"。这种交易方式在城市居民以及客商、经纪人、铺户等从事大笔交易的商人中也普遍存在。

（二）互易（交换）

所谓互易，即以物易物。依唐律，互易与买卖类似，二者的内容、效力、担保责任、违约责任都比较接近。

（三）赠与

赠与古人称为"赠"，俗称"送"，"赠，玩好以相送也"（《说文解字》）。但与现代赠与相区别而类似于传统日耳曼法，依传统中国的惯例（规范），赠与常常是有偿的，尽管其目的不是具体的交易，但受赠人的回馈（回礼）也是理所当然之义："投我以木瓜，报之以琼琚，匪报也，永以为好也。"（《诗经》）受赠方违背回礼的习惯，难免会影响彼此的关系，甚至影响受赠方的声誉。赠与系不要式行为，要物契约。赠与的标的物通常为动产；不动产的赠与，大都是对于寺庙、道观的布施（在其文契中往往对欲追夺该田产之人予以诅咒）。赠与有时附有负担。赠与人通常不担保赠与物的瑕疵。

（四）使用借贷与消费借贷

传统法上之借贷分为两种：以"借"指称使用借贷，承借人使用完后将原物交还出借人，为无偿契约。以"贷"指称消费借贷，亦称为"揭"、"便"。又可细分为两种：负债与出举。负债系不付利息之贷，出举乃付利之贷。

古代法（以宋代为例）为限制豪强欺凌债务人与高利贷的盘剥，有较严格立法：(1) 限制月利率（最高为 6%）、规定了利息的最高上限（"一本一利"），"每月取利不得过六分，积日虽多，不得过一倍"；(2) 禁止复利（利滚利），债务"仍以一年为断，不得因旧本更会生利，又不得回利为本"；(3) 规定债主不得强取田宅与牛畜抵债，以避免小民失去基本生产与生活资料；(4) "不得准折价钱"（不准债主折算价钱），"以粟麦出举，还为粟麦"，以避免债主借折换率"轻重折变"以规避法律、提高利息；(5) 借贷不准以人身（如妻女）为质，亦不得以人身抵债；(6) 债权人不得"留禁"债务人、保证人，限制其人身自由。除此之外，为保证国家赋税收入，以避免债务人"税调未毕，资储罄然"，宋代法律还特别规定债务人必须先纳税后还债。①

（五）赁佣

传统法上，租赁、雇佣与承揽未完全分化，故而通称为赁、佣。

（1）租赁：大体上，土地、房屋、车船、碾磨、邸店的租赁称为"租"、"赁"或"借"；田园的租赁谓之"佃"。

（2）雇佣：我国古代，奴婢固然为人身租赁，自由人（良民）也可作为租赁的标的物。雇或佣，不仅指其契约，亦指其工资。

（3）承揽：称为赁、佣、雇，后世亦称为承揽、包或包办。承揽人负完成工作的义务；对工作的瑕疵，承揽人负修补义务。

---

① 参见赵晓耕：《宋代官商及其法律调整》，第250—252页。

（六）寄托

系当事人之一方以物交付他方，他方允为保管的契约。唐明清律称之为"受财寄物"、"寄付"、"受人寄托"。唐宋之际，以受寄物为业者，称为邸、店、堆垛场；清代称为栈、栈房。依唐律，保管人侵吞受寄物的，"坐赃论减一等"；其受寄牲畜"非理死者"，须赔偿。依宋律，保管他人财物，若"安置不如法，若曝凉不以时，致有损败者"，须根据财产损失情况承担责任。（《庆元条法事类·库务门》）依明清律，"受寄他人财务、畜产，而辄费用，及诈言死失者，并追物还主"；其保管的免责条件是"其被水火、盗贼而费失，及畜产病死（以理死者），有显迹者，勿论"。

三、债权的担保（保证）[①]

除第一节所述不动产担保物权外，传统法上的债权担保主要采取"保证"，也即保证人担保的形式。保证人，古来称保人、保认人。俗称保人者，并非都负代偿责任，很多只是"中人"、"说合人"，仅负督促债务人清偿，或居中调停的责任，俗语所谓"媒人不能包生子，保人不能包还钱"，指的便是这种"中人"。

（一）留住保证

最初保证人只担保债务人不逃亡，依唐代《杂令》："如负债者逃，由保人代偿"；宋代《庆元条法事类》规定："欠者逃亡，保人代偿"。在留住保证制下，保证责任与债务有明显区隔。保人并不连带负担与债务人相同的债务，只是担保债务人留在原地、不得逃亡；若欠债者逃亡，保证人即须将其找回，否则负代偿责任。

（二）支付保证

在唐代，一方面实行留住保证制；另一方面规定，在债务人死亡而不能清偿时，保证人比照债务人逃亡负代偿责任。由此，保证制度逐渐演变为：不论何种原因，只要债务人实际不能清偿，保证人即负代偿责任。在支付保证制下，债务人的债权得到了更充分的保障，故而支付保证制自宋以后逐渐替代了留住保证制。但宋元以后，虽普遍采行"支付保证制"，但也有采"留住保证制"者，后者一致残存到20世纪。

（三）连保同借

保证有二人以上共保者，称"连保"或"相保"。在单纯的共同保证（连保）与单纯的共同债务（同借）之外，有所谓"连保同借"（清代称"连环借"），系指：二人以上，以同一契约，共同负同种债务（同借）；且各共同债务人，对其他共同债务人的债务，互为保人（连保）。通常数人共同分割债务负担，并且标明每一个人都处在（互为）保证人的地位上。据新疆吐鲁番出土的契约文书记录，唐代有"连环保"；而宋代王安石青苗法有连保同借。

四、侵权与损害赔偿之债[②]

传统中国法上的侵权行为规定，与其说是损害赔偿，不如说是制裁的一种。

[①] 参见〔日〕仁井田陞：《中国法制史》，第263—267页。
[②] 参见戴炎辉：《中国法制史》，第344—347页。

唐律对于侵犯他人人身、财产的行为,除刑事制裁之外,又规定了民事制裁。不法行为的损害赔偿,是其中的一类,称为备偿。当时备偿仅限于对于财产的损害,对于生命、身体、自由、名誉等的损害则否。唐制,伤损于人、及诬告得罪,其人依据法律可赎者,铜入被告及损害之家,类似现代法的损害赔偿。宋代法律对于毁损他人财产的行为区分故意与过失,如果是故意则是犯罪,要处以刑罚;如果是过失,则仅负修复(恢复原状)的责任:"其有用功修造之物,而故毁损者,计庸坐赃论,各令修立;误毁损者,但令修立不坐。"(《宋刑统·杂律》)元代法对于生命、身体的侵害,承认养赡费、医药费、埋葬银,对名誉、自由的损害则否。明清律受元代的影响,杀人者,有将其财产断付死者之家;伤害致死者,追给埋葬银;伤人致笃疾者,将犯人财产之一半,断付受害者为养赡费。清代民间对于伤害,应赔"服药科"。但这些都是属于制裁,虽似损害赔偿,但不以实际损害为准。

以侵害财产的赔偿为例,依唐律(宋明清律承之):(1)凡水火有所损败,故犯者征偿,误失者不偿(但仍坐罪);(2)弃毁、亡失及误毁官私器物者,各备偿;(3)受寄财物,非理死者(指畜产)备偿;(4)故杀伤、误杀伤官私牛马或余畜产者,偿所减价;(5)畜产毁食官私之物,畜主备所毁。以上各种情形,除水火所败外,故意犯,坐罪且备偿;过失者,不坐而备偿。

第三节 商 事 规 范

一、合股(合伙)

合股也称为合伙、联(连)财。系二人(股东、财东)以上出资,以共同损益计算而经营事业(以商业为主,也有农垦和工业合伙),按其出资比例,对合伙之债务负无限连带责任。合伙经营、共享利益的例子在先秦已经出现,于《史记》中也有管仲与鲍叔牙合股的记载:"管仲曰:'吾困顿时,尝与鲍叔贾,分财利,多自与。'"但根据现有史料,直至宋代,合伙的契约仍相对少见,合股契约的大量出现始于明代。根据合股契约的内容推测合股的起源为:在兄弟叔侄分产时,若未对企业进行实质性分割,为继续经营企业并保障与营业有关的共同利益,而发生合股;嗣后将此方法应用于新营事业,并扩及于非原共财人。旧时的合股多行于亲戚友朋,"出资者凭借个人的人情、人格联系,紧密结合成风险分担、盈益共享的同行团伙组织"①。传统中国还形成了兼营金融业与其他各种商业的所谓"联号"。

与一般合股不同,中国古代又有所谓"隐名合股",即有人只出资而不愿出名,不参与营业,称为"财股"或"钱股";而他人出名,负责经营管理企业,称为"人股"、"力股"或"身股"。财股对于合股的债务不负连带责任;但和现代(有限责任)公司不同之处在于,作为隐名合股人("财东")的出资者,通常与经营管理者有密切的血缘、地

---

① 参见〔日〕仁井田陞:《中国法制史》,第255页。

缘关系。

二、合会:融资互助组织

合会系相互合作之会,其性质乃合股之一种,它是成员之间的资金(谷物)互助,兼具储蓄和信贷的功能。其目的在于济急(婚丧、生计)或调剂生产资金,大率于亲朋间凑会,在成员之间轮番提供信贷。根据给付标的,可分为银会(钱会)、谷会;根据人数,有"七贤会"、"十贤会"、"十六君子会"、"十八学士会"等;根据会款,有五十元会、二百元会等。合会通常由一个会首与若干个会友组成。初由会首得款,自次会至满会,则会友得款。会友决定得款次序的办法,大致有两种:其一是摇会,即通过抽签(抓阄、摇签)的方式决定得款的顺序;其二是标会或写会,即以愿付最高利息者为得会人。已得款者,称为死会;未得款者,称为活会。已得会者之会金,称为重会金;因先用会款,故须贴利。未得会者之会金,谓之轻会金;至某次会后,便不须再交,因重会金已可足会款。合会至满会即解散。会友中有人无力缴会金时,会首须代付。如滞纳之会友过多,合会不能再继续因而解散(倒会),会首仍须代付滞纳金额。① 为了会款的债务安全,也有提供担保物的。②

合会作为社区内部成员的一种共同储蓄与融资活动,在现代社会依然活跃。据学者调研,今天在浙江省的农村,一直普遍存在合会,当地称为"捐会"。"当地捐会遵循一定的习惯法规范:一个自然人(家庭)作为会首,出于某种目的和需要(如孩子结婚、建房等)邀集、组织起有限数量的人员,每人每期(每三月、每半年)拿出约定数额的会钱,每期有一个人能得到集中在一起的全部当期会钱(包括其他成员支付的利息),并分期支付相应的利息。谁在哪一期收到会钱,由协商等方式来确定。捐会不是一个永久性组织,在所有成员以轮转方式各获得一次集中在一起的会钱之后,一般即告终结。""捐会既然由于关系、人情因素而成立,其履行显然也离不开关系、人情因素。""村民重视在捐会活动中积累和拓展社会关系,提升社会形象。……这几十年蒋家丁村很少发生捐会履行不能的情况,没有因之而起的纠纷。"尽管有几起倒会的例子,但"不论还款能力如何,会首或会众的态度必须是鲜明的,必须明确表现出负责的意思并有相应的行为。若不做到这一点,他和他的家庭就会承受极大的社会压力,被孤立、隔离而无法在村中继续居住,社会关系终结。"由于倒会的后果极其严重,通常当事人会竭力避免倒会,通过变更主体等方式使得捐会得以延续。例如有人生病或发生了其他突发意外事件,无法继续履行责任,当事人通常会请人"顶会"、代替自己的"会脚",以免影响捐会的正常运转。当然顶会者也必须与其他参会者关系非常密切,彼此信任的亲密关系是捐会运作的前提。③

---

① 参见戴炎辉:《中国法制史》,第340—341页。
② 参见〔日〕仁井田陞:《中国法制史》,第250页。
③ 参见罗昶、高其才:"当代中国捐会习惯法与关系——以浙江省慈溪市附海镇蒋家丁村为对象的考察",载高其才主编:《当代中国民事习惯法》,法律出版社2011年版。

三、票据

（一）汇票（飞钱、便换）

唐代汇票，称为"飞钱"。飞钱内，写明金额、发票人、受款人、付款人、付款地等项，由发票人交与受款人，同时由发票人另送一券给付款人。受款人至付款地，提示飞钱求兑，付款人将两券照合，若券合则付款。唐代经营汇票业务的为票号、票庄、汇票庄等。汇票分记名与不记名两种，前一种盖戳曰对执票人付款。汇票又分为即期票、定期票等数种。当时已有汇票背书的制度。宋初，依照唐朝飞钱之例设立"便换"之制，"许民人钱京师，于诸州便换。其法商人入钱左藏库，先经三司投牒，乃输于库……给以券，仍敕诸州，凡商人赍券至，当日给付，违者科罚。"（《宋史·食货志·钱币》）

（二）本票（交子）

宋代四川的交子，可以说是本票。交子发生的原因，起初，因"蜀民以铁钱重，乃私为交子，以便贸易"，交子同业各铺户（交子铺）连作作交子。"用同一色纸印造，印文用屋木、人物。铺户押字，各自隐密题号，朱墨间错，以为私记。书填贯，不限多少，收入人户见钱，便给交子。无远近行用，动及百万贯，街市交易。如将交子，要取见钱，每贯割落三十文为利。"就交子的兑付，各交子铺负连保责任。于是飞钱（便换）的汇票"又进化为交子的纸币"。宋天圣元年，废私交子，而收为官营。交子与现代纸币的一个不同是现代纸币一般没有使用期限的问题，只要没有损坏通常便可继续使用，宋之交子的使用期限为三年，"以三年为一界而换之"。现代国家发行纸币，必须有准备金，宋朝时发行交子也有本钱的要求，"有钱则交子可行……椿办若干钱，行若干交子"。两宋因为国家财政困难，就发生了滥发交子，纸币因过剩而贬值的问题。到南宋理宗时，伪造交子竟充斥于市场。①

交子系无记名、见票即付的本票。近世本票有记名、无记名两类；又可分为即期与期票，而期票可以贴现。明清代有以兑换本票为业的钱铺、钱庄。

（三）支票（帖子）

唐宋的帖（帖子），相当于现代的支票。寄付人为支付他人金钱，则以柜坊为付款人，发行帖（子），交与受款人，该人将帖提示于付款人，而受领款项。《太平广记》中有如下一则唐代传奇，可作为唐代"帖子"的注脚："隋末书生，欲携挈太原官钱库，有金甲人持戈曰：'汝要钱，可索取尉迟公帖来，此是尉迟敬德钱也。'书生找打铁人尉迟敬德，向其乞钱五百贯，赐一帖"。穷铁匠尉迟不耐书生骚扰，令书生执笔、自己签名画押，开了张空头支票："钱付某乙五百贯，具日月，署名于后。""书生既得帖，却至库中，复见金甲人呈之。金甲人令其系帖于梁上，而取钱五百贯。"若干年后尉迟敬德辅佐唐太宗发迹，位列公卿，有一日他偶然发现家中财产少了五百贯，翻检库房，却发现当年开具的帖子。②

---

① 参见萨孟武：《中国社会政治史》（四），台湾三民书局1975年版，第128—131页。
② 参见戴炎辉：《中国法制史》，第344页。

第九章 身 份 法

　　身份法是规范身份的结合关系之法,此结合乃本质的、自然发生的社会,以共属意识(同宗、同家、同血等)为基础,以统率、保护、服从及互助共存为其支配原理。身份的结合关系,虽以血缘(亲缘)为其精神上的枢纽,但如无物质的基础,则不能维持及发扬。① 如家有家产,宗族常有祭田或义庄,这些财产具有身份色彩,故于本章讲述。

　　中国古代,中央及地方政府因力量有限,将大量社会事务委由地方自治。究其原因,其一,在于政府财政与行政资源缺乏,无法积极有为地干预社会;其二,为避免贪官、胥吏、衙役的干扰,利用宗族组织(血缘团体)、乡党组织(地域团体),纠合宗族或乡众,自治自卫。民间细故,官既不过问,民又不愿告官,而造成所谓"放任的自治"。而传统的民事法特别是身份法,因此也更多地源于民间习惯与伦理,而非政府的制定法。所谓"法律基于伦理,治国始于齐家",而"伦理为公共关系之常规,家庭为共同生活之单位"。②

第一节　家　与　族

一、家族

（一）概说

　　传统中国之国家、社会制度,不论公法、私法均以家为单位,国家系家之集团,故称为国家。③ 尽管中国素有"大家族制"之名,但实际上从秦汉以来,家族团体多在5—10口之间;一家拥有10口以上者,据调查统计,大致只占十分之一,而此种大型家族无非是小型家族的复合形式。历史上作为例外,也有累世同居、包括了数百口人的"义门","在这样的情形下,同居的范围便扩大及于族,家、族不分了"。④ 对于"大家族",不可只看人口之多寡,必须重视家族的构造,及其社会的机能:就构造上讲,欧美近代以来的家族为核心家庭,即由夫妻与未婚子女组成;中国传统的家族,累世(三世以上)同居者之外,普通的家族也都三世同堂,祖孙、叔侄、妯娌同居一处。就机能上说,传统中国的家族大都自给自足,共同防御外敌、辅助鳏寡孤独、祭祀祖先、教育子弟。

（二）家长与家长权

　　每个家都有一个家长为"统治的首脑",家长通常为最尊长者。私法上,家长为统

---

① 参见戴炎辉:《中国法制史》,台湾三民书局1966年版,第188页。
② 参见林咏荣:《中国法制史》,台湾1976年自刊,第216—217页。
③ 参见戴炎辉:《中国法制史》,台湾三民书局1966年版,第210页。
④ 参见瞿同祖:《中国法律与中国社会》,中华书局2003年版,第4—5页。

率全家之人,不但身份关系上,而且财产关系上,家属均受家长约束。家中纷争,由家长评断、调解;若有违反家规或教令,家长独行或会同家属(长辈),加以戒饬。以上事项,由各家自治,政府概不干涉。公法上,家长(户主)代表家(户),有申报户口、交纳赋税,不使田地荒芜的义务。家长为这些事务的负责人,如有违反国家政令,独坐家长。① 当家长为直系尊亲属(如祖父、父亲)时,他的权力在家中是最高、绝对、永久的,子孙即使在成年后也不能获得自主权。②

(三) 家产

1. 同居共财

同居为家族之本质要素,与宗族不同,无服之外亲、有服之内亲,乃至奴婢、部曲、雇工、随身,若长久同居于一家之内,都被登记于户籍,可解释为家属。累世同居之家,以叔伯兄弟为中心,各称为一房。自己所属之房,称为"本房";旁系亲之房,称为别房。其同财共居理由有三:其一,经济上,这有利于节省开销、通力合作、自卫、保持一家的资产与声势;其二,唐以来在法律上禁止祖父母、父母在,兄弟分居异财;其三,政府对此予以精神与物质鼓励,如旌表义门、豁免公课。"不过,欲维持同居共财,须去私奉公,又要靠尊长的识见与才干。"③家族共产的理由主要是基于经济上的需要,而非名教的问题,"一旦觉得继续生活不合算时,人们总是作出分裂的选择。"分裂的契机或者主要是源于家庭内的不和,典型如妯娌、姑嫂间的不和,这样的不和虽带有感情因素,却更多地源于日常共同生活中的得失算计,一旦有人觉得自己在同居共财的关系中"特别不合算"时,难免会产生离心力。传说唐代张公艺九代同居,他手书百余个"忍"字呈给皇帝,认为累世同居的秘诀在于"忍",百般地克服困难、尽量忍耐"公共生活产生出来的倾轧"。而"如果不能保持倾轧和忍耐的平衡",家族难免走向分裂。④ 所谓累世同居只是特例中的特例,大家族的分裂有其经济与社会心理上的必然,"凡累世同居者,必立之家法,长幼有礼,职事有司,管库司稽,善败惩劝,各有定制。又必代有贤者,主持倡率,而后可行。否则财相竞,事相诿,俭者不复俭,而勤者不复勤,势不能以终日。反不如分居者各惜其财,各勤其事,犹可以相持而不败。"⑤另外,尽管私产为礼教所禁止("父母在,不有私财"),实际上却无法绝对禁止,尤其是官员俸禄与妻财等,均不在家族共财之列。应该说,承认相当范围的私产,为维护共同家产制的安全阀。

2. 共财的管理

中国传统法制上的家产,由父子共财而及于其直系卑属。累世同居者,则为自兄弟叔侄开始的共财。共有财产的管理权,统摄于家长(尊长),家属(卑幼)不得擅自使用、收益或处分。法律上,以父子祖孙共财为前提,但由于父祖对家产的管理权与

---

① 参见戴炎辉:《中国法制史》,第212—213 页。
② 参见瞿同祖:《中国法律与中国社会》,第6 页。
③ 参见戴炎辉:《中国法制史》,第210—211 页。
④ 参见〔日〕仁井田陞:《中国法制史》,牟发松译,上海古籍出版社2011 年版,第155—158 页。
⑤ 吕思勉:《中国制度史》,上海教育出版社2002 年版,第316 页。

对子孙的教令权相重叠,使得家产看似不具有共同财产性质。父祖常在生前或身后以遗嘱任意处分家产,或不依据法定份额分配给子孙。故尊长的家产管理权,视其为直系或旁系而异。家长如是直系尊长,其如何管理家产,子孙不得过问;若家长是旁系尊长,其对家产仅有财产管理权,不得任意处分,若其侵害旁系卑幼的利益,后者可以告官而加以纠正。①

"当家"的"家长",除了家父(祖父)之外,还有主妇。主妇在家管理日常家务与家政,负责饮食、纺织缝纫与宾客接待,其权力的象征是掌握着家中的钥匙,东西方的传统社会皆如是。而婆媳之间钥匙的转交也就意味着家务掌理权的转交,所谓"带钥匙的"即为主妇的别名。清人朱彝尊曾感概:"当时世禄之家,多是妻子(主妇)掌管钥匙,丈夫连少许金钱之出入都不能做主。"②

3. 分家析产

分财与别籍,通常同时进行,分产即分家;但也有不并行者。分家区分为两类:直系尊亲家长所为与旁系尊亲家长所为,直系尊亲属因为教令权与家长权的混同在主持分家析产时有更大的自由。

(1) 法律的禁止与例外

中国传统法律原则上禁止子孙自行别籍异财,因为家产分散,易使父母供养有缺、违背孝道,其具体法律规定与例外如下:其一,唐律禁止子孙于祖父母、父母在而别籍异财,祖父母、父母亦不得令子孙别籍,但可令其分产;明清律沿习唐制,但须祖父母、父母亲告乃坐。其二,唐律禁止兄弟居父母丧而别籍异财;明清律亦予以禁止,但须尊长亲告乃坐,而奉遗命分家析产者不在此限。实际上,民间常有祖父母、父母在而分产者,而父祖自行分产或令子孙分产者,不在禁止之列;卑幼对于旁系尊长,则得主动请求分产。祖父母、父母在,子孙分产后须轮流奉养老人,轮流管饭或者共同提供生活费(养老粮);或者在财产分割时为老人留出特定的份额——养老田。

(2) 家产均分主义与应份额

传统中国的家庭共同财产分割以均分为原则,这样累世的平均分割难免会造成后代的由富转贫,也导致了传统中国经济与社会阶层的高度流动性。"自古以来,大凡可分之物,原则上都要算入总财产中,一一加以均分,无论是农田、住房、役畜、农具,还是其他的财产,以致于碗、碟之类的器物,全部都要分割。"对于物理上无论如何都不可分割之物,如一头牛、一棵树或一眼井,则继续维持共有。③ 这样有份人的家产应份额,以同一世代间均等为原则。不过,直系尊亲属因其对于卑幼的教令权,可不依法定应份额,恣意自行或以遗命方式分配。旁系尊亲属家长则不得擅专。代位承分包括子承父份;寡妻承夫份,寡妻不过是"中间承受人",其承夫份以不改嫁为条件,并应为夫立嗣,将夫份传给嗣子。

---

① 参见戴炎辉:《中国法制史》,第 213—214 页。
② 参见〔日〕仁井田陞:《中国法制史》,第 187 页。
③ 同上书,第 176 页。

(3) 程序与方法

分家析产之前,须先抽出家产的若干部分,作为祭田、公业、养赡老人财产、长孙额、未婚娶子女的婚费或其他赠与财产。分家析产的方法为阄分,即在抽出上述财产之后,将剩余所有财产,按照分财亲的人("房份"),分作数阄,祷告祖宗,以抓阄办法,决定各房具体应得的财产。阄分时,通常写立"阄书"(分书),以为凭证。家产中有(物理或经济的)不可分之物,仍为各房继续共有。分家时各家居于平等地位,长房并不具有当然优先地位,即便是族谱、牌位与祖屋也不一定归于长房。①

二、亲属

(一) 分类

(1) 血族(男系自然血亲)与准血族。

(2) 内亲与外亲。内亲也称为宗族、宗亲、本亲、本族,指同姓男系血亲,且包括祖母、母、妻、兄弟妻、子孙妻等。外亲又称为外族、外姻,指母族(如母舅、外祖父母、姨母、姨表兄弟姊妹)与妻族。

(3) 父族(父党)与母族(母党)。

(4) 直系与旁系。

(5) 有服亲与无服亲。丧服依其式样、材料与服丧时间分为五等("五服"),以对应亲疏远近不同的亲属关系。服制的核心便在于关系。在亲属关系问题上中国人动了很多脑子,例如中文里表达亲戚的语言,丰富如妯娌/连襟,精准如姑表姐/弟、姨表姐/弟,在英文里一概称为"sister/brother in law"。从这个意义上说,中国传统身份法与罗马法的差异不是先进、落后之别,而是"琢磨方向的不同"。

(二) 辈分与亲等

辈分系亲属在横行上的位置,同一世代者为同辈/平辈/同行,互称兄弟姊妹。在法律上,亲属(尊亲属与卑亲属)通常与直系、旁系连用,又与长幼并称。婚姻及立嗣,须遵守尊卑之序,不许紊乱辈行。

西方的亲等计算有两种典型方式,其一,为罗马法式,直系亲属间以两者的世数为亲等;旁系亲属间则分别由各人溯及最近之共同始祖,以其世数之和为亲等。其二,为寺院法式,也称世代亲等制,直系亲属从己身上下数,一世为一亲等;旁系亲则各自溯及最近之共同始祖,其世数相同者,以一方之世数定之;世数不同者,从其多者定之。传统中国的亲等计算方法为五服亲等制,与寺院法的亲等计算法大体类似,但其特别之处是:"于直系本宗,采取阶级亲等主义,尊为卑服轻,卑为尊服重;夫为妻服杖期,于妾则无服,妻妾则为夫服斩衰三年。在旁系本宗,则采取平等主义(相互主义)。又妇女出嫁,男子出继,于本宗降服一等;但律上仍依本服论。"因为伯叔父"与尊者一体",而"兄弟之子犹子",伯叔及侄则加服一等。②

---

① 参见戴炎辉:《中国法制史》,第218—219页。
② 参见同上书,第204—205页。

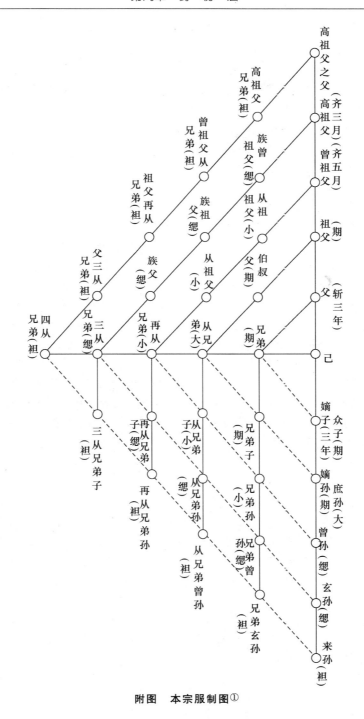

附图　本宗服制图①

---

① 附图参见戴炎辉:《中国法制史》,第 205 页。

（三）亲属关系的法律效果

（1）刑法上的效果：准五服以治罪。

（2）诉讼法上的效果：老幼废疾、致仕官、妇女，得令家人代诉，清律称为"抱告"。

（3）行政法上的效果：回避，近亲属不得在同一个官僚机构任职；官职、官品授予的原因（荫），如叙阶（官品），荫补（官职）等。

（4）私法上的效果：亲属禁婚、同宗收养、为监护人、抚养义务、遗产继承、亲属先买权等。

三、宗族

（一）概说

宗族乃同宗共姓、且共祀祖先的男系血族团体，由族众及推戴的族长所组织之。宗族的机能，在于祭祀祖先与收宗睦族。宗族系自然发生的、原初的社会形态，为纠合已经分居的各家，继续共同祭祀的团体。所谓宗法，系以家为单位，由家再衍进为族，其衍派可发展至无限，故曰"同昭穆者，虽百世犹称兄弟；若对他人称之，皆云族人"（《颜氏家训》）。宗族宗族采男系血族主义：母及妻列在父及夫宗（出嫁女属于其夫之宗）；但母及妻可因离婚，或夫死后自愿归宗，而恢复其所生之宗。异姓养子不为养家的宗族，赘夫不为妻家的宗族，其后代可有例外。宗族关系的发生原因，首要者为出生；其次为身份行为，如婚姻及收养。宗族关系的消灭原因，首要者为死亡；其次为身份行为，例如，夫亡妻守志者寡妻保留夫宗身份，寡妻改嫁或归宗则丧失夫宗身份，异姓或同姓异宗的养子则因收养关系的终止而丧失养父同宗身份。①

合族而居的风俗当始于原始部族社会，此习惯经过宗法制度的改造延续至封建时代。而封建时代的宗法制度，则随着贵族与封建制度的破坏而衰败。东汉至南北朝因为豪族与士族的兴起，宗族的势力与聚族而居的习惯又得以复兴，史载豪族大家"累世同居"、"钟鸣鼎食"、"闭门成市"。唐末以后士族风光不再，到了北宋，在士大夫的推动之下，形成新的宗族形态，其特点是"仿照中古世家大族的连缀，避免累世同居的弊端，又能发挥宗族通财的精神"。"新式宗族是由许多核心家庭、主干家庭或者共祖家庭组成的，共财单位很少超出同祖父的成员，但通声气、济有无的范围却可以远超过五服。它的基础至少有四：族谱、义田、祠堂和族长。""宋元以来的新宗族隐然成为自治的单位，与行政系统的乡里保甲相辅相依，稳固既定的政治社会秩序。"②

（二）宗族四要素

"宗与族异。族当举血统有关系之人，统称为族耳。其中无主从之别也。宗则于亲族之中，奉一人为主。主者死，则奉其继世之人。"③一宗有一长，称为族长（族正、宗长）。宗族所属人员，称为族人（族众、宗人）。宗族内的支派，称为"房"，其长则谓

---

① 参见戴炎辉：《中国法制史》，第190—192页。
② 参见杜正胜："传统家族试论"，载黄宽重、刘增贵主编：《家族与社会》，中国大百科全书出版社2005年版。
③ 吕思勉：《中国制度史》，第294页。

之"房长"。宗族不一定聚居于同一地方,或构成一村落;但当其聚居一处时,其在政治社会上的意义特重。宗族的机能,在于祭祀祖先、收宗睦族,其结合的心理基础,乃同祖与兄弟意识,亦即血亲意识。为唤起且培植这种宗族意识,宗族常用的手段为造祠堂与修族谱,宗族财产如祭田、义庄则是维系宗族活力的物质基础。

1. 族长

族长与宗子不同,宗子系司祭人,由宗中嫡长子代代相承;而族长的地位并非只在特定家系中传袭,族长乃由族众推戴才干识高而素孚族望之人担任。族长是"族内长老的首席",他是同族的统率者与族约(宗约)的维护者,在结合比较紧密的同族之间,族长拥有很大的权威。族长权力有:(1)调解族内纠纷;(2)制裁族人,制裁既可以是经济上的,也可以是身体上的(如笞杖),甚至可能剥夺族人的生命(如绞刑);(3)族人的婚姻、收养,乃至分家(家产的分割),也要得到族长的许可;(4)重大的案件,即使族人诉诸官府裁判,官府也往往会征求族长与其他长老的意见;(5)由于族长权力已延伸到族人家中,家长的权力便不再是家中绝对、排他的最高权力了。①

2. 宗祠

祠堂古已有之,但已分家的宗族,共同营建宗祠,全体参加一宗一族的祖先祭祀,始于宋代。依西周封建宗庙传统,古代士庶人祭祀止于父母、不及其祖,祭祀祖先是天子、诸侯、大夫的特权,其中天子七庙。到了北宋,程伊川却认为:"自天子至于庶人,五服未尝有异","祭祢而不及祖,非人道也"。依宋代的新风气,庶民也可以祭祀远祖了。但一直到明初,庶人祭祖并没有独立的家庙,只陈于居室之左的祠堂,独立建筑的宗祠从明代中期以后才流行于社会。"建祠堂而祭祀始祖以下的历代祖宗,可以追远,可以收族。祠堂称为全族人的精神中心。"②宗祠的主祭人,以宗子或族长充任。祭祖日期古来有四——春祠、夏礿、秋尝、冬烝,尤以春秋二祭为重。其小宗祠,也有于祖先的生辰、祭辰致祭者。宗祠除承担祭祀职能外,也是族内重要会议的场所,对于族人的惩戒、重要事务的讨论与决议均常常在宗祠内举行。

3. 族谱

又称宗谱、家谱、家乘或世谱。谱牒因门阀而盛行于六朝,谱牒须上呈官府由专人管理,其目的在于选官,家族的血统与政治上的地位息息相关。唐中叶至于五代,因门阀世族的败落,修谱之风渐颓。至宋以降,修谱之风复兴,欧阳修与苏洵均讲究谱法,开风气之先。但族谱性质与中古谱牒相较已无政治意涵,其目的仅在于收族、纠合宗族、强调同血意识、谋求自卫自立。族谱广者包括全体宗族,狭者仅限于支派或某家。其内容有三:其一,谱例,即编纂的体例与规范;其二,系谱及传记,是为族谱之主体部分;其三,生活谱,包括家训、族约、祠产记、义庄规条、义田记等。

---

① 参见〔日〕仁井田陞:《中国法制史》,第148—149页。
② 参见杜正胜:"传统家族试论",载黄宽重、刘增贵主编:《家族与社会》,中国大百科全书出版社2005年版。

4. 财产

(1) 祭田

祭田始于宋代,又称为祠产(祀产),因其为族人公有,亦称为祭祀公业,或简称为公业。设立祭田的主要目的在于祭祀祖先,亦有周济族人与育才等目的,其目的具有超越个人利益的性质。祭田的设立,有合约字及阄分字两种:已分居异财的子孙共同捐资置买田房,或直接捐出财产为祭田,其设立用合约字。一个大家庭分家析产时,独立抽出部分田产作为祭田,其设立用阄分字。另外,也有族内一人或数人出资设立者。祭田的机关,有派下总会及管理人:派下系祭田团体的关系人,即设立人及其子孙。派下总会系派下全体的大会,为最高决议机关。派下权(参与祭祀与管理,对祭田的使用收益权)不得让与派下以外之人,不得请求分割。管理人为祭田的执行机关(代表人),管理人可为特设常任之经理,也可为各房值年(轮流管理)。[①]

(2) 义庄

义庄源于北宋的范氏义庄,其设立人为范仲淹。其设立目的,在于以其收益,赈济族中贫寒孤寡,兼有祭祖、育才的目的。"范仲淹的宗族多贫贱,到他才发迹,感于'吴中宗族甚众,于吾固有亲疏,然以吾祖宗视之,则均是子孙,固无亲疏也,吾安得不恤其饥寒哉。'这是宗族一体意识的发挥,但累世同居的方式势不能行,于是别创义田以补不足。"[②]范式义庄之后,模仿者代有其人,义庄成为宋元以来大宗族的重要元素。义庄大率由族中数人捐出财产而设立,也有族人共同出资,或以死者遗产而设立者。设立义庄时,立有义庄规条,据以约束族人、管理义庄财产。此规条为宗族的自治规范,也有将其报官府备案,进而由官府予以承认、保护者。义庄由族长管理,或各房选派代表各一人共同管理。义庄又设有族人协议会,为其决议机关。与祭田相较,义庄更加独立于族人,以其名义拥有财产,为法律行为,以管理人为其代表。除族人共同出资设立者外,族人虽可由义庄受益,但其根据为义庄章程,不得仅以族人之身份主张权利。[③]

(三) 宗族的机能与利弊

宗族机能有二,其一为社会福利,为族人谋福利,如济贫寒、救孤寡、设塾教子弟、资助与奖励科举;其二为自治与自卫,宗族自行平解纠纷、维持治安、抵抗外敌。为达到以上目的,宗族不但有组织(以宗祠为中心),而且有祠产、义庄、祭田等财产。族人的生命财产,主要由宗族予以保障。族人受他族欺凌,大都由宗族出面"讨说法",或予以救济。因此,一宗族与他宗族,常激起械斗,正所谓"族人之仇,不与聚邻"(《大戴礼》)。此种械斗固然本于宗族一体的观念,但政治力量的不足与政府的不负责,也是原因之一。械斗以宗祠为其精神基础,族产(义庄、祭田)为其物质基础。政府三令五申,禁止械斗,甚至命令解散宗族团体,却始终无法消灭械斗。盖族人宁愿违犯政

[①] 参见戴炎辉:《中国法制史》,第 195—197 页。
[②] 参见杜正胜:"传统家族试论",载黄宽重、刘增贵主编:《家族与社会》,中国大百科全书出版社 2005 年版。
[③] 参见戴炎辉:《中国法制史》,第 197—198 页。

府禁令,而不敢违背族约家命。① 宗族间的械斗,到了现代社会依然存在,甚至可能因械斗发生众多族人的伤亡,国家通过警察与刑罚的威慑亦不能完全杜绝之。②

"宗法盛行之时,国家之下,宗亦自为一集体。"宗族之法"明谱系"、"守世族"、定尊卑上下之序,有利于"厚风俗",可以由宗族代替政府"管摄天下人心"。但"国家之职,正在使人人直属于国",宗族势力难免会与国家权力发生矛盾,当宗族聚居一处时其势力之大会对政府的权威形成很大的挑战,激化这一矛盾:宗族的自治权有时会与国家的司法权发生冲突,宗族的自卫权则可能与国家维护秩序的权力正面对抗。宗族的凝聚力使得宗族拥有了自卫的能力,这是双刃剑,一方面固然可以强国卫国;另一方面宗族也拥有了对抗政府的力量,宗族也常常于有形无形之中阻挠中央政令的贯彻。"古所以有族诛之刑者,正以其时族之抟结厚,非如此,不足以绝祸根也。"聚族而居"盛于天造草昧之时","以其时就政治言,就生计言,均无更大之团体,内藉此以治理,外资此以自卫;而分工合作之道,亦寓于其中矣。逮乎后世,安内攘外,既有国家;易事通工,胥资社会;则合族而居之利,已自不存;而族长手握大权,或碍国家政令,群族互相争斗,尤妨社会之安宁;则破大家而代之以小家,亦势不容已矣。"③

第二节 婚 姻

一、传统婚姻的特性

> 昏礼者,将合二姓之好,上以事宗庙,下以继后嗣也。故君子重之。
> ——《礼记·昏仪》

在宗法制度的结构中,婚姻十分重要,它具有超越个人的性质:与现代婚姻制度围绕双方的合意而成立相反,在传统中国婚姻绝不是当事人的事情,而是"上以事宗庙"(祭祖、传宗),"下以立后嗣"(接代,培养"接班人")。婚姻以祖父母、父母(尤其是祖父、父)或尊长为其当事人(主婚人);婿媳本人唯命是从,可以说是被结合者。而离妻原因,也多在于父祖,"子甚宜其妻,父母不悦,出"(《礼记》)。

就夫妻关系而言,婚姻以夫为主:(1)婚姻的形式,为一夫多妻制(中国古代实行一夫多妻/一夫一妻多妾制,媵、妾地位虽较正妻为低,仍为合法配偶);(2)婚姻的仪式,以男家为中心;(3)结婚后原则上在男家共同生活(指嫁娶婚而非招赘婚);(4)妻于婚后受夫监护;(5)离婚原则上为夫的专权。

---

① 参见戴炎辉:《中国法制史》,第193—194页。
② 参见高其才:"湖北大冶宗族械斗调查记(1988年4月)",载高其才著:《野行集》,法律出版社2011年版。
③ 吕思勉:《中国制度史》,第311、315页。

二、婚姻的要件

（一）实质要件

（1）双方主婚人或当事人同意。

（2）达到法定婚龄：唐宋律的规定为男年十五、女年十三以上。

（3）非同姓：以避免同宗之人成婚在伦理上和优生学上产生问题，但发展到后世同姓之人未必有亲缘关系，故而民间也有违反规定成婚者。

（4）非禁婚亲：其一，"近亲不得为婚"，唐律不准姑舅两姨所生之表兄弟姐妹成婚，违者杖责并强制离婚，宋明律沿袭之；但宋代以来，表兄弟姊妹多有联姻者，世家大儒为之背书，民间亦习以为常，故而法律实际并不发生强制效果。其二，非同姓远亲之间如果世代（辈分）不同，亦不得成婚，以避免昭穆（辈分）次序的混乱。

（5）身份上的限制：士庶、良贱、满汉、僧尼道冠不婚，命妇不得再嫁。

（6）非重婚。礼制以一夫一妻为原则，不仅女子不得重婚，女子"背夫逃嫁"可能被处以流刑；男子若有妻更娶（正妻）者亦要处以徒刑或笞杖刑。

（7）非居丧嫁娶。北齐律之重罪十条，定居父母丧而嫁娶为不孝、居夫丧改嫁为不义，隋唐以后归为十恶之罪。

（8）非祖父母父母犯罪被囚禁中，奉父、祖命成婚者除外。

（9）非男女婚前相奸。

（10）非买休：除妻犯奸、逃亡或自愿外，夫不得出卖妻妾，尽管民间这样的事情屡有发生。

（二）形式要件

六礼，即纳采、问名、纳吉、纳征、请期、亲迎。南宋，朱子家礼沿袭古礼而加以简化，删六礼为三礼，即：纳采、纳币、亲迎。至于俗礼，则因时因地而有所差异。在婚姻说合过程中，媒人起到"中间人"、保人的作用。依风俗，媒人到女方家要抱一只大雁，雁有燕（雁）好之意思，同时雁的生活习性符合古人对于婚姻生活的理想：其一，古人认为雁忠贞不二，如果一只雁死了，另一只就成了孤雁；其二，雁阵长幼有序。

（1）纳采：媒人要带着礼物传达男方的意思。

（2）问名：了解具体信息，主要是生辰八字（古人用干支纪年，六十年一往复；针对年月日时四个时间点，用两个字计一个时间点，共八个字）。

（3）纳吉：在祖宗牌位与神前卜卦、求签。如果摇出来签不好（"不吉"），也"不急"，可以再摇几次试试。

（4）纳征：蕴含"买卖婚"的意思。

（5）请期：商量婚期。

（6）亲迎：男方接亲。婚原本是"昏"（黄昏），男方一早去迎女方，接回来成亲时已是黄昏；另外一种说法是此乃男方"抢婚"风俗之残留，意指在天色渐暗之时抢婚，"月黑风高"，正是抢亲"吉时"。

三、婚姻的效力

（一）"夫妻一体"

妻之人格为夫所吸收，妻本身并无独立地位。妻随夫之身份，享受荣誉或地位；服制上夫妻的关系，类父子关系，妻为夫服斩衰三年，而夫只为妻服期；刑法上通常亦然。夫妻原则上共财，其例外如下：

（1）妻的妆奁（陪嫁、嫁妆），除其专用的衣物、器具外，如金钱、田土、房屋等，为夫妻的共同财产。妆奁（"妻家财物"）在夫家分产时，得以剔除。

（2）夫死无子，妻得以承夫份；但须立继，与继子共财。

（3）无论妆奁或妻所承夫份，寡妇不得带产改嫁或归宗。

（二）夫妻间的权利义务

（1）夫妻互负抚养、同居、守贞等义务，但因为夫可以娶妾，其守贞义务只是形式上的。

（2）夫权：妻应服从夫，夫对妻有命令及惩戒权。

（3）在嫁娶婚中，妻因结婚，离开其本生家，成为夫家的家属。至于相反的招赘婚，则为例外。

四、婚姻的解除

（一）死亡

夫或妻死后，夫妻关系自然消灭。但夫死而寡妻愿留夫家守志，则其与夫宗的亲属关系与法律效果依然存续；若其改嫁或归宗，则其与夫宗的亲属关系即告终止。礼治上虽然讲究"烈女不事二夫"，习俗亦奖励节烈，但法律上并非绝对禁止再婚，在社会上因为生计等原因，寡妇再婚也是常态，甚至有夫家为侵夺寡妻所承受夫之财产而强迫寡妻再嫁的例子。唯夫死改嫁时，须待夫丧期满。

（二）离婚

1. 弃妻（"七出三不去"）

所谓"七出"指休妻的法定正当事由，具体包括：不顺父母、无子、淫、妒、恶疾、多言、窃盗。而"三不去"则是休妻的阻却条件，指：有所娶（取）无所归、与经（更）三年丧、前贫贱后富贵。七出三不去，一方面赋予男子弃妻之权，一方面又加以限制，其列明弃妻的前提条件（七出）及阻却事由（三不去），以防止夫恣意弃妻或卖妻。

传统礼教之下，婚姻强调的是对祖宗的贡敬（"上以事宗庙"），对父母是否孝顺（严格讲是是否讨公婆喜欢）成为首要评价标准，媳妇往往因不顺公婆（古人亦称其为"舅姑"）而被写休书。例如宋代陆游与唐婉的传说，以及《孔雀东南飞》的故事。但是，对于士大夫"七出三不去"的理念我们也不能过于强调，或者说它只是士大夫们休妻的规范①,至于在广大的农村,对于"七出"的最大阻却条件则是经济上的制约。"如果有人以妻子的过错为由,或者不管有没有这样的理由,动辄要与妻子离婚,那么,这毋宁说是出于官僚、地主——可称之为士大夫的人的考虑,他们看清了,即使离了婚,生计也无困难,有钱还可再娶。如果一旦离婚便从此为家务料理犯愁,没有钱从而也无再娶的打算,由于妻子是被逐出还得支付赔偿,所有这些都是农民经济特别是那种规模零散的农民经济很难承受的负担。……即使有通奸这类最易于成为离婚契机的原因,农民也往往出于不得已,对之视而不见、噤口不言。至于妻子的盗窃、不孝之类,就更要忍耐了。于是对妻子的地位,在生计艰难的农家反倒存在受保护的倾向,而在家境宽裕的家庭中反而存在不受保护的可能性。"当然,农民妻子的地位受保护之前提,在于其作为夫家免费的长工甚至"奴隶",其劳动为夫家生产、生活所必需。②

通常离婚为夫之特权,"妻擅去者徒三年,因而改嫁者流三千里,妾各减一等"。但律法规定,夫出外数年不归、音信全无的,准予改嫁或离婚。但律法囿于"妻不得弃夫"的原则,对于实际上妻子请求离婚者,也强称之为"义绝"。③

2. 义绝(法律强制离婚)

当夫/妻对于配偶本人或亲属有重大伤害,或者夫家与妻家发生严重的冲突之时,为避免"罗密欧与朱丽叶"式的两难,法律规定夫妻强制离婚,具体情况如下:

(1)夫:殴妻之祖父母、父母;杀妻之外祖父母、叔伯父母、兄弟、姑、姊妹。

(2)妻:殴、詈夫之祖父母、父母;殴、伤夫之外祖父母、叔伯父母、兄弟、姑、姊妹;与夫之缌麻以上亲相奸;欲害夫。

(3)夫妻之祖父母、父母、兄弟、姑、姊妹自相杀者。

(4)夫卖妻与他人为妻者。

3. 合离

即两愿离婚,以男女双方合意为要件,实际上须得父母同意,并多以夫家一方的意思为主。当无法定正当理由又要离婚时,提出离婚的一方得承受经济上的损失。如果离婚是由男方提出的,则需要给女方抚养费;而如果是女方提出的离婚,则要赔偿夫家结婚时支付的聘礼与其他费用。

五、特殊的婚姻主体与婚姻形式

(一)次妻与媵、妾

古代的婚姻形式以一夫一妻制为原则、以多妾制为特权和补充,正妻之外,夫可能有多名地位较低的配偶。《元典章》上有所谓"次妻",其地位比正妻低,但不同于

---

① 在士大夫群体之中,也有人攻击"七出",特别是其中的"无子"、"恶疾"与"嫉妒"三条,认为这是"不合人道"的,如明代的宋濂与清代的俞正燮。参见杨鸿烈:《中国法律思想史》,中国政法大学出版社2004年版,第256—258页。

② 〔日〕仁井田陞:《中国法制史》,第200页。

③ 参见赵晓耕:《宋代法制研究》,中国政法大学出版社1994年版,第95页。

妾。次妻不是由于买卖而成立,大体上须经历与妻相同的婚配程序。所谓媵,即"随嫁"、"陪送出嫁",是陪同正妻一同嫁到夫家的女子,大概类似于"带着你的妹妹,拿着你的嫁妆"的习惯。封建时代"天子娶后,同姓三国之女随嫁,国三人,连后及其姪娣共十二女;诸侯娶一国,则两国往媵之,以姪娣从,共一娶九女而不再娶;卿大夫不能外其国而娶,只有妻及姪娣随嫁,即名曰媵;士或云一妻二妾,或云一妻一妾,亦有其娣;惟庶人一妻,不尚媵制,故有匹夫匹妇之称。"①媵的地位比妾高,古代只有王侯官员,始得娶媵;至于清制,则媵妾混称为妾,不再有纳媵妾的身份限制。娶媵妾之目的在于广继嗣,使祖先能血食不绝。如明律禁止庶民娶妾,但年四十以上无子者则许其娶妾;至于清律,则不限制娶妾。

1. 夫妾关系成立的实质要件
(1)达法定婚龄;(2)异姓,买妾不知其姓者则卜之;(3)非禁婚亲。
2. 夫妾关系成立的形式要件
订立婚书或者婚契(卖身契)。
3. 身份与地位
媵妾以夫为君、为家长,带有主从的意味。正妻与媵妾的身份与地位迥异,不得互相转换,明清律有"妻妾失序"之条以禁之。依唐明清律,不论正妻是否在世,媵妾均不得"扶正"("升正")。但在清代有所变通,妻无子而死亡,或妻虽有子但死亡后,妾已生男子,则夫可以将其升为妻。扶正后之妾所生子亦由庶子变为嫡子。媵妾不在共财亲之列,所以并非本家奴婢之主。唯媵妾若有子,则其地位提高,得掌理家务。媵妾以其身份或地位,不能接受封号,但可随夫的地位保持一定品位;但媵妾之子(庶子)有一定官封,而别无嫡母时,媵妾可接受封号;媵妾为寡妇,有时可为家长。

(二)招赘婚(劳役婚)②

> 淳于髡者,齐之赘婿也。
>
> ——《史记·滑稽列传》

赘即疣,是多余的东西的意思,此外还有租赁的意涵。招赘婚指有女不嫁,将男子招进女家同居的婚姻。家女在家迎夫者为招婿,寡妇留在夫家迎后夫者为招夫。招赘婚之目的,在男家大都因家贫、缺乏聘资,甘做赘婿;在女家为求继嗣,或者获取男子的劳动力,以抚养家人或管理家产。有的地方的招夫文书还特别写明:"招夫不得懒惰、浪费。"③

1. 招赘婚的特别要件
(1)须招婿非独子;(2)须约定在家年限,招赘婚分终身养老招婿与年限招婿。
2. 招婿的地位与权利
招婿于本生家,虽保持同宗关系,但不为本生家的家属。故其在招家期间,对于

---

① 陈顾远:《中国法制史概要》,台湾三民书局1977年版,第393页。
② 参见戴炎辉:《中国法制史》,第243—247页。
③ 参见〔日〕仁井田陞:《中国法制史》,第164页。

本生家的家产，无任何权利。招婿对招家的原有财产无任何权利，唯明清律承认：终身养老招婿，得与过继子平分招家财产；年限招婿，亦得由招家酌给财产。而招婿婚后所增值之财产，招婿与招家平分。

3．招赘婚的解除

原则上与嫁娶婚同，唯夫妻地位与嫁娶婚相反，招婿常因招家一方意思而被逐出。

（三）童养媳（童养婿）①

童养媳是以将来拟嫁给家男为目的而养入的幼女，童养婿乃为将来拟配给家女而养入的男童。前者普遍，后者不常见。童养媳较早见于北宋文献，又称为养妇、苗媳、小媳妇（媳妇仔）。养媳系订婚妇，而非成婚妇；但因已入男家，其效力高于一般的订婚。养媳入于夫家，即成为夫家的家属，冠以夫姓，其与未婚夫的亲属间，发生与已婚妇相同的效力；其与本生亲属间的关系，视同出嫁女。

1．养媳的理由

在男家为节省费用（聘礼与其他婚费），利用养媳的劳力，令养媳习于男家家风等；在女家为无力抚养，又欲以其女童换得身价。

2．养媳的形式要件

须立有"约字"（如立苗媳字）；也间有交换婚书，如正式婚姻者。

3．养媳关系的解除

类似已婚妇，有自然解除（死亡）、弃媳、义绝、合离等。在法律上，养媳关系解除后，亦不得与未婚夫的同宗结婚，实际上清代民间常有将养媳改配他男，或将其改为养女者。

第三节　亲子、监护与继承

一、亲子②

（一）传统亲子法的特色

1．以奉事父母、家及宗室为其根本

与现代法不同，古代亲子法特别强调子（辈幼）一方对于父母（尊长）的义务。

2．以男子为中心

男子不但在经济、社会生活上至关重要，在传家、传宗上亦负有重大义务。故家产以男子为基本有份人（男子称为房，家产按房分析），祭祀为男子的责任与特权。

3．以尊长的教令权与惩戒权为重要内容

传统法律重视尊长、卑幼之序。尊长分直系与旁系、男性与女性；其各自尊长权有所差异，以男性直系亲属（父祖）之尊长权最为有力。

---

① 参见戴炎辉：《中国法制史》，第247—249页。
② 参见同上书，第249—263页。

直系尊亲的教令权包括:教育、命令、监督、惩戒权等。父祖对不尊奉教令的子孙加以惩戒,若在合法范围内,纵使有杀伤行为,官亦不过问(但不得无故擅杀子孙)。子女应孝顺父母,听从其教令;惩戒子女非致死,则勿论。子孙违反教令或供养有缺,则处刑罚;詈祖父母、父母,便处绞刑。在礼教与法律上,父母应尽养育子女的义务,实际上则常有出卖、遗弃、杀害子女者(如溺婴,特别是女婴)。

卑幼有恭敬尊长的义务,其侵犯尊长的生命、身体、财产,甚至詈骂尊长,会被加重处罚;反之尊长犯卑幼者,则减轻或不予处罚。卑幼有服从尊长的义务,卑幼婚姻通常由尊长主婚。对于祖父母、父母、期亲尊长的主婚,卑幼不得违抗。尊长对卑幼的立嗣,有时亦有同意权。

4. 亲子关系因受尊长权的限制而形成阶层,上层的亲子关系优越于下层的亲子关系

尊长、卑幼系相对的概念,尊上有更尊,卑下有更卑。所谓尊长权系相对的、阶层的权利。若祖父母在世,则父母对子女行使教令权受制于祖父母的意见。与传统法相对,现代法上父母亲权的行使则不受第三人(包括祖父母)的指挥。

(二)亲子关系的种类

1. 父子关系

亲父—亲子、本生父—出嗣子/过继子、后父—后子/嗣父—嗣子、养父—养子、继父—继子、义父—义子。

2. 母子关系

亲母—亲子、生母—生子、本生母—出嗣子/过继子、后母—后子/嗣母—嗣子、养母—养子、嫁母—子、出母—子、继母—继子、嫡母—庶子、庶母—嫡子/庶子、慈母—子、乳母—乳子、义母—义子。

(三)亲生子的种类

(1)嫡子与庶子,分别在于生母是否为正妻。

(2)奸生子(旧律称婚姻外男女的结合为"奸"),婢生子(亦为非婚生子)。

(3)遗腹子(法律地位与其他亲生子无异)。

(4)别宅子(别室子)。即其生父与非法定配偶(妻妾)所生之子,且不与父家同财共居。别宅子如在其父生前不入父家户籍,则对于其父遗产不享有法定继承权。

(四)收养(过继)

收养乃是将非亲生子拟制为有亲生子关系之制度。

1. 收养的特色

(1)与现代收养为子的利益建立收养关系不同,古代法收养目的侧重于收养方,以养父为本位。

(2)收养的目的,首先是"为宗"、"为家",也有"为养亲"者。

(3)收养大多以男子为其对象。

2. 收养的种类

(1)同宗(姓)养子与异姓养子。

（2）过继子与非过继子。过继子从过继之日起即与其生父母终止身份上的法律关系。在宋代，过继须到官府办理"除附"手续，以除过继子在生父家的户籍，使之附于养父之家。当时定有所谓《除附法》，其立法目的，其一是确立拟制的亲子关系；其二则是改变过继子的户籍，便于官府据此征收赋税。①

（3）无偿养子与有偿养子。

（4）生前养子与死后养子。

3. 收养的条件

（1）实质要件

其一，养亲须为男子，原则上女子无收养能力，寡妇立继乃是代理亡夫立嗣。

其二，养父无子孙。

其三，养父与养子须同宗（实际则不一定）。宋代法律允许收养三岁以下的异姓小儿为养子，但小儿应改为养父的姓氏。

其四，同宗收养须昭穆相当，不得混乱辈分（尊卑失序）。

其五，养子须非独子，例外：双祧、三祧，即以一个男子同时承袭数个长辈的香火。

其六，养亲与养子同其身份，良贱之间不得成立收养关系。

其七，生家与养家的合意。

实际上除尊卑失序外，违反其他的收养实质要件往往并不影响收养之效力。例如，尽管理论上收养子女限于同父系之内，实际上非同宗收养、甚至异姓收养却屡见不鲜。究其原因，收养的目的，虽然在理念上是为了宗祧继承、故不能混乱血统；但在实际上，收养却常常是为了家庭的生计，故不能计较那么多。《春秋》之《谷梁传》与《公羊传》中已有异姓立嗣的记载，元代甚至有以妻前夫之子甚至妻与奸夫所生之子立嗣的。"农业家族自不待说，为了经营家族生活，家庭里没有有能力的男子，就有必要从外部引进这样的男子。在这里考虑的并非是祭祀继承，抑或说祭祀继承已降至从属的位置。异姓收养为社会所谴责，法律上也要处以刑罚以强行禁止，这些都是为了淳化养子制度，但终究未能抑制住习俗的流传。直到后世，法律也不得不和习俗妥协。"②

（2）形式要件

立契、身价银的交付、拜养父母、祭告宗庙等。

4. 由收养产生的家庭伦理问题与争讼

古人所强调的家庭伦理的核心是父慈子孝，如果父不慈子不孝，则是家庭的最大悲剧，也是社会的不稳定因素。就人性而言，亲情常常需要依赖血缘关系的支撑，拟制血亲间的纠纷往往不容易化解。古代有不少家庭案件乃是因为争财而兴讼，而通常来说，"自己的亲生，不论贤不肖，总要爱之教之，无可推诿，如继子日益不肖，败坏家业，则必诉之于官，请求脱离关系……由家庭伦理来看，家和万事兴，便永远不会对簿公堂，而对簿公堂者乃是出自问题家庭，而问题的根源便是继子和养子。如不是自

---

① 参见赵晓耕：《宋代官商及其法律调整》，中国人民大学出版社2001年版，第258—259页。
② 〔日〕仁井田陞：《中国法制史》，第206—207页。

婴儿时抱来抚养成人的,亲子关系极不易建立,即使建立亦不稳固,以后的不愉快就会发生了。"①

5. 收养关系的终止(解除)

传统法上称之为"退继"、"出离"、"遣还"或"遣逐",具体有如下几种情况:

(1) 两愿终止。

(2) 依养家单方意思终止。主要是由于养子不肖,"若所养子孙破荡家产,不能侍养,实有显过,官司审验得实,即听遣还。"②

(3) 依本生家单方意思终止。如养家已有亲生子,或本宗家变成无子,本生父母得令养子归宗,养子本人亦可向养家请求归宗。

(4) 依官府裁定终止。依元、明、清法,买良家子女为娼者,官府将妇女发还归宗;依元代法,如果养亲非理殴打、虐待养子,本生家得请求官府裁定终止收养关系。

二、监护③

(一) 特色

(1) 尊长为卑幼的当然监护人,只有当家内无尊长时,始发生监护。

(2) 男子的监护期间终于其成年,女子终身受监护。

女子的监护即所谓"三从",它非常类似于印度《摩奴法典》的规定:"女子幼从父母,既长从夫,夫死从子,凡女人应从人也。"但在传统中国法上,所谓"夫死从子",只不过是经济生活上,寡母应征求已成年男子的意见,但男子也应尊重母亲的意见。寡母与成年男子的关系,在理念方面为子听从母亲的教令,在实际的经济生活中,则首重男子意见。

(二) 未成年人的监护(托孤)

1. 监护人

监护人不限于亲属,友朋、宗亲、乡党均可,但通常由亲属中选任,且大都由叔伯父充任。监护人与直系尊亲属不同,无强有力的惩戒权,更不得典卖受监护人。监护人对受监护人的财产,虽有代理权与管理权,但无处分权。

2. 监护的终止事由

(1) 受监护人死亡、成年、结婚。

(2) 监护人死亡或辞职。

3. 监护与财产

监护的发生,通常是有资产之人,欲保全其未成年子女的财产,并约束其行为,而由其父母于生前或以遗嘱选任监护人。至于无资产之人,罕有为其未成年子女特设监护人者。孤儿的财产监护通常由私人自理,国家不予干涉。但宋、元两代,则将孤

---

① 参见王德毅:"家庭伦理与亲子关系",载宋代官箴研读会编:《宋代社会与法律——〈名公书判清明集〉讨论》,台湾东大图书公司2001年版。

② 转引自赵晓耕:《宋代官商及其法律调整》,第259页。

③ 参见戴炎辉:《中国法制史》,第263—266页。

儿的监护事务一分为二，身份事务由监护人私人自理；而针对财产，则由官检校（管理），由政府管理被监护人的财产，以防止族人（监护人）侵夺财产，欺凌幼弱。政府设立检校库，从孤儿所有的财产或财产收益（如地租）中，按时提取一部分交与监护人作为抚养费用，孤儿成年后则将剩余财产物归原主。孤儿检校之制始于宋代元丰年间，其立法本意虽好，但由于政府委派负责检校之人常常不负责任或谋取私利、侵占财产，往往导致孤儿的财产亏损严重。

三、继承

（一）分类

1. 宗祧继承（祭祀继承）与财产继承

前文已经述及，收养继子的目的侧重于收养方，而首要的目的便在于延续养父（继父）祖先的香火，上以奉祀祖先、下以延续血统。对中国人而言，"大宗不可绝"，"不孝有三，无后为大"，"无后者为户绝"，而"断子绝孙"也成为最恶毒的诅咒。在传统法上，宗祧继承与财产继承分为两事，"有宗祧继承权者固应有财产继承权"，但宗祧继承人并不能独占财产继承权，须与他人（与户绝之家的女儿）分享；反之，"有财产继承权者，却未必有宗祧继承权"。①

2. 封爵继承与食封继承

封爵继承与食封继承两者均是特殊身份（贵族与官员）家庭内的继承。封爵系宗室及勋臣的荣典，不但本人得领殊遇，其子孙亦可依嫡长子继承制袭爵（袭荫），包括传袭其身份附带的俸禄。食封系以特定地域之内的一定课户所缴纳的租赋，赐予受封人之制。食封的地域称为食邑，受封人称为封家，缴纳租赋人称为封户，封户内课丁称为封丁。食封由秦汉传至宋元，至明清则王侯只受给岁禄而已。食封的继承人原则上由食封人的所有男子，但嫡子与庶子相较可多占继承份额。依唐制，若食封人绝户，其在室女及在室之姑、姊妹亦可分得一定数额，具体数额为男子的 1/2 至 1/3。至于公主的食封，则不是继承的标的物，公主死后其食封即止。②

（二）宗祧继承

1. 立嫡

宗祧继承人（祭祀继承人），称"嫡"；继承人的确定称"立嫡"。立嫡采男系主义、直系主义、嫡长主义。

2. 继绝

当男子无直系卑亲属男子（"户绝"），而致无祭祀继承人时（"无嗣"），被继承人得于生前立同宗昭穆相当之侄为过继子。如被继承人未立过继子而死亡，其寡妻、父母、族长等，得为故人立嗣。户绝立继承人有两种方式，凡"夫亡而妻在"，立继从妻，称"立继"。凡"夫妻俱亡"，立继从其尊长亲属，称为"命继"。

---

① 参见林咏荣：《中国法制史》，台湾 1976 年自刊，第 135—136 页。
② 参见戴炎辉：《中国法制史》，第 271—273 页。

(1) 立继

系寡妇为其亡夫立嗣的行为,立继往往需征得亡夫直系亲属同意。

(2) 命继

父母、家长或族长为亡故人计,命昭穆相当之人为继。

继绝是为了宗祧继承(祭祀祖先、延续香火),但实际上发生继绝的前提是死者有财产可继,史料上无财产而继绝者十分罕见。因为财产上的利害关系,立继、命继极容易引发族内纠纷,宗祧继承往往成为财产争夺的借口。

(三) 财产继承与分配原则

在有男性直系后代的家庭,其财产继承原则上是诸子均分,理论上在室女仅可分得男子聘财的一半作为婚嫁费用,法律上承认遗腹子与亲生子享有同样的继承权。相关内容可参本章第一节有关"分家析产"的部分。传统法上的家产,系家属的共有财产,非父祖的专有,故不因父祖的死亡而开始继承。子孙如不分家析产,则家产不发生变动,只是管理家产的家长的交替。当家长是直系尊亲属时,也有人认为,家产因父祖的教令权在实际上等同于其专有财产,此时发生的分产与继承则界限不清。

至于户绝之家的财产继承问题,唐代《丧葬令》规定:"余财并与女。无女,均入以次近亲"。而《宋刑统·户婚律》排除了近亲的继承权,规定"有出嫁女者,三分给予一分,其余并入官"。宋代的相关法律屡有变更,大致可归纳为:有在室女者,遗产全部归其所有,出嫁女无继承权;若有出嫁女夫亡无子而归宗者,则与在室女均分遗产;若无在室女与出嫁女,则出嫁之姑、姊妹及侄子亦可分得三分之一;与户主同居满三年以上的赘婿、义子、改嫁之妇所带前夫之子等人亦有一定的继承权。① 明清律则规定:"户绝财产,果无同宗应继之人,所有亲女承受";"其收养三岁以下遗弃小儿者,即从其姓,但不得以无子,遂立为嗣;仍酌分给财产";"招婿养老者,仍立同宗应继之人,承奉祭祀,家产均分"。②

宋代关于户绝之家继承法上的具体安排,可参如下所引依《名公书判清明集·户婚门》所做图表③:

户绝之家	继子得	女得	没官
只有在室女	1/4	3/4	
有在室并归宗女	1/5	4/5	
只有归宗女	1/4	3/8	3/8
只有出嫁女	1/3	1/3	1/3
无在室归宗出嫁女	1/3		2/3

在无男子承继的户绝之家,继子与户绝之女分享继承权,这可谓兼顾宗祧(继子)继承与血亲(女儿)继承,"合理(礼)"、"合情"。而政府在很多情况下,也插手分得一

---

① 参见戴建国:《唐宋变革时期的法律与社会》,上海古籍出版社2010年版,第361、369—373页。
② 参见林咏荣:《中国法制史》,第135页。
③ 图表引自赵晓耕:《宋代法制研究》,中国政法大学出版社1994年版,第91页。

部分;南宋中后期,户绝财产没官的事由和数额日益增多。从这里也可以理解为什么民间习俗一定要生个儿子。如此方可留住产业,此乃现实的利害关系,有个儿子,何至于分来分去,更不容官府沾光。需要指出的是,以上所列表格,可能只行于宋朝的部分地域,并非当时全国通行的制度。关于宋代女子继承权争论的最大焦点,便在于所谓"在室女得男之半"的说法,有学者认为宋代女子除婚嫁费用外不享有家产继承权;而另一派学者则认为未婚在家之女(在室女)本来就是家产的共有者,拥有继承权,且其继承份额随着江南民间厚嫁(妆)的社会风气而增加,以致形成了"在室女得男之半"的习惯法。实际的情况可能是,在室女通常只是第二顺位的继承人,所谓"在室女得男之半"的习惯法只施行于某些特定地区。在室女得男子之半的继承法作为特例,只是针对儿子孤幼,需要大姐抚养的特殊情况下的特别安排。①《清明集》中"女合得男之半"的案例,"都是发生在父母双亡、有女无子家庭中亲生女儿与养子的家庭纠纷,都是把分家析产与留取聘财嫁妆合一,即按照留取嫁妆和聘财的比例分配的,都属于特殊情况下的特殊处理方式。""女儿不能与儿子一样直接继承娘家的财产,但是用无继产之名而有继产之实的间接方式继产的机会却很多,这是我国古代妇女继产权的最基本的特征","在有子嗣的家庭中,女儿间接继承娘家家产的主要方式是获得奁产陪嫁。"通过厚嫁(妆)的方式,女儿实际取得了相当比例的家产,当时女子甚至将陪嫁奁产作为自己法定的权利,不惜诉诸公堂"以争嫁资"。②

根据《宋刑统·户婚律》之"户绝资产"条,被继承人可以通过遗嘱处分其财产,其条件有四:其一,被继承人家户绝,无"承分人";其二,遗嘱必须"验证分明",不能是假冒伪造;其三,遗嘱人必须办理公证手续,"经官印押,出执为照";其四,遗嘱必须为当事人在神志清醒状态下所为的真实意思表示,如果是"临终乱命"、"相互反复"之遗嘱,则"不可凭信"。③

---

① 参见戴建国:《唐宋变革时期的法律与社会》,第373—395页。
② 参见邢铁:《唐宋分家制度》,商务印书馆2010年版,第93—94页,第99页。
③ 参见赵晓耕:《大衙门》,法律出版社2007年版,第90—91页。

第十章 刑 事 法

自秦以来,刑律为历朝首要的法典。在古代中国,律学几与法学划等号。很多中国法制史的教科书也都是以刑法为主,兼及其他法律规范。笔者在刑法史的部分不求面面俱到,而是根据现代刑法学的基本理念,突出中国古代刑事法的特色,将本章分作刑罚、犯罪与量刑、身份与罪刑、中国刑法史上的重大争议问题四部分。

第一节 刑 罚

一、概述

(一) 刑罚的种类

(1) 死刑:族刑、斩、绞、枭首、弃市、腰斩、车裂、凌迟("磔")。生曰杀,死曰戮(戮尸),但也有"生戮"。

(2) 肉刑:墨(刺字)、劓(割掉鼻子)、剕(斩趾)、宫(汉景帝至隋为死刑替代刑)、髡耐完、刺配。

(3) 流刑。

(4) 徒刑与拘役。

(5) 扑刑:鞭(革)、笞(竹)、杖(荆)。

(6) 赎刑与罚金。

(二) 刑罚(酷刑)的侮辱意义

(1) 游街(示众)。

(2) 弃市:死刑执行的公开展示,强调行刑的场所(市井)而非方式。

(3) 凌迟("磔"):侮辱发展到极致,体现为对血(暴力)的崇拜。

(4) 髡刑:把头发、眉毛、胡子都刮掉,用现代的语言形容便是"把脑袋刮得象个鸡蛋"。

(5) 耐:刮掉胡子。

(6) "完"刑:附加刑,本身并无实际伤害,只是纯粹道德羞辱的意义。

古人强调身(躯干)体(四肢)发(头发,与髡、耐相联系)肤(皮肤,与黥刑相联系),受之父母,不可有所伤损,否则为不孝。古代的肉刑专指残害肢体之刑,笞杖不算。看是不是"酷刑",要与当时的观念相联系。古人对毛发特别重视,爱人之间常常以一缕青丝定情,曹操又有"割发代首"的故事,对于毛发的纤毫伤害都会带来情感、伦理或荣誉感上的莫大伤害;若放到今天,一到盛夏暑时,髡、耐之刑就完全威慑不了人民,甚至会鼓励犯罪,而今人对于"酷"也有另一种理解。

二、刑罚的历史演变

（一）夏商周之刑罚

传说中的三代刑罚，主要还是沿用夏代以来的墨、劓、荆、宫、大辟等五刑，作为常用的主体刑罚。在甲骨文中，已有关于墨、劓、刖、宫的记载，说明"五刑"在商朝应用已经十分广泛。在商朝，五刑中的大辟即死刑的方法更是多种多样，且日趋残酷。特别是在商朝末年商纣王统治时期，还出现过炮烙、醢刑、脯刑等著名的酷刑。

附图 "刑起于兵"：金文中的"士"与"王"字形均与斧钺相关①

附图 周刑罚比罪图②

---

① 附图转引自阎步克：《士大夫政治演生史稿》，北京大学出版社1996年版，第59页。
② 附图转引自喻中：《风与草：喻中读〈尚书〉》，北京大学出版社2011年版，第304页。

幸	执	囹	劓	伐	刖
古代的手铐	把双手用"幸"铐起来	戴上手枷关进监狱	用刀割掉鼻子	用戈砍掉人头	锯去一只脚

附图　刑罚与象形文字①

（二）秦之刑罚大观

从秦墓竹简及其他文献资料看,秦朝施用的刑罚方法大致有6大类30余种。

1. 死刑

（1）绞刑。

（2）枭首:是割下罪人的首级并高悬示众的刑罚。

（3）腰斩:是将罪人拦腰斩断的酷刑。

（4）磔:是将罪人支解分尸的酷刑。

（5）车裂。

（6）戮:是既剥夺罪人生命又加以侮辱的刑罚,秦朝的戮刑有先杀后戮者,即戮尸。

（7）弃市:弃市是在闹市之中将罪人当众处死的刑罚。

（8）族刑（族诛）:也称夷三族,即将罪人三族以内的亲属全部一同处死的酷刑。据史籍记载,族刑始于秦文公十三年,以后一直作为最严酷的刑罚适用于最严重的犯罪。关于三族的范围,有两种解释,一种说法是包括父族、母族和妻族,范围相当大;另一种则指父母、妻子、兄弟。

（9）具五刑:是对应处族刑的主犯同时施以黥刑、劓刑、斩趾等肉刑后再处死的酷刑。《汉书·刑法志》记载说:"当三族者,皆先黥、劓、斩左趾,笞杀之,枭其首,菹其骨肉于市。其诽谤詈诅者,又先断舌。故谓之具五刑。"

此外,有关文献史籍还记载秦朝曾使用镬烹、凿顶、抽肋、剖腹等残酷的死刑方法。

2. 流刑

流刑是将犯罪人流放到边远、穷困地区的刑罚。在商周时期,中国已经有使用流刑的记载。秦朝的流刑主要有三种:（1）迁,是将犯罪人迁到边远地区的刑罚,多是迁往新占领、新开拓的地区或是蛮荒之地,有时将犯罪人全家迁往某地;（2）谪,是将犯罪人罚往戍边的刑罚,有时则作为赦免重刑的替代方式;（3）逐,即放逐,主要针对原籍不属秦人者使用,即将罪人驱逐出境。

---

① 附图转引自喻中:《风与草:喻中读〈尚书〉》,北京大学2011年版,第303页。

3. 徒刑（劳役刑）

徒刑在商周时期就已经出现，到秦朝时使用更加广泛，成为秦朝刑罚体系中的主体刑种之一。从秦墓竹简及其他文献资料看，秦朝的徒刑主要有：

（1）城旦舂：是强迫罪人从事修筑长城、舂米一类重苦役的刑罚。男子旦起筑城，女子早起舂米，故谓之城旦舂。城旦舂是秦朝徒刑中最重的一级。

（2）鬼薪白粲：是次城旦舂一级的徒刑，即强制罪人从事砍柴祭鬼、择米一类苦役的刑罚。其中男为鬼薪，女为白粲。

（3）隶臣妾：是强制罪人服各种官府杂役的刑罚。男为隶臣，女为隶妾。

（4）司寇：是强制犯罪人从事"伺察盗寇"之类劳役的刑罚。其中，男作司寇，女作如司寇。

（5）候：是轻于司寇的一种劳役刑，性质与司寇基本相同。候刑可以与耐刑等较轻的身体刑结合使用。

4. 身体刑

身体刑是指损害受刑人身体器官或使受刑人承受肉体痛苦的刑罚，包括残害肢体器官的肉刑和施加痛苦的笞杖刑。秦的身体刑主要有：

（1）黥刑：在皮肤上（如脸和胳膊）刺字，即夏、商、周时代的墨刑。

（2）劓刑：割去鼻子。

（3）斩趾：是砍去罪人脚的刑罚，源于夏、商、周时代的剕（膑）刑。除斩趾外，也可采用割去犯人髌骨的方法使其下肢残废。

（4）宫刑：即破坏犯罪人的生殖器官。

（5）髡刑：髡刑是剃去罪人头发鬓毛的刑罚。古代人认为"身体发肤，受之父母，不敢毁伤"，故剃去头发也是对身体的一种损害，而且还带有耻辱刑的含义。

（6）耐刑：剃去鬓须保存头发谓之"耐"，耐刑程度轻于髡刑。

（7）笞刑：笞刑是杖击罪人身体的刑罚。

值得注意的是，秦的身体刑往往与劳役刑结合使用，特别是髡刑与耐刑一般都配以徒刑。在秦墓竹简中经常有"黥为城旦"、"劓为城旦"、"耐为鬼薪"的记载。这从一个侧面说明了秦朝的刑罚的严酷。

5. 财产刑

秦朝的财产刑主要是赀刑。赀即是罚金，具体有赀甲、赀盾、赀布等，有时也有赀徭役的例子。大体上说，秦朝的赀刑多适用于较轻微的犯罪，或作为对某些特殊身份者的优待。除赀刑外，秦也使用赎刑制度。赎刑与罚金刑不同，罚金刑可以独立适用；赎刑则是替代刑，是由犯罪人选择以交付赎金的形式，来代替原本应处之刑罚。

6. 身份刑

身份刑是剥夺犯罪人某些政治权利或是降低其社会地位的刑罚，包括：

（1）夺爵：是剥夺犯罪人原有爵位的刑罚。此刑在商鞅变法时就已存在，一般是针对有爵位的高级官员使用，有时也作为一种附加刑与其他刑罚并科。

（2）废：是指终生剥夺犯罪人担任国家官吏资格。

（3）收：即收孥，将犯罪人妻子儿女一起没收为官奴婢，是一种剥夺犯罪人自由民身份的刑罚。

（4）籍门：籍门是剥夺犯罪人全家及后代子孙政治权利的刑罚。被处籍门以后，其家族即沦为贱民，永远是官府的奴仆。

（三）汉代刑制改革

1．文帝除肉刑

西汉建立后，非常重视总结秦代灭亡的教训。文帝鉴于当时继续沿用秦代黥、劓、斩左右趾等肉刑，不利于政权的稳固，开始考虑改革肉刑问题。当时经济发展，社会稳定，出现了前所未有的盛世，为改革刑制提供了良好的社会条件。其政治背景是藩王割据，文帝要示弱于地方，表示中央与民休息。

文帝开始刑罚改革的直接起因是文帝十三年（公元前 167 年），齐太仓令淳于公获罪当施黥刑，其小女缇萦上书文帝，请求将自己没官为奴，替父赎罪，并指出肉刑制度断绝犯人自新之路的严重问题——"刑余之人"终生受辱。文帝为之所动，下令把黥刑（墨刑）改为髡钳城旦舂（去发后颈部系铁圈服苦役五年）；劓刑改为笞三百；斩左趾（砍左脚）改为笞五百；斩右趾（汉制，初斩左，再犯斩右，为罪重之人）改为弃市死刑，使受刑人"肢体得全"。

2．景帝时期的刑制改革

文帝的改革，从法律上宣布废除传统残人肢体的肉刑。但由于缺乏经验，其中也有由轻改重的现象，如斩右趾改为弃市死刑。将劓刑、斩左趾改为笞刑处罚本意虽好，可因为笞数太多，使受刑之人难保活命，因而班固称其为"外获轻刑之名，内实杀人"。汉景帝继位后，在文帝基础上对刑罚制度作了进一步改革，景帝元年下诏说："加笞与重罪无异，幸而不死，不可为人。"为此，他主持重定律令，将文帝时劓刑的笞三百，改为笞二百；斩左趾的笞五百，改为笞三百。景帝中元六年，又降诏："减笞三百为二百，笞二百为一百"。同年，景帝又颁布《箠令》，规定笞杖长五尺，面宽一寸，末端厚半寸，以竹板制成，削平竹节，以及行刑不得换人等。减轻捶楚之苦，这使得刑制改革前进了一大步。

废除肉刑的例外，是宫刑作为替代刑存而不废，宫刑乃是减死之刑（死刑犯可在死与宫之间选择），是死刑与他刑的"中间地段"。

3．秋冬行刑

中国古代是以农立国，故而特别讲究季节、时令，具体到刑罚上也必须适应天象、合乎时节，"王者生杀，宜顺时气"。自汉以后，死刑的行刑期一般在立秋之后冬至之前进行。其理论依据是董仲舒的"阴阳五行"、"天人感应"学说：春夏万物生长，主阳；秋冬万物凋零，主阴。德属阳，刑杀属阴，所以安排在秋冬以顺天时。

（四）南北朝刑罚制度改革

（1）逐步减少死刑执行方式，以斩、绞两种为主；并缩小跌刑（株连）的范围。

（2）废除宫刑制度：北朝与南朝相继宣布废除宫刑，自此在立法中结束了使用宫刑的历史。

(3) 规定流刑：南北朝时期把流刑作为死刑的一种宽贷措施。北周时规定流刑分为五等，每等以五百里为基数，以距都城二千五百里为第一等，至四千五百里为限，同时还要施加鞭刑。

(4) 规定鞭刑与杖刑：北魏时期开始改革以往五刑制度，增加鞭刑与杖刑，以后北齐、北周相继采用。

(5) 死刑复奏制度的形成：为减少错杀无辜，三国两晋南北朝开始将死刑权收归中央，而死刑复奏制度已初具规模，为唐代死刑复奏制度的正式确立奠定了基础。三国时期魏明帝曾规定，除谋反、杀人罪外，其余死刑案件必须上奏皇帝；南朝宋武帝下诏："其罪应重辟者，皆如旧先须上报，有司严加听察，犯者以杀人论"；北魏太武帝时亦有类似规定。

（五）隋《开皇律》之刑罚革命

(1) 废除酷刑、化重为轻：《开皇律》是以北律为蓝本，但其在刑罚制度上，却作了一次革命性的人道化改革，废除了鞭刑、枭首及车裂之法，删除了宫刑，废除了孥戮相坐，定了讯囚加杖不得过二百之制，流役六年改为五年，徒刑五年变为三年，其余以轻代重、化死为生者条目甚多。

(2) 五刑法定化：《开皇律》刑罚制度法定为笞、杖、徒、流、死五种。死刑为绞、斩两等。流刑分一千里、一千五百里、二千里三等。徒刑分一年、一年半、二年、二年半、三年五等。杖刑从杖六十到杖一百，笞刑从笞十到笞五十，各分五等。

隋代对刑罚制度的重要改革，为后世所沿用。

（六）唐代死刑复奏制度

唐律规定了死刑复核制度。最初由中央司法机关上奏皇帝核准，临刑前复核三次。唐太宗为慎重人命，将刑前三复奏改为五复奏。即处决前一日两复奏，处决日三复奏。地方州县死刑仍实行三复奏。如审判官不待复奏批复而擅自执行死刑的，要流二千里。

（七）宋代刑罚制度的变通

1. 折杖法

宋太祖建隆四年颁布折杖法。即把笞杖刑折为臀杖，徒刑折为脊杖，杖后即释放；流刑脊杖后于本地配役一年；加役流刑，脊杖二十，就地配役三年。从而使"流罪得免远徙，徒罪得免役年，笞杖得减决数"。但也不无弊端，即"良民偶有抵冒，致伤肢体，为终身之辱；愚顽之徒，虽一时创痛，而终无愧耻"。因之，徽宗时又对徒以下的折杖刑数重作调整，减少对轻刑犯的伤害。

2. 刺配

宋太祖初期规定了"刺配刑"。它源于五代后晋天福年间"既杖其脊，又配其人，且刺其面，是一人之身，一事之犯而兼受三刑也"。太祖设置此刑，原为宽贷死刑之制；但此法被滥用，既复活肉刑，又没有发配地近远之限，造成了恶劣影响。刺配破坏了传统上"一罪一刑"的原则，即杖又配，且刺其面（额部）。

3. 凌迟

凌迟原为"陵迟",丘陵迟缓,乃欲其死而不速也,是以利刃残害犯人肢体,然后缓慢致其死命的残酷刑罚。如《宋史·刑法志》说:"先断其肢体,次绝其吭,当时之极法也。"被刑者"身具白骨,而口眼之具犹动"。宋代仁宗时在法定绞斩死刑外,增凌迟刑(五代时曾被临时适用),用以惩治荆湖地区以妖术杀人祭鬼、"采生折割"等特别严重的邪教犯罪。从北宋至南宋,凌迟适用范围愈益广泛,至宁宗制定《庆元条法事类》时,凌迟与绞、斩并列,成为法定死刑。这种酷刑延续至清末才被废除。

(八) 明代之廷杖制度

明代皇帝为强化君主专制、强迫臣民就范,经常使用非法之刑(非法典规定的刑罚),诸如枭首示众,剥皮实草,墨面文身挑筋,去膝盖等等。但经常使用的是廷杖,即由皇帝下令、司礼监监刑、锦衣卫施刑,在朝堂之上杖责大臣的制度。朱元璋在位期间曾将工部尚书薛祥杖杀于朝堂之上。明太祖死后,廷杖之刑被愈益广泛地使用。明武宗正德初年,宦官刘瑾禀承皇帝旨意,"始去衣"杖责大臣,使朝臣多有死者。嘉靖年间因群臣谏争"大礼案",被杖责的大臣多达134人,死者竟有16人。至明亡崇祯皇帝也没有停止杖责大臣的制度。皇帝法外用刑,加深了统治集团内部矛盾,对法制实施造成恶劣影响。

(九) 清代死刑立决与监候制度

清代律例规定,除凌迟刑外,死刑分斩、绞两种,再各自分为立决与监候两种情形。一般罪名确实、应该处死者,可判斩立决或绞立决,即在当年的法定执行期内处死。如罪有可疑,或情有可悯及犯罪情节和社会危害较轻的,则判斩监候或绞监候,在监收押,留待来年秋、朝审分别处理。

第二节 犯罪与量刑:刑之加减

一、西周封建时代

(一) "三赦之法":特殊犯罪主体的宽免

西周有三赦之法,"一曰幼弱,二曰老耄,三曰蠢愚"。对于这三种人,如果触犯法律,应该减轻、赦免其刑罚。《礼记·曲礼》上也说:"八十、九十曰耄,七年曰悼。悼与耄,虽有死罪不加刑焉。"用现代法律观念来看,幼弱指未成年人、蠢愚指精神疾病患者,他们都是不完全行为能力人;而对于老人犯罪的减免刑罚在我国最近的刑法修正案中也有所体现。"三赦之法"在西周以后的历代律典中得以延续,可以说是中华法律传统之文明、人道("仁")的重要标志。①

(二) 区分故意与过失、惯犯与偶犯

西周时期,观念上和制度上已经开始对故意犯罪与过失犯罪、惯犯与偶犯进行明

---

① 与之相较,在今天美国的部分地区,对于未成年人、智力低下者仍可适用死刑。

确的区分,给予绝然不同的处罚。这样一种强调犯罪人主观犯意,依犯意来决定罪责的有无与轻重的刑法思想为汉以后历代律法所沿袭。

1. "三宥之法"

据史籍记载,西周时期有"三宥之法",对三种情况下的犯罪要宽宥、原谅:"一曰过失,二曰弗知,三曰遗忘。"这说明当时对于过失犯罪、对于犯罪人主观恶性上的差别,已有较清楚和深刻认识。对于所谓"遗忘",有学者将其解释为"非故意的犯罪意图"。①

2. "眚"与"非眚"、"非终"与"惟终"

在一些先秦典籍中,还有关于区分故意与过失、惯犯与偶犯的记载。如《尚书·康诰》中载:"人有小罪,非眚,乃惟终,……有厥罪小,乃不可不杀。乃有大罪,非终,乃惟眚灾,……时乃不可杀。"其中,"眚"是指过失之意,"非眚"即是故意。"惟终"是指惯犯,"非终"则是指偶犯。②

(三) 罪疑从轻、罪疑从赦

"罪疑惟轻"、"与其杀不辜,宁失不经"是中国上古时期关于疑罪从轻的记载。西周时期,为保证适用法律的谨慎,继承和发扬了这一传统,在司法实践中贯彻和推行"罪疑从轻"、"罪疑从赦"的原则,对于疑难案件,采取从轻处断或加以赦免的办法。《尚书·吕刑》载:"五刑之疑有赦,五罚之疑有赦。"这正是罪疑从赦原则的具体说明。"罪疑从轻"、"罪疑从赦"原则的推行,也是西周"明德慎罚"思想的具体体现。

(四) "三刺之法"

据《周礼》记载,西周时期还有"三刺之法",凡是重大或疑难案件,要经过三道特殊的程序来决定:"一曰讯群臣,二曰讯群吏,三曰讯万民。"说明周天子对司法审判、特别是重大疑难案件的慎重态度与民主决策方式。(读者由此或者也可以联想到古希腊城邦国家的公民审判与贝壳放逐法。)

(五) "刑罚世轻世重"的刑事政策

西周初年,以周公为代表的西周统治者在总结前代政治经验和用刑经验基础上,提出了著名的"刑罚世轻世重"理论,并以此作为刑事政策,来指导法律实践。《尚书·吕刑》说:"轻重诸罚有权,刑罚世轻世重"。"权"是权衡、度量,主张"刑罚世轻世重",就是说要根据时势的变化、根据国家的具体政治情况、社会环境等因素来决定用刑的宽与严、轻与重。其具体的轻重宽严标准则是:"刑新国,用轻典;刑平国,用中典;刑乱国,用重典。"

二、帝制中国时期

(一) 责任能力与年老、年幼、重病者的宽免

1. 秦律

秦判断责任年龄依据身高为准,身高达六尺便可完全承担民事与刑事责任。这

---

① 参见〔日〕守屋美都雄:《中国古代的家族与国家》,钱杭等译,上海古籍出版社2010年版,第469页。
② 秦律则称故意为"端",过失为"不端"。直到今天,京剧唱词里还保存有"端"字的古意:"端的是……"(意为故意……)。

是特定时期的产物。当时各国户籍制度大都不按年龄记录,且记男不记女,只有贵族才记年龄。秦统一六国之后,更无统一完整的户籍可查,身高是最好的标准,这符合法家"一断于法"的精神。①

2. 唐明清律

将可以宽免的特殊主体,分成三级:一级,年七十以上、十五以下与废疾,犯流罪以下通常可以收赎。二级,(年八十以上、十岁以下)及笃疾,犯反逆、杀人应死者,上请;盗及伤人者收赎;余罪勿论。三级,年九十以上、七岁以下,虽有死罪亦不加刑。依律,犯罪时虽未老疾,而事发时老疾者,以老疾论;其在徒年限内老疾,亦如之;犯罪时幼小,事发时长大,依幼小论。②

(二) 保辜制度

保辜是中国古代特有的制度,始于汉代。"保辜者,各随其状情重,令殴者以日数保之。限内致死,则坐重辜也。"(《急就篇》)即在殴伤案发生,而伤害后果不确定之时,规定一定期限,视期限届满的伤情来定罪量刑:被害人在期限内死亡,则加害人以伤害致死论处;不死,由犯罪者保养被害人所受之伤以减轻伤害后果,最后依平复的程度来减免犯罪者的罪罚。汉代保辜的期限为二旬(二十日)。《唐律·斗讼》的规定更加细致:"诸保辜者,手足殴伤人,限十日;以他物殴伤者,限二十日;以刃及汤(高温的液体)殴伤人者,三十日;折、跌肢体及破骨者,五十日。限内死者,各依杀人论;其在限外及虽在限内,以它故死者,各依本殴伤法。"

(三) 二罪从重("数罪并罚")

1. 唐律的规定

依唐律,数罪并罚的原则为从一重罪处罚,具体处理原则如下:

(1) "诸二罪以上俱发,以重者论;谓非应累者,唯具条其状,不累轻以加重。若重罪应赎,轻罪应居作、官当者,以居作、官当为重。"

(2) 数罪并发,若数罪轻重相同,则"等者,从一"。

(3) "若一罪先发,已经论决,余罪后发,其轻若等,勿论;重者更论之,通计前罪,以充后数。"

(4) 从一重罪定罪量刑的例外:"以赃致罪,频犯者并累科。"

2. 《唐律疏议》中的(虚拟)案例

(1) 甲任九品一官,犯盗绢五疋,合徒一年;又私有槊一张,合徒一年半;又过失折人二支,合赎流三千里,是为"二罪以上俱发"。从"私有禁兵器"断徒一年半,用官当讫,更徵铜十斤;既犯盗徒罪,仍合免官。是为"以重者论"。以上三事,并非应累断者,虽从兵器处罚,仍具条三种犯状,不得将盗一年徒罪,累於私有禁兵器一年半徒上,故云"不累轻以加重"。所以"具条其状"者,一彰罪多,二防会赦。杂犯死罪,经赦得原;蛊毒流刑,逢恩不免故也。

---

① 直到现代社会,判断儿童乘车是否可以免票(免费)乘车的标准仍是身高。在信息不对称的情况之下,与年龄相较,身高是一个更容易判断与操作的标准。

② 参见戴炎辉:《中国法制史》,台湾三民书局1966年版,第65—66页。

（2）甲过失折人二支应流，依法听赎；私有禁兵器合徒，官当，即以官当为重。若白丁犯者，即从禁兵器徒一年半，即居作为重罪。若更多犯，自依从重法。

（3）有七品子犯折伤人，合徒一年，应赎；又犯盗，合徒一年，家有亲老，应加杖。二罪俱发，何者为重？答曰：律以赎法为轻，加杖为重，故盗者不得以荫赎。家有亲老，听加杖放之，即是加杖为重罪。若赎一年半徒，自从重断徵赎，不合从轻加杖。

（4）有甲折乙一齿，合徒一年，又折丙一指，亦合徒一年。折齿之罪先发，已经配徒一年，或无兼丁及家有亲老，已经决杖一百二十，有折指之罪後发，即从"等者勿论"。重者更论之，通计前罪，以充後数者，甲若殴丙，折二指以上，合徒一年半，更须加役半年；甲若单丁，又加杖二十。是为"重者更论之，通计前罪"之法。

（5）有受所监临，一日之中，三处受绢一十八疋，或三人共出一十八疋，同时送者，各倍为九疋而断，此名"以赃致罪，频犯者并累科"。

（四）"有限的罪刑法定"

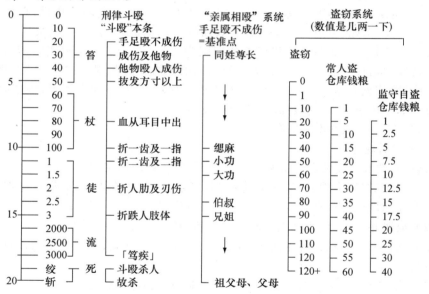

附图　律的刑/罚规定模式图①

依上述"律的刑/罚规定模式图"，我们可以认为，"所谓律基本上可以说是一个庞大的'罪行和刑罚的对应一览表'，每一个恶行类型中的具体形态都被细致地分类，然后一个个被投放到刑法刻度上的某一个特定意义的地方"。在官员裁判援引律例时，"最为普通的做法是原样不动地引用律例条文中相关部分的文句，严格禁止任何解释扩张"。与现代刑法赋予法官较大的自由裁量空间相较，中国古代刑律在定罪量刑方面几乎未留任何空间，可以说是"超级罪刑法定"。以附图为例，传统的律典将斗殴引起的身体伤害具体到"拔发方寸"、"折一齿及一指"、"折二齿及二指"，各自都有

① 附图引自〔日〕寺田浩明：《权利与冤抑》，王亚新等译，清华大学出版社2012年版，第328页。

一一对应的刑罚;而现代刑法则只是简单区分轻伤与重伤,并规定一个由法官自由裁量的量刑幅度。这样一种"罪刑法定"的极致化,造成法条适用范围过于狭窄,而"律例有定,情伪无穷","结果连人命案件以及盗窃抢劫案件这样比较容易定义的犯罪领域,也频繁地出现没有可以适用的条文(现实中的案件的'情'和律所设定的哪个'情'也对应不上)的情况。"古代法对于这种"物极必反"的情形设置了如下"安全阀"作为例外,可如此以来,罪行法定的原则就破坏了。①

(1) 类推:依《唐律·名例律》,"诸断罪而无正条,其应出罪者,则举重以明轻;其应入罪者,则举轻以明重"。

(2) "不应得为":《唐律·杂律》规定,"诸不应得为而为之者,笞四十;事理重者,杖八十"。所谓"不应得为","谓律令无条,理不可为者。临时处断,量情为罪,庶补阙遗,故立此条"。就是说给予法官在法定罪行之外的一定的临时治罪权,这主要针对的是相对轻微的犯罪(笞杖刑犯罪)。

(3) 比附:所谓比附,依《清律·名例》"断罪无正条",即"凡律令该载不尽事理,若断罪无正条者引律比附,应加应减,定拟罪名,议定奏闻。若辄断决,致罪有出入,以故失论"。皇帝位于裁判体系的顶端。在案件的申报与复审中如官僚们不能达成一致,则将正反两方面观点一并呈报给皇帝,皇帝作为"公论"的体现者进行圣裁;如果官僚体制内部达成定论,皇帝则一般仅仅是单纯表示同意。

(4) 人主特权:例如《唐律·断狱律》规定:"事有时宜,故人主权断制敕,量情处分。"就是说皇帝的审判权永远不受法定罪刑的限制。但纵观中国法律史,人主于法外加刑或者法外施恩的,也是少之又少的特例,且这种特例不准后人援引比附。

(五) 刑之加重

1. 十恶

《周礼》即把国家应重点惩治的犯罪归纳为八种,即所谓"乡八刑:"一曰不孝之刑,二曰不睦之刑,三曰不姻之刑,四曰不弟之刑,五曰不任之刑,六曰不恤之刑,七曰造言之刑,八曰乱民之刑。"从秦汉时代开始,就有"谋反"、"大不敬"、"不孝"、"内乱"、"不道"、"大逆无道"等表示国家应加重制裁的重大罪名。至北齐时代,《北齐律》正式归纳为"重罪十条":一曰反逆,二曰大逆,三曰叛,四曰降,五曰恶逆,六曰不道,七曰不敬,八曰不孝,九曰不义,十曰内乱。凡犯此十者,不在八议论赎之限。《开皇律》承袭了"重罪十条",略加修改,正式定名为"十恶":一曰谋反,二曰谋叛,三曰谋大逆,四曰恶逆,五曰不道,六曰大不敬,七曰不孝,八曰不睦,九曰不义,十曰内乱。犯十恶及故杀人,狱成者,虽会赦,犹除名。律首列举"十恶"并加重打击的制度,自隋至清末变法前一直是中国传统律典的最基本制度之一。

《唐律·名例律》规定国家必须重惩的"十恶"是:

"一曰谋反:谓谋危社稷。"即阴谋推翻君主和政权。

"二曰谋大逆:谓谋毁宗庙、山陵及宫阙。"

---

① 参见〔日〕寺田浩明:《权利与冤抑》,第329—331页。

"三曰谋叛:谓谋背国从伪。"即阴谋叛国投敌。

"四曰恶逆:谓殴及谋杀祖父母父母,杀伯叔父母、姑、兄姊、外祖父母、夫、夫之祖父母父母。"就是最严重的忤逆杀伤尊亲属。

"五曰不道:谓杀一家非死罪三人,支解人,造畜蛊毒、厌魅。"就是最残忍的杀人行径。

"六曰大不敬:谓盗大祀神御之物、乘舆服御物;盗及伪造御宝;合和御药,误不如本方及封题误;若造御膳,误犯食禁;御幸舟船,误不牢固;指斥乘舆,情理切害,及捍对制使而无人臣之礼。"就是对皇帝的不敬。

"七曰不孝:谓告言、诅詈祖父母父母。及祖父母父母在,别籍异财,若供养有阙。居父母丧身自嫁娶,若作乐,释服从吉;闻祖父母父母丧,匿不举哀。诈称祖父母父母死。"就是对父母、祖父母有悖孝道。

"八曰不睦:谓谋杀及卖缌麻以上亲,殴告夫及大功以上尊长、小功尊属。"就是对同族尊长有伤害或告诉。

"九曰不义:谓杀本属府主、刺史、县令、见受业师,吏卒杀本部五品以上官长;及闻夫丧匿不举哀,若作乐,释服从吉,及改嫁。"就是在下位的人严重违反尊卑之义。

"十曰内乱:谓奸小功以上亲、父祖妾,及与和者。"就是亲属间乱伦行为。

2. 累犯("更犯")加重

"君子诛心",古代刑法思想特别强调犯罪人内心的善恶(犯意)问题,对于屡教不改的"累犯",刑法特别加重(而不仅仅是从重)处罚。依唐律"盗经断后,仍更行盗,前后三犯徒者,流二千里,三犯流者绞";依明律,窃盗初犯、再犯,分别于右、左小臂膊上刺字,三犯者绞,以曾经刺字者为坐。

(六)刑之减轻

1. 八议

参见本书第三章第二节之"魏晋南北朝"部分,此处不再赘述。

2. 三赦

即西周之"一曰幼弱,二曰老耄,三曰蠢愚"。

3. 自首

(1)诸犯罪未发而自首者,原其罪;正赃犹徵如法。

(2)其轻罪虽发,因首重罪者,免其重罪;即因问所劾之事而别言馀罪者,亦如之。

(3)即遣人代首,若于法得相容隐者为首及相告言者,各听如罪人身自首法;缘坐之罪及谋叛以上本服期,虽捕告,俱同自首例。其闻首告,被追不赴者,不得原罪。

(4)即自首不实及不尽者,以不实不尽之罪罪之,至死者,听减一等。自首赃数不尽者,止计不尽之数科之。

(5)其知人欲告及亡叛而自首者,减罪二等坐之;即亡叛者虽不自首,能还归本所者,亦同。

(6)自首减罪的例外:损伤身体;损伤不可备偿之物;事发而逃亡(虽不得减所犯之罪,但得减逃亡之罪);越度、私度与通奸;私习天文者。以上几种情况虽自首亦不能减罪。

古代法规定的是自首"应当"减刑,现代法则是"可以"减刑;古时可以免刑,今天只能减刑,说明今天我们对于人性更不看好。

4. 复仇

古人因为提倡"孝"、"亲"的理念,政府对于复仇行为常常减轻甚至免除处罚。汉曾有《轻侮法》,以制度化的方式宽免复仇行为,后因流弊废之,见于《后汉书·张敏传》:

> (章帝)建初中,有人侮辱人父者,而其子杀之,肃宗贳其死刑而降宥之,自后因以为比。是时遂定其议,以为《轻侮法》。敏驳议曰:"夫《轻侮》之法,先帝一切之恩,不有成科班之律令也。夫死生之决,宜从上下,犹天之四时,有生有杀。若开相容恕,著为定法者,则是故设奸萌,生长罪隙。孔子曰:'民可使由之,不可使知之。'《春秋》之义,子不报仇,非子也。而法令不为之减者,以相杀之路不可开故也。今托义者得减,妄杀者有差,使执宪之吏得设巧诈,非所以导"在丑不争"之义。又《轻侮》之比,浸以繁滋,至有四五百科,转相顾望,弥复增甚,难以垂之万载。臣闻师言:'救文莫如质。'故高帝去烦苛之法,为三章之约。建初诏书,有改于古者,可下三公、廷尉蠲除其敝。

政府对于复仇的正当性,在法律上不予制度化,而采取自由裁量。尽管复仇者经裁判大多善终,但政府不肯令公权力退出该领域,放任复仇,这是当时可选择的最佳方法。

(七) 刑之宽免:恤刑与仁政

1. 假释与缓刑

假释如录囚、热审、寒审;缓刑如停刑、监候(秋、朝审)。

2. 赦典(赦宥)

是指赦免或宽解犯罪者的罪行,赦宥的权力归于皇帝。赦宥在《尚书》、《周礼》中都有记载,但在汉代以前,赦宥并非经常性的,而且主要针对过失犯罪和失去控制自己能力的人的犯罪。到了汉代,受儒家慎刑、仁政思想的影响,形成了一套详备的赦宥制度。赦宥又分为有事赦宥和无事赦宥。

案例1. 后元二年二月,武帝崩。戊辰,太子即皇帝位,谒高庙。夏六月,赦天下。

案例2. 二年春正月,(宣帝)诏曰:"《书》云'文王作罚,刑兹无赦',今吏修身奉法,未有能称朕意,朕甚愍焉。其赦天下,与士大夫厉精更始。

案例3. (元封四年)春三月,祠后土。诏曰:"朕躬祭后土地祇,见光集于灵坛,一夜三烛。幸中都宫,殿上见光。其赦汾阴、夏阳、中都死罪以下,赐三县及杨氏皆无出今年租赋。"

所谓有事赦宥,是指因重大事件(重大场合)而实行的赦宥,沈家本把这些重大事件(重大场合)归纳为临朝、大丧、帝冠、建储、改元、定都、从军、克捷、年丰、灾异、遇乱等十九项,但并非遇到这些事件(场合)就必须赦宥,一般赦宥具有较大的随意性。汉代有事赦宥的特征是"大赦天下",如案例1。

所谓无事赦宥,是相对于有事赦宥而言的。又分为以下几种情况:其一,特赦,指国家因为某种原因,由皇帝特别下诏进行赦宥,特赦的范围包括全国各地,"大赦天下"也是特赦的重要标志,案例2便是一例;其二,曲赦,是皇帝专门针对某一地区的某些种类的犯罪而实行的赦宥,如案例3;其三,别赦,是指皇帝对个别案件中的罪犯进行的赦宥。

通常赦免也有例外,即所谓"常赦所不免(原)"的恶性特重之案件,判断是否为"十恶不赦"之罪的标准,不仅在于是否为应处以极刑的犯罪,也在于当事人的主观恶性及其侵害的法益。

第三节 身份与罪刑

依传统法,当事人的身份与定罪量刑有莫大的关系,刑律"常以行为人有一定身份为犯罪构成要件,此为真正身份犯。反面又常以一定身份而加减其刑,此为不真正身份犯。身份不但为犯罪之主体及客体,且为情况,对犯罪之成否及刑之加减,一有所影响。再如处断上,又顾虑其身份或其处境(属性)。以律之富于道德、人伦的色彩,如此措施,宁是当然"①。

一、官人(贵族、官僚)与罪刑

(一) 以官人为主体的特殊犯罪

1. 汉代官吏渎职犯罪

汉武帝时社会发生治安问题,中央采用高压政策,对于官员如下渎职、串通行为进行重罚:

(1)"沈命"罪。治安官吏凡"群盗起不发觉,发觉而弗捕满品者"即构成"沈命"罪,要依《沈命法》:"二千石以下至小吏主者皆(处)死"。

(2)"见知故纵"罪。针对官员对于"沈命"罪的规避与"官匪一家"的问题,法律规定,治安官吏凡得知"贼盗"犯罪实情,而不及时举告者,要与罪犯判处同样刑罚。如抓住"贼盗"重犯而不及时严办,就要按照《见知故纵法》判处弃市死刑。

2. 唐律中的官吏犯罪

(1) 重处因赃犯罪(贪污受贿等)

凡官吏受财枉法,一尺杖一百,一匹加一等,十五匹,绞;受财不枉法者,三十匹处加役流刑。同时禁止监临主官在辖区内役使百姓、借贷财物,违者以坐赃论处。

(2) 公、私罪的区分

《唐律》区分了官员的公罪与私罪,依《唐律疏议》:"公罪谓缘公事致罪而无私曲

---

① 参见戴炎辉:"论唐律上的身份与罪刑之关系",载黄清连主编:《制度与国家》,中国大百科全书出版社2005年版。

者;私罪谓不缘公事私自犯者。虽缘公事,意涉阿曲,亦同私罪。"对公罪处罚较轻,对私罪处罚较重;而以官当罪,公罪可以多当,私罪只能少当。公罪所包括的情况,主要是官员执行公务中的过失(意外)犯罪,例如:"诸监临之官因公事,自以杖捶人致死及迫人致死者,各从过失杀人法;若以大杖及手足殴击,折伤以上,减斗杀伤罪二等。"又如:"诸决罚不如法,……以故致死者,徒一年。"如果官员执行公务有故意("私曲")的情节,则为私罪,不能享受"公罪"的优待。对于官员执行公务发生的意外犯罪在刑法予以特别安排,这一方面是基于官员身份的特殊优待,另一方面也是对公务员执行公务行为的制度保障。

3. 明代重典治吏

（1）"奸党"罪

朱元璋洪武年间创设"奸党"罪,用以惩办官吏结党危害皇权统治的犯罪。《大明律·吏律》规定:"凡奸邪进谗言左使杀人者,斩;若犯罪律该处死,其大臣小官巧言谏免,暗邀人心者,亦斩;若在朝官员交结朋党紊乱朝政者,皆斩,妻子为奴财产入官;若刑部及大小衙门官吏不执法律,听从主司指使出入人罪者,罪亦如之。"从规定上看,这样的法律显然是重判。如"交结朋党紊乱朝政",没有具体标准,也没有讲具有什么明显的危害后果,这纯粹是为统治者镇压政敌,扫除异端打开方便之门。明代每逢内部出现危机,总是迭兴大狱,并以"奸党"罪杀戮臣下。朱元璋在胡惟庸奸党案中,先后处死三万余官吏,就是明证。

（2）贪墨罪

明代惩治官吏贪污犯罪与以往相比有许多变化。其一,处罚从重。《大明律·吏律》规定:官吏监守自盗仓库钱粮,不分首从,并赃论罪,一贯以下杖八十,四十贯处斩。而元律规定三百贯才处斩。明律规定:官吏受财枉法,一贯以下杖七十,八十贯处绞刑。而元律一百贯以上杖一百零七。其二,实行常赦不原的原则。朱元璋洪武四年(公元1371年)下令:凡官吏犯赃罪不赦。这成为明代定制。其三,用刑残酷。《明大诰》规定:官吏贪污,轻者罚苦役,戍守边缰,赃满六十两银以上者枭首示众,剥皮实草,以示警告。重典治赃吏虽有助于缓和社会矛盾,但不可能根除官吏贪赃犯罪。

（二）贵族、官僚及其亲属的法律优待

（1）议（八议）:是对八种特权人物犯罪后实行优待的法律规定。凡属议亲、议故、议贤、议能、议功、议贵、议勤、议宾之内的特权人物,犯死罪者可以奏请皇帝减死为流,犯流罪以下,依法减刑一等。但犯十恶等重罪者,不适用八议。

（2）请（上请）:规格低于议,指皇太子妃大功以上亲,八议者期亲以上亲属及五品以上官吏,犯死罪者上请皇帝裁决,流罪以下,例减一等。

（3）减:对象为七品以上官吏,上请者祖父母、父母、兄弟、姊妹、妻、子孙等,犯流罪以下,例减一等。

（4）赎:凡八议、上请及享有减的权利者,以及九品以上官吏和七品以上官吏亲属,犯流罪以下可以钱赎罪。但被判处加役流等重刑者不适用。

(5) 当(官当):指以官职抵当徒罪。一般公罪比私罪加当徒刑一年。

(6) 免官:指免除官职抵当徒罪。一般免官抵当徒罪二年。凡免所居官一年者,降一级叙用;免官三年者,降二级叙用。

二、亲属与罪刑

(一)"非公室告"与家长权

依秦律之《法律答问》,"公室告可(何)也?非公室告可(何)也?贼杀伤。盗他人为公室告。子盗父母,父母擅杀死、刑、髡子及奴婢,不为公室告。""非公室告,勿听"。如何区分"公室告"与"非公室告"?故意杀人、盗窃外人都属于"公室告"。儿子盗窃父母财物,父母(或主人)擅自杀死、刑伤、髡剃其子(或奴婢),这都属于秦律规定的"非公室告"("家罪")。对于"非公室告",官府不予受理。在秦代,区分"公室告"与"非公室告"十分重要,它直接决定了案件是否属于官府管辖的范围。对于"子告父母,臣妾告主"(卑告尊、从告主)伤害的案件即所谓"非公室告",官府不予受理,如仍行控告,控告者有罪。控告者已经处罪,又有别人代替控告,也不应受理。同理,家长(主人或者父母)也应承担管理自己家务的责任,子女盗窃父母也属于"非公室告",家长应自己处罚子女,官府不便干涉。家长(父母或主人)则可以借故惩罚子女或奴隶,只要其向政府备案,提出要求即可。《封诊式》里有四份爰书很有代表性:《告臣》是主人以男奴隶"骄悍,不田作,不听甲(主人)令"为由,请求将该奴隶卖给政府并罚为城旦;《黥妾》是主人以女奴隶"悍"为由请求政府对女奴隶处以黥刑;《告子》是某位父亲以亲生子"不孝"为由请求将其处以死刑;《迁子》是父母请求政府将其亲子处以"足"刑,流放蜀郡,并令其终生不得离开流放地。这都是对家长权的肯定。①

商鞅变法时,曾以法律强制分户("民有二男以上不分异者倍其赋"),使每个家庭(户)这个社会基本的组织单位变得很小,并形成了户有家长的制度,在平民家庭,家长权与父权是合一的。当然,在有奴婢("臣"、"妾")的家庭中,家长权除父权外,还包括了主人对"臣"、"妾"的所有权与支配权。秦时父权还没有发展到可以任意"杀子"的地步,父若擅杀子,"黥为城旦"。但是,父母擅杀又属于"非公室告,勿听"。看起来秦法规定是矛盾的,这是为了一方面保护家长权,一方面又限制父母擅杀的行为。家长也享有家内财产的支配权和子女婚姻的主婚权。子女如不孝,家长可以要求官府予以制裁:"免老告人以不孝,谒杀"(《法律答问》)。与父母同居(未分家)的子女是没有独立的财产权的:"父盗子不为盗"。在秦代,实行家长权的一个重要前提是必须有直接的血缘关系,否则出现"盗子"、"擅杀"等事件就要视具体情况处罚。即便是继父子养父子之间发生"盗子"、"擅杀"之事,也要处以严刑。秦律规定:"假父盗假子,当为盗。"也就是说继父(或养父)盗窃继子(养子)财物仍属于盗窃。《法

---

① 参见马小红主编:《中国法制史考证·战国秦法制考》(杨一凡总主编),中国社会科学出版社2003年版,第243—244页。

律答问》载:"士伍甲无子,其弟子以为后,与同居,而擅杀之,当弃市。"(甲没有儿子,收养其弟的儿子为嗣,并养父子同居,甲擅杀养子,应当被判处死刑弃市。)而亲生父亲"擅杀子黥为城旦"。由此可见秦律对没有血缘关系的拟制的父对子的刑事犯罪处罚要比有直接血缘关系的为重。①

(二) 共犯与尊长权(责)

依唐律,"诸共犯罪者,以造意为首,随从者减一等。若家人共犯,止坐尊长;侵损于人者,以凡人首从论。即其监临主守为犯,虽造意,仍以监主为首,凡人以常从论。"唐律共犯理论的核心,在于区别主犯与从犯的关系,通常主犯乃是"倡首先言"的"造意者",反映了古代法律注重惩办犯意的特点。在家人共犯的情况下,以家长为主犯,课家长以制止家人犯罪的义务,反映了家族主义的倾向;这一原则推广到社会,则课予官长制止下属犯罪的义务。

(三) "亲亲得相首匿"

亲亲得相首匿原则,是汉宣帝时期确立的,它主张亲属间首谋藏匿罪犯可以不负刑事责任。它来源于儒家"父为子隐,子为父隐,直在其中矣"的理论。宣帝地节四年(公元前66年)诏令说:"父子之亲,夫妇之道,天性也。……自今子首匿父母,妻匿夫,孙匿大父母,皆勿坐。其父母匿子,夫匿妻,大父母匿孙,罪殊死,皆上请廷尉以闻。"即是说,对卑幼亲属首匿尊长亲属的犯罪行为,不再追究刑事责任。如尊长亲属首匿卑幼亲属,罪应处死者,也可以通过上请皇帝求得宽贷。它是汉代法律儒家化的体现,并且一直影响着后世立法。

(四) 缘坐与连坐

所谓缘坐与连坐,都与"连累"、"连带"相关,指的是在一个关系密切的团体之内,因为正犯的犯罪行为,其他与之关系密切的人需要连带承担法律罪责。古代中国因为个人的人格并不独立,常常会与其所在的团体(如家族、村落以及供职之衙署)发生密切连带关系,刑法也基于此作出了刑事责任扩大化的安排。唐律将这一连带责任分成两种情况:亲属(家属)承担连带刑事责任称为"缘坐";同职(监临长官与下属之间、同僚之间)与邻里(伍保)承担连带责任称为"连坐"。缘坐的例外,依唐律,男夫八十以上及笃疾、妇人年六十以上及废疾不在缘坐的范围之内;依明清律老幼废疾者亦不在缘坐之列。应缘坐的罪行,主要是谋反、大逆、谋叛、不道等重罪。连坐可以说是缘坐之拟制,即将连带责任的范围由家族之内扩大到了一般政治、社会团体之中。同职连坐的范围主要限于职务犯罪,以课以官吏互相监督之责;邻里的连坐则与秦以来的什伍保甲制度联系在一起,其目的是使邻里守望相助,共担赋税、治安等责任。

(五) "准五服以制罪"

服制是中国封建社会以丧服为标志,区分亲属的范围和等级的制度。按服制依

---

① 参见徐世虹主编:《中国法制通史·战国秦汉卷》(张晋藩总主编),法律出版社1999年版,第104—105页。

亲属远近关系分为五等：斩衰、齐衰、大功、小功、缌麻。服制不但确定继承与赡养等权利义务关系，同时也是亲属相犯时确定刑罚轻重的依据。如斩衰亲服制最高，尊长犯卑幼减免处罚，卑幼犯尊长加重处罚。袒免亲为服外远亲，尊长犯卑幼处罚相对从重，卑幼犯尊长处罚相对从轻。依五服制罪成为法律制度的重要内容，影响广泛，直到明清。

侵害对象	犯罪类型 亲属关系	殴	折伤	殴杀
卑幼犯尊长	斩亲（祖父母）（父母）	斩	罪无可知	罪无可知
	期亲（兄姊）（伯叔父）	徒二年半 徒三年	徒三年 绞	斩
	大功（堂兄姊）	徒一年半	徒二年	斩
	小功（伯叔祖父）	徒一年	徒一年半	斩
	缌麻（族兄姊）	杖一百	徒一年	绞
常人相犯		笞四十	杖一百	绞
尊长犯卑幼	缌麻（族弟）	勿论	杖九十	流三千里
	小功（侄孙）	勿论	杖八十	流三千里
	大功（堂弟、妹）	勿论	勿论	徒三年
	期亲（侄）	勿论	勿论	徒一年半
	斩亲（子孙）	勿论	勿论	（有过失）勿论

唐律中亲属相殴处罚对照表[①]

《唐律》继承了自《晋律》正式入律的"准五服以制罪"原则，亦即在亲属相犯案件处理时秉持"亲亲尊尊"、"亲疏有别"、"尊卑有别"的原则：

（1）谋杀常人（未成伤者）徒三年；而谋杀期亲尊长、外祖父母、夫、夫之祖父母父母者（不问既遂未遂、已伤未伤）皆斩。谋杀缌麻以上尊长，流二千里，已伤者绞。但尊长谋杀卑幼，各依故杀罪减二等；已伤者减故杀罪一等。

（2）常人斗殴未伤者笞四十；而殴祖父母父母、夫、夫之祖父母父母者，不论已伤未伤，皆斩或绞。尊长殴卑幼，折伤者，缌麻亲减凡人一等，小功大功亲递减一等。子孙违反教令而祖父母父母殴杀者，徒一年半；以刃杀者，徒二年；故杀者各加一等。

（3）子孙告祖父母父母者绞；告发期亲尊长，外祖父母、夫、夫之祖父母父母者虽得实，徒二年。父祖告子孙、外孙、子孙之妇妾及己之妾者，虽诬告亦无罪。

（六）法律原则的冲突：复仇与加害拟制血亲的问题

通常，加害拟制血亲应准五服治罪，加重处罚。但如果拟制血亲对于生身父祖有加害行为，子孙（女）为其父祖复仇而杀死（伤）拟制血亲，则可减轻处罚。具体案例如下：

[①] 附图引自范忠信等：《情理法与中国人》，北京大学出版社2011年版，第167页。

案例 1. 汉景帝时,廷尉上囚防年继母陈论杀防年父,防年因杀陈,依律,杀母以大逆论。帝疑之。武帝时年十二,为太子,在旁,帝遂问之。太子答曰:"夫'继母如母',明不及母,缘父之故,比之于母。今继母无状,手杀其父,则下手之日,母恩绝矣。宜与杀人者同,不宜与大逆论。"从之。

案例 2. 同郡缑氏女玉为父报仇,杀夫氏之党,吏执玉以告外黄令梁配,配欲论杀玉。蟠时年十五,为诸生,进谏曰:"玉之节义,足以感无耻之孙,激忍辱之子。不遭明时,尚当表旌庐墓,况在清听,而不加哀矜!"梁配善其言,乃为谳得减死论。乡人称美之。

三、妇女在刑法上的特殊安排[①]

在传统法上,考虑到妇女生理(包括体力)、心理上的特殊性,更因为妇女受"三从"的约束受制于男子,不具备自由意志与完全责任能力,故而对其作出了特殊的安排。妇女通常也不是适格的诉讼主体,依明清律,妇女除犯奸、盗、人命等重罪外,不提审,而提子侄、兄弟代审;因为妇女在诉讼与定罪量刑上的优待,为避免妇女滥用其特权甚至诬告,原则上不允许妇女作为起诉主体"告人罪",谋反、叛逆、子孙不孝或己身及同居被盗、诈、侵夺财产或杀伤除外。

(一) 刑罚之变通与优待

(1) 秦汉律:自由刑的劳役,女轻男重。
(2) 晋律:女子犯徒罪,听赎;女子应处罚金、笞杖的,决罚数目为男子之一半。
(3) 后周律:女子犯笞罪,听赎。
(4) 唐律:女子犯流者,易以"留住、决杖、役三年";妇人杀人犯死罪而遇赦免者,不予移乡[②],这是因为妇女不可独自被流放;若夫流配、移乡者,妻妾则随同前往。
(5) 明清律:女子犯流者,仅决杖一百、余罪收赎,比唐律处罚更轻。

(二) 免罪

(1) 妇女在一定范围内免除缘坐之罪。
(2) 家人共犯,妇女即使为家长亦免罪,由男卑幼代为承担刑事责任;妇女单独犯罪,罪坐家长。
(3) 妇女犯私盐,若夫在家,或子知情,罪坐夫男;妇女绑架、拐卖等罪亦罪坐夫男,但夫不知情,或无夫男者,止坐本妇。

(三) 系禁上的优待

(1) 唐律:妇人犯死罪者,去除械具;怀孕妇女即使犯死罪,亦散禁。
(2) 明清律:妇人犯罪,除奸及死罪外,案件审理期间不收押,而交其本夫收管;若无夫者,责成有服亲属、邻里收管。

[①] 参见戴炎辉:《中国法制史》,第112—114页。
[②] 依古代法律,杀人罪犯被赦免后通常须强制迁移(避居)到数千里之外的远乡,以避免被害人亲属复仇、形成冤冤相报的暴力循环。

（四）行刑上的照顾

（1）孕妇犯死罪，须产后百日方可行刑；孕妇犯罪应拷问或决罚笞杖者，须待产后百日方能拷决。

（2）妇人犯笞杖罪，责打时不用脱去衣服（"单衣决罚"）；犯奸罪者作为例外，去衣（留裙）决罚。

四、其他特殊身份与罪刑安排

（一）僧道

依唐明清律，僧道犯罪，除依律施以刑罚外，常常强迫其还俗作为"从刑"。另外，因为僧道已"出家"，故而与其亲属不再有法律上的关联，因此僧道或其亲属若犯反逆大罪，彼此不缘坐。

（二）亲老丁单

所谓"亲老丁单"，指祖父母、父母因年老或罹患重病，需要晚辈照顾，但除犯罪人外，家中没有男子（"家无兼丁"）可以承担赡养老人之责。中国法律传统特别注重孝道，故从后魏律以来，法律对于"亲老丁单"这一特殊情况进行了例外处理。犯死罪者，如罪行并非"常赦不原"，则逐级上奏天子圣裁是否可以免死以"权留养亲"；对于应处以徒、流刑者，则改处杖刑、并处赎刑（"余罪收赎"），令其"存留养亲"。

（三）化外人犯罪的法律适用

《唐律·名例律》规定："化外人同类相犯者，各依本俗法；异类相犯者，以法律论。"即同国籍外国侨民在中国犯罪的，按其本国法律处理，实行属人原则；不同国籍侨民在中国犯罪者，按唐律处罚，实行属地原则。

第四节　中国刑法史上的重大争议问题[①]

一、肉刑废复

肉刑据《尚书·吕刑》始于苗民，从夏商周延续至汉文帝除肉刑，肉刑作为法定刑存在了上千年。从东汉历魏晋至北宋，中间经历了七八次"复兴肉刑运动"，但肉刑基本未被采纳，只有黥刑名废实存（如宋之刺配）。赞成恢复肉刑的主要理由是：对于有的犯罪，"死刑重，故非命者从；生刑轻，故罪不禁奸"，而肉刑作为死刑与"生刑"（笞杖徒流）之间的刑罚，对于恶性处于死罪与"活罪"之间的犯罪更加适合；与此同时，肉刑的特殊预防效果可能更好，例如对犯奸者处以宫刑、对盗窃者处以刖刑，他们就无法再犯了。但是由于争议太大，肉刑始终无法真正恢复，南宋以后"肉刑复兴运动"即完全消灭，人类文明早期野蛮的刑罚制度与理念必然为仁政和人道主义所淘汰。

[①]　参见杨鸿烈：《中国法律思想史》，中国政法大学出版社2004年版，第166—230页。

二、复仇当否

（同态）复仇是人类部族社会早期的"自助"行为，当国家与法律产生后，理论上个人不应再拥有合法复仇的权利。但儒家因为推崇孝、亲的观念，在伦理上鼓励了复仇行为："父之雠弗与共戴天，兄弟之雠不反兵，交游之雠不同国。"（《礼记·曲礼》）除了以上复仇的三原则外，《春秋公羊传》还提供了另一个原则，"父不受诛，子复仇可也"，也就是说如果父亲被枉杀，后代可以为父报仇，这一原则直指枉杀父亲的政府官员甚至皇帝。"假若这四大复仇原则都见诸实行，那社会的安宁和秩序还堪设想吗？"所以历代政府一方面要限制乃至禁止复仇；一方面又为复仇行为开后门、作例外处理，在法律与道德、律与经之间"游移两可"。

复仇当否的问题到民国依然存在，民国时期张宗昌、孙传芳都遭"子姓复仇"，其中女子施剑翘为父报仇、杀死孙传芳的案子尤为轰动一时。施剑翘因为10年前自己的父亲施从滨在军阀战争中被孙传芳俘虏并杀害，于1935年刺杀了已经退隐的孙传芳，依法律应以杀人罪和非法持有并意图使用枪支罪并罚，判处死刑、无期徒刑或10年以上有期徒刑，下级法院的判决也严格依法定罪量刑。可是从一审到最高法院终审，在媒体高度关注与社会对"复仇烈女"广泛同情的背景下，最高法院因为施剑翘"为父报仇、其情可悯"，在法外减轻刑罚为7年有期徒刑。法院减轻处罚的理由，也包括施的父亲是被孙传芳未经审判而非法处死的，这非常类似于所谓"父不受诛，子复仇可也"的原则。河北法院的判决书中还有如下一段："施从滨之死，非司与法，亦可灼见。被告痛父惨死，含冤莫伸，预立遗嘱，舍身杀仇，以纯孝之心理发而为壮烈之行为，核其情状，实堪悯恕。""案件的审理是迂回曲折，引人入胜的，其间所体现出来的也远远超出了在个案中对正义的追求。被告、辩护律师与原告都将法庭视为一个公开的舞台，上演了一部争论现代法律应当在多大程度上考虑感情因素的大戏。双方都争取获得公众的同情以得到对自己有利的判决。这样做不仅模糊了法庭与公众传媒之间的界限，也引发了对中国现代化进程中的一些基本问题的公开讨论：情感因素在道德上的正当性，公众同情与法治的关系以及民族传统美德——孝道的重要性。"[①]施剑翘入狱服刑不久，在李烈钧、冯玉祥、于右任等军政要人与社会团体纷纷联名上书的舆论压力下，国民政府主席林森于1936年发布特赦令，对施剑翘予以赦免。

三、亲属相隐与族诛连坐（株连）

亲属相隐与族诛（缘坐）连坐是古代刑法上一对相关且彼此冲突的原则。亲属相隐是尊重人性、实行国家谦抑主义的仁政，株连则是扩大打击面的严刑峻法。强调容隐与反对株连的思想源于先秦儒家，他们强调"罪人不孥"，"父子兄弟，罪不相及"，

---

① 参见林郁沁："审判中的情感因素：记1935—1936年戏剧性的审判——施剑翘奇案"，载《中国学术》2005年第2辑，商务印书馆2006年版。

"春秋之义,恶恶止其身","父为子隐,子为父隐,直在其中矣"。反对亲属相隐与实行株连的是以秦为代表的法家。关于"首匿相坐之法"的存废,在汉代《盐铁论》中也有涉及,代表法家思想的桑弘羊反对亲属相隐,认为株连可以预防犯罪:其一,对于犯罪,罪犯的亲属最知情,且负有监督与管教亲属的责任("不教之责"),"居家相察,出入相司。父不教子,兄不正弟,舍是谁责乎";其二,首匿相坐,可以令大家知道己身犯罪会牵连亲属,"必惧而为善"。儒生则认为一味严刑峻法不但不能预防犯罪,反而使得"民心离散"、"父子相背,兄弟相慢",以致"骨肉相残,上下相杀",自取灭亡。汉以后,在融儒、法于一炉的帝制中国,亲属相隐与株连两个相互矛盾的原则居然能够"并行不悖",其处理矛盾的办法是:在忠孝不可两全时,则"只好委屈一下'亲亲'而要求大义灭亲","对于谋反、谋大逆、谋叛等大罪行株连而不适用亲属相隐,并允许子孙、奴婢告发;对于其他普通罪刑则一般不搞株连而容许亲属相隐"。①

四、法律公开与法律平等

先秦儒家沿袭西周封建传统,强调"别亲疏、异贵贱",主张各阶级在社会生活与法律地位上的不平等;而法律知识及判断争讼的原理亦为少数特权阶级所垄断,对一般民众而言"刑不可知,则威不可测"。所谓"礼不下庶人,刑不上大夫","命夫命妇不亲坐狱,盖不使常贵者与徒隶辨讼,所以养廉耻而崇礼节也"。"法律只是贵族用以统治人民的工具",刑罚与诉讼对贵族而言是不体面、不合身份的;贵族有危及国家秩序与贵族整体安全的行为,则予以放逐或杀戮,尽量保全贵族的体面与尊严。与儒家针锋相对的则是法家,他们主张法律平等主义与公布成文法。在法家主导下,各国纷纷公布成文法、用法制取代礼制,如此虽然平民"大悦",但损害了贵族特权阶级的利益。在推行法家思想最彻底的秦国,商鞅"所以积怨蓄祸,为宗室、贵戚所怨望,终不免于车裂之祸,便是因为他实行了法家平等的主张,刑太子傅公子虔,黥太子师公孙贾,后又劓公子虔,公子虔因失去了鼻子,愧于见人,杜门八年不出,这种奇耻大辱,自非贵族所能容忍"。②

秦汉以后,虽然在理论上仍然存在法律是否应当公开的争论,但在历朝均颁布律典的大背景下,法家主张的法律公开在事实上已不成问题。而法律平等问题则复杂得多,所谓法律儒家化的过程,在很大程度上也就是上层阶级的法律特权(包括议、请、减、赎、当、免等)逐步写入律典的过程,这个过程肇始于汉,完成于唐。官人犯罪,法司不得擅自逮捕、不得刑讯;审判之后,法司也不能依照普通的司法程序予以裁决。即使退休、去职的官员也能继续享受法律的优待;官人的法律特权甚至可以荫及亲属。故而古人评价唐律"优礼臣下,无微不至"。③

尽管阶级差别为中国几千年来的传统,历朝也有人主张法律应该平等,如汉之王充、唐之吕温、宋之李觏与苏轼等,皇帝中如金世宗与清世宗也都反对八议制度。但

---

① 张国华:《中国法律思想史新编》,北京大学出版社1998年版,第200—207页。
② 参见瞿同祖:《中国法律与中国社会》,中华书局2003年版,第213—224页。
③ 薛允升:《唐明律合编》,卷二。

是,"从反对八议的一派的意见看,他们只是反对不加限制地适用八议,听任权贵横行不法,破坏统治阶级的整体利益,但并不反对给予权贵以适当的照顾,也不一般地反对等级特权。……从赞成八议的一方看,他们最基本的主张就是在惩罚权贵时应与小民'稍示区别',以维护政府的尊严;但并不反对危害统治集团政体利益的权贵给予应有的惩罚。贾谊说贵族官僚犯法'废之可也,退之可也,赐之死可也,灭之可也。'姚文然也说,'大臣犯法,自有应得之罪'。"就政府的政策而言,魏晋南北朝以后权贵的法律特权有逐步缩减的趋势,但历朝仍在不同程度上承认等级特权:魏晋南北朝由于士族贵族的特殊地位,八议的适用客体最为广泛;唐代沿袭北齐"重罪不赦"的做法,并进一步限制了议、请、减、赎、当、免、荫的范围;宋代沿袭唐制,又进一步限制了权贵的法律特权;辽、金、元则对权贵法律特权作了大幅度的削减,明代沿袭了这一政策;清代虽有雍正六年八议制度"存而不用"的上谕,就实际而言,"有清一代,除个别时期外,八议之律始终是有着实际效力的"。①

五、刑讯存废

刑讯作为逼取口供的野蛮暴力手段,是中国古代审讯过程中无法祛除的恶。历代均有仁人志士反对刑讯,政府也常常试图规范、限制刑讯。以刑罚严酷著称的秦王朝,也将审讯效果分为三个等级,不动用刑讯即取得口供的为"上",审判使用刑讯手段的为"下",屈打成招的为"败"(最末等)。宋太宗时几乎废除了"讯刑":"太平兴国六年诏:自今系囚,如证左明白,而捍拒不伏,合讯掠者,集官署同讯问之,勿令胥吏拷次。"(《文献通考·刑考》)"这样不仅停止刑讯,且进一步很重视证据,用以代替口供。"但这在历史上只是昙花一现。刑讯之不能废除,究其原因,除了司法侦查手段与证据制度的缺憾外,其一,是因为中国古代司法特别注重口供,非有口供不得定罪处刑,在被告拒不招供的情况下,审判官为取得口供不得不动用刑讯;其二,是因为中国古代司法对被告人奉行"有罪推定"、而非现代的"无罪推定"原则,故而审判官容易对当事人("准罪人")用刑。

六、赦与非赦

儒家强调仁政,而赦罪也是仁政的一个组成部分,故而赦罪盛行于法律儒家化后之中华帝国。②依先秦儒家的经典,赦免本来只是主张对于犯罪人有"过失"、"不幸"等情节时的例外处理。可后世君主却"滥做威福,常常不加分别的大赦天下囚人,如:登位有赦,死葬有赦,灾异有赦,寿庆有赦,诞生有赦,甚至一年里头就有好几次的大赦!这样差不多将整个司法机关的权能破坏得干干净净,使善恶不分,社会的秩序扰乱",所以两千多年来有不少学者文人反对君主不分青红皂白地滥行大赦。"但事实上则反对自反对,历朝君主仍滥行大赦。"

---

① 参见苏亦工:《明清律典与条例》,中国政法大学出版社 2000 年版,第 249—283 页。
② 早在先秦,《春秋》中便有大赦的记载。

七、"六赃"与论赃定罪

所谓六赃,指与财产相关的六种犯罪,包括(1)受财枉法;(2)受财不枉法;(3)受所监临,指监临之官受所监临内之财物;(4)坐赃,指非监临之官,因事受财,而罪由此赃,故名坐赃;(5)强盗;(6)窃盗。因赃致罪者,其罪均加重其刑;而罪之轻重,又以赃物之多少为标准,称之为论赃定罪(以赃定罪、计赃定罪)。中国历代律典对于强盗、窃盗与官吏贪污、侵占、贿赂等犯罪均是根据所拿赃物的数量与价值,来定罪刑的轻重,这成为延续至今的刑法传统。①

尽管论赃定罪在刑法上一以贯之,但历史上也不乏反对者,如曾布、朱熹、王夫之,他们大都是以"诛心"(强调犯罪者主观恶性)之论,来批评这种仅仅依据客观"拿赃"数额定罪量刑的做法:"盗情有轻重,赃有多少,今以赃论罪,则劫贫家情虽重而以赃少免,劫富室情虽轻而以赃重论死,是盗之生死,系于主之贫富也。"(曾布)朱熹也批评当时强盗新法,他认为强盗杀人、犯奸、纵火固应处死,可拿赃超过一定数额则处死刑的做法"似太过",法律"所重者乃在人之躯命,而不在乎货财",规定强盗因为劫财即处极刑,这反而不利于保护被害人的人身安全。王夫之也批评以数额定官吏财产犯罪之误:"抑贪劝廉惟在进人于有耻,画一以严劲之,则吏之不犯者鲜,更无廉耻之可恤,而唯思巧为规避,上吏亦且重以锱铢陷人于重罚,而曲为掩盖,上逾严而下逾匿,情与势之必然也。……既不枉法也,则何谓之'赃'?其枉法也,则所枉之大小与受赃之多少,孰为重轻?……岂可以贯之多少,定罪之轻重乎?无如不论贯,而但论其枉不枉,于枉法之中又分所枉之重轻。"

---

① 晚清编订新刑律曾一度废除以赃论罪的传统。

第十一章　司法制度

无论古今中西,在国家产生之后,司法审判("听讼")便是政府基本的权力与义务。中国古代从中央到地方形成了多级的司法审判体系,中央的三法司与地方的行政兼理司法均为传统司法组织之特色。至于司法程序,历代在承袭前朝制度的基础上,也都发展了独特的制度,如汉之录囚、唐之复审、宋之翻异别勘,明清之会审与"三八放告"等等。在儒家法律文化与士大夫政治的背景之下,传统的中国司法裁判的理念与技术呈现出与现代欧美截然不同的路径与倾向,如春秋决狱与父母官式的个别主义裁判。

第一节　司法组织

一、秦的司法机关

秦王朝实行的是高度中央集权的政治体制,国家的最高司法审判权也掌握在皇帝手中。在皇帝之下,中央和地方都有专职或兼职的司法官吏,处理各种具体的法律事务。

(1) 廷尉。廷尉既是官名,又是官署的名称。廷尉是中央"九卿"之一,廷尉是皇帝之下的最高司法官员,负责全国法律与司法事务。另外,秦之御史在纠举官员违法失职的同时也兼理司法。

(2) 郡、县。在地方,郡、县各级行政机关都设有相应的专职或兼职司法官员,处理本地区的司法事务。

二、汉代司法机关

(一) 中央司法机关

汉承秦制,皇帝掌握最高司法权。凡重大疑难案件须奏请皇帝作出最终裁决,汉代皇帝常直接审理案件。

(1) 廷尉。为中央司法长官,审理皇帝交办的刑事案件("诏狱"),也审判各地上报的重大疑难案件。廷尉属下有左右正、左右监、左右平等官佐,负责案件的具体审理工作。另外,发生重大案件时,实行丞相、御史大夫、廷尉等高级官吏共同审理制度,时称"杂治"。

(2) 御史大夫。御史台下设属官有治书侍御史,执掌律文解释;到东汉以后御史中丞权力进一步加强,负责察举不法官吏、举劾公卿违失外,还参与法律修订与重大疑难案件审理,成为皇帝的"耳目之司",发挥司法审判与法律监督的双重职能。

（3）司隶校尉。凡京师与中央机关有滞狱、冤狱，以及司法官执法违法等事，他都有权加以监督。轻者具有处罚权，重大案件直报皇帝裁决，而不经过丞相。

（4）尚书。汉成帝年间首开先例，在尚书台中又置"三公曹"，主断狱，始掌握部分司法权。东汉时期提高尚书台地位，使"事归台阁"。尚书台正副长官以下分设六曹，其二千石曹"主辞讼事"，为隋唐创建刑部打下基础。

（二）地方司法机关

汉代地方分为郡、县两级。郡守为一郡行政长官，又是本郡司法长官。下设"决曹掾"，协助郡守审理具体案件。县令为一县行政长官，也是一县司法长官，下设"曹"，协助县令审理具体案件。汉代地方司法机关权力较大，郡守与县令不但掌握本地案件的批准权与上报权，而且有死刑案件审判权。但重大疑难案件须报奏中央与皇帝裁决。

汉初各封国具有审判权，由内史辅佐诸侯王审理案件。景帝后封国地位降同郡县，各封国改为丞相执掌司法权。

东汉灵帝时起，原为刺史监察范围的州，逐渐演变为地方最高一级行政机构，统辖郡县。其长官州牧掌握本州司法审判大权，并负责审理郡县上报的重大案件。

三、魏晋南北朝司法机构的变化

1. 大理寺的设置

北齐时期正式设置大理寺，以大理寺卿和少卿为正副长官。大理寺的建立增强了中央司法机关的审判职能，也为后世王朝健全这一机构奠定了重要基础。

2. 御史监督职能的加强

三国两晋南北朝为抑制割据势力，御史监督职能有明显加强。晋以御史中丞为御史台长官，权能极广，受命于皇帝，有权纠举一切不法案件。又设治书侍御史，纠举审判官吏的不法行为。

3. 尚书执掌司法

三国两晋南北朝时期进一步提高尚书台的地位，曹魏时改由"都官尚书"执掌司法审判，同时掌管囚帐，这为隋唐时期刑部尚书执掌审判复核提供了前提。

四、唐代司法机关

（一）中央司法机关

1. 大理寺

大理寺以正卿和少卿为正副长官，行使中央司法审判权，审理中央百官与京师徒刑以上案件。凡属流徒案件的判决，须送刑部复核；死刑案件必须奏请皇帝批准。同时大理寺对刑部移送的死刑与疑难案件有重审权。

2. 刑部

刑部以尚书、侍郎为正副长官，下设刑部、都官、比部和司门四司。刑部有权参与重大案件的审理，对中央、地方上报的案件具有复核权，并有权受理在押犯申诉案件。

3. 御史台

御史台以御史大夫和御史中丞为正副长官,下设台、殿、察三院。作为中央监察机构,御史台有权监督大理寺、刑部的审判工作,同时参与疑难案件的审判,并受理行政诉讼案件。

4. "三司推事"

唐代中央或地方发生重大案件时,由刑部侍郎、御史中丞、大理寺卿组成临时最高法庭审理,称为"三司推事"。有时地方发生重案,不便解往中央,则派大理寺评事、刑部员外郎、监察御史为"三司使",前往审理。此外,唐代还设立都堂集议制,每逢发生重大死刑案件,皇帝下令"中书、门下四品以上及尚书九卿议之",以示慎刑。

(二)地方司法机关

唐代地方司法机关仍由行政长官兼理。州县长官在进行司法审判时,均设佐史协助处理。州一级设法曹参军或司法参军,县一级设司法佐、史等。县以下乡官、里正对犯罪案件具有纠举责任,对轻微犯罪与民事案件具有调解处理的权力,结果须呈报上级。

五、宋代司法机构的变化

(一)审刑院的设置与废弃

宋代君主由明法而干预司法,太宗时,在三法司之外,于宫中增设审刑院,院内置"知院事"若干人,凡狱讼经大理院审断后,送审刑院审议,并报中书省呈皇帝批准。神宗元丰改制又裁撤审刑院,恢复大理寺、刑部旧制。

(二)三法司职权的变化①

宋初,刑部职权为审刑院所侵夺,故而其甚小。元丰改制后则职权大增,"掌天下之刑狱",凡"刑法、狱讼、奏谳、赦宥、叙复之事"均为其管辖范围,"审复京都辟囚,在外已论决者,摘案检察,凡大理、开封、殿前马步司狱,纠正其当否,以情法予夺、赦宥、降放、叙雪"。(《宋史·职官志》之"刑部")

大理寺在元丰改制前"谳天下奏案而不治狱",即不审理人犯,只作书面审理,也不置监狱,京师案件多由开封府和御史台审理。宋神宗元丰改制后,大理寺得审理京师案件,并置监狱。

至于宋之御史台,不仅其人员与唐代相较大为减少,其有关司法审判之权亦较小。

(三)"提点刑狱司"的设立

从太宗时起加强地方司法监督,在州县之上,设立提点刑狱司,作为中央在地方各路的司法派出机构。提点刑狱司定期巡视州县,监督审判,详录囚徒。凡地方官吏审判违法,轻者,提点刑狱司可以立即处断;重者,上报皇帝裁决。

---

① 参见那思陆:《中国审判制度史》,台湾正典出版文化有限公司2004年版,第170—174页。

(四) 鞫谳分司①

就是将"审"与"判"分开,由鞫司负责审(推勘),谳司负责判(检法断刑),以避免法官一人独断。宋代中央、路(提点刑狱司)、州(府)均实行鞫谳分司,唯县不分司。大理寺少卿增为两员,右治狱、左断刑;州府由司法参军掌推勘,司理参军掌议法断刑。

六、元代司法机关

(一) 中央司法机关

元代废大理寺,由刑部主持审判,审判权与司法行政权遂合二为一。但刑部不能审理蒙古贵族王公案件。大宗正府专理蒙古贵族王公案件,与刑部没有相互监督的关系。御史台虽然地位较高,但无权监督大宗正府的司法审判。另外,元代设枢密院,兼掌军法审判,设宣政院专理宗教审判,设道教所主理道教案件,设中政院兼理宫内案件的审判。元代中央宗教、军事、行政机关同时行使审判权,造成审判不一与法律适用的混乱,严重影响了元代的统治。

(二) 地方司法机关

元代地方司法机构分为省、路、府、州、县,仍实行司法行政合一的体制。

七、明代司法机关

(一) 中央司法机关

刑部主审判,大理寺负责复核,都察院负责法律监督,也参与审判。上述三者,合称为"三法司"。刑部因主审判,故由原来的四个司扩充为十三清吏司,分别受理地方上诉案件和中央百官与京师地区的案件。审判结束,应将案卷连同罪犯移送大理寺复核,流刑以下案件,大理寺认为判决得当,刑部则具奏行刑,否则,驳回更审。死刑案件,刑部审理,大理寺复核后,须报请皇帝批准才能执行。

明代把御史台改称都察院,扩大监察组织和职权,设立左右都御史及监察御史等官,负责纠举弹劾全国上下官吏的违法犯罪,并且参与重大疑难案件的审判工作,监督法律的执行。都察院附设监狱,关押皇帝直接交办的重要案犯。从宣德十年(公元1435年)起,明代按省把全国划分为十三道,共设监察御史一百一十人,直属都察院,分掌地方监察工作。监察御史定期巡按地方,对地方司法审判进行监督。发现官吏违法犯罪,可以"大事奏裁,小事立断"。

(二) 地方司法机关

明代地方司法机关分为省、府(州)、县三级。省设提刑按察司,有权判处徒刑及以下案件,徒刑以上案件须报送中央刑部批准执行。府、县两级实行行政司法合一体制,由知府、知县掌管狱讼事务。明代还在各州县及乡设立"申明亭",张贴榜文,申明教化,由民间德高望众的耆老受理当地民间纠纷,进行调处解决,以维护传统社会

---

① 参见徐道邻:《中国法制史论集》,台湾志文出版社1975年版,第97—98页。

(三) 厂卫干预司法

明代于普通审判机关之外,还建立了特务审判机构,如锦衣卫与东厂、西厂、内行厂等机构,用以维护专制皇权,监视臣民。厂卫干预司法始于太祖洪武十五年(公元1382年),太祖始令锦衣卫负责刑狱与缉察逮捕。锦衣卫下设南、北镇抚司,其北镇抚司"专理诏狱",按旨行事,并设法庭监狱,管辖"不轨、妖言、人命、强盗重事",使"天下重囚多收系锦衣卫断治"。太祖后期曾加禁止,但成祖很快恢复,又在锦衣卫之外建立宦官特务机构——东厂,专司"缉访谋逆,大奸恶",其权超过锦衣卫。明宪宗、武宗时又分别建立西厂、内行厂。内行厂权力又在东、西厂之上。厂卫特务到处活动、严重干扰司法,其具体表现如下:

其一,厂卫以"奉旨行事"之名作出裁决,三法司无权更改,有时还得执行。

其二,非法逮捕行刑,不受法律约束。厂卫无需事实根据,仅凭街谈巷议,片纸投入,可随意逮捕人犯执行刑罚。使得"天下皆重足屏息,嚣然丧其乐生之心",加剧政治社会矛盾,导致明代统治加速灭亡。

八、清代司法机关

(一) 中央司法机关[①]

清承明制,中央以三法司(刑部、大理寺、都察院)为审判机关。此外,议政衙门、内阁、军机处、吏部、户部、礼部、兵部、工部、理藩院、通政使司、八旗都统衙门、步兵统领衙门、五城察院、宗人府、内务府等都得兼理司法审判,为广义之司法审判机关。"持天下之平者(刑)部也,执法纠正者(都察)院也,办理冤枉者大理(寺)也。"(《大清会典》)

1. 刑部

刑部为"刑名总汇",其执掌兼有司法审判及司法行政。"掌天下刑罚之政令,以赞上正万民。凡律例轻重之适,听断出入之乎。体宥缓速之宜,赃罚追贷之数,各司以达于部,尚书、侍郎率其属以定议,大事上之,小事则行,以肃邦纪。"(《大清会典》)关于刑部的实际权限,可归结为六个方面,即:(1) 复核各省徒罪以上案件;(2) 审理京师徒罪以上案件;(3) 会同复核各省秋审案件;(4) 会同复核京师朝审案件;(5) 司法行政职权,如司法统计,狱政管理,赃款罚没,本部法司官员考核等;(6) 主持律例修订,平时积累例案,开馆时纂修定拟。三法司中,其职权最重,清史稿曰:"外省刑案,统由刑部核复。不会法者,寺院无权过问,应会法者,亦由刑部主稿。在京诉讼,无论奏咨,俱由刑部审理,而部权特重。"

2. 都察院

都察院职"掌司风纪,察中外百司之职,辨其治之得失与其人之邪正"。"凡重辟则会刑部、大理寺以定谳,与秋审、朝审"。《大清会典》记载,都察院职司风宪,号风宪衙

[①] 参见那思陆:《清代中央司法审判制度》,北京大学出版社 2004 年版。

门。主要负责监察、考核、谏议,有关司法只是其职能的一个方面。都察院下分十五道和六科。十五道御史分别监察各省及办理各省司法刑名案件;六科给事中分别监察吏、户、礼、兵、刑、工六部等机关。雍正元年(公元1755年)六科并入都察院,科道合一。

都察院参加司法审判事务,有两方面的职责:第一,会谳,即复核拟议全国死刑案件。《清朝通典》记载:"凡刑部重辟囚,先以御史、大理寺左右寺官会刑曹,察其辟,辨其死刑之罪,而要之曰'会小三法司'。及致辞于长官都御史、大理卿,乃诣刑部与尚书、侍郎会听之,各丽其法以议狱,曰'会大三法司'。"第二,都察院参加秋审和朝审,执行复奏的职责。

3. 大理寺

大理寺职司平决,为"慎刑"机关,其执掌亦有司法审判及司法行政。《大清会典》曰:"掌平天下刑名,凡重辟则率其属而会勘。大政事九卿议者则与焉,与秋审、朝审。"大理寺司法审判上之职权主要有四:会同复核各省死刑案件;会同审理京师死罪案件;会同复核各省秋审案件;会同复核京师朝审案件。大理寺的司法活动与都察院类似,主要是会谳,即京师死刑案件的会审和外省死刑案件的会复,在形式上是传阅刑部拟好的定拟意见、会签会题。大理寺在会谳中主要应掌握"平反",即注意查核有无冤枉。

(二) 地方司法机关

1. 州/县/厅

州县官必须亲自审理其辖区内的所有案件。故有语云:"万事胚胎,皆由州县。"州县作为第一审级有权决定笞杖刑,徒以上案件上报。在其审理的众多案件中,州县官对于应判徒以上刑罚的重大刑事案件没有终审权,须上报逐级审转。凡应拟判徒刑的案件,由州县初审,依次经府、按察司、督抚逐级审核,最后由督抚作出判决。而命盗重案,州县初审后,应将人犯并案卷一并解赴上级机关审理。

另一类案件是有关田土、户婚、斗殴诸般"细故",州县官有权作出终审判决的,称为"自理词讼",包括两类:其一,民事案件;其二,笞杖或枷号的轻微刑事案件。具体指由户籍、继承、婚姻、土地、水利、债务等问题引起的民事案件以及因斗殴、轻伤、偷盗等行为处刑不过笞杖或枷号的轻微刑事案件。《清史稿·刑法志》云:"户婚、田土及笞杖轻罪由州县官完结,例称自理。"清律对州县官的这类审判权有明确的规定:"州县自行审理一切户婚、田土等项。"(《大清律例·刑律·诉讼·告状不受理》)

2. 府/直隶厅/直隶州

府负责复审州县上报的刑事案件,提出拟罪意见,上报省按察司。"府属之州县厅,由府审转。……直隶厅直隶州属县由该厅州审转。"(《大清会典》)府审转所属州厅县之案件时为二审,直隶厅直隶州审转所属州县之案件时,为二审。唯有府、直隶厅、直隶州需审理本管案件时,为一审。

3. 道

道并非审转必经之程序,依《大清会典》,"直隶厅直隶州本管者,由道审转。……知府有亲辖地方者,其本管亦由道审转"。直隶厅、直隶州无属县时,道为二审。直隶厅、直隶州有属县时,道为三审。

4. 省按察司

省按察司为一省刑名总汇,负责复审府或道审转之徒刑以上案件[①],并审理军流、死刑案的人犯。对于"审供无异"者,上报督抚,如发现有疑漏,则可驳回重审,或改发本省其他州(县)、府更审。

5. 总督(巡抚)

依照《大清律例》,无关人命徒罪案件,督抚即可批结。

第二节 司法程序

一、秦的司法程序

依据秦墓竹简《封诊式》中的大量案例分析,秦朝审理案件已经形成了一套比较系统和相对完善的制度。

(1) 现场勘察和检验。《封诊式》中"穴盗"、"经死"、"贼死"和"出子"等案例详细记述了官府对入户盗窃、自缢死亡、他杀死亡、女子流产死亡等死亡案件进行现场勘验的经过。从中可以清楚地看出,秦朝在诉讼过程中注重收集证据、询问证人,并认真进行现场勘察和检验。

(2) 拷讯。在"有罪推定"原则下,为审结案件而对犯罪人实施拷讯是合乎法律的程序。按照秦朝法律的规定,讯问人犯应先以言辞为主,反复讯问。若不用拷讯而能审得实情,则是"上策"。若再三审讯而仍不得实情,才可以动用刑讯取得口供。

(3) 爰书。是记录司法活动的文书,包括案情、犯人供词、证人证词以及拷讯等文字记载。秦朝法律规定各种审判案件都应该有这种爰书。

(4) 乞鞫。指要求重审案件。"乞鞫"可由被告自己提出,也可由他人代为提出。

二、汉代录囚制度

所谓录囚,是指上级司法机关通过对囚徒的复核审录,对下级司法机关审判的案件进行监督和检查,以便平反冤案、疏理滞狱的制度。自西汉中期开始,即常有政府官员到监狱审录囚徒的记录;东汉以后,有时皇帝、太后等也亲自录囚,以示恤刑。录囚对于长期滞案提前审理,对于冤假错案平反昭雪,因而从汉代开始一直受到王朝的重视。

三、唐代复审与上诉制度

唐律规定审结案件后,应向犯人及亲属宣读判决。如案犯不服提出上诉,由原审机关审理,法司有违者笞五十。如死刑犯上诉不予复审,则杖法司一百。另据《唐六

[①] 由府审转者,按察使为三审;由道审转时,按察使为三审或四审。

典》规定：申请上诉后，原审机关维持原判，可以逐级上诉，直至直诉皇帝。但禁止越诉。

四、宋代司法程序

（一）皇帝亲自行使审判权与录囚

宋代皇帝为强化司法监督，亲自行使审判权，当然客观上宋代也多明法之君。宋太宗时期"常躬听断，在京狱有多疑者，多临决之"；徽宗则常以"御笔手诏，变乱旧章"。皇帝亲自审理案件称为"指挥"，其亲理案件，不许申诉和拖延执行，违者有罪。此外，宋代还规定审理法无明文规定的案件，必须奏报皇帝裁决，违者有罪，以此保证皇帝审判权的不可侵犯性。宋太祖沿袭前制，实行皇帝亲录囚徒。乾德四年（公元966年），太祖"亲录开封府系囚，会赦者数十人"。以后各代皇帝多有仿效。

（二）翻异别勘制度与证据勘验制度

因为犯人翻供，就得把案子从头审问（"重推"），这是唐代以来就有的规定。宋代从太祖时起，则开始实行翻异别勘制度，即在诉讼中，人犯否认口供（称"翻异"），事关重大案情的，由另一法官或别一司法机关重审，称"别勘"。又分为别推（原审衙门换人重审）与别移（两次发生翻案之后，移交其他衙门审理）。①

两宋注重证据，原被告均有举证责任。重视现场勘验，南宋地方司法机构制有专门的"检验格目"，并产生了《洗冤集录》等世界最早的法医类著作。

五、明清司法程序（以清代为中心）②

（一）九卿圆审

九卿圆审在清代又称九卿会审，是明清两代重要的复审制度，凡是地方上报的重大疑难案件，罪犯经过二审后仍不服判决者，则由六部尚书、大理寺卿、左都御史、通政使九卿联合审判，最后报奏皇帝裁决。

（二）热审

热审本系明代审录制度之一种，是京师对狱中轻罪案件进行重审的制度。明弘治元年（公元1488年），热审成为定制。在每年夏天，由大理寺官员会同各道御史及刑部承办司③共同进行，快速决放在监笞杖"轻刑"案犯，以体现所谓"恤刑"。

（三）"三八放告"与诉讼时间的限制

为抑制民间"健讼"、实现息讼，保障农业生产，唐宋元法律均规定每年四月至九月的半年时间不受理（审理）户婚田土案件，《宋刑统·户律》还为此专设了"婚田入务"门。明朝法律取消了类似的规定，但通常州县衙门均规定放告日期，除重大案件外，一般民间细故不得在放告日之外呈控。清代前期多以每月三、六、九日（初三、初

---

① 参见徐道邻：《中国法制史论集》，第153—162页。
② 参见那思陆：《中国审判制度史》；那思陆《明代中央司法审判制度》，北京大学出版社2004年版；那思陆：《清代中央司法审判制度》；那思陆：《清代州县衙门审判制度》，中国政法大学出版社2006年版。
③ 明代锦衣卫也参加热审。

六、初九、十三、十六、十九、二十三、二十六、二十九)放告;19世纪以后则多以每月三、八日(初三、初八、十三、十八、二十三、二十八)放告,故通常为"三八放告"。清朝在康熙年间还恢复了唐宋元"农忙停讼"的制度,规定每年四月初一至七月三十的农忙时期则完全不放告,官府在此期间不受理户婚田土等"细事",地方官在农忙时如受理民间细故,督抚据律要对其"指名题参"。①

(四)逐级审转复核

清代司法程序,从地方到中央包括:(1)州县厅初审程序;(2)府、直隶州、直隶厅复审程序;(3)道复审程序;(4)按察使司复审程序;(5)督抚复审程序;(6)咨部、具题、具奏;(7)中央法司复核(徒流军案件由刑部复核,死罪案件由法司复核);(8)死刑案件之票拟、拟办及裁决。笞杖案件由州县官审结;寻常徒罪案件,督抚复核后,即可批结,由按察使司按季汇齐,每季造册详报督抚,督抚出咨报部;有关人命徒罪案件及军流案件,督抚复审后,咨部复核;死罪案件,督抚复审后,寻常死罪案件,须专本具题,奏闻皇帝;情节重大死罪案件,须专折具奏,奏闻皇帝。

1. 徒流军案件之刑部复核

刑部对各省咨部案件有权查核或复核。按季咨部之徒罪案件有权查核;专案之徒流军案件有权复核。或为依议之判决,或为径行改正之判决,或为驳令重审之判决,唯均需获得皇帝裁决之认可,始能生效。

(1)依议之判决。事实认定合乎情理,适用律例亦无不当,以题本奏闻于皇帝,奉旨依议。

(2)径行改正之判决。适用律例不当,以题本奏闻于皇上,奉旨依议。

(3)驳令重审之判决。事实认定不合乎情理或适用律例不当,亦得驳令再审,以题本奏闻于皇上,奉旨依议后,咨复该督抚。

2. 死罪案件之法司复核(定拟判决、会核、会题)

各省专本具题之案件,多奉旨由"三法司核拟具奏";各省专折具奏之死罪案件,多奉旨由"刑部议奏"或"刑部核拟具奏"。而专折具奏的重大死罪案件,因需要尽快处理,故无须三法司会审,只需刑部审理,专折具奏即可。关于会核与会题,据《大清会典事例》,"凡奉旨三法司核拟事件,刑部审明,成招定罪,注定谳语,送都察院参核。都察院参核既定,送大理寺平反。会稿具题,三衙门议同者,合具谳语,不同者各出谳语具奏"。

经中央法司复核,结果通常包括:依议之判决;径行改正之判决;驳令重审之判决;夹签声明请旨(主要是情节实可矜悯的情况);三法司两议(三法司意见不同,且难以协商解决)。《大清会典》规定:"三法司核拟重案,如迹涉两是,有一二人不能尽画一者,许各抒所见,候旨酌夺。但不得一衙门立一意见,判然与刑部立异。其有两议者,刑部进本时,亦不得夹片申明前议之是,指驳后议之非,惟当两议并陈,静候上裁。"

---

① 参见杨一凡主编:《新编中国法制史》,社会科学文献出版社2005年版,第427页。

3. 死刑案件之票拟、拟办及裁决

（1）内阁票拟或军机大臣会商拟办。各省死罪案件题本，经三法司复核后具题，奏闻于皇帝。此时，内阁应票拟意见。

（2）皇帝裁决包括：其一，监侯，包括案情较轻的命盗案件以及其他死刑案件。监候是缓决（不立即执行死刑），在第二年秋审时定其生死。其二，立决，主要用于强盗首犯的枭首，谋反、大逆等严重犯罪的凌迟，都是一经皇帝裁决，即"决不待时"。一般的人命、强盗两大类死刑案件，其案情较严重的也为立决。

（五）京师案件审理程序

清代京师案件审理程序与地方案件不同，审级较为简化。

1. 第一审：五城察院（巡城御史）与步军统领衙门①

清初，旗人居住在内城，其治安及司法由步军统领负责；民人居住在外城，其治安及司法由五城察院负责。康熙中期以后，旗、民居住混杂，以上区分渐趋泯灭，两衙门地域管辖竞合，于内、外城，旗人、民人均有管辖权。民事案件（户婚田土）由五城察院自理，巡城御史即可审结。刑事案件，笞杖由五城察院与步军统领自理、审结，徒罪以上案件或其他特殊案件，须送刑部审办。

2. 第二审：刑部

京师徒罪以上案件，须送刑部现审（实审，亲为审理之意）。遣军流案件，刑部即可审结；寻常死罪案件须由三法司会审，唯仍由刑部主稿；专折具奏之重大死罪案件则仅由刑部处理。

3. 第三审：三法司

三法司会审后具题，奏闻于皇帝。斩、绞立决案件，下旨依议后即确定；监候案件则须经朝审复核。

（六）秋审与朝审

死刑复核的秋朝审制度始于明代，明代称之为"朝审"，范围仅限于京师死罪人犯。到了清代，范围则扩大到全国，其中京师死刑案件的复核称为"朝审"，京师之外全国上报死刑案件的复核称为"秋审"。

秋审号称"秋审大典"，审理全国上报的斩、绞监候案件，于每年秋八月在天安门金水桥西举行。由九卿、詹事、科道以及军机大臣、内阁大学士等重要官员会同审理。清朝专门立有《秋审条款》，作为进行秋审的基本规范。朝审，在清代是指对刑部判决的重案及京师附近绞、斩监候案件进行的复审，其审判的组织方式与秋审大体相同。

案件经过秋审或朝审复审程序后，分四种情况处理：（1）情实，指罪情属实、罪名恰当者，奏请执行死刑；（2）缓决，案情虽属实，但危害性不大者，可减为流3000里，或减为发烟瘴极边充军，或再押监候留，待来年秋审再审；（3）可矜，指案情属实，但有可矜或可疑之处，可免于死刑，一般减为徒、流刑罚；（4）留养承祀，指案情属实、罪名恰当，但有"亲老丁单"情形，可以申请"存留（免死）奉亲（赡养父母）"，是否可以留

---

① 其全称为"提督九门巡捕五营步军统领"。

养要奏请皇帝裁决。

（七）宗室觉罗与旗人案件之审理

1. 宗室觉罗案件

在京师，由宗人府会同户（户婚田土）、刑（人命斗殴）两部审理；在盛京，则由盛京刑部与盛京将军等审理。宗室觉罗犯罪，原则上应奏闻皇帝；清后期轻罪则否。

2. 旗人案件

（1）京师旗人

户婚田土案件由其所属牛录之佐领（及其上司）审理，若该佐领不为审理，旗人得赴户部呈控，由户部直接审理。刑事案件由八旗都统管辖，康熙五十五年定例，命案由该旗大臣（都统）会同刑部审理。雍正十三年后，八旗徒罪以上案件均由刑部审理，八旗都统不再有管辖权。

（2）驻防旗人

清代于旗人驻防之地设理事同知或理事通判，民事案件两造均为旗人，由其审理；一方为民人的由州县官审理。刑事案件则由理事同知（理事通判）自行审理、核转，或与旗员会同审理。各省理事厅员审理完结后，须报送将军、都统或副都统复核。

（八）职官案件之审理

1. 范围

所有中央、地方九品以上之文武官员。宗室觉罗与旗人则另有规定。

2. 管辖

各省职官案件除中央提审案件之外，原则上由各省督、抚管辖。通常系由道员或知府初审，按察使复审，督抚再审。京师职官案件由刑部或三法司管辖，文职案件常须会同吏部审理，而武职案件常须会同兵部审理。中央各部院所属职官犯罪时，刑部或三法司常会同该部院审理。

3. 题参

清代职官犯罪，无论京师或各省，均应奏闻皇帝。所谓题参，在各省由督、抚、提督、总兵为之；在中央，多由都察院科道为之，唯各部院堂官于所属官员违法失职亦可题参。各省重要职官犯罪，督抚审讯前须先题参，奉准之后，始得拘提审讯；各省一般职官犯罪，题参之日，督抚即可将人犯拘齐审究。职官受题参后，如情节可疑须送刑部审判者，吏部或兵部得将其先行解任或革职。

职官案件审讯完结后，须依律议拟，奏闻皇帝。

（九）京控①

1. 接受京控之衙门

刑部、都察院、步军统领衙门、通政使司（登闻鼓厅）。清代京控案件以向都察院呈控者居多。

---

① 可参见欧中坦："千方百计上京城：清朝的京控"，载高道蕴、高鸿钧、贺卫方编：《美国学者论中国法律传统》，清华大学出版社2004年版。

2. 京控之方式

以递送呈词为多。但向通政使司呈控时，不管有无呈词，均得击鼓为之，即俗称"击鼓喊冤"。

3. 法司处理

情节较重者，可具折奏闻；情节较轻者，咨回本省督抚审办；或暂交刑部散禁，提取案卷，查核酌办。都察院、步军统领衙门遇有各省呈控，不准径行驳斥；除即行具奏之情节较重者，其应咨回本省之案，亦须视案情之多寡，于1—2月汇奏一次。其中以咨交各省督抚审办者居多；少数具折奏闻的，其中亦以奉旨发交督抚审办者居多。后者为钦命案件，督抚须亲提审讯。发交刑部核对原案的，刑部分别情形处理，或毋庸再为审理，或提取案卷来京核对，或交该督抚审办，或请钦差大臣前往。

4. 禁止越诉

《大清律》第332条附例明确规定："如未经在本籍地方及该上司先行具控，或现在审办未经结案，遽行来京告者，交刑部讯明，先治以越诉之罪。"并将该犯解回本省，令督抚等秉公审拟题报。

（十）叩阍

1. 方式

（1）赴宫门叫诉冤枉。得予准理，但叩阍人应科以刑罚。

（2）迎车驾申诉。于皇帝出巡时，于其车驾行处申诉。如未冲突仪仗，则得准理；否则不予立案。乾隆以前，以此种方式叩阍者居多。在康熙巡幸杭州时，居然"有人颈系诉状，朝御舟游来，高呼其受天下第一等恶人欺压"。①

（3）呈递封章。清制，仅大臣（内而九卿台谏，外而督抚司道）方得封章奏事。妄以呈递封章叩阍者，原封进呈，呈递者锁交刑部治罪。

2. 处理

叩阍案件，皇帝多发交刑部或各部院审办，亦有发交各省督抚审办者。发交各省者为钦命案件；发交刑部者，其司法审判程序依刑部现审程序处理；皇帝出巡时，叩阍案件则多发交行在之刑部审办。发交刑部等部院审办者，刑部等衙门审理完结后，定拟判决，奏闻皇帝裁决，皇帝可依议，或令其复审，或令大臣集议，或特派大臣察审，或直接另行处置。

第三节　从春秋决狱到父母官式的个别主义裁判

一、春秋决狱

（一）春秋决狱与法律儒家化

所谓春秋决狱，是依据春秋经义与事例来辅助、补充制定法，比附定罪，解决疑难

---

① 参见〔美〕史景迁：《康熙：重构一位皇帝的内心世界》，温洽溢译，广西师范大学出版社2011年版，第52页。

的刑事案件。春秋决狱又称春秋折狱、春秋决事、春秋断狱、经义决狱、引经决狱。《春秋》是孔子所著的一部鲁国编年史,它集中反映了儒家政治思想观念与是非标准。自西汉武帝确立"罢黜百家,独尊儒术"方针后,传统法律开始儒家化,反映到司法领域,便出现了《春秋》决狱。其特点是依据儒家经典——《春秋》等著作中提倡的精神、原则审判案件,而不是仅依据汉律审案。

春秋决狱被认为是中国法律儒家化的重要步骤,"汉承秦制",汉朝从制定法来说沿袭的是法家的法律;但是儒家通过司法审判实践、用儒家思想来改造严苛的法律制度。有人说:"中华法系之躯体,法家之所创造;中华法系之生命,儒家之所赋予。"引春秋以折狱,准确地说是引公羊的义例以决狱。春秋三传,左传精于史实,公羊精于义例,谷梁重于解经。后儒阐述春秋大义微言的,又以董仲舒为著。所谓春秋决狱,乃是依据春秋经典的事例,以为判决的标准,尤其是遇到特别疑难的刑事案件,以春秋经义来比附定罪。观其本意,是"论心定罪",也就是"略迹诛心"。"迹"是行为,"心"是犯意,也就是以犯意来决定其罪责,这也就是所谓的"春秋诛心"。如犯罪人主观动机符合儒家"忠"、"孝"精神的,即使其行为构成社会危害,也可以减免刑事处罚;相反,犯罪人主观动机严重违背儒家倡导的精神,即使没有造成严重危害后果的,也要给予严惩。

(二) 春秋决狱的核心思想

在中国古代,由儒生发展了一种在经与权、情与法之间寻找平衡的审判技术——春秋决狱。

1. 经与权

当制度设计因为种种原因不能达致"善"的结果,有伤人情时怎么办?儒家经典的经与权的学说为我们提供了变通的办法。"男女授受不亲,礼也;嫂溺援之以手,权也。"(《孟子·离娄》)依据传统礼教,"男女授受不亲",叔嫂之间尤其要注重男女大防以避瓜田李下之嫌,可当嫂嫂落水时,为叔者就不能一味墨守教条,而应出手相救。人命关天,亲情至贵,这些远比教条更重要。所以赵岐为此作注:"权者,反经而善者也"。只要是善的,一时违反制度也在所不辞。在一定范围内的"反经"其实拯救了"经"本身,因为如果制度僵化到常常违背人性、导致不善的后果,整个制度必将被规避,被漠视,最终被推翻。

2. 原情定罪

历来研究春秋折狱大都强调其原心定罪、儒家教义入律的一面,这里更关注其注重人情、化重为轻的一面,其原心定罪常常是原情定罪以求宽免。正所谓"礼由人起","缘人情而制礼,依人性而作仪"①,儒家融礼入法,其实也包含了融情入法,它为冰冷严苛的法律注入了温情的人本主义因子。儒者,柔也;法者,刚也。春秋决狱,以柔济刚。经可以视为柔性的不成文法,律则是刚性的成文法。以柔济刚,使硬性的成

---

① 《史记·礼书》,中华书局1974年版,第1161、1157页。

文法（律）与柔性的不成文法（经）互相配合，也使得法律的稳定性与变化性得以调和。①

我们也可以把春秋决狱比照西方《圣经》中类似的例子，在犹太律法中关于安息日的规定因过于严格变得死板，而基督却教导人们说安息日是为人设定的，以人性来恢复安息日的正确精神：

  在一个安息日，基督遇到一位手干枯的人，想立刻为他治疗。当时法利赛人提出法学上的异议而问道："在安息日治病合乎法律吗？"基督回答："你们中有人有一头羊，而在安息日那头羊跌落坑里，谁不把它捉住拉出来呢？一个人的价值比一头羊的价值重要得多！所以在安息日行善是合乎法律的。"②

（三）春秋决狱案例

案例 1.

  甲父乙与丙争言相斗，丙以佩刀刺乙，甲即以杖击丙，误伤乙，甲当何论？或曰：殴父也，当枭首。（董仲舒）论曰：臣愚一谓父子至亲也，闻其斗，莫不有怵惕之心，扶杖而救之，非所以欲诟父也。春秋之义，许止父病，进药与父而卒，君子原心，赦而不诛。甲非律所谓殴父，不当坐。③

依儒家教条殴父乃大逆，汉律亦作殴父当枭首的规定，此处变经为权，比附许止进药，认为甲非律所谓殴父。④ 与其牵强说是法律儒家化，倒不如说是依据人情对儒家经义教条化的修正。

案例 2.

  甲有子乙，以乞丙，乙后长大，而丙所成育。甲因酒色，谓乙曰："汝是吾子"，乙怒杖甲二十。甲以乙本是其子，不胜其忿，自告县官。仲舒断之曰：甲生乙，不能长育，以乞丙，于义已绝矣。虽杖甲，不应坐。⑤

这又是子殴父的案子，甲虽未曾养育乙，但毕竟为生父，董仲舒断乙不坐，表面原因是甲乙义绝，实则主要是因甲无赖。董仲舒在这里引用了春秋中申生被杀的例子，申生并非晋献公亲自所杀，但是春秋却用了杀这个字，意在暗示晋献公丧失亲亲之道，作为父亲不慈爱子女，父子间已毫无骨肉亲情可言。在本案中，甲虽然是乙的生父，却没有尽到抚养义务，既然没有履行父亲的职责，就失去了父子间的亲亲之义。因此，既然为父者已经失去亲亲之义，为子者也不再需要承担为人子的责任。乙在不知其为生父的情况下殴甲，并不成立殴父罪。

---

① 参见黄源盛：《汉代春秋折狱之研究》，台湾中兴大学法律学研究所硕士论文（1982年），第201页。
② 详见《圣经·新约》，太12:8，可2:27—28，路13:10—16、14:1—6，约5:16—18。
③ 《太平御览》，卷六百四十。
④ 许止进药，其目的是为了治愈父亲的病，但是许悼公的死亡却是因为饮药而致。《春秋》用"弑"字，表示确实是许止过失致父死亡，但其所用的"葬"却同时暗示了孔子的态度：许止本意无弑父之心，其行为应当得到宽宥。
⑤ 杜佑：《通典》卷六十九，中华书局1988年版，第1911页。

案例3.

时有疑狱曰:甲无子,拾道旁弃儿乙养之以为子。及乙长,有罪杀人,以状语甲,甲藏匿乙,甲当何论?仲舒断曰:"甲无子,振活养乙,虽非所生,谁与易之?《诗》云:'螟蛉有子,蜾蠃负之。'《春秋》之义,父为子隐,甲宜匿乙。"诏不当坐。①

在这里,董仲舒引用《诗经》与《春秋》,为容隐制度辩护,他强调如果养子杀人而养父不为之隐的话,则养父将失去父亲的亲亲之义。

案例4.

甲夫乙将船,会海盛风,船没,溺流死亡,不得葬。四月,甲母丙即嫁甲。欲当何论?或曰:"甲夫死未葬,法无许嫁,以私为人妻当弃市。"议曰:"臣愚认为,《春秋》之义,言'妇人归于齐',言夫死无男,有更嫁之道也。妇人无专制擅恣之行,听从为顺;嫁之者,归也,甲又尊者所嫁,无淫行之心,非私为人妻也。明于决事,皆无罪名,不当坐。"②

就本案而言,如果引律,则甲当死;如果引经,则甲不当死。董仲舒在这里运用经义,顾及古时妇女身不由己的苦衷("妇人无专制擅恣之行"),体现出对社会现实的细腻体察。其所引的春秋故事如下:姜氏是鲁文公夫人,文公生前宠爱的次妃敬嬴为让其子倭登上帝位,与襄仲密谋杀死了姜氏与文公所生的两个嫡子,将庶子倭立为太子,在文公之后即位为鲁宣公。姜氏在鲁国无处安身,只好回到娘家齐国,类似于"出"。但是"出"是丈夫弃妻所用的词,当时文公已死,用"出"并不恰当,因此春秋写了"归"于齐。虽然从表面上看姜氏回齐国与"出"类似,但原因却是因其不被敬嬴和鲁宣公所容。类比适用于本案,甲之再嫁与姜氏归齐一样,并非自己本意,不应当承担罪责。

案例5.

(昭帝)始元五年,有一男子……诣北阙,自称卫太子。公车以闻,诏使公卿将军中二千石杂识视。长安之吏民聚观者数万人。……京兆尹(隽)不疑后到,叱从吏收缚。或曰:"是非未可知,且安之。"不疑曰:"诸侯何患于卫太子!昔蒯聩违命出奔,辄据而不纳,春秋是之。卫太子得罪先帝,亡不即死,今来自诣,此罪人也。"遂送诏狱。③

卫太子刘据原为汉武帝太子,因"巫蛊之狱"而自尽身亡,但民间谣传他并未死,到了汉昭帝时,有人自称是卫太子,诣长安北门,造成混乱,群臣束手无策。而卫太子如若果真未死而归来,因为其为武帝长子,将可能危及汉昭帝皇位的合法性。这时京

---

① 杜佑:《通典》卷六十九,中华书局1988年版,第1911页。
② 《太平御览》,卷六百四十。
③ 《汉书》,卷七十一,隽不疑传。

兆尹隽不疑赶到现场,将其逮捕下狱。其依据是《春秋》蒯聩的故事:定公十四年,卫灵公之世子蒯聩违抗父命,出奔宋,后来又奔晋;灵公立其孙蒯辄,是为出公;后来,蒯聩欲回国,遭蒯辄拒绝;而春秋以灵公无杀子之意,蒯聩不应出奔,故以蒯辄为是。隽不疑认为,在本案中卫太子与蒯聩情况相似,即使诣北门者真是卫太子,也仍应论罪。在本案中,春秋决狱已经成为解决政治疑难的司法手段。

(四)春秋决狱之流弊①

春秋决狱的最大弊端,在于其缺乏普遍性与确定性。在具体适用时,裁判者可能主观判断有误;甚至故意以《春秋》掩饰其政治目的,"使一事而进退于二律",造成"以理杀人"。

1. 引经偏差

例如:汉代范延寿为廷尉,民间有三男娶一妇、生四子,范延寿杀三男,四子归妇,取"禽兽认母不认父"之义。对此,沈家本批评说:"三男并无死法,乃遽骈首就戮,且以禽兽处之,何其轻视人格哉。况此等事乃风俗之敝者,不思革其敝俗,而但以刑从事。尚谓当于理而厌人心,此真大惑不解者。汉人断狱好自作聪明,而准诸法理,实未必尽当,而美其名者辄曰依经造狱,但不知此等经义果属何条也。"②

2. 借名专断

例如:吕步舒为董仲舒弟子,官至长吏,但他并未习得其师的儒家精神,而是"以儒术缘饰吏事"。③《史记·儒林列传》说他"持节决淮南狱于诸侯,擅专断不报,以春秋之义正之,天下皆以为是"。实际上,其治淮南狱,标榜春秋高义,陷大狱死者达数万人,以苛刻为能,大失其师原旨。至于当时酷吏如张汤与杜周,也以春秋相标榜。

(五)春秋决狱之申辩

我们可以把春秋决狱视为一种司法的技术,它可能在实践中只是手段而非目的,法律儒家化并非其必然的结果。儒者循吏能本着宽厚之心,原心依情地推行仁政;而酷吏也能攀附经义,使一事进退于"二律"与"二经"之间,使春秋决狱成为打击异己、徇私枉法的工具。对春秋决狱本身我们不必过于苛责,"今人站在近代法实证的立场,而批判春秋折狱之漫无目标,这种说法对于'不通经'之陋儒酷吏的曲经附会而言则可;如系对于'通经'之贤者循吏'以经辅律'或'以经补律'而言,似嫌过苛。""法家最大缺点,在立法权不能正本清源",只要"法自君出",就不可能有司法的独立存在;司法无独立性,我们就不必指摘儒吏之引经以断狱,因为君主专制之下并没有真实之法治之可言。儒者在君主专制之下,若站在正义立场引经决狱,一以防君主之暴,一以制文法吏之酷,自有其不得已的苦衷,我们无须苛责古人。④

---

① 参见黄源盛:《汉代春秋折狱之研究》,(台湾)中兴大学法律学研究所硕士论文(1982年),第173—175页。
② 沈家本:《历代刑法考》,中华书局1985年版,第1523页。
③ 一个例子:高庙失火,董仲舒私下著文引申为朝政问题,有人将文章举报给汉武帝;天子召诸生示其师之书,而吕步舒竟"不知其师书,以为下愚"。在其判断影响下,董仲舒被汉武帝下狱。
④ 黄源盛:"董仲舒春秋折狱",载黄源盛著《中国传统法制与思想》,台湾五南图书出版有限公司1998年版,第177页。

二、情/理与父母官式的司法——个别主义的审判

汉代之后,春秋决狱的传统并未完全消亡。由儒生而入仕的官员,在其审理案件时,往往不会完全拘泥于制定法,其裁判常常在经与权、国法与情理之间游走。

(一) 寻求和谐与无讼的理想

中国乡土社会从来不是西方个人主义"原子化"的社会,在"社会连带"(social solidarity)的背景下,个人很难独立于他人强调绝对的权利。熟人社会的是非逻辑往往并不是那么简单的非黑即白。欧美研究传统中国法的学者戏言中国人有着 long memory 的习惯,相应地案件的审理不能拘泥于一时一事,也不能截然以直接因果关系为断。例如,当甲因乙欠债不还将乙告到官府时,乙的抗辩理由不是具体债务本身,而是乙父二十年前对甲父有恩,因此甲家欠了乙家的人情(债),故而甲不能忘恩负义地要求乙欠债还钱。

另外,查明案件事实往往非常困难,而士大夫担任的法官并没有受过专业法律教育,他所依赖的幕友、书吏与衙役在道德上也不值得信赖。在这样的司法现实下,与其鲁莽地去裁判,不如教化民众和谐与"息讼",例如有地方官在衙门口就写着如下对联:"尔小民有闲暇各勤尔业,众百姓无事莫进此门"。

就老百姓而言,去衙门告状要承担不菲的成本,旷日持久的诉讼会耽误农业生产,当事人要面对书吏衙役的敲诈勒索(陋规)与上下其手,而案件的判决结果又是那么不确定。"厌讼"是趋利避害的必然结果。

尽管政府"息讼",百姓"厌讼"(惧讼),但古代中国在一定程度上又是一个"好讼"的社会。究其原因,除了中国政治、经济地位的相对高度流动性带来的大量纠纷以外,在社会心理上"爱面子"、"不蒸馒头争口气"的文化也造成了"健讼"与"缠讼"的问题。我们也绝不能把传统社会的讼师等同于现代律师,因为讼师缺乏基本的法律职业伦理,煽风点火、挑起争讼与夸大、捏造事实("小事闹大、大事化小")是其牟利的基本手段,蔑称其为"讼棍"是十分妥当的。[①]

(二) 多元的决讼标准与个别化裁判

对于地方官而言,在裁判之中,他需要礼法兼顾,综合考虑天理、国法、人情,还要考查乡野之俗、少数民族习惯与宗法族规,制定法绝非其裁判的唯一准绳。

案例6:遗产继承纠纷案[②]

台湾地区一个清代州县衙门所遗留的政府文书《淡新档案》中有一个亲属遗产纠纷的案例,争讼持续了约一年半,最后在官府的促成下以和解结案。案情如下:郑如岗有四个儿子(赡南、维叶、维岳、云梯);维叶与维岳早夭且无子,赡南有子邦超;云梯亦早逝,其生前与其妻(郑林氏)生子二人(邦涂与邦试);邦超以赡南之子兼祧维叶,

---

[①] 可参见〔日〕山本内史:"健讼的认识和实态——以清初江西吉安府为例",载中国政法大学法律史研究院编:《日本学者中国法论著选译》,中国政法大学出版社2012年版。

[②] 案情与附图参见〔日〕寺田浩明:《权利与冤抑》,王亚新等译,清华大学出版社2012年版,第273—297页。

云梯之子邦涂过继给维岳承嗣,另一子邦试则为云梯自己的继承人。其关系如下附图:

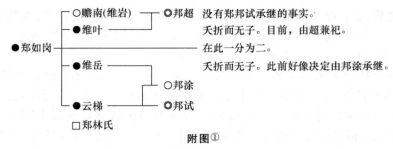

附图①

郑如岗死后,郑氏家族在郑如岗唯一在世的儿子赡南领导下同财共居。赡南逝世后,郑林氏一方要求分家。分家时郑家财产一分为四,郑如岗每个儿子一份,由其后人代位继承,这看似公平,可由于赡南的儿子邦超兼祧赡南与维叶,所以他得到了两份财产;而邦涂与邦试各得一份财产。未亡人郑林氏的儿子邦试对这样的遗产分配结果不满,他扣押了已分配给邦超的土地之地租,当邦超为此向郑林氏告状后,邦试逃跑了。未亡人郑林氏却反咬一口,向官府起诉,无中生有说其生子邦试已过继给赡南,理应分得赡南的财产,可是赡南亲子邦超却侵夺邦试对于赡南的继承权、并且打伤邦试。官府在查明真相后,并未追究郑林氏诬告之罪,反而要求族长们反复调解,最终邦超在族长与地方官的压力下,不得不出让部分其已继承的财产给郑林氏一方,达成双方的妥协。"当初以原则论为背景应该处于压倒优势地位的郑邦超,也无法抗拒周围的人们一致进行的平衡判断,逐渐被逼得走投无路,而且最后接受新的分配方案。"②

(三)父母官的包办裁判与包青天式的实质司法

传统中国的州县官被称作"父母官",作为民之父母,子女犯了错,父母固然要责罚,但也可能会和稀泥、求得家庭与社会的和谐。与"法不容情"相比照,大团圆的结局才是最好的。

案例 7:乔太守乱点鸳鸯谱③

传说在宋仁宗年间,杭州刘家有子刘璞病重,想将早已定有婚约的孙家之女珠姨过门"冲喜"。孙家则将计就计,令珠姨的弟弟玉郎男扮女装代姐过门(而玉郎早已与徐家之女徐文哥订婚)。成婚之夜,刘璞病重无法成礼,刘家命女儿慧娘伴"嫂"(玉郎)而眠(而慧娘已配与裴家之子裴政为妻)。不料玉郎、慧娘情投意合,竟成好事。刘璞病愈后,事情败露,几家人扭打到官。杭州府乔太守受理案件后,传孙、刘、裴、徐四家到堂,当堂做出如下判词,化解了纠纷:

---

① 附图参见[日]寺田浩明:《权利与冤抑》,第 280 页。
② [日]寺田浩明:《权利与冤抑》,第 288 页。
③ 参见范忠信等:《情理法与中国人》,北京大学出版社 2011 年版,第 271—272 页。

> 弟代姊嫁,姑伴嫂眠,爱子爱女,情在理中。一雌一雄,变出意外。慧娘既已失身玉郎,许为夫妇;孙玉郎夺人妇,人亦夺其妇,(故)将(徐)文哥改配裴政。人虽兑换,十六两本是一斤。官府为月老,各赴良期。

在中国古代,像玉郎、慧娘这般私定终身,严格讲是不为礼教与制定法所容的,但乔太守并未固执于此,他"将错就错",自命为"月老"、"乱点鸳鸯谱",造成一个大团圆的结局,遂成就一段佳话。

传统中国民间的司法文学,有乔太守式的文人浪漫主义,也有包公式的个人英雄主义。对于戏曲里包公审案的故事,有现代法律人归纳为如下笑话:"中科院院士、开封市市长兼市公安局长、检察院长、中级人民法院院长,被中央授权可直接判处罪犯死刑。包公同志本着坦白从严、抗拒更严的原则,剥夺了所有罪犯的辩护权和上诉权,将一大批罪大恶极的罪犯用特制的刑具(铡刀)铡掉了脑袋。"且不论包公所谓龙图阁大学士与开封府知府之类职务在历史上的真假,中国古代的司法权是适度分权而非高度集权的,宋代尤其强调司法权的分权;而死刑的核准又一直属于中央政府与皇帝,铡刀也绝非法定的刑具。尽管一一对应不上史实,包公与三口铡刀的故事却传唱至今,这或多或少也反映了一般民间传统的司法观与正义观。

(四)"情法之平":裁判者的"拘泥"与"僭越"①

明清律例规定内容非常细致,但"律例有定,情伪无穷",具体案件的"情"与律例规定不同的时候,就发生"再立法"的问题。在帝制集权大一统的背景下,律令必须被"原封不动"地援引,审判官在理论上没有解释操作的余地。但在"情"有所不同的情况下,审判官又必须考虑到具体案件中情法之平的问题。如果官员过于小心翼翼,避免在制定法(律)之外作任何判断,难免会受到上级(乃至皇帝)"拘泥"的指责,"而且只有细心地注意到情的差异才不负士大夫的美名"。但如果官员在裁判中自由发挥过头的话,又有被指责为"僭越"的风险。如何实现"情法之平",这对于审判官是很大的挑战。

(五)人命关天与民间"细故"(户婚田土钱债)的区分

在中国传统司法中,针对案情的不同,有刑事重案与民间"细故"之分。刑事重案官府随时受理;民间"细故"则每月只有放告的数日可以呈控,而春夏农忙的四个月官府就完全拒绝受理此类案件。刑事重案在州县官一审之后必须逐级审转,甚至交由中央法司与皇帝作最后裁决;而户婚田土钱债之类的民事纠纷与一般处以笞杖的轻微违法案件,则为州县官"自理词讼"范围,由州县官审理完结即可结案。有的当事人为了"把事闹大"、引发上级官衙的关注,往往因轻微民事纠纷而自尽,这样就把案子变成了"命案",依法必须逐级审转到中央作最后的裁判。在"人命关天"、"一命抵一命"的传统文化与"争气、争面子"的社会心理影响下,又有"刑律威逼人致死"条的法律支持,社会上常常会发生类似的悲剧。清末,在外国人眼里,中国人比较习惯于轻

---

① 〔日〕寺田浩明:《权利与冤抑》,第343页。

率地用自杀的方式来泄忿和报复:

> 一个苦力,他给别人搬行李,人家少给了 10 文钱,……他就要当场自杀进行报复,因为他知道这样会给对方带来相当的麻烦。还有一次,一个人跳到运河里自尽,但被人拉了上来。他却坐在河边,不吃不喝,最后死去,原来他要以此来报复某个欺骗了他的人。……有一天,冯夫人的母猪碰巧将王夫人的前门撞倒了,这扇门受到了轻微的破坏,王夫人马上要求冯夫人赔偿,冯夫人拒绝了。随后两人发生激烈的争吵,直至王夫人以自杀相威胁。冯夫人在听到王夫人这样的威胁之后,抓住时机,比王夫人先行结果自己的性命。这样一来,王夫人反而处于被动地位,王夫人随后也投河自尽。①

法律对引发他人自杀者不分情节过错地追究责任,这鼓励了以泄忿和报复为目的的自杀行为的发生,从而在社会上形成了不健康的甚至"可笑"的风气。以上故事并非外国人的恶意虚构,沈家本在论及晚清修律应修正"威逼人致死条"时,也谈到了类似的问题:

> 至若口角微嫌,逞强殴打,不过寻常争闹,初无凶恶可言。及或失物,些微行迹有可疑之处,不过空言查问,亦乡里之恒情。又或钱债无偿,再三逼索,不过危言相怵,冀宿负之能归。凡此多端,事所常有,本无可死之道。乃或以被殴为辱,或以诬窃不甘,或以负逋难措,一时短见,不愿为人,正所谓自经沟渎者也。被殴可以诉讼,诬窃可以理论,负逋可以情求,在胁迫之初,心岂曾料其轻死? 此乃死者之愚,胁迫者不全任其咎也。②

如果自杀者自杀是因为"被殴为辱"、"诬窃不甘"、"钱债无偿"之类的原因,那真可谓是"自寻短见",这是"死者之愚"。但死者选择自杀,往往是因为其缺乏其他的法律救济途径,就此而言,传统的刑律与司法制度也难辞其咎。

---

① 〔英〕吉伯特·威尔士、亨利·诺曼:《龙旗下的臣民:近代中国社会与礼俗》,邓海平、刘一君译,光明日报出版社 2000 年版,第 313 页。
② 沈家本:"论威逼人致死",载沈家本:《历代刑法考》,第 2091 页。

第三编

近代中国法制

第二编

近代中国外交

第十二章 晚清变法修律与中国法之大变局

晚清以降,为中国"数千年未有之大变局",中国由"天朝上国"、"天下的中心"变为世界民族国家之林中一员,甚至是其中落后挨打的成员。在西风东渐、主权沦丧、司法失控的背景下,清廷决定向西方学习,变法修律。在晚清最后的大约十年里,清政府引进西方的理念与制度,修订法律、预备立宪,其间难免发生新旧中西的激烈冲突。

第一节 数千年未有之大变局

一、西风东渐与现代化

晚清以前的中国社会,由于特殊的地形、气候以及丰富的自然资源,很早便步入文明社会,一直享有所谓"光荣的孤立"。帝国官僚对皇帝的忠诚不可动摇,普通百姓对国家的管理不当极为容忍。故而王朝能以最低的军事和经济力量存活下来。有限的收入造就了"头重脚轻"的政府结构,贸然的增税只会引起更多的欠税。而东西方文化的第一次大规模会面,竟出于"兵戎相向"的形式。

梁启超先生把中国的现代化进程分作三个层次,分别是器物、制度、思想文化。鸦片战争之后,中国人开始学习西方的坚船利炮,开办洋务运动,是为器物之现代化;洋务运动的成果在中日甲午海战中损失惨重,而日本变法效果昭然,一败清、再败帝俄,中国开始学习西方的制度,包括宪政;器物、制度现代化均不成功,中国人又开始检讨自己的传统文化,以求振作。

二、从"天下"到"国家"——从朝贡体制到条约体制

在鸦片战争之前,中国人一直自诩为天下的中心,中国之外的地方是所谓的藩邦。天朝不承认世界上有其他与其对等的文明,其与周围藩属交往的模式是所谓的朝贡体制。乾隆年间,英国试图与中国建立平等邦交,但被清王朝高傲地拒绝了。到鸦片战争爆发,大清国与英国订立城下之盟(《南京条约》),朝贡体制逐渐瓦解了。经过条约的缔结,中国的自我认知从独一无二、至高的"天下"(天朝)变为国际社会的一员——"国家"。19世纪,正是第一次法律全球化的浪潮席卷欧美之外的世界之时,此次法律全球化的重心是国际法(国际公法)。中国人也开始学习国际法,以之作为国际交往的准则。1861年,清廷设立"总理各国事务衙门",接管之前礼部与理藩院所掌涉外事务(包括办理洋务和外交),位列六部之前。

三、太平天国的冲击

有关太平天国的是非功过,学界有很多争论。但无论如何,太平天国的领袖们在儒家思想系统之外,借用了西方基督教的思想资源,进行本土化的改造,这对绵延上千年的帝制中国传统形成了重大的挑战。太平天国政府的一些文件,如《天朝田亩制度》《资政新篇》都包含了大胆的制度变革,尽管这些文件并未真正落实,甚至只是所谓的"内参",而非正式颁行的法律文件。

四、洋务运动、甲午战败与戊戌变法

从1840年鸦片战争到1860年北京议和,中国历经与西方二十年的隔膜与纷争,终于直面与西方的外交关系[①],以求彼此相安,并开始向西方学习以求自强。《北京条约》签订后,英、俄、法、美四国公使正式驻京,而清政府于1861年设立了现代意义上的外交机构——"总理各国事务衙门",简称"总理衙门"或"总署"。该衙门最初名为"总理各国通商事务衙门",恭亲王以中外事务不限于"通商",故而删去这两个字。总理衙门以王大臣领之,并派军机大臣监管,衙门司员则分别于内阁、部院、军机处各司员、章京中挑选,轮班入值。论其性质,总理衙门与军机处有颇多类似之处:其一,"两者均为临时组织,并非正式官署";其二,"两者的组织均为委员制,各有首领一人,大臣均为兼任,司员由他处调用",有多名军机大臣兼任总理衙门大臣,总理衙门与军机处"几成一体";其三,"两者的名实均不相符,军机处原司用兵机密,后成为一切政令之地。总署原司中外通商交涉,后成为洋务的总汇,商务、教务同归办理;海关、轮船、火器、学堂以及铁路、电线、矿务、海军等,凡与西洋有关的新政,亦无不由其筹划主持。简言之,同、光年间的自强事业,俱属于总署,成败亦系于总署。"[②]

清末所谓"同光中兴",正是以洋务运动为中心的。洋务运动在引进西方军工技术的同时也打造了中国的现代工商业、编练了新式的军队;为解决人才问题,当时还开办了新式的学堂(如翻译学校与军事学校),并派学员出国留学。启蒙翻译家严复就毕业于海军学校,民国第一任总理唐绍仪、著名工程师詹天佑均是当时派遣出国留学的。这一切都为中国的进一步现代化奠定了基础。因为甲午战败,"师夷长技"的洋务运动遭遇重大挫折。

甲午战败刺激了中国人,而近代宪法观念也随着列强的炮舰政策一起被传入中国。康、梁是较早提出"立宪"的人,他们把宪法视为治国的良药和中兴大清的良策;但他们同时认为"立宪政体,必民智稍开而后能行"。清廷应当"普告臣民,定中国为君主立宪帝国",至于实行宪法,则"期诸二十年而后始"。总的来说,在日俄战争以前,立宪思想尽管已经萌芽,但只是部分忧国忧民的士大夫的一种希望,还没有成为

---

① 鸦片战争前,中国的对外贸易由广东地方当局处理;五口通商后,中外商务由两江、两广总督负责。清廷的中央政府不愿与列强发生直接的外交关系,列强则希望与中央政府而不是地方政府对等外交,这也是引发第二次鸦片战争的原因之一。

② 参见郭廷以:《近代中国史纲》,格致出版社·上海人民出版社2012年版,第133—134页。

普遍的社会舆论,这也是戊戌变法失败的原因之一。

五、中央对于司法的失控

(一) 传教与教案

列强们打开中国的大门之后,兴高采烈的除了外国商人,还有传教士,对后者来说,中国有四万万的异教徒等待他们传递上帝的福音。在"中华归主"(Christian Occupation of China)的感召下,大量的传教士深入到偏僻的中国内地,开办教堂、发展信徒。可是,"中国以名教为治,天主教不敬祖宗神祇,所奉者唯上帝,所尊为教王、神父,等于无君无父,悖理败伦。……入教的妇女与男子齐集一堂,礼拜诵经。婚嫁悉由自愿,不经媒妁,不拜天地。"教会招纳不少乃不肖之徒入教,他们"吃教"(rice Christian)而不信教(conscience Christian),只是希望从教会获得好处,并且把教会作为靠山,并为非作歹、从中挑衅。西方教会与中国传统在文化、信仰上存在根本差异与冲突;部分外国传教士挟本国军事势力横行霸道,教民又助纣为虐;教会因为雍正禁教的历史问题要求清政府发还以往教产,甚至以此为借口侵占土地民房、寺庙书院。教会为一般民众与士大夫所普遍仇视,"官绅士大夫所忧虑的是世道人心、国家安危,平民所愤恨的为切肤之痛"。在这样的背景下,民教冲突时有发生,群体性暴力事件与流血冲突并不罕见,这就是所谓"教案"。教案的处理非常棘手,地方官一方面要保护"洋大人",以防惹出外交事端;另一方面要安抚民众,避免激化矛盾、酿成更大的事端。晚清政府多次与列强的冲突都是肇始于教案,列强之中,法国最为重视传教权益,而教案十有八九都与天主教会有关。① 民教冲突越演越烈,于是有了"反教灭洋"运动与义和团(义和拳)的兴起。

(二) 领事裁判权与会审公廨制度

领事裁判权,近代中国又误称其为治外法权。海禁初开之时,因国人国际公法知识的欠缺,故将二者混用。西方列强在中国行使的领事裁判权,不是源于习惯,而是根据条约。通过一系列的条约,清政府丧失了对于中国境内外国侨民的司法管辖权。外国侨民利用这一特权肆意欺压中国人民,而清政府却无法给予制裁,清末教案迭起也与领事裁判权的滥用密切相关。

会审公廨又称会审公堂,是1864年清政府与英、美、法三国驻上海领事协议在租界内设立的特殊审判机关。按1868年《上海洋泾浜设官会审章程》的规定,凡涉及外国人的案件,必须有领事官员参加会审;凡中国人与外国人之间的诉讼案,若被告系有约国人,由其本国领事裁判,若被告为无约国人,也须由其国领事陪审。从形式上,中国会审官在会审公堂中居于主要地位,会审领事,不过陪审而已。但在实际上,所谓"会审",只是空有其名,甚至租界内纯中国人之间的诉讼,也须外国领事"观审"并影响判决。会审公廨制度的确立,也是外国在华领事裁判权的扩充和延伸。它进一步损害了中国的司法主权。在公共租界内还有工部局作为管理机构,工部局由外国

---

① 参见郭廷以:《近代中国史纲》,第144—147页。

驻上海领事团每年选举三人组成一个领事法庭,管理特定案件。

1903年著名的"苏报案",即是在会审公廨审判。"苏报案"对于清廷刺激很大。因为在清廷看来,《苏报》刊载邹容与章炳麟的文章煽动革命、诋毁光绪皇帝,依《大清律例》"造妖书妖言"条乃重罪,应处斩刑,但租界不肯将章、邹二人引渡给清廷单独审办。经过近半年交涉,清政府与英国方面达成妥协,共同组织一个特别法庭(时称"额外公堂"),在位于上海公共租界的会审公廨审理此案。此案的审理并未依据会审公廨的惯例,而是基于欧美法院的法律程序与法律理念,由工部局指定的外籍被告律师坚持无罪推定原则,要求原告(清政府)负举证责任,并用言论自由原则进行辩护。庭审最后,参与审判的中方官员抢先宣判邹容、章炳麟应处终身监禁,却引来负责"观审"的英国副领事的当庭抗议。因为邹、章羁押在公共租界的工部局监狱,判决的执行权也在外国人手中,中国审判官的单方面判决无法执行。经过中英的交涉,最终将邹容减刑为监禁二年、章炳麟减刑为监禁三年,送往提篮桥西狱服刑。事实上,清末有很多革命党都是以租界为掩护从事推翻清廷的活动,清廷尝够了司法主权沦丧的苦果。①

甚至清朝灭亡后,列强仍然固守租界及其之前取得的特权。直至1927年,汉口和九江被北伐军占领,英国才被迫放弃在两地的租界。列强与南京国民政府达成妥协,保留了部分租界,特别是重要租界如上海租界。但即使在上海,外国人也不得不将会审公廨制度废除,代之以1930年特设的地方法院(上海特区地方法院)与一个省级上诉法院(江苏高等法院第二分院),在新设的法院中,外国人的干预均被排除。②

(三)地方督抚"就地正法"之权

帝制中国在很早的时候就把死刑的最终决定权收归中央,死刑的核准需要经过刑部等法司的复核与皇帝的圣裁。但太平天国乱起后,中央地方交通不畅,为镇压起义的方便,清廷不得不承认了地方督抚对于死刑便宜行事(就地正法)的权力。但督抚就地正法之权并没有随着战乱的平息而交回中央,甚至中央法司三令五申收回死刑核准权,地方督抚依然借故搪塞。清廷的司法主权不仅被外国侵夺,也被地方督抚瓜分。

六、庚子之变与晚期修律的启动

庚子之变,慈禧对列强宣战而仓惶落败;而在清中央政府与列强处于交战状态之时,多名实力派地方督抚却不奉宣战诏、相约"东南互保",与列强相安无事。1901年1月,为表示对列强的友好与改革的诚意,清廷发布了变法上谕。上谕称三纲五常虽为"万世不易"之理,但政府的统治方法应顺应时势改革,并将中国根深蒂固的弊病概括为:"我国之弱,在于习气太深,文法太密。庸俗之吏多,豪杰之士少。文法者庸人

---

① 苏报案与会审公廨参见赵晓耕:《大衙门》,第27章,法律出版社2007年版。
② 参见〔美〕费正清编:《剑桥中华民国史》(上卷),杨品泉等译,中国社会科学出版社1994年版,第798—799页。

借为藏身之固,而胥吏倚为牟利之符。公事以文牍相往来,而毫无实际。人才以资格相限制,而日见消磨。误国家者在一私字,困国家者在一例字。至近之学西法者,语言文学,制造机械而已,此西艺之皮毛,而非西政之本源。"①张之洞、刘坤一等地方督抚随之上了《江楚会奏变法三折》,率先提出修律建议。1901年4月,清廷增设督办政务处,作为筹办新政的中央机关。② 1902年3月11日,清朝下谕修律:"中国律例,自汉唐以来,代有增改。我朝《大清律例》一书,折衷至当。备极精详。唯是为治之道,尤贵因时制宜,今昔情势不同,非参酌适中,不能推行尽善。况近来地利日兴,商务日广,如矿律、路律、商律等类,皆应妥议专条。著各出使大臣,查取各国通行律例,咨送外务部。并著责成袁世凯、刘坤一、张之洞,慎选熟悉中西律例者,保送数员来京,听候简派,开馆纂修,请旨审定颁行。总期切实平允,中外通行,用示通变宜民之至意。"③

第二节 预备立宪

一、宪政之始——"仿行宪政"、"预备立宪"

(一)"宪政"的提出

日俄战争之后,立宪问题成为国人瞩目的焦点,不但社会舆论众口一词,即使清廷的驻外使节、朝臣疆吏,亦纷纷然以立宪为请,于是立宪运动风行全国。④ 当时朝野把日俄之战视作立宪与专制二政体之战,日本以立宪之小国战胜专制之大国(俄国),这给人以无尽的联想与启发。1904年,梁启超组织政闻社于日本,倡导立宪;同年9月,华侨联名向清廷请愿,要求立宪。

在各方面压力下,1905年清廷提出"仿行宪政",作为配合,于该年10月成立"考察政治馆",12月清廷派大臣出洋考察列强国宪政,续派遣留学生分赴各国学习;后于1907年8月更名为"宪政编查馆"。按统治者自己的意图,认为立宪有三大利:一曰皇位永固;二曰外患渐轻;三曰内乱可弭。1906年9月颁预备立宪上谕,以"大权统于朝廷,庶政公诸舆论"为立宪根本原则。随着国内局势日趋动荡,资产阶级立宪运动的发展及国际民主宪政运动的扩大;加之统治阶层内部君主立宪派势力的活动,清政府被迫在内外诸多因素的促使下,于1906年9月1日宣布"预备立宪",1908年8月27日公布了"预备立宪"计划,即《钦定逐年筹备事宜清单》。

(二)官制改革

改革官制是清廷推行预备立宪的第一步,清廷预备立宪上谕曾提出:"廓清积弊,

---

① 《光绪朝东华录》,中华书局1958年版,第4601—4602页。
② 1906年更名为会议政务处,隶属于内阁。
③ 《德宗景皇帝实录》,卷495,中华书局1987年影印版,第537页。
④ 参见荆知仁:《中国立宪史》,台湾联经出版事业公司1984年版,第84—87页。

明定责成,必从官制入手。"① 接着便发布了改革官制的上谕,设立了编制馆,指派载泽等14人为编纂大臣,命令各总督选派司道人员到京随同参议,谕派庆亲王奕劻、文渊阁大学士孙家鼐、军机大臣翟鸿机总司核定。清廷的官制改革的一个目的是企图借官制改革的机会,削弱地方汉人督抚的权力。

1. 中央官制改革

清末新政变法的初级阶段,对官制进行了一些改革,但大规模的改革则在预备立宪之后。早在清廷举办"新政"时就对政府组织机构进行了一些改革。其中一个重要内容是在辛丑议和之时,应列强要求改总理各国事务衙门为外务部,位列六部之首。② 除此之外还有设置巡警部,建立警察机构和宪兵机构;编练新军,改革军制等。1906年8月35日,戴鸿慈等上《奏请改定全国官制以为预备立宪折》,指出日本立宪的经验在于立宪之前首先进行官制改革,以保证宪法的有效推行。中国的立宪情形与当时的日本相同,故应借鉴日本的经验。进而提出八项具体的官制改革措施,包括宜略仿责任内阁制,以求中央行政之统一;定中央、地方之间的权限;内外各重要衙门皆宜设辅佐官,中央各部主任官的之事权尤当归一;中央各官宜酌量增置、裁撤、归并;宜变通地方行政制度;裁判与收税事务,不宜与地方官合为一职;内外衙署,宜皆以书记官代吏胥;宜更定任用、升转、惩戒、俸给、恩赏诸法及官吏体制。③ 之后清朝将中央官制改革作为预备立宪之首。

1906年9月,清朝成立编纂官制馆,编纂大臣拟定五条基本原则:(1)"参仿君主立宪国官制厘定",此次只改行政、司法,其余一律照旧;(2)改革要做到"官无尸位,事有专司,以期各副责成,尽心职守";(3)实行三权分立,议院一时难以成立,先从行政、司法厘定;(4)钦差官、阁部院大臣、京卿以上各官作为特简官,部院所属三四品作为请简官,五至七品为奏补官,八九品为委用官;(5)另设集贤院、资政院安置改革后的多余人员。④ 1906年11月2日,奕劻、孙家鼐等奏进《厘定中央各衙门官制缮单进呈折》,指出此次官制改革是预备立宪的基础,所以本着与宪政相近的原则制定改革方案。该方案以西方三权分立原则为标准指出目前官制的弊端及相应的改革措施。清廷随即发布《裁定奕劻等覆拟中央各衙门官制谕》⑤,具体内容是:内阁、军机处照旧;各部尚书均充参预政务大臣。外务部、吏部仍旧。巡警部改为民政部。户部改为度支部,以财政处并入。礼部著以太常、光禄、鸿胪三寺并入。学部仍旧。兵部改为陆军部,以练兵处、太仆寺并入。应行设立海军部及军咨府,未设之前,暂归陆军部办理。刑部改为法部,专任司法。大理寺改为大理院,专掌审判。工部并入商部,

---

① 故宫博物院明清档案部编:《清末筹备立宪档案史料》(上册),中华书局1979年版,第44页。
② 1861年总理衙门设立之时,为军机处的平行机构,其大臣多为军机大臣兼领;1884年恭亲王失权后,因为"办理夷务之臣应与秉政之臣分开"的意见,总理衙门大臣大都不再并为军机大臣,总理衙门成为军机处的下属机构,与六部同列。
③ 故宫博物院明清档案部编:《清末筹备立宪档案史料》(上册),第367—383页。
④ 《编纂官制大臣奏厘定官制宗旨折》,《大清新法令》点校本,第一卷,商务印书馆2010年版,第673—674页。
⑤ 故宫博物院明清档案部编:《清末筹备立宪档案史料》(上册),第367—383页。

改为农工商部。轮船、铁路、电线、邮政应设专司,著名为邮传部。理藩院改为理藩部。除外务部堂官员缺照旧外,各部堂官均设尚书一员,侍郎二员,不分满汉。都察院改设都御史一员,副都御史二员;六科给事中改为给事中,与御史各员缺均暂如旧。资政院、审计院均著设立。其余衙门毋庸更改。

此次改革中央官制,御前会议确定按照"五不议"的原则进行。所谓"五不议"即"军机处事不议","内务府事不议","旗事不议","翰林院事不议","太监事不议"。在"五不议"原则指导下进行的所谓官制改革,结果只不过是某些部院的调整、合并和某些机构名称及官职称号的改变而已。1906年11月清政府公布中央官制,确定共设置十一部。内阁和军机处照旧未变。此后在宣统年间又增设了海军部,改礼部为典礼院。清廷满族贵族还利用改革官制的机会,来排斥汉族官僚、加强中央集权。

2. 地方官制改革

中央官制改革方案确定后,清朝着手进行地方官制改革。由于厘定官制大臣间在改革方案上存有争议,故电告地方督抚征求意见①:

> 厘定官制为立宪之预备,各省官制自应参仿中央各级官制。今拟分地方为府、州、县三等,现设知府不管所属州县,专治附廓县事,仍称知府,从四品,原设首县裁撤。直隶州知州、直隶厅抚民同知均不管属县,与散州知州统称知州,正五品。直隶厅抚民通判及知县统称知县,从五品。府州县各设六至九品官,分掌财赋、巡警、教育、监狱、农工商及庶务,同集一署办公。另设地方审判厅,受理诉讼。府州县各设议事会,由人民选举议员,公议应办之事。以后再加推广,设立下级自治机关。适当增减巡道,并置曹佐。

> 省城院司各官,现拟两层办法。设行省衙门,督抚总理政务,略如各部尚书。蕃臬两司,略如部丞。下设各司,设官略如参议。督抚与属官共同办公,一稿同画,不必彼此移送申详。府州县公牍直达于省,由省径行府州县。各省设高等审判厅,受理上控案件。行政、司法各有专职,文牍简壹,机关灵通,与立宪国官制最为相近。此为第一层办法。第二层办法,以督抚直接管理外务、军政,并监督行政、司法。布政司专管民政和农工商。按察司专管司法行政,监督高等审判厅。另设财政司,专管财政,兼管交通。均设属官佐理一切。学、盐、粮、关、河各司道仍旧制。各司道事务均秉承督抚意旨办理。此系照现行官制量为变通,以专责成而清权限。

御前官制会议确定的"立宪政治"四大方针之一,就是"废现制之督抚,各省新设之督抚其权限仅与日本府县知事相当,财政、军事权悉收回于中央政府"。因遭到各省督抚反对而被迫搁置。1907年,清廷开始地方官制改革,具体内容如下:陆军部直接委派督练公所军事参议官,以收回各督抚的军权;度支部派清理财政监督官,以收回各省督抚的财权;将各省督抚的军权、财权分别收归陆军部和度支部。令改各省按

---

① 《各省督抚请厘定官制电稿》,转引自侯宜杰:《二十世纪初中国政治改革风潮》,人民出版社1993年版,第82—83页。

察使为提法使,增设巡警、劝业两道,裁撤分守分巡各道,酌留兵备道,分设审判厅,增易佐治员等。

因地方官制改革事关地方督抚权力,各省督抚对此态度不一,遂以东三省为试点,再行推广。由东三省先行开办,直隶、江苏两省试行,其他各省则限15年一律办齐。自1907年4月起,东三省开始改革地方体制。主要改革措施有:设总督为东三省最高长官,总督下在三省各设巡抚与行省公署。行省公署设承宣厅和谘议厅。各省分设交涉、旗务、民政、提学、度支、劝业、蒙务七司,专职相应事务。设东三省督练处,主持三省军事。各省设提法使主理司法行政。各省以下设府、州、县三级,各府不设属县。其后其他省先后进行体制改革,进展程度不一。清廷采用明升暗降的手段,将最有权势的汉人督抚直隶总督兼北洋大臣袁世凯和湖广总督张之洞调入中央,令其担任有名无实的军机大臣,以减少地方实力派的阻力。

(三) 君主立宪与革命两条道路之争

当时,海外有康梁组织的"保皇党",国内又有以张謇为代表的各省士绅组织的"立宪党",他们都主张以君主立宪改良现制;而孙中山领导的革命党人则坚持推翻清王朝、建立共和国。拥护君主立宪的势力与"反清"的革命党展开了各种形式的斗争。在海外,革命党与保皇党在华侨中争夺市场;在国内,革命党又以实际的革命行动回应立宪党的"改良"路线与清廷所谓预备立宪。革命派与改良派双方也常常在报纸上展开论战,这也推动了近代宪政思想的普及。

二、从《钦定宪法大纲》到《重大信条十九条》

(一)《钦定宪法大纲》

清廷历经几次派员到东西洋考察,最终决定以君权传统更为强大的日德为师。1908年,清廷颁布了由宪政编查馆制定的《钦定宪法大纲》,成为中国法制史上首部具有近代宪法意义的法律文件。大纲仿照1889年日本帝国宪法,为二元君主立宪体制,共23条,由正文"君上大权"和附录"臣民权利义务"两部分组成。对此,宪政编查馆和资政院关于大纲的奏折作了明确说明:"首列(君上)大权事项,以明君为臣纲之义。次列臣民权利义务事项,以示民为邦本之义,虽君民上下同处于法律范围之内,而大权仍统于朝廷。"

"君上大权"共14条,开宗明义规定:"大清皇帝统治大清帝国,万世一系,永永尊戴"。"君上神圣尊严,不可侵犯"。本着这一精神,赋予了皇帝颁行法律、发交议案,召集或解散议会,设官制禄、黜陟百司,统率陆海军队、宣战媾和、订立条约,派遣使臣,宣布紧急戒严和以诏令限制臣民自由,以及总揽司法审判等大权。与日本宪法所赋予天皇的权力相比,有过之而无不及。"臣民权利义务"9条。重心是纳税、当兵及遵守法律等项义务。至于权利和自由,非常简单,只规定:在法律范围内,所有言论、著作、出版、集会、结社等事,准其自由,臣民非依法规定,不受逮捕监禁处罚;以及进行诉讼,专受司法机关审判等项。

(二) 谘议局和资政院的设立

1. 谘议局

"谘议局"是清末"预备立宪"过程中清政府设立的地方咨询机构,于1909年开始在各省设立。谘议局的筹建,始于1907年。1908年,宪政编查馆拟订的《谘议局章程》获准颁行,并限各地督抚于一年内办妥。根据《谘议局章程》,谘议局设立的宗旨是"钦尊谕旨为各省采取舆论之地,以指陈通省利病,筹计地方治安"。

充选谘议局议员须具备相应条件,其条件非常苛刻。据当时有关资料统计,各省具备谘议局议员资格的均未超过人口的百分之一。谘议局议员任期为三年。谘议局的职权有:议决本省应兴应革事件;议决本省之预算决算、税法、公债及担任义务之增加,权利之存废事件;议决本省单行章程规则之增删修改;选举资政院议员;申复资政院及督抚咨询事件;收受本省自治会或人民陈请建议事件;公断和解本省自治会之争议事件。谘议局会议也分常年会与临时会两种,但均由督抚召集。谘议局所议定事项,可决权全在本省督抚。本省督抚对于谘议局,不仅有监督、裁夺的权力,而且有令其停会及奏请解散之权。

各省谘议局集结了地方开明士绅,使得他们可以合法地集会议政,这为"立宪党"组织"速开国会请愿运动",以及辛亥革命后各省的独立奠定了基础。至1909年,各省谘议局议员的选举几近完成,同年10月14日开始,各省召开谘议局会议,讨论本省谘议局权力范围的事宜并各省谘议局联合发起速开国会,建立责任内阁等的请愿活动。各省谘议局在行使职权的过程中与地方督抚发生了不少冲突。

2. 资政院

"资政院"是清政府在清末"预备立宪"过程中设立的中央"咨询机关",于1910年设立。同"谘议局"一样,资政院的筹备工作也始于1907年。宣统元年七月初八(公元1909年8月23日),清政府公布《资政院院章》。清廷在以皇帝宣统名义发布的"颁行资政院院章谕"中表示,该《资政院院章》"与现定谘议局章程,实相表里,即为将来上、下议院之始基"。《资政院院章》第一条云:"资政院钦尊谕旨,以取决公论,预立上下议院基础为宗旨。"所以,该院章规定资政院可以"议决"国家的预决算、税法及公债,议定宪法以外的新法典及法律修改事件和其他"奉特旨交议事件"。但是,资政院的一切决议,须会同军机大臣或各部行政大臣具奏,"请旨裁夺"。而且,皇帝可以以特旨令令的形式令资政院停会,乃至解散。资政院的议员分"钦选"与"民选"两部分。所谓"钦选"者包括以下7类人:宗室王公世爵;满汉世爵;外藩(蒙藏回)王公世爵;宗室觉罗;各部、院衙门官四品以下、七品以上者,但审判官、检察官及巡警官不在其列;硕学通儒;纳税多额者。很显然,"钦选"议员大部分是宗室王公、高官显贵。"民选"议员则是由各省谘议局议员"互选"产生,但最后要由各省督抚"圈定"。[1]

1910年9月23日,资政院召集议员,举行成立会议。10月3日,资政院举行开院大典与第一次常年会。在这次长达3个多月的常年会中,资政院通过了速开国会案、

---

[1] 参见《大清新法令》点校本第六卷,商务印书馆2010年版,第89—98页。

弹劾军机大臣案、赦免国事犯案等,在当时引起强烈反响。武昌起义后,资政院于1911年10月22日召开第二次常年会,通过速开党禁等一系列重大议案。

"资政院"权力非常有限,还很难说是近现代意义上的国会,资政院的设立目的是将"庶政公诸舆论",以"为他日设议院之权舆"。但是,从当时的资料来看,清廷设资政院或许只是"假戏",议员们在议场里可是"真做",资政院开院后,议场内一波未平,一波又起,各种议案、质问、说帖,不断提出,与清廷相对立的事件,时有发生,清末著名的弹劾军机案与礼法之争都是在资政院议场上演。① 当然,资政院议政效果不显著。资政院的议决案,政府"几无不弁髦视之"。但是,议员参与议政的主要意义,并不在于议政活动取得了怎样的成绩,而在于他们的民主实践本身。议员通过议政实践,也经受了锻炼,积累了经验,提高了声望,不少人成为民初政坛的风云人物。②

(三) 速开国会请愿运动

清廷以(君主)"宪法颁布先于开国会"为由迟迟不肯召集国会,而当时政治情势的发展,却蕴育出速开国会请愿运动。主要原因是各省谘议局成立之后,有了合法集会讨论宪政的机关,这大大促进了清末立宪运动。这一运动前后共计有三次请愿,第一次请愿是宣统元年(1909年)冬天江苏谘议局议长张謇集合十六省代表组成"谘议局请愿联合会",赴京请愿,要求政府尽速召集国会、组织责任内阁。清廷对请愿未予采纳,而是以"预备立宪九年为期"力图拖延时间。于是请愿联合会又联合了北京的"国会期成会",组织"请愿即开国会同志会",并分电各省谘议局、商会、教育会及海外华侨团体,请派代表参加以壮声势。并于宣统二年(1910年)5月作第二次请愿,清廷仍以九年之期搪塞。于是在当年9月又有第三次请愿。这一次,清廷为挽回人心不得不作出让步,缩短预备立宪期间,下诏说提前到宣统五年召集国会,并且极力强调此次缩定期限是源于各方所请,"一经宣布,万不能再议更张"。清廷坚持这是其最后的让步,当时湖北汤化龙、湖南谭延闿等仍坚持立即召开国会,并在北京筹划第四次请愿,遭到清廷的弹压,从此请愿运动绝迹。③

(四) 新官制的颁行与皇族内阁

1906年清朝官制改革时,奕劻、袁世凯等人曾有设立责任内阁的提议,被慈禧所否定。此后,责任内阁的提议较长时间被搁置。光绪与慈禧先后去世后,清朝政局发生变化,加上以谘议局为中心的请愿运动不断展开,革命派的活动日益频繁,清廷迫于内外压力发布的《缩短筹备立宪诏》,已有先将官制颁布、提前试办之语,在1910年将原九年预备立宪期限缩短为五年。至宣统三年(1911年)3月,清廷颁布新内阁官制十九条及内阁官属管制十五条。新官制裁撤了旧内阁和军机处,建立总理大臣、协理大臣和十部部长组成的新内阁。宣统三年四月初十(1911年5月8日),清朝颁布《内阁官制暨内阁办事暂行章程》,设立内阁制,以奕劻为内阁总理大臣,那桐、徐世昌为协理大臣,外务大臣梁敦彦、民政大臣善耆、度支大臣载泽、学务大臣唐景崇、陆军

---

① 参见《资政院议场会议速记录——晚清预备国会论辩实录》,李启成点校,上海三联书店2011年版。
② 参见尚小明:《清末资政院议政活动一瞥》,载《北京社会科学》1998年第2期。
③ 参见罗志渊编著:《近代中国法制演变研究》,台湾正中书局1974年版,第157—166页。

大臣荫昌、海军大臣载洵、司法大臣绍昌、农工商大臣溥伦、邮传大臣盛宣怀、理藩大臣寿耆，共13人，其中满族大臣8人、汉族大臣4人、蒙古族大臣1人，满族大臣中又有5人为皇族，故该内阁别称为"皇族内阁"。新内阁成立，对原内阁、军机处及政务处进行裁撤。

"皇族内阁"就其制度架构本身而言，有其进步性；然其组成及组阁后的活动为时人及后人所讥评。此皇族内阁引发举国不满，立宪党人以谘议局联合会的名义，请都察院代奏：皇族组织内阁不符合君主立宪公例，请另组内阁。而清廷却认为任免百官乃君上大权，议员不得干涉。由此朝廷与民意渐行渐远，直至武昌起义，清廷欲"还政于民"、"虚君共和"而不可得。①

（五）《宪法重大信条十九条》

1911年10月10日，发生了辛亥革命，各省纷纷响应，宣布独立。立宪派和一些手握重兵的将领上书敦促立即公布宪法、召开国会。在内外压力下，清廷令资政院迅速草拟宪法，仅用了三天时间便制定和通过了《宪法重大信条十九条》（简称《十九信条》），于1911年11月3日公布。《十九信条》与《钦定宪法大纲》比较，在体例与内容上均有不同。一是采用英国式"虚君共和"的责任内阁制；二是形式上限制了皇权，扩大了国会权力。《十九信条》规定：皇权以宪法明定者为限；皇位继承顺序由宪法规定；宪法由资政院起草议决，皇帝颁行；宪法修正提案权归国会；总理大臣由国会公选，皇帝任命；皇帝直接统海陆军，但对内使用时，应依国会议决之特别条件，此外不得调遣；国际条约非经国会议决，不得缔结；官制官规以法律规定等。《十九信条》还明确规定在国会成立前，由资政院代行国会权力。清廷重新起用袁世凯，即据《十九信条》由资政院投票选举袁世凯、再由皇帝任命其为总理大臣的。但关于人民民主权利，《十九信条》只字未提。《十九信条》未能挽回清廷的厄运，1912年2月12日清帝溥仪宣布退位，结束了中国两千多年的帝制。

第三节　修订法律与礼法之争

1902年4月，袁世凯、刘坤一、张之洞联名保荐沈家本、伍廷芳开设修订法律馆，二人为总纂，并聘请日本法律专家协助修律。光绪二十八年（公元1902年）四月初六，清朝下谕内阁修律："现在通商交涉，事益繁多，着派沈家本、伍廷芳，将一切现行律例，按照交涉情形，参酌各国法律，悉心考订，妥为拟议，务期中外通行，有裨治理。俟修订呈览，候旨颁行。"②晚清修律正式启动。其宗旨在于：折衷世界大同之良规，兼采近世最新之学说，仍不戾乎我国历世相沿之礼教民情。

通常认为，通过修律收回领事裁判权是清末修律的直接诱因与现实追求，也是修律得以推行的强力支持。光绪二十八年八月初四（1902年9月5日），中英订立《中

---

① 罗志渊编著：《近代中国法制演变研究》，第166—168页。
② 《德宗景皇帝实录》卷498，中华书局1987影印版，第577页。

英续议通商行船条约》，其中第 12 款规定："中国深欲整顿本国律例，以期与各西国律例改同一律，英国允愿尽力协助，以成此举，一俟查悉中国律例情形，及其审断办法，及一切相关事宜皆臻妥善，英国即允弃其治外法权。"①美、日、葡等列强在续约中也有相同规定。

一、改造旧律

（1）删削《大清律例》中的部分条款。将"定例系一时权宜，今昔情形不同者；或业经奏定新章，而旧例无关引用者；或本条业已赅载，而别条另行复叙者；或旧例久经停止，而例内仍行存载者"全行删除。

（2）废除重法。光绪三十一年（公元 1905 年）三月，沈家本、伍廷芳向清朝廷上《删除律例内重法折》，力主废除凌迟、枭首、戮尸，缘坐和刺字三项重刑。这个建议，得清廷之允准。此后，"凡死罪至斩决而止，凌迟及枭首、戮尸三项，著即永远删除。所有现行律例内凌迟、斩枭各条，俱改为斩决；其斩决各条，俱改为绞决；绞决各条，俱改为绞监候人于秋审情实；斩监候各条，俱改为绞监候，与绞候人犯仍入于秋审，分别实缓办理。至缘坐各条，除知情者仍治罪外，余著悉以宽免。其刺字等项，亦著概行革除"。这三项酷刑，至此在法律中被明令革除。

（3）禁止刑讯。

（4）削减死罪条目。

（5）改革行刑旧制。清代死刑执行，"各直省、府、厅、州、县，大都在城外空旷之地"；京师则在菜市口。"本示众以威，俾以怵目而警心"之意，死刑当众公开执行。沈家本认为这样不但法律之"威渎不行"，而且有妨教育。特别是京师菜市口，"决囚之际，不独民人任意喧呼拥挤，即外人亦诧为奇事，升屋聚观，偶语私讯，摄影而去。既属有乖政体，并恐别酿事端"。据此理由，沈家本主张改革行刑制度。采用西方大多数国家死刑秘密执行的方法，"不令平民闻见"。这样变通"防卫既较严密，可免意外之虞"；亦可使老百姓"罕睹惨酷情状，足以养其仁爱之心"。

（6）统一满汉法律。

（7）增纂新章。如伪造外国银币专条与贩卖吗啡治罪专条。

二、拟定新法

（一）《大清现行刑律》

在新律未行，旧律不适于用，又须有章可循之时，沈家本认为，"旧律之删定，万难再缓。"建议踵续因官制改革人员调动而停止之《大清律例》的改造，完成修改、修并、移并、续纂等项工作，以竟前功，并拟定四条办法：删除总目、厘正刑名、节取新章、简易例文。

经过一年多的工件，宣统元年（公元 1909 年）八月《大清现行刑律》初稿编订告

---

① 参见王铁崖编：《中外旧约章汇编》第二册，三联书店 1957 年版，第 109 页。

竣。沈家本、俞廉三联衔上疏，呈进清单，经过几次反复修正，最后定本：律文 389 条，例文 1327 条，附《禁烟条例》12 条，《秋审条例》165 条。卷首除奏疏外有律目、服制图、服制。定名为《大清现行刑律》。主文删除六目之后，分为名例等三十门。其中户役内之承继、分产，以及婚姻、田宅、钱债等条中，纯属民事者，不再科刑。《大清现行刑律》集晚清旧律改革之大成，被一些学者视为"法律中最进步的一部法典"。《大清现行刑律》有关刑事与民事的规定，在民国初年，经过一定修正，仍被沿用。

（二）《大清新刑律》

《大清新刑律》的起草工作始于 1906 年。由于在起草制定过程中引发了礼教派的攻击和争议，故直到 1911 年 1 月 25 日始正式公布，预定至 1914 年正式施行，是中国历史上第一部近代意义上的专门刑法典。《大清新刑律》分为总则和分则两编，共 53 章 411 条，另附有《暂行章程》5 条。同《大清律例》和《大清现行刑律》相比较，《大清新刑律》在形式上和内容上都有比较大的改动。从单纯技术角度和形式上看，《大清新刑律》属于近代意义的新式刑法典，与中国传统的法典在结构、体例及表现形式上均有很大不同。但是，《大清新刑律》附录的《暂行章程》五条依然保持着旧律维护专制制度和伦理的内容，立法者在传统势力的高压之下不得不作出妥协。

（三）《大清民律草案》

《大清民律草案》是清政府于 1911 年 8 月完成的中国历史上第一部专门的民法典草案。由于清王朝在草案起草完成后随即崩溃，这部民律草案并未正式颁行。《大清民律草案》共分总则、债权、物权、亲属、继承 5 编 1569 条。其中总则、债、物权 3 编由日本法学家松冈义正等人仿照德、日民法典的体例和内容草拟而成，吸收了大量的西方资产阶级民法的理论、制度和原则，而亲属、继承两编则由修订法律馆会同礼学馆起草，带有浓厚的传统礼教的色彩。当时民法编纂四原则据称是："注重世界最普遍之法则；原本后出之最精确之法理；求最适于中国民情之法则；期于改进上最有益之法则。"①

（四）商事立法

清末商事立法大致可以分为前期和后期两个阶段：自 1903 年至 1907 年为第一阶段；自 1907 年至 1911 年为第二阶段。在第一阶段，商事立法主要由新设立的商部负责。根据当时的需要，清政府陆续颁行了一些应急的法律和法规，主要有：1904 年 1 月颁布的《钦定大清商律》，1904 年 6 月颁行的《公司注册试办章程》，1904 年 7 月颁布的《商标注册试办章程》，1906 年 5 月颁行的《破产律》以及其他有关商务和奖励实业的章程。在第二阶段，商事法典改由修订法律馆主持起草，单行法规仍由各有关部门拟订，经宪政编查馆和资政院审议后请旨颁行。在此期间，修订法律馆于 1908 年 9 月起草了《大清商律草案》；1911 年 1 月，农工商部起草了《改订大清商律草案》，此外还起草了《交易行律草案》、《保险规则草案》、《破产律草案》等等，但均未正式颁行。在此期间颁布施行的单行商事法规有《银行则例》、《银行注册章程》、《大小轮船

---

① 参见杨鸿烈：《中国法律发达史》（下册），台湾商务印书馆 1988 年版，第 906—907 页。

公司注册给照章程》等。

（五）诉讼法

（1）《大清刑事民事诉讼法草案》，是清末修律大臣沈家本等人草拟的诉讼法典草案，共分总纲、刑事规则、民事规则、刑事民事通用规则、中外交涉事件等，共5章260条。该法典采用刑事诉讼与民事诉讼合一的体例，较为系统地规定了各项诉讼程序，采用了西方法律中的陪审制度和律师制度。但因遭到各省督抚的反对和礼教派的攻击，该法律草案未能颁行。

（2）《大清刑事诉讼律草案》与《大清民事诉讼律草案》，是沈家本等人在《大清刑事民事诉讼法草案》遭否决后起草的两部诉讼法草案，于1910年底完成。其中《大清刑事诉讼律草案》分为总则、第一审、上诉、再审、特别诉讼程序及附则等6编。《大清民事诉讼律草案》则分审判衙门、当事人、普通程序和特别程序4编。这两部诉讼法草案系仿照日本和德国诉讼法编纂而成，但均未及颁行。

（六）法院组织法

（1）《大理院编制法》：是清政府为配合官制改革，于1906年制定的关于大理院和京师审判组织的单行法规。

（2）《各级审判厅试办章程》：是清政府于1907年颁行的诉讼法规。该章程共分为总纲、审判通则、诉讼、各级检察厅通则、附则等，共5章120条，规定了审级、管辖、审判制度、检察机构等诉讼体制和规则。该章程是法院编制法和刑事、民事诉讼法颁行前的一部过渡性法规。

（3）《法院编制法》：是1910年清政府公布的关于法院组织的法规。该法仿日本裁判所构成法拟订而成，共16章164条，内容涉及各级审判机构的设置、组织、审判规则及司法行政事务等，并吸收了西方国家的一系列新的司法原则，如司法独立、辩护制度、公开审判、合议制度等等，但并未能真正实施。

三、新律引发的争议：礼法之争

清末修律是中国法由古代到近代的分水岭，也即中国法律现代化之始。它是在沈家本等人的主持下："以收回领事裁判权为契机，以救亡图存为目的，在农业经济仍占主导地位的状态下，移植模范工商社会的西方法，来完成中国法由传统到现代的转化。移植的新法与传统社会断裂而产生的思想冲突，不能不反映到立法的过程中。晚清立法中的各种争论正是这种思想冲突的表现。而在所有这些争论中，围绕《刑事民事诉讼法》和《大清新刑律》而名之为"礼法之争"的论争最为激烈。这次论争，从文化上说，是外来法文化与传统法之争（或者说，是工商文化与农业文化之争）；从制度上说，是旧法与新法之争；从思想上说，是家族伦理与个人自由权利之争（或者说，是国家主义与家族主义之争）。"[①]

论争是在"礼教派"与"法理派"之间展开的。"礼教派"又被时人称"家族主义

---

① 李贵连著：《沈家本传》，法律出版社2000年版，第297页。

派"、"国情派"。相应地,"法理派"又称"国家主义派"、"反国情派"。因为法(理)派的领袖为沈家本,后人也称对立双方为"沈派"与"反沈派"。

(一)关于《大清刑事民事诉讼法草案》的争议

1906年沈家本、伍廷芳奏进《大清刑事民事诉讼法草案》,草案采用律师制、陪审制等西方先进的诉讼制度,遭到以张之洞为代表的部院督抚大臣的反对,最终未能施行。

张之洞对草案的批评有:

(1)"袭西俗财产之制,坏中国名教之防,启男女平等之风,悖圣贤修齐之教。"草案130条将妻子、本人父母兄弟姐妹及子孙等的财产都列在查封本人财产的范围之外,这必将使得父子异财、兄弟分炊、骨肉乖离、夫妻反目,此法与中国习惯、伦理相悖,"万不可行"。① 用现代的法律语言来说,他是反对公民个人的财产独立进而是人格独立。

(2)在中国实行陪审制、律师制会使"讼师奸谋得其尝试"。而"到堂陪审者,非干预词讼之劣绅,即横行乡里之讼棍"。若在中国实行陪审制、律师制,只会使中国司法更加黑暗。② 这恐怕也是当时中国的实际情况,但它根子上是基于息事宁人的诉讼观:坚持"礼之大,和为贵",并由厌讼而认定告状者为"刁民",进而认定帮助诉讼的人为"讼棍"、到堂陪审者为"劣绅",这是"非讼"逻辑的自然发展。中国律师业的不发达即源于此。

(二)围绕《大清新刑律》展开的论争

1907年,沈家本等奏进《大清新刑律》(草案),引发了更大的争论。这次论争,主要是以沈家本、杨度等为一方,以张之洞、劳乃宣等为另一方。围绕十恶、亲属容隐、干名犯义、存留养亲、亲属相奸相盗、无夫奸等事关古代法律基本原则的刑法内容而展开。具体问题如下:

(1)关于"干名犯义"条存废问题。"干名犯义"是传统法律中的一个重要罪名,专指子孙控告祖父母、父母的行为。按照儒家的理论,亲属之间理应相互包庇、隐瞒犯罪。亲属相互告言,"亏教伤情,莫此为大"。明清律中,子孙控告祖父母谓之"干名犯义",亦属十恶之条。清末修律过程中,沈家本等人从西方国家通行的法理出发,提出"干名犯义"属"告诉之事,应于编纂判决录时,于诬告罪中详叙办法,不必另立专条"。而礼教派则认为"中国素重纲常,故于干名犯义之条,立法特为严重",由此足见"干名犯义"条款大干礼教之事,是传统伦理的根本所在,因而绝不能在新刑律中没有反映。

(2)关于"存留养亲"制度。"存留养亲"是传统法律中的一项重要制度。一般而言,"存留养亲"多适用于独子斗殴杀人之案。在此类案件中,若有"亲老丁单",即凶犯系家中独子、父母年老有病、家中又无其他男丁情形,考虑到其父母年老无人恃

---

① 李贵连著:《沈家本传》,法律出版社2000年版,第300—303页。
② 张国华著:《中国法律思想史新编》,北京大学出版社1998年版,第373页。

养,又无其他男丁继承宗嗣,经有关部门代为声请,得到皇帝特许以后,可免其死罪,施以一定处罚以后,令其回家"孝养其亲"。自南北朝时成为定制以后,围绕"存留养亲"的条件、限制等问题,各代形成了一整套制度。长期以来,"存留养亲"一直被视为"仁政"的重要标志。沈家本等人认为:"古无罪人留养之法",而且嘉庆六年上谕中也明白表示过:"是承祀、留养,非以施仁,实以长奸,转以诱人犯法"。因此,"存留养亲"不编入新刑律草案,"似尚无悖于礼教"。礼教派认为,"存留养亲"是宣扬"仁政"、鼓励孝道的重要方式,不能随便就排除在新律之外。

(3) 关于"无夫奸"及"亲属相奸"等问题。依照传统伦理,"奸非"是严重违反道德的行为,故传统刑律有严厉的处罚条款。"亲属相奸"更是"大犯礼教之事,故旧律定罪极重"。礼教派认为在新律中也应有特别的规定。法理派则认为,"无夫妇女犯奸,欧洲法律并无治罪之文"。"此事有关风化,当于教育上别筹办法,不必编入刑律之中"。至于亲属相奸,"此等行同禽兽,固大乖礼教,然究为个人之过恶,未害及社会,旧律重至立决,未免过严"。因此,对此等行为,依"和奸有夫之妇"条款处以三等有期徒刑即可,"毋庸另立专条"。

(4) 关于"子孙违反教令"问题。"子孙违反教令"是传统法律中一条针对子孙卑幼"不听教令"、弹性很大的条款。只要子孙违背了尊长的意志、命令,即可构成此罪名。隋唐以后,各代法律都有此罪条,给予违反父母、尊长意志的子孙以惩罚。清律之中,除规定子孙违反教令处以杖刑以外,还赋予尊长"送惩权",即对于多次触犯父母尊长者,尊长可以直接将其呈送官府,要求将其发遣。礼教派认为,这样"子孙治罪之权,全在祖父母、父母,实为教孝之盛轨"。法理派则指出:"违反教令出乎家庭,此全是教育上事,应别设感化院之类,以宏教育之方。此无关于刑事,不必规定于刑律中也。"

(5) 关于子孙卑幼能否对尊长行使正当防卫权问题。礼教派认为,按照中国传统的伦理,"天下无不是之父母",子孙对父母祖父母的教训、惩治,最多像舜帝那样"大杖则走,小杖则受",只有接受的道理,而绝无"正当防卫"之说。法理派则认为:"国家刑法,是君主对于全国人民的一种限制。父杀其子,君主治以不慈之罪;子杀其父,则治以不孝之罪",唯有如此"方为平允"。

关于是否以礼入法的争论,至今似乎已有定论。借用沈派的话:把道德放在法律里头去维持,"这个礼教就算亡了"。孔子说:"道之以政齐之以刑,民免而无耻,道之以德齐之以礼,有耻且格。""可见要维持道德,就要有维持的方法,不能把法律与道德规定在一起就说是维持道德。……关系道德的事,法律并包括不住。……属于道德上的事情,法律并不能全予解决。"①就此笔者不再多言,而是接着记述那场国家主义与家族主义之争。

1910年11月,资政院议员议决新刑律,宪政编查馆派员代表政府,到议场说明新

---

① 李贵连:《沈家本传》,第324页。

刑律的立法宗旨。因特派员杨度的演讲,沈派与反沈派在法律原理上首起争论。①

杨度演讲说,新刑律与旧刑律在"精神上、主义上"有着根本的区别,前者以国家为本位,后者以家族为本位。前者的特点是公民个人对国家承担义务,国家保证人民在法律范围内的民主自由权利;后者则严定家族内的尊卑等级,赋予家长以专制全家之权,家长代表全家对朝廷负责。世界的发展已由家族主义进入国家主义,而中国却落后于时代,以至于号称四亿人口的中国不能与外国相抗衡。正是因为这四亿人口"只能算四万万人,不能称四万万国民",他们"都是对于家族负责任,并非对于国家负责任"。"中国之坏,就由于慈父孝子贤兄悌弟之太多,而忠臣之太少。"中国只有实行国家主义,保护人权,才能使四万万国民群策群力、振兴国家,否则就会"民气消阻,振起无由",就会亡国。

杨度的议场演说,引来礼教派的大哗。劳乃宣除当场质问辩难外,又撰文痛批,并由此而提出三种"生计"产生三种法律的理论。劳乃宣论证说,法律生于政体,政体本于礼教,礼教源于风俗,风俗则源自生计。世界上有三种生计:农桑、猎牧、工商。农桑之国重家法,猎牧之国重军法,工商之国重商法。中国乃农桑之国,应重家法礼教。此说"在思维逻辑上可以说无懈可击。但是,当时的中国还是海禁大开前的农桑之国吗?农桑之国能不能变为工商之国?这个问题上,劳乃宣便无法回答掌握了进化论的法理派。"②

这里要特别强调,杨度所谓"国家主义",实为"个人本位主义"之误,这一方面可能是因为他的认识不清("西学东渐"中语词翻译的模糊之外,大约也受了当时欧美"最先进的"法律社会化思潮的影响),另一方面当时只能以国家为口号来对抗家族,以国家富强为目的来推动法律现代化("法治救国")。用个人独立自由思想来对抗家族主义,把法治本身作为目的,这在当时恐怕不合时宜,也不是杨度本人所能接受的。

围绕《大清新刑律》而进行的论战,最后以妥协的方式结尾。清廷下谕明示:"凡我旧律义关伦常诸条,不可率行变革,庶以维天理民彝于不弊"。法部据此在新刑律后加上五条《附则》,称《暂行章程》。代表"新法"的条文附以维护"旧律"的《暂行章程》,一齐公布。附录的《暂行章程》依然保持着旧律维护专制制度和封建伦理的内容,具体包括犯罪存留养亲、亲属相奸相盗相殴相杀、犯奸、子孙违反教令、干名犯义五条,规定了无夫妇女通奸罪,对尊亲属有犯不得适用正当防卫,加重卑幼对尊长、妻对夫杀伤害等罪的刑罚,减轻尊长对卑幼、夫对妻杀伤等罪的刑罚,等等。对此,王伯琦先生评价说:"清末新刑律的附加章程,第一是皇室罪之加重,但自然法是讲生而平等的,并且驱逐暴君是自卫权之行使,自卫权是自然权利之一种。次之,卑亲属对尊亲属不得行使正当防卫权,这正与自然法权利相反。再次之,无夫奸要处罚,但自然法要先讲权利再讲义务,既没有丈夫,不奸的义务向谁负责?暂行章程的四点,是吾

---

① 以下论争内容详参李贵连:《沈家本传》,第329—340页;张国华:《中国法律思想史新编》,第380—387页。

② 李贵连:《沈家本传》,第340页。

国名教之精华,与西洋的道德观念相差如此,怪不得沈家本与劳乃宣张之洞要争论的如此激烈了。……这成为名教堡垒的暂行章程,迨辛亥革命成功了,亦就无声无臭的被革掉了。"[①]

清朝灭亡后,"沈派"(法理派)与"反沈派"(礼教派)之争并未结束。"反沈派"失去了靠山,"沈派"节节胜利,短短几十年,中国的制定法在形式上、内容上基本西化了。应当指出的是,"沈派"与"反沈派"相比,在学理上并无压倒优势,后者对中国国情的分析往往也不无道理,前者的胜利是政治(制度)上的胜利而非学理上的。究其根源,"沈派"的胜利是因为其适应了时代的潮流,认识到中国当时已不是纯粹的农桑社会、君主专制社会,中国未来也将"进化"为工商社会、民主社会。

[①] 王伯琦:《近代法律思潮与中国固有文化》,清华大学出版社2005年版,第51—52页。

第十三章 近代宪法史

辛亥革命推翻了帝制，年轻的共和国开始探索近代中国的宪法之路。从《中华民国临时约法》、《临时政府组织大纲》到《中华民国约法》与洪宪帝制，年轻的民国很快遭遇挫折；贿选宪法的丑闻则最终葬送了北洋政府的制宪大业；这期间的一大亮点是省宪运动。南京国民政府的制宪故事则是围绕孙中山五权宪法思想而展开。在政体上选择内阁制还是总统制，在人民基本权利保障与限制问题上如何平衡，这是近代中国立宪史上两个充满争议、值得关注的问题。

第一节 制宪史概要

一、"造法毁法"的民初制宪史①

（一）混沌应急的民元临时约法

民国草创，便制定了《临时政府组织大纲》，仿照美国总统制的中央政府体制，总统、参议院与法院三权分立。大纲未设人民权利条款，且其政府体制设计也颇多缺漏，于是由临时参议院进行修正，草拟了《大中华民国临时约法草案》，仍采总统制的政府运作模式。很快南北议和成功，根据协议由袁世凯来做临时大总统。为了制衡袁世凯，参议院拟参照法国第三共和国的责任内阁制，将原案的总统制改为内阁制，企图架空至少限制总统的权力，于是有了《中华民国临时约法》的出台。但事实上，由于制宪者内部意见的不一致及其比较宪法知识的缺陷，实际上《临时约法》"舍弃利于形成责任内阁制的条文，而多采源自美国总统制的条文"，与真正的责任内阁制相去甚远，堪称民国制宪史上的"离奇事迹"。②

（二）天坛宪草的起草与搁置

1913年4月8日，民国第一届正式国会在北京开议。根据《临时约法》规定，总统选举与制宪之权均归于国会。③ 随之组织宪法起草委员会，在天坛制定宪草。④ 草案于同年10月14日脱稿，袁世凯则"不满草案中限制总统权力的有关条文，于是乃于10月25日通电各省都督民政长，反对宪法草案，谓（国）民党议员，干犯行政，欲图国会专制，要他们逐条讨论，迅速条陈电复"。各省军政长官多数是袁世凯旧部，自然

---

① 本章提到的各个宪法文本可参见夏新华等整理：《近代中国宪政历程：史料荟萃》，中国政法大学出版社2004年版。
② 参见张茂霖："错误移植的责任内阁制——《中华民国临时约法》制定过程重探"，载《法制史研究》第9期，第133—174页。
③ 在之后很长的时间里，我们发现总统选举常常与制宪绑在一起。
④ 这部草案史称"天坛宪草"，详见吴宗慈：《中华民国宪法史》前编、后编，1923年自刊。

一致反对宪草,更有将国民党籍议员解职和解散国会之议。①

（三）"袁记约法"与洪宪帝制

1913年,国会国民党领袖宋教仁遇刺,国民党发动"二次革命"失败。袁世凯改变"先制宪后选总统"的顺位在先,威逼国会议员选举其为总统在后,随之更悍然解散国会,"天坛宪草"亦随之废弃。袁氏解散国会之后,先操纵所谓"约法会议"制定《中华民国约法》（"袁记约法"）,其主要内容有二:（1）废除责任内阁制,并无限扩张总统权力;（2）废除国会制,设置立法院作为立法机关,表面上采用一院制。立法院有议决法律和预算等诸多职权,但立法院受总统领导,且无权弹劾总统,而总统却有解散立法院之权。另设参政院,作为大总统咨询机构,且规定立法院未成立前,由参政院代行其职。而事实上,在袁氏执政时期,立法院始终未成立。袁氏还操纵修改《大总统选举法》,延长总统任期为10年,且连任无限制,并有指定次任总统之权。更离奇的是,《大总统选举法》第3条居然规定:继任总统候选人之名单"由大总统先期敬谨亲书于嘉禾金简,钤盖国玺,密贮金匮,于大总统府特设尊藏金匮石室尊藏之",完全是清代帝王秘密指定继承人的那一套。至此袁氏仍不满足,必欲身登宝殿而称万岁。待到袁氏帝制破产,又有北洋军阀弄权与国会的二度解散。

（四）省宪运动与"联省自治"的尝试

辛亥革命是以各省宣告独立的形式展开的,而认为各省自治优于中央集权的思想在清末已广泛传播。"大多数省份在革命后,也都以完全自治的姿态出现,无意于放弃其已得到的特权,包括统率地方的军队,截留税收,选任省级和省内地方官吏。与此同时,省级以下的县议会的影响力和信心,也大为增强了。在地方主义者心目中,统一和自治两项要求,可以融合在联邦制的体制中。"②有美国由独立的州组成联邦、而省宪先于国宪之先例,加之民初中央政局的不稳,联省自治与省宪运动便呼之欲出了。"辛亥革命期间,已有仿行美国联邦政体之议,但民国政府仍然是中央集权制。二次革命后,袁世凯施行独裁,地方分权之说又起。及南北分裂,主张联邦者渐多。为避用'邦'及'分权字样',改称联省自治。先由各省制成省宪,组织省政府,实行自治;再由联省会议,制定省宪法,组织中央政府。"③

1920年,湖南发起联省自治运动,有10个省积极响应,湖南、浙江、四川、江苏、山东、广东都各自起草了省宪。"尽管这些制定省宪的运动多半是政治性的门面活动,且皆非规范性宪法;但对于国民而言,能想到利用宪法作为政权合法性之依据与号召,诚比北方军阀悍然不顾宪法为何物,来得进步。"④1921年11月,湖南省宪以全体省民投票的方式通过,它"原则上仍是当时中国所能见到的最激进的宪法,其中规定有普选权及省、县设立议会,教育自由及司法独立,省长由全省人民选举产生,人民享有创议、投票、弹劾等权利"。1922年湖南省宪实施,省长为军人赵恒惕,省务院院长

---

① 参见荆知仁:《中国立宪史》,台湾联经出版事业公司1984年版,第211页。
② 参见〔美〕费正清编:《剑桥中华民国史》（上卷）,杨品泉等译,中国社会科学出版社1994年版,第204页。
③ 郭廷以:《近代中国史纲》,格致出版社·上海人民出版社2012年版,第329页。
④ 参见陈新民:《中华民国宪法释论》,台湾2001年自刊,第30—31页。

为倡导湖南联省自治的学者李剑农,湖南成为唯一具有自治形式的省份。① 湖南省宪甚至还仿照美国宪法的先例,规定公民可以购买枪支以行使自卫权(省宪第 13 条),这在中国历史上是空前绝后的。

"联省自治运动的目标是双重性的",其一是各省自治,各省有权制定宪法,其内部事务不受中央或他省干涉;其二是联邦宪法应由各省选举代表共同制定。在实际运作中,各省已制定的省宪并未得到真正落实,而其联省自治运动"又被国民党的中央集权的民族主义所克制,后者正致力于军事统一"。而北伐战争在攻占华南、华中各省的同时,也扫荡了各省的宪法与议会,"以便腾出地方,建立中央集权的民族国家"。②

(五)"贿选宪法"的通过与废弃

1923 年国会重新集会,为曹锟大额支票所收买的议员,再次改变"先宪后选"的顺序,并选举曹锟为总统,舆论大哗。"猪仔议员"们为了掩盖其丑行,在选举总统之后,匆匆完成了"天坛宪草"的二读与三读程序,通过了正式的《中华民国宪法》:"开会不过三次,为时不及七日,遂举十二年久孕不产之大法,全部完成。六七载之争议问题,不议而决。"③并于 1923 年 10 月 10 日曹锟就职之日予以宣布。但在这种情况下完成的宪法,当然不会得到人民的尊重与承认。1924 年段祺瑞执政府成立后,便将这部宪法予以废止。平心而论,这部宪法的内容本身是比较进步的,甚至有的方面的规定还走在世界的前列。④ 这样一部神圣而庄严的宪法,"在军阀政客及野心家的阻挠破坏之下,从起草到宣布,久经挫折,历时凡十一年,而其存在期间,却只不过一年,便被弃置,尤其是还落了个贿选宪法的恶名"⑤。它也为民初十几年的制宪史画了一个不光彩的句号。

二、从孙中山学说到《中华民国宪法草案》("五五宪草")⑥

辛亥革命后十几年的时间里,北洋政府政局动荡,各地军阀割据,宪法变动频频,更有曹锟"贿选宪法"的恶例。继北洋政府之后的南京国民政府奉孙中山思想为其政治指导思想,在 1929 年国民党第三次全国代表大会上还通过了"确定总理遗教为训政时期中华民国最高根本法决议"⑦。1927 年南京国民政府成立以来,国民党政府以孙中山"军政—训政—宪政"建国三阶段方略为由,长期实行训政,遭到各界的反对。"九·一八"事变后,国难日深,孙科在国民党四届三中全会上领衔提出"集中国力挽救危亡案",号召尽早实施宪政,以集中民族力量。1933 年 1 月孙科就任国民政府立

---

① 参见郭廷以:《近代中国史纲》,第 330 页。
② 参见〔美〕杜赞奇:《从民族国家拯救历史》,王宪明等译,江苏人民出版社 2009 年版,第 183—184 页、第 194 页。
③ 参见陈茹玄:《中国宪法史》,台湾文海出版社 1947 年影印版,第 135 页。
④ 这部宪法的长处可参见陈慈阳:《宪法学》,台湾元照出版公司 2004 年版,第 32—33 页。
⑤ 参见荆知仁:《中国立宪史》,第 332 页。
⑥ 五五宪草全称为《中华民国宪法草案》,因颁布时间为 5 月 5 日,故史称"五五宪草"。
⑦ 参见"五权宪法学会"编:《五权宪法文献辑要》,台湾帕米尔书店 1963 年版,第 352 页。

法院院长后,随即组织宪法起草委员会,到 1936 年 5 月 5 日国民政府颁布宪草("五五宪草"),制定过程历时三年,其间程序之严密、引发社会讨论之广,堪称空前。

"五五宪草"在很大程度上是孙中山宪法思想的落实,它比较彻底地贯彻了孙中山"三民主义"、"权能分治"与"五权宪法"等学说。① 其最重要的特点有:(1) 以"三民主义"冠国体;(2) 在中央创设国民大会以行使政权;(3) 设立五权政府的中央政府体制以行使治权,总统权力很大;(4) 在中央与地方权限关系上,实行所谓"均权"制。

(一) 孙中山宪法思想概要②

"政权为控制政府的力量,由人民直接行使于县治,间接行使于中央;治权为服务人民的力量,由政府分设五院运用。"孙中山看到西方三权分立与代议政治的弊病,希望结合中国传统与西方经验创设一个"人民有权,政府有能"的新制度。他提出"权能分立",区分"政权"与"治权",由人民行使政权制衡政府,政府则行使治权治理国家。孙中山所谓中央政权机关是国民大会,由各县选举代表组成,行使选举、罢免、创制、复决四权。根据权能分治的理论,国民大会不是代议制的议会,而是"直接民权"机关。关于行使"治权"的政府,孙中山参考了中国历史上的监察机关与"考试独立",创设了监察院掌管监察、考试院掌管公务人员的考试与铨叙,与立法院、行政院、司法院并为五院。立法院不是议会(民意机关),而是由专业人士组成的专司立法职能的机关。由于监督政府的职能由人民的"政权"行使,五院之间的关系主要不再是制约与平衡,而只是职能上的分工——"五权分立,彼此相维"。

孙中山思想("国父思想"、"国父遗教")对南京国民政府的政府体制架构、立宪行宪都有重大影响,它在教条上与情感上都极大地左右了国民党主持的立宪,尽管其中不乏被歪曲的地方。

1. "五权宪法"构想

"五权宪法"是孙中山法律思想的重要组成部分,是他在研究各国宪法的基础上,结合中国的历史与国情加以集中的产物。他一贯认为,宪法的好坏对于治理国家至为重要:"我们要有良好的宪法,才能建立一个真正的共和国。"同时他认为三权分立的学说在西方资产阶级革命时期曾经起过很大的作用,但是现在已经不适用了。因此中华民国的宪法要创造一种新主义,即五权分立以弥补三权分立的不足。

孙中山的所谓"五权",就是在行政权、立法权、司法权之外,再加上考试权和监察权。以"五权分立"为基础内容的宪法就叫"五权宪法"。根据"五权宪法"设立行政、立法、司法、考试、监察五院,就叫五院制。他认为,只有用"五权宪法"所组织的政府,才是完全政府,才是完全的政府机关。按照他的设想,结构如下:以五院为中央政府:一曰行政院、二曰立法院、三曰司法院、四曰考试院、五曰监察院。宪法内容制定后,

---

① 孙中山有关宪法的思想通常也被统称为"五权宪法"思想,这或者是因为其宪法思想以"五权"政府最为独特,故而"以偏概全"。孙中山是政治家而非学者,其思想未见得一以贯之,再加上其理论、演讲又很多,难免有前后矛盾之处,七拼八凑之下,很难成为一部有系统的宪法。

② 本段所引孙中山宪法学说可参见"五权宪法学会"编:《五权宪法文献辑要》。

由各县人民投票选举总统以组织行政院。选举代议士以组织立法院。其余三院之院长，由总统得立法院之同意而委任之，但不对总统、立法院负责。而五院都对国民大会负责。各院人员失职，由监察院向国民大会弹劾之；而监察院人员失职，由国民大会自行弹劾，罢黜之。国民大会之职权，专司宪法之修改，及裁判公仆之失职。国民大会及五院职员，与全国大小官吏，其资格皆由考试院定之。此五权宪法也。

孙中山认为，监察与考试独立是中国固有的东西。他论中国"自唐虞起，就左史记言，右史记事，及至后世，全国都有御史、谏议大夫等官独掌监察权。他们虽然官小位薄，但上至君相，下至微臣，皆儆剔惶恐，不敢犯法"。因而，中国应发扬自己的传统，将监察独立。中国历代考试制度不但合乎平民政治，且合乎现代民主政治，平民通过严格的考试可以得第为官，让国家人才辈出。所以"将来中华民国宪法必要设立机关，专掌考选权。大小官吏必须考试，定了他们的资格。无论那官吏是由选举的抑或由委任的，必须合格之人，方得有效"。这就可防止滥选和徇私。

孙中山的五权分立学说本身是他体察中国民情国史而独创出的宪法思想，或多或少地也带有牵强的色彩。但是他主观是努力克服西方代议制在运作中的缺点，纠正选举制度的弊端，更重要的是他为人民描绘了一幅"世界上最完美、最良善、民有、民治、民享"的国家蓝图。

孙中山的五权分立主张，强调的是权力之间的分工与合作，而不是西方三权分立主张的分权与制衡。根据五权成立的五院，都在总统统率下实行分工合作。《建国大纲》中规定："各院长皆归总统任免而督率之。"这种宪法思想与孙中山"权能分治"的理论密不可分。

2．"权能分治"理论

"权能分治"理论是孙中山民权思想的最完整体现。孙中山的"五权宪法"是以人民掌握政权，政府实施治权的权能分治的学说为依据的，是建立在人民主权基础之上的。他把政治权力分为政权与治权两种："政是众人之事，集合众人之事的大力量，便叫做政权，政权就可以说是民权。治是管理众人之事，集合管理众人之事的大力量，便叫做治权，治权就可以说是政府权。所以政治之中包含两种力量，一个是管理政府的力量，一个是政府自身的力量。要把中国改造成新中国，必须把权和能分开。政权完全交到人民手内，要人民有充分的政权，可以直接去管理国事；治权则完全交到政府的机关之内，要政府有很大的力量，治理全国事务。"

中国应该建设"全民政治"的国家。若想实现"全民政治"国家的理想，他认为人民真正应掌握有的权利应含选举权、创制权、否决权及罢免权这四权。同时这四权又可分为两类。一类是人民管理政府的官吏即选举权与罢免权。他主张"人民要有直接民权的选举权"，全国实行分县自治，人民直接选举官吏，直接选举代表参加国民大会，组成最高权力机关。但人民只有直接选举权还不能管理官吏，还必须有罢免权。另一类是管理法律的权力，即创制权与否决权。也就是人民有公意创订一种法律或根据需要废止一种法律抑或修改一种法律。孙中山强调说，真正的中华民国必须保障人民有此四种权，人民有了四个权，才算是充分的民权，才能真有直接管理政府之权。

3. 中央与地方"均权"理论

在中央与地方的权限关系上,孙中山希望超越分权与集权的非此即彼,创设所谓"均权"的制度,即"凡事权有全国一致之性质者,划归中央,有因地制宜性质者,划归地方"。既不偏于中央集权,又不偏于地方分权。

4. "军政、训政、宪政"三阶段说与"训政"的实践

孙中山将其革命方略定为三个时期:军法之治—约法之治—宪法之治,也即军政—训政—宪政。早在1906年发表的《中国同盟会军政府宣言》中,孙中山就提出这一理论:"第一期为军法之治……每一县以三年为限,其未及三年,已有成效者,皆解军法,布约法。第二期,为约法之治。每县既解军法之后,军政府以地方自治之权归之于其地之人民;地方议会议员及地方行政官员皆由人民选举。凡军政府对于人民之权利义务,及人民对于政府之权利义务,悉规定于约法,军政府与地方议会及人民皆循守之,有违法者,负其责任,以天下定后六年为限,始解约法布宪法。第三期为宪法之治。全国行约法六年后,制定宪法,军政府解兵权行政权,国民公举大总统,及公举议员,以组织国会。一国之政事,依宪法而行之。第一期为军政府督率国民,扫除旧污之时代。第二期为军政府授地方自治权于人民,而自揽国事之时代第三期军政府解除权柄,宪法上国家机关分掌国事之时代。俾我国民循序以进,养成自由平等之资格,中华民国之根本,胥于是乎在焉。"

军政时期为破坏时期,训政时期为过渡时期,宪政时期为完成建设时期。孙中山先生对训政时期这一过渡阶段十分重视,训政本身只是革命过程之一,训政本身不是一种目的。训政的目的在于训练人民行使政权,以便能正确地行使民主政治。孙中山的训政理论,后来被国民党当政者歪曲和利用,以至于将训政等同于国民党一党专政,而且训政不只六年,"一训"二十年,从1927年国民政府定都南京直至1947年才颁布宪法。

1928年国民党中央常务会议通过《训政纲领》①,同时公布《中华民国国民政府组织法》,作为政府组织的纲领。《训政纲领》全文共六条,即中华民国于训政期间,由中国国民党全国代表大会代表国民大会领导国民行使政权;国民党全国代表大会闭会时,以政权付托中国国民党中央执行委员会执行之;人民应享有:选举、罢免、创制、复决四种政权,应由国民党训练国民逐渐推行,以立宪政之基础;治权之行政、立法、司法、考试、监察五项,付托于国民政府总揽而执行之,以立宪政时民选政府之基础;指导监督国民政府重大国务之施行,由中国国民党中央执行委员会政治会议行之;《中华民国国民政府组织法》之修正及解释,由中国国民党中央执行委员会政治会议议决行之。1931年5月,国民会议通过了《中华民国训政时期约法》。与《训政纲领》相比,《约法》增加了人民基本权利的规定;同时削弱了国民党组织对政府的控制权,扩大了政府的权力。

---

① 1929年《训政纲领》经过了国民党第三次全国代表大会追认。

所谓训政,"表面的意思是国民党代表民众实行'以党治国'。党治在制度上表现为中央执行委员会和中央政治会议被授予的权力。中央执行委员会是党的最高权力机关(全国代表大会短暂的会期除外;在南京的10年,只开了3次)。中央执行委员会特别是其常务委员会,负责制定党治的指导原则和全面指导党务。中央政治会议是联接党和政府机构的桥梁。虽然它只是中央执行委员会的一个下属委员会,但它在制度上是指导国民政府的最高权力机关,兼有立法和行政职能。作为立法机构,它能创制法规或传达中央执行委员会的决定给政府。于是,从理论上说,中央政治会议对政府的文职部门实际上行使着无限的权力。事实上,中央政治会议也是政府权力之所在,因为中央政治会议的主席是蒋介石。""蒋介石对政权实行高于一切的控制"、"置正式指挥系统与不顾",这导致作为制定政策和进行管理的政府日渐失去活力。到1937年8月抗战之际,由军事委员会委员长蒋介石主持的"国防最高会议"(1939年改组为"国防最高委员会"),取代了中央执行委员会政治会议的地位,由此,蒋排除了党内的不同声音,政权与军权一手在握。①

(二)"五五宪草"的制定经过

1. 多个宪草文本

通常谈"五五宪草",主要是指其定稿,有时也会提到吴经熊试拟稿("吴稿"),其实1933—1936年三年间"五五宪草"曾多次易稿。参与制宪者个人试拟稿有吴经熊试拟稿(1933年6月8日②吴氏以个人名义发表)与张知本试拟稿(张氏于1933年8月18日完成该稿,随后发表)③。官方稿前后有:宪草主稿人初步草案(1933年11月16日主稿人会议三读通过)、宪草初稿(1934年2月28日宪法起草委员会通过)、宪草初稿审查修正案(1934年7月9日初稿审查委员会通过)、1934年10月16日立法院通过宪草、1935年10月25日立法院修正宪草、1936年5月5日国民政府公布宪草(五五宪草)。"五五宪草"公布后,立法院又于1935年10月25日通过修正案、对"五五宪草"略作修正,是为立法院"五五宪草"修正案。④

2. 几度反复修正

由以上那么多个宪草文本,可知宪草从试拟到定稿三年间不知经历了几多修正。

(1)宪草委员会的组织。宪草委员会于1933年春组成,委员会设委员长(孙科)、副委员长(张知本、吴经熊),委员马寅初、吴尚鹰、史尚宽、黄右昌、陈茹玄、林彬等多人。下设审查委员会,(主稿)委员张知本(兼召集人)、吴经熊、焦易堂、陈肇英、马寅初、吴尚鹰、付秉常。并聘戴季陶、王世杰、吕复等为顾问,金鸣盛、袁晴辉等为

---

① 参见〔美〕费正清、费维恺编:《剑桥中华民国史》(下卷),刘敬坤等译,中国社会科学出版社1994年版,第134—135页、第555页。
② 一说为6月7日发表。
③ 张知本在8月18日其草案试拟稿完成后即辞去宪法起草委员会副委员长职务。(张氏起草试拟稿经过和基本主张参见沈云龙访问,谢文孙、胡耀恒记录:《张知本先生访问纪录》,台湾"中研院"近代史研究所1996年版,第77—79页。)
④ 参见立法院宪法草案宣传委员会编:《中华民国宪法草案说明书》,台湾王中书局1940年版。

纂修。①

（2）草案初稿之拟定及审查、修正。这一阶段又可细分为四期：其一，研究起草原则及吴经熊试拟稿的公开发表；其二，主稿委员共同逐条审查吴稿，据此七委员共同起草了初步草案；其三，宪草委员会共同审议初步草案，于1934年2月提出正式的宪草初稿；其四，初稿完成后，宪草委员会工作即告结束，由立法院长孙科另派委员付秉常等36人，整理各方意见、进行研究，于1934年7月制成宪草初稿审查修正案。②

（3）初稿在立法院院会的审议及通过。宪草初稿审查修正案于1934年9月14日提交立法院会议讨论，先后开会八次，至10月16日完成三读程序，并提交国民政府、转呈国民党中央审核。③

（4）国民党中央委员会第四届五中全会对草案的讨论及立法院遵命对宪草的修正。1934年12月国民党四届五中全会审查宪草，提出五点原则：其一，孙中山三民主义、《建国大纲》及《训政时期约法》之精神为宪法草案之所本；其二，对行政权之限制不宜有刚性之规定；其三，中央政府及地方制度在宪草中应为职权上的大体规定，其组织以法律定之；……立法院据此指派付秉常、吴经熊、马寅初、林彬等七人为审查委员，遵照中央原则逐条审查修正宪草，并交立法院三读通过修正草案。④

（5）国民党对修正草案的讨论与意见。1935年11月国民党四届六中全会和第五届全国代表大会对立法院第二次拟定之宪法草案进行了讨论，国民党中常会据此作出决议，提出审查意见二十点。⑤

（6）立法院根据国民党中央的意见对草案的"最后"修正与"五五宪草"的公布。⑥

（7）国民党中央常务委员会会议对"五五宪草"的意见及立法院的奉命修正。1937年4月22日，中央常务委员会议决将五五宪草删去第146条"第一届国民大会之职权，由制定宪法之国民大会行之"⑦。立法院奉命于4月30日删除该条，并呈报国民政府由其于5月28日公布。⑧ 所以尽管对中华民国宪法草案通称为"五五宪草"，但实际上宪草的定稿并非原来之"五五宪草"，尽管二者差异很小。

3. 修正的最后结果

这部本来由专家草拟的宪法，其主稿人本身政治地位并不高，即使主持者孙科也很难说是实力派，这决定了宪草除受孙中山宪政思想的局限外，必然深受当权者影响。"五五宪草"制定之时，正是日军蠢蠢欲动，国难日深之时，当局遂以造就"运用灵敏"的"万能政府"之名，而行独裁之实，"以救亡压倒了启蒙"。在某种意义上说，

---

① 参见吴经熊、黄公觉：《中国制宪史》（上册），商务印书馆1937年版，第91—94页。
② 参见吴经熊、黄公觉：《中国制宪史》（下册），第781—782页。
③ 同上书，第783页。
④ 同上书，第783—784页。
⑤ 同上书，第785页。
⑥ 具体经过参见同上书，第786—792页。
⑦ 这意味着将制宪国民大会与行宪国民大会区别，前者的任务仅为制宪，而非行宪，制宪后必须根据宪法重选行宪国大代表组成第一届行宪国大。
⑧ 参见立法院宪法草案宣传委员会编：《中华民国宪法草案说明书》，第15页。

整个宪草修正的过程也是草案文本与当权者权益和偏见日趋一致,与现代宪法基本原理原则渐行渐远的过程。① 宪草的最后定稿,"对于国大代表及总统任期均有所增加,而各院院长及立监两委之任期,则略予减短。总统因不参加行政院会议,地位益见超然。而其召集五院院长会议,解决各院间争端之规定,更使总统成为五院之重心。至其统率海陆空军之权,不受法律之限制。且必要时可发布紧急命令及执行紧急处分,虽有终年不闭会之立法院,亦无须其同意。在过渡时期又有任命半数立法委员及半数监察委员之权。政府大权可谓已尽集中,其集权趋势,实超过现代任何行总统制之民主国家。"②

(三)"五五宪草"的主要内容

"五五宪草"规定:人民得选举、罢免县治人员,创制、复决县治事项。关于中央事务,则由人民选举代表、组成国民大会,对于总统、副总统、立法院监察院两院正副院长行使选举权,对于上述人员及司法院考试院两院正副院长行使罢免权;国民大会对于中央法律行使创制、复决两权;修宪权则是国民大会的专有权力。国民大会权力很大,但是很少开会,会期也很短,每三年由总统召集一次,会期一个月,必要时得延长一个月;经五分之二以上国大代表同意,或总统召集,可召开临时国民大会。

"五五宪草"在中央政府设置总统与五院,孙中山学说并未明确规划它们彼此间的关系,但根据其权能分治、万能政府之说推论,五院之间应是合作重于制衡,而总统处于统摄地位。总统兼为国家元首和行政领袖,行政院长由总统任免,对总统负责;司法院考试院两院正副院长由总统任命。③ 在五权政府中没有与总统相抗衡的力量,而作为政权机关的国民大会又很少开会、会期且短,这很容易造成总统的专权,所以"五五宪草"确立的中央政制为超级总统制。

关于中央与地方的权限关系上,立法院宪法起草委员会起初主张:"关于中央事权采列举方式,关于地方事权采概括方式"。但是经过立法院与国民党中央的审查后,地方自治的范围越来越窄,重点有二:(1)省的自治地位被取消,省长由中央政府任命,省政府的职能为执行中央法令、监督地方自治。(2)县作为唯一宪法上的地方自治单位,而地方自治事项则以法律定之,这意味着中央可以通过立法任意变更中央与地方事权的范围,地方自治的宪法保障非常脆弱。

当时社会上对"五五宪草"的批评声浪很高,其中不少批评集中于宪草的核心——国民大会的设置、"五权宪法"的架构、人民基本权利与地方自治权力的极大限制,还有"超级总统"的问题,但由于当时社会上没有能与国民党抗衡的力量,这些批评并没有对宪草的内容发生太大的影响,政府依然我行我素。④ 但是这些批评与讨论为日后宪法的修正奠定了理论和民意基础。

"五五宪草"颁布后不久,国民政府即着手办理制宪国大代表选举,至1937年6

---

① 当然我们也不能因此抹杀制宪者三年的努力与心血。
② 参见陈茹玄:《中国宪法史》,第232—233页。
③ 参见荆知仁:《中国立宪史》,第423页。
④ 当时相关讨论可参见俞仲久编、吴经熊校:《宪法文选》,上海法学编译社1936年版。

月已选出代表950人。旋即爆发"七七事变",日军入侵,选举事务被迫中断。① 一拖九年,"五五宪草"也就被拖黄了。

三、抗战期间"第三种力量"与宪政运动②

(一) 国民参政会的设立

1938年3月国民党临时全国大会通过《抗战建国纲领》,决定在非常时期设立国民参政会。同年7月在汉口召开了首届参政会,出席的156名参政员中,在野党派代表有30多人,其中包括青年党曾琦、左舜生、李璜、陈启天,国社党③张君劢、罗隆基、梁实秋,第三党章伯钧、邹韬奋、陶行知、史良、张申府,职教社黄炎培,乡建派梁漱溟等中间党派代表。国民参政会虽然不是严格意义上的民意机关,也没有立法权,但它具有建言权、询问权与听取政府汇报之权,在抗战期间的国统区,它扮演了重要的角色。中间党派以国民参政会为舞台,集结为国共之外的第三种力量,在国统区发起了两次宪政运动。④

(二) 第一次宪政运动与"期成宪草"

国民参政会在1939年第一届四次会议之后,设立了由部分参政员组成的国民参政会宪政期成会,以研讨制定宪法与实行宪政的问题。在中间党派的推动下,宪政运动在全国范围内展开,国民党中央也逐渐感到难以控制。1940年3月29日,宪政期成会在综合各方面意见的基础上完成了《国民参政会宪政期成会提出中华民国宪法草案(五五宪草)之修正案》(简称"期成宪草"),随后将其提交国民参政会。至此,宪政期成会的工作也宣告结束。"期成宪草"最大的特点是规定在国民大会闭会期间设立国民大会议政会以代行政权,议政员为150—200人,由国大代表互选之。该宪草的主要起草人是罗隆基、张君劢等。在1940年4月国民参政会第一届第五次会议上,"期成宪草"(特别是其国大常设机构议政会的设计)遭到蒋介石为首的国民党的强烈反对,宪政期成会7个月的工作结晶成为一纸具文,长达一年的第一次宪政运动也就此偃旗息鼓。⑤

(三) 第二次宪政运动

1943年,盟邦美国向国民政府提出"从速实施宪政"的建议,张君劢和左舜生也向政府试探。当年9月,在三届二次参政会开幕式上,蒋介石表示同意设置宪政实施筹备机关,以协助政府推行宪政,第二次宪政运动很快展开。为控制宪政运动,国防最高委员会设立了宪政实施协进会,蒋介石任会长,孙科、黄炎培、王世杰为召集人,会员名单根据蒋介石的意思排除了章伯钧、张澜⑥等人。这次运动也被称为"温和改

---

① 参见金体乾:《国民大会之理论与实际》,台湾文物供应社1953年版,第192页。
② 所谓"第三种力量",主要指在国共两党之外积极参政的知识界中间派人士。可见参闻黎明:《第三种力量与抗战时期的中国政治》,上海书店出版社2004年版。
③ 国社党在抗战胜利后与民主宪政党合并为中国民主社会党,简称民社党。
④ 参见石毕凡:《近代中国自由主义宪政思潮研究》,山东人民出版社2004年版,第154页。
⑤ 详见同上书,第163—179页。
⑥ 张澜时任中国民主政团同盟主席,却被宪政协进会排除在外,本身即是对当局推行宪政诚意的讽刺。

良",其重点是争取人民基本权利(包括人身自由、结社集会自由与出版自由)的保障,但当局依然我行我素。与第一次宪政运动和宪政期成会相比,第二次宪政运动和宪政实施协进会更加无所作为。①

中间党派发起的两次宪政运动在制定宪法与推动宪政方面都失败了,但毕竟在社会上普及了宪政观念,第三种力量更由此集结起来,组成了中国民主政团同盟,并逐步与中国共产党进行合作,为政协会议的召开与制宪原则的达成奠定了基础。

四、政治协商会议与"政协宪草"的出炉②

（一）政治协商会议的召开

抗战结束后,原定1945年10月10日召开国民大会,制定宪法,因为中国共产党与其他党派联合反对国民大会代表名额分配及"五五宪草"内容,直至1946年1月10日,国民党才重新邀请共产党和民主同盟、青年党、民社党各党派代表以及社会贤达等共38人,在重庆召开政治协商会议。政协会议除大会外,又分设政府改组、施政纲领、军事、国民大会、宪草等五组,分别就五大议题进行讨论。

1946年1月19日,政治协商会议在重庆国民政府礼堂召开第九次大会,开始讨论宪草问题。首先由孙科代表国民政府说明"五五宪草"之内容及精神;接着黄炎培、沈钧儒、傅斯年、胡霖、曾琦、杨永浚、张申府、吴玉章、李烛尘等人相继发言。③黄炎培提出宪草有重新研讨之必要,具体如国民大会、五院制度、总统制、地方制度、人民权利等等。沈钧儒发言则着重地方政权问题。傅斯年认为国大制度有修正必要;他特别提出,可以用五院制的形式容纳西方的国会制度,以立法院为下院、监察院为上院,不必有国会之名,但有国会之实。胡霖认为"五五宪草"可讨论之处甚多,对于三民主义与孙中山学说应该拥护,但不应拘泥于形式。曾琦提议组织"宪草审议会"审议宪草,他主张采取内阁制④、两院制,五院制只可保存其精神,不必拘泥于形式,应确立省之自治地位。杨永浚发言突出地方自治的重要性,强调省应为地方自治最高单位、省长应该民选。张申府提出宪草必须修正,其修正应合乎国情、本国历史与世界潮流,要立足现在、着眼未来;对于人民权利不应予以限制,应该予以自由的机会。吴玉章的发言特别强调人民权利与地方自治的保护。李烛尘提出宪草中"平均地权"与"节制资本"的国策应以前者为先,后者为后,在中国应重视"民族资本"与"民族工业"的发展。⑤ 应该说,政协九次会议第一天的发言已经为宪草修改原则定了调。"五五宪

---

① 详见闻黎明:《第三种力量与抗战时期的中国政治》,第208—258页。
② 关于1946年政协的历史资料,以下两种公开出版物可供参考:四川大学马列主义教研室中共党史教研组编:《政治协商会议资料》,四川人民出版社1981年版;重庆市政协文史资料研究委员会、中共重庆市委党校编:《政治协商会议纪实》,上、下册,重庆出版社1989年版。
③ 参见朱汇森主编:《中华民国史事纪要(初稿)》(1946年1—3月),台湾"国史馆"1989年版,第246—247页。
④ 青年党领袖曾琦特别反对总统制。
⑤ 代表发言内容参见(重庆)《新华日报》,1946年1月20日;(重庆)《中央日报》,1946年1月20日;孔繁霖编:《五五宪草之评议》,时代出版社1946年版,第267—285页。

草"有颇多值得探讨之处,对于其修正不应拘泥于三民主义和五权宪法的形式;应对国民大会制度加以修正,中央政府运作模式应采内阁制,建立以立法院为下院、监察院为上院的国会制度,实行地方自治,对人民基本权利应予保护而非限制,以上这些问题在各位代表的发言中都有所体现。

1月21日下午,政协会议宪草小组开始会议,前后计会商四次。1月23日,宪草小组在承认"五权宪法为世界最进步的政治原理"的前提下对五院制度作出如下修正:(1) 立法院为最高立法机关,应由公民选出代表组成,职权与各民主国议会同;(2) 监察院为最高监察机关,由各省市县议会及民族自治区域代表组成之;(3) 司法院为国家最高法院,不兼理司法行政,由法官若干人组织之,法官由总统提出,经监察院同意任命;(4) 考试院采委员制,委员应包括各党派,其职权应着重考试公务人员及专业人员;(5) 行政院对立法院负责。当日还成立了政协综合委员会,委员为孙科(兼召集人)、王世杰、吴铁城、曾琦、陈启天、王云五、傅斯年、章伯钧、张东荪、周恩来、董必武等11人。① 宪草小组经多次会商,提出十二项修改"五五宪草"原则,并决议设立审议宪草委员会。宪草审议委员会设委员25名,由政协会议五方面每方各推5人,另外公推专家10人;宪草审议委员会职权为根据政协所拟修改"五五宪草"原则、参酌期成宪草与宪政实施协进会研讨成果、综合各方面意见,制定宪草修正案;委员会审议宪草时间以两个月为限。②

(二)"政协十二原则"的发表与双方的进一步妥协

在政协会议上,国共两党以及第三方力量(其他政党以及社会贤达)就政治、军事、宪法等问题进行广泛商讨。1946年1月31日,政协会议闭幕,最后达成政府改组、施政纲领、军事、国民大会、宪草等五项协议。针对宪草问题,除国民党外,大家一致认为"五五宪草"名为五权宪法,实为一权宪法,不符合民主政治的基本要求,应予修正。关于宪法草案达成的十二条协议(史称"政协十二原则")摘要如下:

一、国民大会

全国选民行使四权,名义之曰国民大会。③ 在未实行总统普选以前,总统由中央及省县各级议会合组选举机关选举之。

创制、复决两权之行使,另以法律规定之。

总统之罢免,以选举总统之同样方法行使之。

二、立法院 为国家最高立法机关,由选民直接选举,职权等于民主国家之议会。

三、监察院 为国家最高监察机关,由各省级议会及各民族自治区议会选举之。其职权为行使同意、弹劾及监察权。④

---

① 参见朱汇森主编:《中华民国史事纪要(初稿)》(1946年1—3月),第292—293页。
② 参见蒋匀田:《中国近代史转折点》,(香港)友联出版社1976年版,第34—35页。
③ 这就是所谓"无形国大",即无须成立全国性之国民大会机构之意。
④ 同意权指司法院院长、副院长、大法官及考试院院长、副院长、委员等,由总统提名,监察院同意任命。

四、司法院即为最高法院,不兼管司法行政。由大法官若干人组织之。大法官由总统提名,经监察院同意任命之。各级法官须超出党派之外。

……

六、行政院 为国家最高行政机关。行政院长由总统提名,经立法院同意任命之。行政院对立法院负责。如立法院对行政院全体不信任时,行政院或辞职,或提请总统解散立法院。但同一行政院长,不得两次提请解散立法院。

七、总统 经行政院决议,得依法发布紧急命令。但须于一个月内报告立法院。总统召集各院院长会商,不必明文规定。

八、地方制度 确定省为地方自治之最高单位。省长民选。省得制定省宪,但不得与国宪抵触。依照均权主义划分权限。

……

政协十二原则对"五五宪草"作出重大修正:(1)国民大会无形化,立法院则由"五五宪草"规定的专职立法机关变为议会。(2)变"五五宪草"的超级总统制为内阁制,行政院改为对立法院负责;总统仅为国家元首,不再是行政领袖。(3)在中央与地方的权限划分方面融入联邦制的内容,省成为地方自治最高单位,省长民选,省得制定省宪;同时,监察院兼有参议院的职能,监察委员由地方选举产生,对司法院和考试院正副院长及重要成员行使同意权。

此项协议发表后,国民党二中全会针对政协十二原则,又通过修改宪草原则之决议如下:"一、制定宪法,应以建国大纲为最基本之依据。二、国民大会应为有形之组织,用集中开会之方式行使建国大纲所规定之职权。其召集之次数应酌予增加。三、立法院对行政院不应有同意权,及不信任权。行政院亦不应有提请解散立法院之权。四、监察院不应有同意权。五、省无须制定省宪"等。孙科乃将国民党意见与各党派代表在宪草审议会继续协商。政协综合小组对于修正宪草原则终得新协议,结果如下:(1)国民大会为有形组织,行使四权。(2)取消立法院之不信任权及行政院之解散权。(3)取消省宪,改为"省得制定省自治法"。①

(三)"政协宪草"的拟定

政协会议闭幕后,所余宪草问题交由宪草审议委员会处理。宪草审议委员会的组成如下:国民党代表孙科(兼委员会召集人)、王宠惠、王世杰、邵力子、陈布雷;共产党代表周恩来、吴玉章、董必武、秦邦宪、何思敬;青年党代表曾琦、陈启天、余家菊、杨永浚、常乃惠;民主同盟代表张君劢、黄炎培、沈钧儒、章伯钧、罗隆基;无党派代表傅斯年、王云五、胡霖、莫德惠、缪嘉铭;外聘专家有吴经熊、吴尚鹰、林彬、史尚宽、钱端升等10人,其中6人参加过起草"五五宪草"。②

1946年2月14日,宪草审议委员会举行首次会议,首先决定程序问题,紧接着便讨论国民大会问题。2月15日第二次会议继续讨论国大问题。2月16日第三次会

---

① 参见孔繁霖编:《五五宪草之评议》,第307—308页。
② 参见《政治协商会议资料》,第114—115页。

议讨论中央政治问题,对于应否实行西方的议会制度一点,尤其引起激辩。2月18日第四次会议继续讨论中央政治问题。2月19日第五次会议讨论地方制度问题;第六次会议讨论人民权利义务、选举、基本国策及宪法修改权等问题。①

政协十二原则关于"无形国大"的设计是蒋介石明言反对的,但实际上在宪草审议会中却阻力不大,经过双方的妥协,大致按政协原则通过。而内阁制(行政院对立法院负责)的问题则在审议会中拖延甚久②;由于青年党党魁曾琦坚决主张内阁制,国民党不愿失去"声应气求的同情者",所以也不便断然否定。经过漫长的讨价还价,最终"富有创造性"地通过了"有限度的内阁制"条文。③ "斟酌现境与传统,既不能采取纯内阁制,也不能采取纯总统制,各方平衡损益的商讨多时,乃有今日宪草之规定。"④总的来看,在宪草审议会中争论最久的是行政院问题,争论最激烈的是地方制度问题⑤,最后总算勉强定案。1946年4月底,宪草审查会举行最后一次会议,政协宪草"有保留"地通过了。⑥

在政协宪草的起草过程中,张君劢个人起了重要作用,他是宪草的主稿人,其拟定的草案是宪草审议委员会讨论的基础。本来设计的总统任期是4年,得连选连任,为了防止总统长期恋栈,张君劢构思将总统任期延长为6年,但规定只能连选连任一次。⑦ 省自治法制定后交由司法院审查的规定可名曰"秦邦宪条文";而"修正式内阁制"的设计王世杰构思有大功;将全国之创制否决权之行使推迟到全国半数县实行之后,则是吴铁城的提议。⑧

五、"宪法"的最后通过

由于国民党破坏了国共和解的气氛,中国共产党和民盟退出了制宪国大。⑨ 为了在形式上建立其统治的合法性(法统),蒋介石不愿背上"一党制宪"名声,力求拉拢民社党、青年党参加国民大会。但青年党声明参加国大的前提是民社党参加,而以张君劢为党魁的民社党参加的条件是国民党必须遵守政协协议和政协宪草。本来,在1946年4月政协宪草通过之后,由于政治军事形势的恶化,民社党党魁张君劢已将其

---

① 参见朱汇森主编:《中华民国史事纪要(初稿)》(1946年1—3月),第433—484页;孔繁霖编:《五五宪草之评议》,第291—307页。
② 蒋介石曾举民元临时约法之例说变总统制为内阁制是"己所不欲,而施于人",暗示反对内阁制。
③ 参见蒋匀田:《中国近代史转折点》,第57—58页。所谓"修正式内阁制"是在内阁制的基础上融入了总统制的因素,具体说是取消国会倒阁与内阁首长解散国会的制度,而代之以美国总统制下的复议制度以解决行政权与立法权之间的僵局。王世杰认为中国的情况客观上不易举行大选,若维持政协十二原则的设计,可能导致国会常常要解散改选。
④ 参见蒋匀田:《中国近代史转折点》,第173页。
⑤ 特别是其中的省自治法是否需要由中央立法院通过或批准的问题。
⑥ 所谓"有保留",首先是关于地方方官民选和行政院等问题并未完全达成一致意见;更重要的是正如国民党代表吴铁城所言,未经国大通过的宪草只能视为会议记录。
⑦ 参见蒋匀田:《中国近代史转折点》,第190页。
⑧ 参见民社党中央党部编:《张君劢先生年谱初稿》,台湾1976年自刊,第57页。
⑨ 中国共产党和民盟是不承认这部"宪法"合法性的,但也正是因为中国共产党力量的壮大改变了国民党一党独大的实力对比,第三方力量才能四两拨千斤,也才能起草通过这部在内容上比五五宪草要进步得多的"宪法"。

主笔的政协宪草视为一纸空文。6月,张君劢将宪草翻译成英文,并呈给美国代表马歇尔,受到美方的重视。8月,吴铁城代表国民政府找到张君劢,说要接受政协宪草,并提交给即将召开的国民大会。① 张君劢本人作为宪草主稿人,非常希望能通过宪草,再加上民社党内部期待参政的压力,民社党最终同意附条件地参加制宪国大,这也造成张君劢与民盟的决裂以及民社党内部的分裂。②

1946年11月9日,国民政府主席蒋介石致函立法院长孙科,促请立法院尽快完成宪草审议工作,其内容应"根据本年一月政治协商会议所协议宪草修改原则,及同年三月政协综合小组对上项修改原则之三项修正意见拟定,在不违背三民主义之原则下应尽量容纳各方面提供之意见"③。11月15日,制宪国民大会在南京召开;12月25日,国大通过了《中华民国宪法》。该《宪法》由国民政府于1947年元旦公布,同年12月25日施行。

11月28日,制宪国大第三次会议由蒋介石致词、孙科逐章说明修正内容及与"五五宪草"区别。接着于11月29日至12月5日举行大会,对宪草进行广泛讨论,场面非常热烈。随后将宪草分八组同时进行审查。占代表总额压倒多数的国民党籍代表企图否定政协宪草、复辟"五五宪草"。在宪草审查会上,大有将政协宪草的原则一一推翻之势。民社、青年两党坚决反对变更政协原则,并以退出制宪国大相要挟。④ 在蒋介石本人对国民党代表的弹压下,国大辩论才稍微有所缓和,但第八组审查会之结果仍然对政协宪草作了很大修改,特别是将国大职权予以扩充。直至12月14日成立宪草综合审查委员会,由各组推定代表200人为委员,将各组初步审查结果总汇核议,开会5日,历经政党协商与多方疏解,充分表现"多数尊重少数之雅量",才将宪草基本恢复至政协宪草原案。12月21日,宪草完成一读;24日,完成二读;25日,三读完毕,宪法通过。制宪国民大会最后通过的"中华民国宪法"除文字上略作更动外,基本上与政协宪草的保持一致。⑤ "张君劢以一个在野小党领导人的身份,利用特殊的条件,迫使处于立宪主导地位的国民党接受其宪草,在中国近代制宪史上确实是一个异数。"⑥

应该说,在制宪问题上,大家都作了一些妥协,整部《宪法》可以说是调和与折衷的产物。例如,本来中国共产党和第三方力量都反对以三民主义冠国体,但国民党坚持,于是将《宪法》第1条国体规定为:"中华民国基于三民主义,为民有、民治、民享之

---

① 参见"中华民国张君劢学会"编译:《中国第三势力》,台湾稻乡出版2005年版,第198页。
② 参见蒋匀田:《中国近代史转折点》,第169—171页。
③ 参见朱汇森主编:《中华民国史事纪要(初稿)》(1946年7—12月),台北县"国史馆"1989年版,第856—857页。
④ 制宪国大会场的情况可参阮毅成:《制宪日记》,台湾商务印书馆1970年版;王云武:《国民大会躬历记》,台湾商务印书馆1966年版,第一章。
⑤ (制宪)国民大会审议及通过宪草经过可参见(制宪)国民大会秘书处编:《国民大会实录》,1946年自刊;最后通过"宪法"与政协宪草不同点可参见陈茹玄:《中国宪法史》,第284—239页。
⑥ 参见薛化元:"张君劢与中华民国宪法体制的形成",载中研院近代史研究所编:《近代中国历史人物论文集》,台湾"中研院"近代史研究所1993年版,第265页。

民主共和国。"这样,就在一定程度上用"民有、民治、民享"的西方宪政理念偷换了原来孙中山的三民主义。普遍的评价是这部"宪法"要比"五五宪草"进步得多。①

从发起拟定"五五宪草"到《中华民国宪法》的最后通过,孙科始终起了很大作用,他长期担任立法院长,"五五宪草"时期兼任宪草委员会委员长,政协宪草时期又是宪草审议委员会的召集人。在国民政府一方中,他至少是"开明"的,他以孙中山先生哲嗣的身份多次有力地回击了国民党内保守派对于政协协议和宪草的攻击,打破了盲从"国父遗教"的政治僵局。在政协宪草审议委员会中,国民政府邀请的专家"痛骂议会政治",孙科发言表示"总理遗教不一定尽美,政协决议不一定全非",才算平息了争执、尽可能地保全了政协原则。② 在立法院审查政协宪草时,有立委质疑其与"五五宪草"相去甚远,孙科直截了当地回应说政协宪草比"五五宪草"为优。③ 在制宪国大审查政协宪草时,以张知本为代表的国民党保守派打着"国父遗教"的旗号企图推翻政协原则,复辟"五五宪草"权能分治的设计,孙科又当面厉斥说:"请你以后不要动辄引用国父的话,以封人之口,而加深严重的情形。就是先总理的话,也不能完全没有错误。时代已变了,总理的学说,用之于当时虽是;未必尽适于现在。我们若真忠心于国父,只可遵从其是者,不应遵从其非者。"④所以有"中华民国宪法之父"雅号的张君劢认为孙科对于"宪法"的通过"居功厥伟"。⑤

1946年制宪国大通过的《中华民国宪法》虽然不能将国民大会彻底无形化,但却将国民大会的权力大大缩减,这也体现了"宪法"折衷的精神。

1946年《中华民国宪法》将立法院由"五五宪草"中的中央专职立法机关变为代表人民行使职权的机关,这就根本放弃了孙中山"权能分治"的理论,重新采用了代议政治的制度,名为"有限度之责任内阁制"(或"修正式内阁制")。

与"五五宪草"相比,《中华民国宪法》赋予地方较大的自治权。省成为地方一级自治单位,得制定省自治法,由地方选举产生的监察院拥有类似联邦国家参议院的职权。

另外值得一提的是,《中华民国宪法》有关司法院释宪权的规定,在制宪当时并没有引起特别关注,有人甚至认为"解释宪法与统一解释法律、命令"并非大法官之要务,其主要职能应为行使终审权。⑥ 但实际上"司法院大法官"并不行使终审权,其职权仅限于"解释宪法与统一解释法律、命令",其"规范审查"权力的行使对于"中华民国"整个政府体制,甚至"宪法"本身的变迁都影响至巨。

---

① 阮毅成《制宪日记》有如下记载:"(蒋介石)问我对宪法有何意见,我说:宪法不可使人人满意,但较五五宪草为佳,乃是一定的。其中有关行政院与立法院的关系,及中央与省县三级均权,是最有创造性的杰作。……"(参见阮毅成:《制宪日记》,第84页。)
② 参见薛化元:《张君劢思想研究——以宪政思想的探讨为中心》,台湾大学历史学研究所博士论文(1992年),第175页。
③ 参见"中华民国张君劢学会"编译:《中国第三势力》,第198—199页。
④ 参见蒋匀田:《中国近代史转折点》,第176、179页。
⑤ 参见"中华民国张君劢学会"编译:《中国第三势力》,第199页。
⑥ 参见雷震:《制宪述要》,友联出版社1957年版,第39—41页。

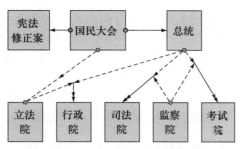

附图　1946年"宪法"下的五权宪法结构

依"政治协商会议的规定,国民大会须于停止内战、改组政府、结束训政及修正宪草完成后才能召开。但中国国民党为使其统治基础合法化,而撕毁政治协商会议的决议;接着,中国共产党与部分人民团体和民主党派也先后声明,表示不承认中国国民党召集的制宪国民大会和这次制宪的合法性"。[①] 事实上,国民党在通过宪法时是心不甘情不愿,并且只把其作为权益之计的。[②] 当局为了粉饰太平,对制宪急于求成而并非认真对待宪法,这与当年通过"曹锟宪法"的心态如出一辙,也预示了这部宪法的坎坷命运。

第二节　宪法史上的政体之争

民国草创,在政体上选择总统制还是内阁制,这是当时首要的、也是最具争议的宪政问题之一。问题的核心是行政权与立法权的关系,是采内阁制的行政权与立法权联动,行政权(内阁)来源于议会、受制于议会;还是行总统制的权力分立,行政权高度集中于总统。与内阁制相较,总统制的优点是行政权运作灵活、相对更有效率;缺点是一方面有蜕变为总统独裁的危险,另一方面是当行政权与立法权形成僵局时,反而造成政府运作的内耗与无效率。从1911年临时政府组织大纲到1925年12月执政府完成三读程序的宪法案,每个宪法性文本都给出了不同的答案;甚至对具体文本确立的政体定性也存在争议。比如1912年《临时约法》,流行的说法是立法者为了限制即将就任大总统的袁世凯的权力,改总统制为内阁制;但也有人认为由于制定约法之人对于责任内阁缺乏充分的认识,致使有许多形似总统制的规定[③];近年有我国台湾地区学者通过对《临时约法》及其之前草案条文的考订,认为《临时约法》根本没有采用内阁制,宋教仁遇刺乃是"为错植误认的责任内阁制而牺牲"。[④] 再如,因曹锟贿选

---

① 参见谢政道:《中华民国修宪史》,台湾扬智文化事业有限公司2001年版,第37页。
② 蒋介石曾训示国民党籍代表在国民大会上以"完成宪法为第一要义,任何缺点可俟将来依法修改,不必在此时力争。"(参见陈茹玄:《中国宪法史》,第282页。)
③ 参见王世杰、钱端升:《比较宪法》,中国政法大学出版社1997年版,第264页;钱端升等:《民国政制史》,上海人民出版社2008年版,第18页。
④ 参见张茂霖:"错误移植的责任内阁制——《中华民国临时约法》制定过程重探",载《法制史研究》2006年第9期。

而污名化的1923年《中华民国宪法》,通说认为其在很大程度上师法德国《魏玛宪法》,"与一般之所谓责任内阁制趋于一致"①;可是,德国《魏玛宪法》则被认为是第一部半总统制(半内阁制)的宪法。制宪史长期纠缠于总统制与内阁制的两分法,其实,就比较宪法而言,有不少国家在总统制与内阁制之间选择了混合制的政体,就民国现实政治而言,纯粹的内阁制或总统制是不现实或不可欲的。1946年"宪法"在很大程度上仍采用了临时约法式的混合政体,这是基于现实政治的妥协与创造。

一、总统制、内阁制与半总统制(混合制、双首长制)释义

清末民初,在比较宪法上至少有如下五种政体:美国为代表的总统制,英国为代表的君主立宪制(虚君共和、议会内阁制),法国(第三共和国)为代表的议会内阁制,德意志帝国为代表的二元君主立宪制,瑞士为代表的委员制。德、瑞不是民国要仿效的对象,政体上的选择主要是在总统制与内阁制之间展开。

总统制的主要特点是严格遵循三权分立,总统与国会有各自独立的民意基础,总统以国家元首兼政府首脑,总统不能解散国会,国会非因特例弹劾也无法使总统去职。行政权与立法权虽彼此分立但仍互相制衡,例如总统对于国会立法有否决权(Veto),国会参院对于总统人事提名有同意权。内阁制的特点是内阁与议会联动,内阁由议会多数党或多数党联盟组阁,内阁与议会发生重大不一致时,则内阁总辞或由内阁提请国家元首解散国会,视新国会选举的结果决定内阁的去留。在内阁制之下,国家元首(世袭的虚君或国会选举产生的总统)对于实际政治较少发生影响,因而也不承担政治责任,而由内阁来负责。

1919年德国《魏玛宪法》颁布后,中华民国有了新的师法对象。② 之所以会创造性地采行内阁制与总统制的混合政体,源于魏玛制宪者一方面警惕独裁制的复辟;另一方面又不愿议会专制,使行政权完全受制于国会。《魏玛宪法》的一大特色就是作为"宪法的守护者"之总统的定位,总统像皇帝又不是皇帝,他的权力类似于之前的威廉皇帝,"但最终受制于民意"。③《魏玛宪法》规定,总统由人民直选,任期7年,得连选连任(第41、43条)。总统可以解散国会(第25条),可以将国会议决的法律交人民复决(第73条)。内阁可以通过副署权的行使限制总统的权力,总统任命总理(政府首脑)的权力受制于国会中的政党比例。但是,由于德国的政党政治并非英、美的两党对峙,多党政治之下,国会不容易产生一个稳定的多数作为内阁的后盾。而在国会无法凝聚稳定的多数时,总统在组阁时便享有很大的自由,进而可以左右内阁的施政,形成向总统而非国会负责的"总统内阁"。④ 总统甚至可以越俎代庖,在宪法规定之外召集内阁会议而自为主席。⑤《魏玛宪法》最为人诟病之处是总统的紧急命令权

---

① 王世杰、钱端升:《比较宪法》,第264页。
② 《魏玛宪法》条文参见〔德〕卡尔·施密特:《宪法学说》,刘锋译,上海人民出版社2005年版,附录。
③ 〔德〕卡尔·施密特:《宪法学说》,前言第8页。
④ 参见钱端升:《德国的政府》,北京大学出版社2009年版,第99—100页、第116页。
⑤ 参见同上书,第100页。

的规定(第48条第2段、3段),总统可以通过发布紧急命令变更法律、命令,限制、剥夺人民的基本权利,总统在这方面的权限甚至超越了帝国宪法时代的皇帝。据统计,从《魏玛宪法》颁布到1932年9月,总统发布紧急命令有232次之多,紧急命令在时局动荡时甚至完全替代了国会立法权。根据《魏玛宪法》,紧急命令权的限制主要有三:其一是内阁的副署权,但总统常常能够左右内阁的人事与施政;其二是紧急命令权的行使应受施行法的规范,可该法并未颁行;其三是国会的事后监督与撤销,但两百多个紧急命令经国会反对而撤销者仅有两例,后一次在一定程度上导致了国会被解散。"习惯于国会立法、政府行政之制者对此固会咋舌惊异;然德国的宪法学家竟大多数承认那些命令为合法",因为紧急命令权本身就是一种应对特殊时局的"非常之权"。① 魏玛共和国时代的德国,国会软弱而分裂,行政权在大部分的时间里与俾斯麦时代一样专断,其实不待希特勒上台,德国早已走上独裁的局面。②

《魏玛宪法》破毁了,但这并不意味着其创造的混合政体的彻底破产。第二次世界大战之后,总统制内阁制混合政体(也被称为"双首长制")被以法国(第五共和国)为代表的很多欧亚国家所采用,奥地利、葡萄牙、波兰、俄罗斯、韩国等都被认为是其中的一员。混合制根据其实际运作,又有倾向于总统制和倾向于内阁制之分。或者我们可以说,纯粹的总统制或内阁制是政体选择上的两极,很多国家的政体安排都处在这两极之间,并且每个国家的倾向又有或大或小的差异。这样的差异不仅反映在宪法条文的规定上,更体现于其宪政的实际运作之中。以法兰西第五共和国为例,其政府运作模式的最大特点就是"换轨"机制,也就是在宪法规范并未改变的情况下,宪政体制的运作因不同政治情势的发展而有不同的结果,时而倾向于总统制,时而倾向于内阁制。与虚位元首的内阁制或总统直接掌控行政权的总统制都不同,其特点是:(1)元首(总统)与行政首长(总理)皆有各自民主正当性基础,通常总统民选,总理则以国会多数的支持为基础;(2)总统并非虚位,有其单独行使的权限;(3)国家行政仍以内阁制的运作为原则;(4)政府运作视国会多数席的党派分布,时而倾向于总统制,时而倾向于内阁制,也就是所谓"换轨"。尽管总理由总统单独任命,但总理必须向国会负责,为了总理的顺利施政,总统在任命总理时必须尊重国会的多数意见。当大选结果是总统与国会多数同属一个政党时,总统在任命总理的问题上握有主导权进而取得行政的指挥权,总理往往成为总统的"执行长",政府运作模式接近总统制。当总统与国会多数分属不同政党时,即出现所谓"分裂多数"时③,总统就要尊重国会的多数④,(被动)任命国会多数党领袖为总理,这时总统的权力将受到压缩,国会多数党将与总统分享行政大权(实质上是取得了行政的主导权),政府运作模式倾

---

① 钱端升:《德国的政府》,北京大学出版社2009年版,第103—107页。
② 参邹文海:《各国政府及政治》,台湾正中书局1961年版,第447—448页。
③ 所谓"分裂多数",即民意分裂成两部分,反映在选票上是在总统选举中赢得多数的与在国会选举中赢得多数的不是一个政党。
④ 当然总统也可以选择解散国会、重新改选,但如果改选后总统所属政党仍是国会的少数党,总统就只能接受这种政治现实。由于解散国会存在政治风险,不利的改选结果会影响总统的威信,所以总统必须慎用解散权。

向于内阁制,这种情况也被称为"左右共治"。法国上世纪 80 年代以来,曾发生过三次"左右共治"的情况。①

二、从比较法角度辨析《临时约法》所确立之政体

《临时约法》与当时欧美宪法相较,比较接近于法兰西第三共和国宪制②,或者说民初制宪者在一定程度上模仿了法国宪法关于政体的设计。但《临时约法》也有一些与第三共和国宪制或者说内阁制不符的地方:其一,《临时约法》设置了副总统,而如果总统为虚位,似乎不必设立副总统作为备用;其二,国会弹劾内阁成员不能以法式的简单多数、而需绝对多数方能成案,且总统对于弹劾案有提请复议之权;其三,《临时约法》之下,国会议员不兼任内阁成员(国务员),这与英式的责任内阁制有出入;其四,针对行政权与立法权的冲突,《临时约法》没有倒阁与解散国会的规定,反而采用了美式的总统对国会立法行使否决权的做法。③ 关于《临时约法》与内阁制宪制不符的以上几点,笔者试依次作如下解释:

其一,《临时约法》设置副总统,或许有制约总统之意。在民初的宪政史上,作为总统备位的副总统(如黎元洪)实际扮演了重要的角色。国家元首即使是"虚位",仍享有莫大的尊荣,对于政治家有很大的吸引力;元首在理论上仍保有莫大的权力,如法兰西第三共和国总统或英国国王④,只是基于长期的宪政习惯元首不再经常行使权力而已。

其二,无论英国、美国、法国,弹劾案都是众院提出、参院审判,参众两院的设置本有制衡之意,用参院的审判来制衡众院的激情,与总统制内阁制无关。《临时约法》规定的国会体制是参议院一院制⑤,为限制参院弹劾的权力,不得不规定弹劾案须经绝对多数通过,总统提请复议的权力也是为了冷却参院的激情。弹劾本身未见得是正当的,约法限制弹劾也没有太多不妥之处。历史上,弹劾往往成为政党斗争的非常手段,通常是以起诉被告违法为名以达到使之去职的政治目的,例如美国总统杰斐逊上台后对于联邦党人法官的发动的一系列弹劾。弹劾权对政治秩序的破坏太大,派系斗争的意味又太强,通常是备而不用的。美国历史上有三名总统曾面临弹劾,安德鲁·约翰逊的弹劾审判以一票之差未能定罪,尼克松主动辞职,而克林顿案则被认为是政党斗争的闹剧。

其三,法兰西第三共和国 1875 年成立之初议员也不得兼任官吏,但 1905 年修订

---

① 参见徐正戎:《法国总统权限之研究》,台湾元照出版公司 2002 年版,第 296—300 页。
② 所谓法兰西第三共和国宪法并非一部法典,而是由三个宪法性法律作为基础组成,包括《参议院组织法》、《公权力组织法》、《公权力关系法》。
③ 临时约法与法国第三共和国宪法的比较可参张茂霖:"错误移植的责任内阁制——《中华民国临时约法》制定过程重探",载《法制史研究》2006 年第 9 期,第 163—167 页。
④ 白芝浩(Watler Bagehot)谓英王有如下权力:鼓励内阁、戒饬内阁,而内阁遇事必须和他商议(参见钱端升:《德国的政府》,第 110 页)。
⑤ 此规定被 1912 年 8 月的国会组织法所修正,改为参众两院制。

的法律规定内阁成员可以同时兼任议员,但并非必须是议员。① 与此相应,魏玛共和国的内阁成员虽大多为现任或前任议员,但也不必须是议员出身,只要其取得国会信任即可。② 后世被认为是典型责任内阁制的原联邦德国,其内阁成员也可以是文官出身而非议员出身,在早期的原联邦德国,阁员从文官之中选择甚至不是例外而是常态。③ 由此可见内阁成员是否出自议员并非构成内阁制政体的绝对必要条件。

第四个问题最重要也最复杂,笔者的看法是:针对行政权与立法权的冲突,之所以放弃议会不信任(倒阁)—解散国会的联动设计,而选择美国总统法案否决权的模式(《临时约法》第 23 条),并非因为制宪者青睐总统制,也未见得是源于因为他们比较宪法知识的零碎、混乱,之所以将总统制下的否决权与内阁制熔于一炉,很可能制宪者已经意识到了法国的议会专制与内阁的不稳定问题,也知道解散国会权之不可行。法兰西第三共和国宪政的特色是议会专制、总统无为、内阁短寿,但这并不能归咎于宪法本身的设计,而是源于实际的政治运作与政党生态。1877 年,第三共和国的第一任总统麦克马翁所信任的内阁得不到众院的信任,总统为维持其内阁,根据宪法征得参院的同意将众院解散。法国人把此举视同为政变,因为自路易·波拿巴通过人民直选取得总统大位进而复辟帝制之后,"法人最怕总投票式的举动,及行政领袖有高出于国会上的形势"。麦克马翁解散国会,结果搬起石头砸了自己的脚,反对总统及其内阁的党派在新国会中优势更大,与总统冲突也更激烈,麦克马翁最终被迫辞职。经此一役,之后第三共和国没有总统敢于解散众院,内阁也不敢再要求总统解散众院,一旦内阁得不到众院信任即"坦然辞职"。第三共和国之所以将宪法规定的国会解散权束之高阁,一方面是基于历史对人民总投票的怀疑;更重要的乃是源于党派林立这一政治现实,解散国会后新选出的国会无法形成稳定的多数,仍是"乱不可言","无所谓民主信任某党与否",解散达不到征求新民意的效果。④

三、《临时约法》所确立政体之运作

《临时约法》所确立之政体尽管有若干与总统制接近之处,但其核心部分仍包含内阁制的因素,例如总统、副总统由国会选举产生,国务员(阁员)人选须经国会通过,总统权力受到国务员副署权的制约。就总统选举而言,不管是袁世凯还是曹锟,欲登大位,仍需借重议员的选票。就国务员的任命来说,国会在行使同意权方面绝非橡皮图章:1912 年 3 月南京参议院否决了唐绍仪内阁交通总长的提名;1912 年 7 月北京参议院因对总理陆徵祥演说不满,陆提名的财政、司法、农林、教育、工商、交通总长均被参院否决;1923 年 1 月,国会否决了张绍曾内阁外交总长的提名。⑤ 而阁员拒绝副

---

① 参见张茂霖:"错误移植的责任内阁制——《中华民国临时约法》制定过程重探",载《法制史研究》2006 年第 9 期,第 165—166 页。
② 参见钱端升:《德国的政府》,第 118—119 页。
③ 参见邹文海:《比较宪法》,台湾三民书局 1999 年版,第 162 页。
④ 参见钱端升:《法国的政府》,北京大学出版社 2009 年版,第 72 页。
⑤ 参见薛恒:《民国议会制度研究(1911—1924)》,中国社会科学出版社 2008 年版,第 184—187 页。

署总统命令的事情在民国北京政府也时有发生。但是,就现实政治而言,政治强人挟军事实力,难免会修正纸面的宪法秩序,如果不是彻底推翻既有宪法秩序的话。例如在组阁时,袁世凯在军政重要位置上会安排私人,这便是对内阁制的实际修正。

在笔者看来,《临时约法》没有采用当时一般内阁制宪法解散国会的规定,这或许是制宪者最具政治智慧与远见之处。而尽管完全没有宪法或法律依据,民国北京政府却依然先后两次非法解散国会,其解散国会的目的当然不是征询民意,只是为了瘫痪、取缔与其作对的立法机关。① 民国初年国会的政党生态与上述法兰西第三共和国有颇多相近之处,就政党政治的状况而言,民初的国会与法国国会相较可能更加无序。事实上,民初国会之中尚未形成真正意义上的政党,反倒滋生了有害于议会政治的派系。民国二年国会的主要政党——国民党与进步党(由共和、民主、统一三党联合组成),均为多个派系精英分子的结合。他们大多并无政党的理想,只是利用政党的名目以达个人的政治目的,"人人欲显身手,只问目的,不择手段,原有的党派性格消失"②。所谓派系,主要是基于各种关系与利害而组成的政治小集团。"关系"在北洋政界是重要的政治资源,也是结盟、谈判的基础。③ 这些派系并没有稳定的政纲,缺乏意识形态上的共识,基础薄弱;派系内部非常不稳定,各派系之间的关系经常发生变动。虽然这些派系也组成了所谓的政党,但是政党纪律涣散,议员们往往兼跨多党,也常常因为金钱与官位的诱惑而脱党叛党。国民党尽管在第一届国会选举中取得多数,但由于其为扩张党势"不择手段吸收异党分子"④,议员中跨党或挂名党员者也不在少数,国民党在当时是"最庞杂的组织松散的一个党"⑤,我们可以设想即使宋教仁未遇刺、国民党成功组阁,政局也未见得稳定。民国北京政府的"派系政治"需要各派系的妥协以维持国会与整个政局的稳定,但派系合作的基础过于脆弱,因为各派系本身便不稳定,其达成的共识自然难免以破裂而告终,随之而来的便是政局的反复动荡。在这样的政局之下,即使大总统如德国《魏玛宪法》下的总统一样指定议会中的相对少数党组阁,恐怕也不会有太大的问题。

根据《临时约法》,大总统的权力的确很有限,大总统也没有后来德国《魏玛宪法》甚至民国"天坛宪草"规定的紧急命令权,当行政与立法形成僵局时,总统也没有解散国会之权。总统若不能指挥内阁,将在很大程度上被架空为虚位之元首,这也是

---

① 例如 1917 年段祺瑞内阁因对德宣战问题与国会发生冲突,各省督军团要求总统解散国会;而总统黎元洪为拉张勋对抗段祺瑞,则应张勋之请非法解散国会,当时大部分国务员为避违法之嫌不肯副署解散国会的命令,黎元洪只能令步军统领江朝宗代理总理,以副署解散国会之命令。

② 张朋园:《中国民主政治的困境 1909—1949:晚清以来历届国会选举述论》,吉林出版集团有限责任公司 2008 年版,第 90—91 页。

③ See Andrew J. Nathan, *Peking Politics 1918—1923: Factionalism and the Failure of Constitutionalism*, Berkeley, Los Angeles, London: University of California Press, 1976, pp.50—57.

④ 参见熊秋良:《移植与嬗变:民国北京政府时期国会选举制度研究》,江苏人民出版社 2011 年版,第 243 页。

⑤ 谷丽娟、袁香甫:《中华民国国会史》,中华书局 2012 年版,第 501—502 页。

袁世凯不能容忍第一任内阁总理唐绍仪之处。① 不仅如此，作为大总统连《临时约法》赋予的公布法律之权（第22条、第30条）也被国会剥夺却不作出任何解释，更遑论美式总统的法案否决权了（第23条）。1913年10月初，宪法性法律《大总统选举法》由国会组成的宪法会议议定后即予以颁布，而不经《临时约法》第22条、第30条规定的由总统公布法律这一程序，这一方面侵夺了总统公布法律的权限，另一方面在事实上同时剥夺了总统对于法案发表意见或行使否决权的机会。对此，袁世凯于同月18日咨文宪法会议要求对方作出解释，袁氏强调法律的制定包括提案、议决、公布三个环节，公布权属于总统，宪法会议违背《临时约法》、侵夺了总统的法定权力；袁氏咨文还引用了民国二年《临时约法》乃是由参议院咨送大总统公布的先例说明法律公布权乃大总统的固有权力。咨文由此指责国会自己违法越权却要求政府单方面守法，这显失公平，对于民国宪政前途也绝非福音："窃恐此端一开，今日民国议会之职权既可以自由轶出于约法规定范围以外。而独欲以遵守约法者责政府、服从约法者责国民，固失双方情理之平，尤非民国前途之福。"② 对于袁世凯的咨文，宪法会议竟以"宪法草案尚未完成，无开议的机会"，"置而未复"。③《大总统选举法》不依法经总统袁世凯而径行公布，事后袁氏咨文要求宪法会议作出解释，国会居然置之不理，袁氏有理由相信国会对于宪法之公布也将如法炮制。于是袁氏咨文宪法会议要求派遣委员列席宪法会议及宪法起草委员会、并陈述意见，其理由是"大总统既为代表政府总揽政务之国家元首，于关系国家治乱兴亡之大法"，应当"有一定之意思表示，使议法者得所折衷"。④ 10月22日，宪法起草委员会开会时，袁氏派遣的八位委员不请自来、并要求对宪法起草陈述意见，对此，宪法起草委员会认为："本委员会规则只有两院议员可以旁听，是议员非当选委员者在本委员会亦无发言之权，何况非议员乎"，拒绝袁氏派遣委员出席会议，并将袁氏咨文退回。⑤ 查《宪法起草委员会规则》，确有一条规定"本会会议时，两院议员得随时旁听"（第16条）⑥，但这仅仅是授权条款，而非绝对禁止其他人旁听或发表意见。根据《议院法》的规定，国务员及政府委员，得随时出席两院并发表意见（第70条），并得出席于各委员会及协议会并发表意见（第71条）。⑦ 根据《议院法》，总统派特派员列席宪法起草委员会并发表意见并不算违规，只要其不参与表决即可。照理来说，总统权力来源于宪法，总统应忠于宪法，不应质疑自己的权力来源；但民国北京政府却有"先选总统后制宪"的非常情况，袁世凯、曹

---

① "唐任总理以后对于袁的行动，处处不肯放松，袁第一次向参议院发布的宣言书稿，即经唐绍仪改纂后发表。有时总统府发下的公事，唐以为不可行的，即行驳回，甚至在总统府与袁面争不屈；总统府的侍从武官看见唐到，每每私相议论，说'今日总理又来欺侮我们总统了！'但是袁起初也能容忍。到了直督问题发生，袁认为是自己的生死问题，就绝对不肯容忍了。"（李剑农：《中国近百年政治史》，复旦大学出版社2002年版，第331页。）
② 参见吴宗慈：《中华民国宪法史》，前编，台湾1924年自刊，第46—48页。
③ 王世杰、钱端升：《比较宪法》，第365—366页。
④ 吴宗慈：《中华民国宪法史》，前编，第49页。
⑤ 同上。
⑥ 法条参夏新华等整理：《近代中国宪政历程：史料荟萃》，中国政法大学出版社2004年版，第192页。
⑦ 同上书，第189页。

锟均如是。"先选后宪"会造成如下宪政难题:总统的选任及其权力来源是现行的《临时约法》及其他宪法性文件,而不是尚未公布的宪法,而新宪法并不等到现任总统届满才生效;面对宪法秩序的变动,在任总统是否可以表达意见?答案恐怕是肯定的。"天坛宪草"之所以被袁氏破坏、第一届国会之所以被解散,在制宪问题上国会议员对袁世凯的态度傲慢、丝毫不肯折衷妥协,恐怕也是原因之一。对于现实的政治势力毫不理会,企图运用投票与纸面的宪法来改变现实政治秩序、来解除当权者的武装,这未免太天真了。最荒谬的是,议员们在高压下现实地选举袁世凯为大总统,在制宪问题上却那么超现实主义。"严格言之,民二国会议员无实际议会经验,此所以在议会中不知如何运用议论技巧,彼此意见不合,动辄冲突殴打。对于政府,一味强调责任内阁,不知进行协商;大言限制袁世凯的权力,岂知袁氏拥有武力后盾。这是中国民主政治失败的原因之一。"①

四、政体之争的延续与调和

《临时约法》之后,1913年"天坛宪草"规定国会对大总统、副总统有弹劾权(第41条),对国务院有不信任决议之权力(第43条);宪草也同时规定了大总统可基于"公共治安"与"非常灾患"理由发布紧急命令(第65条),还规定大总统经参议院多数同意可以解散众议院(第75条)。由国会参院同意元首对众院的解散,法兰西第三共和国宪法与德意志帝国宪法均采此制。② 袁氏帝制破产,第一届国会重新召集后于1917年继续审议中华民国宪法草案,关于解散国会条款有很大争议,历经国会二读后仍无结果。③ 1919年中华民国宪法草案的解散众议院条款(第63条)取消了参议院对总统解散命令的同意权,保留了大总统的紧急命令权(第53条),大总统的权力有所扩张。1923年《中华民国宪法》取消了"天坛宪草"以来各草案规定的大总统的紧急命令权,恢复了1919年宪法草案取消的参议院对解散众院命令的同意权,大总统权力有所缩减。其第89条规定"大总统于国务员受不信任之决议时,非免国务员之职,即解散众议院,但解散众议院,须经参议院之同意"④。该条一方面恢复了"天坛宪草"以参议院制约总统行使解散权的规定,同时将行使解散权的前提限制为"国务员受不信任之决议时",这可以避免总统以其他事由任意解散国会。1923年宪法施行不久,即随曹锟倒台而废弃,并没有落实的机会。

1927年南京国民政府成立后,政体之争仍是制宪的重大问题。"五五宪草"因其"超级总统制"的设计而备受批评;由于中国共产党与"第三方力量"的制衡,1946年制定的《中华民国宪法》采用了"有限度之责任内阁制"(或"修正式内阁制")。关于

---

① 张朋园:《中国民主政治的困境1909—1949:晚清以来历届国会选举述论》,吉林出版集团有限责任公司2008年版,第103页。
② 法国的例子如前文所述;在德意志帝国时期,帝国政府也可以征得各邦代表组成之联邦院的同意来解散普选产生的帝国议会。(参见钱端升:《德国的政府》,第8—9页。)
③ 参见吴经熊、黄公觉:《中国制宪史》,商务印书馆1937年版,第65页。
④ 宪法条文参见夏新华等整理:《近代中国宪政历程:史料荟萃》,第527页。

总统紧急命令权,宪法虽有规定,但发布紧急命令的事由仅限于发生"天然灾害"、"疫病"或"国家财政经济上有重大变故"(第43条),并且要求发布命令后一个月内须经立法机关追认;与此相对的,《魏玛宪法》第48条以恢复"公共安宁与秩序"为由笼统授权,而国会对于紧急命令权只是"得为"监督,而非必须监督。我们可以说,与《魏玛宪法》相较,1946年宪法规定的总统紧急命令权在范围上、程序上都有更严格的限制,这在一定程度上避免了总统滥用此项权力。在行政院与立法院的关系上,行政院院长人选由总统提名、立法院表决通过,行政院对立法院负责,这就建立了内阁制的中央政府运作模式。但其与典型内阁制不同点有三:其一,立法院对行政院没有倒阁权,行政院对立法院没有解散权;而代之以总统制下的复议制度,以解决行政、立法两权冲突引发的政治僵局。这样设计的好处是避免频频倒阁造成的"阁潮"或立法院解散、改选而引起的政局动荡。其二,没有要求行政院负连带责任("内阁集体负责"),这避免了由于个别阁员的错误导致内阁总辞,也有利于政局的稳定。其三,没有要求行政院院长、副院长以及部会首长(内阁成员)必须为国会议员;行政院副院长、部会首长由行政院长提请总统任命,不须经过立法机关同意,这拓宽了总统(行政院长)用人的范围。以上三点"修正"在很大程度上同时赋予了总统相对于内阁制下国家元首更大的权力,这是内阁制与总统制折衷的产物。① 就总统与行政院的关系而言,总统并非虚位,但其权力受到很大的制约,总统公布法律、发布命令之权受到内阁副署权的制约。总统只能通过行政院长的提名权以及裁定是否复议的权力间接影响政务。这样一种折衷的设计,一方面保留了行政对立法负责这一内阁制的精髓,以避免总统完全控制行政以行独裁之实;一方面照顾稳定政局、避免国会频频解散或倒阁的现实需要;还要兼顾政治强人(蒋介石)对于名(总统大位)与实(权)的要求。②

五、小结

从1912年《临时约法》到1946年《中华民国宪法》,在政体问题上,民国宪法史似乎绕了一个圈。排除基于孙中山五权宪法思想的五院制与国民大会等制度特色,1946年《中华民国宪法》与1912年《临时约法》都有颇多近似之处:例如总统提名行政首长、经立法机关同意任命之;再如放弃倒阁与解散国会的规定,代之以总统对于立法机关法案的否决权;甚至包括细节的内阁责任不采集体连带责任,内阁成员不必为议员等等。与《临时约法》相较,1946年《中华民国宪法》下的总统权力更大一些,因为他有独立的民意基础(总统、副总统由国民大会选举产生,而非由立法机关选举产生);但行政院长领导的行政部门并非总统的幕僚,其权力来源于立法机关并对其负责。国家元首和政府首脑均保有一定权力,并各有其权力来源或者说民意基础,这样一种源自西方的总统制内阁制混合政体设计与中国政治文化上长期延续的"君—相

---

① 对内阁制的"修正"参见张君劢:《中华民国民主宪法十讲》,商务印书馆1947年版,第70—71页。
② 参见聂鑫著"1946年'中华民国宪法'浅议",载《法学杂志》2008年第3期。

制衡"传统似乎也有暗合之处①。它并非张君劢或者其他制宪者的神来之笔,也并非如批评者所说是拼凑出来的"龙的宪法",它是基于现实政治的妥协与创造。

第三节 中国制宪史上的基本权利及其法律限制问题②

现代国家一般均在其宪法上明文肯定基本权利的存在及其价值,但人民基本权利的实现并非是毫无限制的。20世纪以来的各国宪法往往也会或多或少地规定基本权利的法律限制,这是权利内涵复杂化的结果,与社会经济的发展息息相关。"如何能在宪法的最高理念及拘束力的影响下,使基本权利的'实现'及其'限制性'的问题,能在法律制度内尽可能完善的运作"③,实现二者的平衡,这是宪法学上的重大问题之一。20世纪上半叶的中国制宪史上,宪法条文中对人民基本权利的法律限制(也称法律保留)是一个存在较大争议的问题,受中国传统与时势的影响,其问题的复杂程度尤甚于西方。

政治体制的架构与公民权利的保护并为宪法的两翼,在一定意义上我们可以说后者是目的,前者是手段,后者优于前者,所以我们才说"宪法是人民权利的保障书"。以美国为例,宪法最初的10条修正案即为人权法案,事实上,在美利坚各州批准宪法的过程中,人权法案(宪法修正案)成为一个被广泛要求的附加的必要条件。但是,在清季以来近半个世纪的中国制宪史上,普遍的情况是政府组织架构受到重视,人民基本权利反而成为次要。同时,历次制宪文本在言及人民基本权利时通常还加上了法律限制,也就是说在中国制宪史的文本上,公民基本权利从未有一分是"神圣不可侵犯"的"绝对权利"。"马太效应"似乎在宪法基本权利的问题上也得到印证,朝野普遍作为制宪之次要问题的人民基本权利在列入宪法时又打了折扣。经历了北洋政府时期的军阀统治之后,有识之士对于人民基本权利的宪法保障问题更为重视,但是由于传统的影响、西方"社会本位"潮流的冲击以及时局的限制,中国最终无法树立个人自由权利与有限政府("控权")的理念,几乎毫无保留地接受了对于基本权利采"法律限制主义"的宪法。

问题的关键不在于法律限制主义与宪法保障主义的优劣是非,而在于制宪者对于基本权利的法律限制要么视为理所当然,要么便是借口世界潮流与中国时局来压

---

① 在儒家理想中,君主传子、宰相传贤,君主高拱无为却是最终的圣裁者,宰相主日常政务,君主的正当性基于血缘、宰相的正当性基于德才与众望。(相关论述可参见钱穆:《中国历代政治得失》,三联书店2001年版。)

② 宪法人民基本权利的法律限制,又称间接保障、相对保障或法律保留,与其相对的是宪法保障,又称直接保障、绝对保障、宪法保留。这对反义词的四种说法的意思相近,但所强调的重点有所不同,法律限制—宪法保障强调的是宪法是否允许通过一般立法的方式限制民权;间接保障—直接保障顾名思义,强调的是是否直接用宪法保障民权;相对保障—绝对保障相应的区别即在于对于民权的保障是否是"绝对的"、"最高的";法律保留—宪法保留强调的是对民权是用法律抑或宪法加以侵害保留。

③ 参见陈新民:"论宪法人民基本权利的限制",载陈新民著:《宪法基本权利之基本理论》(上册),台湾元照出版公司2002年版,第182页。

倒人民的个人自由权利,为无限制的法律限制寻找借口。在承认基本权利的前提下对其加以"作为例外的"、"不得不的"限制与"否定个体自由权利的"因而是"无前提的"、"不假思索的"、"自由的"限制基本权利,这二者从理念到实效都是大相径庭的。①

笔者翻检近代历次制宪文本有关限制人民基本权利的条文②,将其分为两个时期考查。

一、清末—民国北京政府时期

1908年《钦定宪法大纲》所附"臣民权利义务"部分采法律限制主义,其字样为"在法律范围之内……均准其自由"或"非依法律所定,不得……"等;对于臣民人及居住,则仅规定"无故不加侵扰",对政府授权极宽,连法律限制(法律保留)都称不上。1911年《宪法重大信条十九条》未规定人民权利。1912年《中华民国临时约法》在第5条人民自由权的条文列举了人民基本权利7项,其中有两处"非依法律,不得……"的字样,但这两处或可理解为对人民身体与家宅(住所)的特别保护,但约法第15条("本章所载人民权利,有认为增进公益,维持治安,或非常紧急必要时,得依法律限制之。")这一对立法者概括授权则属典型的法律限制主义。号称"进步",对人民基本权利列举比较完整的1913年"天坛宪草",从第5条至第11条逐条对其所列举的各项基本权利包括人民的身体、住居(住所)、通信秘密、选择住居(迁徙)与职业自由、集会与结社自由、言论著作与刊行(发表)自由、宗教信仰自由加上了"非依法律,不得制限"的字样,而第12条则规定财产所有权"公益上必要之处分,依法律之所定"。1914年《中华民国约法》("袁记约法")第二章"人民"整章充斥"非依法律,不得……"或"于法律范围内,有……"、"依法律所定,有……"字样。1923年《中华民国宪法》("贿选宪法")以"天坛宪草"为基础,据说在一定程度上受到德国《魏玛宪法》的影响,其在文本上也被认为堪属"好宪法"之列,但其对人民权利也全采法律限制主义。

回顾清末至民国北京政府(北洋政府)时期的制宪史,对人民权利义务几乎全采法律限制主义,清"君主立宪"且不论,民初《临时约法》或许不及,准备充分、堪称"民主典范"的"天坛宪草"又如何呢?"天坛宪草"起草时列入大纲议题的宪法重大问题有关人民权利的一项是"人民权利义务是否采用列举"③,并未言及宪法保障主义抑或法律限制主义。在草案审读过程中有个别人对个别条文建议删去法律限制,如秦广礼建议对人民通信秘密删去"非依法律不受侵犯字样",廖宗北建议将原案"中华

---

① 一个例子:在紧急状态(如战争)时,通过临时法案限制个人权利是各国通例。"只不过,由于中国历史的特殊性,非常态的东西反倒成为了常态而已。统治者是惯用各种紧急状态为借口,实际上是在限制或剥夺人民的生命权和自由权。"这在历史上屡见不鲜。(参见何兆武:"自然权利观念与文化传统",载何兆武:《西方哲学精神》,清华大学出版社2003年版,第175页。)
② 各个宪法文本参见夏新华等整理:《近代中国宪政历程:史料荟萃》。
③ 参见吴经熊、黄公觉:《中国制宪史》,商务印书馆1937年版,第46页。

民国人民之财产所有权不受侵犯但公益上必要之处分依法律之所定"径改为"中华民国人民之财产不受侵犯",但这只是少数意见,事实上当时二读时是以绝对多数通过了采法律限制主义的对人民基本权利的规定。① 可见在当时制宪者并不重视对人民基本权利是采宪法保障主义抑或法律限制主义这一问题,更确切地说法律限制主义在当时几乎不发生问题。

检讨这一段的宪法文本与制宪背景,我们可以推断说当时朝野普遍尚未意识到用法律限制人民基本权利有何不妥,甚至日后的"中华民国宪法之父"张君劢在1922年为国是会议起草宪法草案时在"国民权利义务"章也采用的是法律限制主义,充斥着"非依法律,不……"的字样。

二、南京国民政府时期

（一）国民党"训政"对人民基本权利的法律限制

南京国民政府成立以后,宪法文本上人民基本权利的法律限制也达到了一个新高度,究其原因,一是因为执政的国民党本来就是标榜"三民主义"意识形态的政党;二是因为中国传统文化一向就缺乏自由主义有限政府（"控权"）的观念;再就是因为这一中国传统文化,正赶上所谓西方由"个人本位"转向"社会本位"的潮流,二者"不谋而合"。② 作为南京国民政府基本法的1931年《训政时期约法》,在其第二章"人民基本权利义务"的规定中,依人民权利性质凡自由权（第9—17条）均有"非依法律不得限制或停止之"的字样,受益权（第21—24条）则规定"依法律有……之权";此外,在"约法"的第四章"国计民生"、第五章"国民教育"（共计28条）中,其内容不仅涵盖社会权（"民生主义"）,对契约自由,选择职业的自由等等均有以法律限制的明文（如第37条、38条、45条）。1936年"五五宪草"基本沿袭了《训政时期约法》的传统。

（二）"五五宪草"引发的争论

《训政时期约法》纯粹是国民党专政的产物（也是其实行"训政"的宪法性文件）,反对者无从发出有效的声音,而"五五宪草"制定过程历时三年,其间多次易稿,主稿人吴经熊、张知本还分别以个人名义发表试拟稿以待公众批评,其引发社会讨论之广,堪称空前。"五五宪草"初稿公布后,即有不少人士质疑其中人民权利自由各条为何仍采"非依法律不得停止或限制"字样,"是宪法畀予之自由,皆得以普通法律剥夺之,宪法保障,不几等于虚伪吗？"③其中章友江还以专文批评草案关于人民权利的规定④,并提出了相应的修改意见。笔者引用章文,主要想说明以下几点：其一,当时有识之士已经意识到在立宪时重政府组织轻人民权利保障的偏颇,尽管当时这种偏颇

---

① 参见吴宗慈：《中华民国宪法史》前编,第167—171页。
② 可参见吴庚：《宪法的解释与适用》,台湾2004年自刊第3版,第83—85页。
③ 详见王揖唐："宪法草案之商榷",载《大公报》1934年4月10日,转引自尹伟琴："'五五宪草'公布后知识界的批评",载《浙江商学院学报》2003年第1期,第11页。
④ 详见章友江："对宪法草案初稿关于'人民权利'规定之批判",载俞仲久编、吴经熊校：《宪法文选》,上海法学编译社1936年版,第481—508页。

仍是普遍存在的；其二，人们开始重视宪法对人民基本权利的保护是由于民元以来人民饱受"武人、政客、帝国主义的蹂躏"；其三，袁世凯利用宪法对人民基本权利的法律限制条款①制定恶法，侵犯公民的基本权利，这使得人们开始警惕法律限制主义的危害；其四，当时的人们从法理和比较外国宪法制度两方面对于绝对保障主义（宪法保障主义）和相对保障主义（法律限制主义）已经有非常清楚的认识。

对于批评的声音，时任"立法院长"并兼任"立法院宪法起草委员会委员长"的孙科的回应是：

其一，"法治之通例，未有予人民以绝对自由者"。②

其二，与之前的军阀统治不同，宪法公布后，所有法律将由民意机关来决议，故不愁人民的权利得不到保障。③

其三，人民的权利不及民族利益、国家利益来得重要，特别是在当前的危难时期。④

吴经熊对批评的回应是：

其一，否定"天赋人权"，认为权利义务的来源是时势和潮流，权利义务要在时势和潮流所要求和准许的范围之内。⑤（孙中山说："民权不是天生出来的，是时势和潮流所造出来的"。）

其二，自由权利需经过法律的限制方能对于社会有所裨益。吴氏打了个比方，自由权利是璞玉，法律是雕刻匠，宪法是璞玉的主人，主人只关照雕刻匠几句雕刻的要领。⑥

其三，"我们现在的宪政运动，乃是集中国力去救国的运动……我们现在争自由，是以团体为出发点。我们所争的自由是国家的、民族的自由。……我们要救国家，救民族，则不得不要求个人极力牺牲他所有的自由，以求团体的自由。"⑦

孙科与吴经熊都是否定"天赋人权"与人权的绝对保障主义（也即宪法保障主义）的，这或许与一向缺乏个人权利观念的中国传统影响有关，西方社会本位的法律思想和立法趋势又迎合了我们这一传统。

"五五宪草"制定之时，正是"一二八"事变之后，日寇威胁日益逼进，"五五宪草"（国民党所谓"结束训政，实施宪政"）本身便由"面对国难""集中民族力量、抵抗外患、挽救危亡"之大计所催生。⑧"五五宪草"以法律限制人民基本权利，也是所谓"救

---

① 见前述《临时约法》第 15 条。
② 参见孙科："中国宪法的几个问题"，载俞仲久编、吴经熊校：《宪法文选》，第 1089 页。
③ 同上。
④ 参见孙科："中国宪法的几个根本问题"，载同上书，第 1122 页。
⑤ 参见吴经熊："宪法中人民之权利与义务"，载俞仲久编、吴经熊校：《宪法文选》，第 1133—1136 页。
⑥ 同上书，第 1139 页。
⑦ 参见吴经熊："中华民国宪法草案的特色"，载吴经熊著：《法律哲学研究》，清华大学出版社 2005 年版，第 122 页。
⑧ "五五宪草"的制定背景可参见谢振民编著、张知本校订：《中华民国立法史》（上册），中国政法大学出版社 2000 年版，第 251 页。

亡压倒启蒙"之典型写照。

尽管当时社会上对"五五宪草"的批评声浪很高,但由于当时并不具备能与国民党抗衡的力量,这些批评并没有对宪草的内容发生太大的影响①,草案主导人物对于批评的回应似乎也言之成理,制宪者依然我行我素②,在立法院最后通过的草案中对人民权利仍全采法律限制主义。但是这些批评与讨论为日后宪法的修正奠定了理论和民意基础。直到 1946 年政治协商会议修改"五五宪草",这时由于中国共产党在实力上已经能与国民党抗衡,以社会上知识界民主人士为代表的"第三方面"力量此时方能"四两拨千斤"③,最终将人民基本权利条文之下附加的法律限制文字取消,随后通过的《中华民国宪法》在大体上从之。

(三)从政协会议对法律限制主义的修正到 1946 年《中华民国宪法》的相关规定

1946 年 1 月 31 日,政治协商会议通过了修改宪法草案之十二项原则,其中第 9 项"人民之权利义务"原则为:人民"应享有凡民主国家人民一切之权利及自由。法律规定应出于保障精神,不以限制为目的"。政协会议在通过宪草修改十二原则之后,又决议组织宪草审议委员会,制成"五五宪草"修正案,修正案主稿人为张君劢④。1946 年国民大会通过的《中华民国宪法》对政协会议拟定的"五五宪草"修正案没有作大的修改。

与之前的宪法文本相比,1946 年《中华民国宪法》对人民基本权利采积极保护方式,逐条取消了"非依法律不受限制"及类似字样,以防政府滥用立法权剥夺人民权利,这与以往宪法文本明显不同。但是,《中华民国宪法》第 23 条"以上各条列举之自由权利,除为防止妨碍他人自由,避免紧急危难,维持社会秩序,或增进公共利益所必要者外,不得以法律限制之。"这个人民自由权利的例外条款就为基本权利的法律限制"开了后门"。其实,在"五五宪草"修正案中,对这一条文("五五宪草"修正案第 24 条)的具体内容有两个意见:修正案草拟人张君劢的意见为"以上各列举之自由权利,除为防止妨碍他人自由,避免紧急危难,维持社会秩序,或增进公共利益所必要外,不得以法律限制之。""五五宪草"修正案整理人之一⑤吴经熊的意见为"法律应以保障人民自由权利为目的,凡涉及人民自由权利之法律,以确保国家安全,避免紧急

---

① "立法院宪法起草委员会"当时的两位主稿人,并为副委员长的张知本和吴经熊都发表了试拟稿。吴稿对于人民基本权利保障全采法律限制主义。而张稿则对法律限制主义作了修正,其对于法律限制作了具体化,有利于限制政府权力、保护人民权利,具体如第 20 条:"人民有言论、著作、刊行之自由,除抵触刑法外,不得禁止或限制。"又如第 23 条:"人民有集会结社之自由,不必向官署事先报告;但集会携带武器或扰乱社会秩序结社以犯罪为目的者,得禁止或解散之。"但是,张知本在 1933 年 8 月 18 日其草案试拟稿完成后即辞去宪法起草委员会副委员长职务,而吴经熊则始终参与并凭借孙科的支持在一定程度上主导了"五五宪草"整个制定过程,吴经熊甚至到 1946 年《中华民国宪法》制定时(作为代表国民政府一方的专家)依然十分活跃。张氏的去职与吴氏主导地位的确立,这大约都不是历史的偶然。

② 对于人民基本权利的法律限制这一问题,在宪草的起草过程中(包括宪法起草委员会主稿人审查会议与宪草初稿讨论、立法院对草案的审议)或者蜻蜓点水、草草而过,或者根本忽略此问题。(详见吴经熊、黄公党:《中国制宪史》,第 267、393、438 页。)

③ 有关政协会议上各方面的博弈可参见刘山鹰:《中国的宪政选择——1945 年前后》,北京大学出版社 2005 年版,第四章。

④ 张君劢宪政思想可参张君劢著:《中华民国民主宪法十讲》,商务印书馆 1947 年版。

⑤ 另一个整理人是王宠惠。

危难,维持社会秩序,增进公共利益所必要者为限。"这也是草案中唯一保留了两种意见以留待决定的条文。比较二者的意见,重大的不同①是吴经熊的意见比张君劢的意见在限制人民自由权利的条件中多了一个"确保国家安全",这个限制条件政治性非常强,关于以上这点,1946年《中华民国宪法》最终采纳了张君劢的意见。但是,这并不意味着1946年《中华民国宪法》采用了宪法保障主义而非法律限制主义,1946年《中华民国宪法》将"五五宪草"以法律限制民权的字样合并在第23条,"称为直接保障主义,实则两种规定方式,根本没有区别,都在宣誓法律保留原则,何来直接保障或间接保障的不同,无怪乎早被萨孟武教授批评为:'这何异于朝三暮四与朝四暮三之别'。"②比较温和折衷的评价是:1946年《中华民国宪法》关于人权的规定"丰啬介于五五宪草与政协原则之间"③。

事实上,人民基本权利的保障方式问题在制宪当时并非引发尖锐对立的问题,制宪时国民党更关心、刻意坚守的是国民大会有形或无形的问题、总统制抑或内阁制的问题、省宪问题、甚至纯粹意识形态的三民主义是否入宪问题。④ 笔者大胆推测,如果当时宪法主稿人张君劢或者其他有影响力者刻意坚持对人民基本权利采宪法保障主义,则其入宪应该不成问题。但或许张君劢等人并未有如此打算。⑤

国民党从政治利益上和意识形态上都是反对政协会议对"五五宪草"的修正的,但是蒋介石为了拉拢民社党、青年党参加国民大会,通过宪法,在形式上建立统治的合法性(法统),所以不得不基本采纳了张君劢主稿的修正案。⑥ 国民党在通过宪法时是心不甘情不愿,并且只把其作为权宜之计的。⑦ 宪法公布不久,国民政府即通过了《维持社会秩序临时办法》、《戡乱动员令》和《特种刑事法庭组织条例》、《特种刑事法庭审判条例》、《动员戡乱完成实施纲要》等等,国民大会还通过了《动员戡乱时期

---

① 吴经熊意见另外还多了一句"法律应以保障人民自由权利为目的",这句话在此处意义不大,甚至可以说是空话。弃宪法保障主义不用,在法律限制的条款之首称其保障民权之作用,不免有些矛盾。张君劢稿比吴经熊稿多的一句是"防止妨碍他人自由"亦即"不得以侵犯他人自由及其他权利,作为自己行为的合宪依据",这是人权应有之意。

② 参见吴庚:《宪法的解释与适用》,第84页。

③ 参见萧公权:"中华民国宪法述评",载萧公权著:《宪政与民主》,台湾联经出版事业公司1982年版,第158页。

④ 国民党的相关立场可参见荆知仁:《中国立宪史》,台湾联经出版事业公司1984年版,第443—444页。

⑤ 前文已经提及,张君劢在1922年为国是会议起草宪法草案时在"国民权利义务"章也采用的是法律限制主义,充斥着"非依法律,不……"的字样。在其1944年1月发表于《东方杂志》的"现代宪政之背景"一文中,他对于"五五宪草"关于人身、言论出版、集会结社自由的法律限制也是照单全收,毫无异议。(参见张君劢:《宪政之道》,清华大学出版社2006年版,第392—393页。)而在其完成于1946年8月(《中华民国宪法》通过前夕),出版于1947年(《中华民国宪法》公布之后),自命为1946年"宪法"之"精义"的《中华民国民主宪法十讲》之"人权为宪政根本"一讲中,反倒列举了不少含有法律限制规定的各国宪法条文并与"五五宪草"相关规定对照,并无只字批评法律限制主义,而且还说:"关于人民权利,大家可参考五五宪草人民权利一章,自然明白。"(参见张君劢:《中华民国民主宪法十讲》,第32—38页。)或许由于当时各方面条件的局限,张君劢并未重视宪法人民基本权利采直接或间接保障主义之异。我们还必须注意到,张氏尽管通晓西方宪政知识,但非真正的法律专家。

⑥ 张君劢是民社党党魁,而青年党参加国民大会又以民社党参加国大为前提。

⑦ 国民党在国民大会上称"完成宪法为第一要义,任何缺点可俟将来依法修改,不必在此时力争"。(参见陈茹玄:《中国宪法史》,台湾文海出版社影印原1947年版,第277—281页。)

临时条款》附于宪法之后,这些"临时"法案扩大了政府特别是总统的权力,限制了人民的自由权利。国民党逃到台湾后,为了维持"法统",不得不维持宪法的原貌,所以1946年《中华民国宪法》[①]才得以在我国台湾地区存续。20世纪90年代以后台湾地区频频"修宪",但有关人民权利义务一章始终并没有改动,只是通过"司法院大法官会议解释"(司法审查)对相关"宪法"条文予以解释、澄清。

三、小结

从中国近代制宪史上对宪法基本权规定的沿革来看,人们对于宪法基本权利的法律限制问题的认识经历了一个逐渐深化的过程:从北洋时期普遍视法律限制为理所当然到"五五宪草"时期已有不同的声音(而制宪者却不予采纳),再到制定1946《中华民国宪法》时在立宪原则(政协十二原则)中明定对于人民权利自由"法律规定应出于保障精神,不以限制为目的",最终落实在宪法条文上对法律限制也作了一定的限制。但是,不管是北洋政府还是南京国民政府,都没有接受个人权利自由与有限政府("控权")的观念,最终在制宪时也就不可能真正尊重人民的基本权利自由。更重要的是,由于当时欠缺宪政的实践(宪法的真正施行与释宪权力的行使)与细致的学理论证,所以宪法条文中有关基本权利的规定仅仅是空洞的规定、具文而已。尽管如此,辛亥以来人们权利意识的深化与宪法文本的进步仍不可小觑。权利意识的深化是接受了历史的教训,宪法文本的进步是政治斗争的成果,教训不能忘记,成果不可忽略。

[①] 附有《动员戡乱时期临时条款》,临时条款在台岛还先后作了几次修订,主要是授予总统各种宪法之外的权力。

第十四章　近代国会史

辛亥革命之后,完整意义上的国会在中国得以建立并行使职权,但由于军阀政客的破坏,也由于国会议员之缺乏经验与现代议会伦理的欠缺,国会屡被解散、议员毁法造法,最终葬送了民国初年的国会试验。南京国民政府则奉行孙中山先生权能分治的五权宪法思想,将传统西方国会改造成国民大会、立法院与监察院三机关并行的体制。

第一节　北京政府的国会

民国北京政府时期的国会,可谓先天不足、后天失调。在袁世凯与段祺瑞等军阀的打压之下,国会多次解散、重组,几乎没有施展拳脚的机会。检讨民初国会自身,国会之内有派系而无政党,国会选举本身也弊端重重。当权者玩弄"法统",国会议员自身又不争气,最终砸了"法统"的招牌,也造成国会的"最后自杀"。

一、风雨飘摇的民初国会

国会制度之引入中国,实在生不逢时,它前后遭遇袁世凯与段祺瑞这两个大军阀加超级政客的蹂躏,可谓是先天不足。

（一）民元国会的成立与第一次解散

清末"筹备立宪"多年,却迟迟未开国会,只有一个咨询性质的资政院。直到辛亥革命之后,中国才设立了现代意义上的国会。《临时政府组织大纲》设立了由各省选派代表组成的参议院作为代议机关,由参议院制定的《中华民国临时约法》承之,后者第 28 条规定:"参议院以国会成立之日解散,其职权由国会行使之。"可见制宪者认为参议院并非真正意义上的"国会",只是权宜之计,是"临时"机构。

1913 年 4 月 8 日,国会正式召集于北京,采参众两院制,此为中国有正式国会之始。根据《临时约法》规定,国会同时也是制宪机关。[①] 宋教仁组织国民党人在国会选举中取得优势,并企图组阁、与临时大总统袁世凯分庭抗礼。但是以袁世凯为首的北洋军阀绝对不肯在宪政轨道以内行动,不久,宋教仁遇刺。[②] 宋案发生后不久,国民党人组织讨袁军,与袁军交战败北,二次革命失败。"当讨袁军发动之时,急进派的国民党员认定北京国会已无自由行使职权之余地,主张议员离去北京而南下。……但多数议员皆不欲,于是有最激烈的党人密谋炸毁国会的风说。而袁世凯本来是要破

---

① 根据民国元年的《国会选举法》第 21 条,"宪法之议定,由两院会合行之"。
② 参李剑农:《中国近百年政治史》,复旦大学出版社 2002 年版,第 339 页。

毁国会的,但在此时,却认国会有维持的必要,因为正式总统的位置尚未到手,非假现存的国会投一票不可。"① 本来的计划是先制宪、再选总统,在袁氏的压力下,国会最终让步,改为先行选举总统。总统选举当日,有"公民团"数千人包围议场,声言"非将公民所属望的总统于今日选出,不许选举人出议场一步"。"可怜那些议员们忍饥挨饿,从午前八时开始投票,到午后十时,才得了一个结束,……连投三次,遴到最后一次,袁仅以但书规定的票数当选。选举的结果报告后,公民团高呼大总统万万岁而散,议员始得出场。袁的总统到手了,国会的厄运也就快到了。"② 当时国会正在起草宪法("天坛宪草"),宪草采用责任内阁制,对总统权力多有限制,袁世凯于1914年1月10日以命令解散国会,而"天坛宪草"亦随之废弃。这是民初国会的第一次解散。③ "袁氏解散国会之后,更以种种非法的手段,以造成其各色各样的政治玩具:如将熊希龄内阁所拟的政治会议改为政治会议,由政治会议而产生出所谓约法会议,由约法会议而制定出新约法。……更依新约法而制造所谓代行立法院职权的参政院,以为其个人御用的咨询机关。"袁世凯先操纵约法会议制定《中华民国约法》("袁记约法"),授予总统超级大权;再修改《大总统选举法》,延长总统任期为10年,且连任无限制,并有指定次任总统之权;至此袁氏仍不满足,必欲身登宝殿而称万岁。④ 待到袁氏帝制破产,国会重开,已是1916年8月1日。

(二) 国会的第二次解散与南北(新旧)国会对峙

1917年,国会与军阀因段祺瑞内阁对德宣战提案发生冲突,最终以国会的第二次解散收场,随即发生张勋复辟的闹剧。段祺瑞击溃张勋后重掌北京政权,但其与民元国会积怨甚深,不肯召集旧国会,并于1918年2月颁布新国会组织法与选举法,并组织安福俱乐部以操纵选举。同年8月,新国会成立,世称"安福国会"。不少旧国会的议员遂南下广州,开始因不足法定人数,便由参众两院议员于1917年8月合组非常会议;1918年6月开正式国会,唯到会议员仍未足半数的法定人数,于是用非常办法补选议员;1918年9月凑足法定人数,便召集宪法会议继续审议"天坛宪草"。⑤ 于是形成南北(新旧)国会对峙的局面。

在南方,军政府政务总裁岑春煊欲与北方谋和,议员大都反对,军政府便以财政困难为由不发国会维持费,并监视议员行动、搜查两院秘书厅,于是参众两院正副议长先后离粤,议员们先后颠沛于云南、四川,皆为当地军阀所扰、无法开议。不少议员又回到广州,复开国会非常会议,选举孙中山为非常大总统。很快,由于孙中山与军阀陈炯明决裂,议员们又相继离粤。在北方,1920年7月直皖两系军阀战争后,直系取得政权,皖系卵翼下的安福国会亦被解散。

---

① 参见李剑农:《中国近百年政治史》,第357—358页。
② 同上书,第359页。
③ 参见陈茹玄:《中国宪法史》,台湾文海出版社1947年影印版,第65—66页。
④ 参罗志渊编著:《近代中国法制演变研究》,(台北)正中书局1974年版,第318页。
⑤ 参陈茹玄:《中国宪法史》,第98—107页。

二、派系之害与选举之弊

现代议会政治的成功,有赖于成熟的政党政治与完善的选举制度的支撑。议员选举制度之于国会的意义自不消说,现代意义上的政党实为实现代议民主的必要工具与前提。但事实上,民初国会之中尚未形成真正意义上的政党,反倒滋生了有害于民主政治的派系;国会议员选举制度也未尽完善,选举过程中弊端重重;而派系斗争更加剧了选举之弊,从根本上毒化了国会的风气。

(一) 有派系而无政党、有利害而无政纲

现代意义上的政党与古代的所谓"政党"(如我国东汉的朋党、唐代的牛李党、宋代的新旧党、明代的东林党)不同,古代的"政党",只能称为"派系",它与现代意义上的政党在组织形式与性质功用上均有根本的差别。现代意义上的政党基础深厚、组织严密,它承担着分析组织民意、形成政党纲领与推荐候选人、联接沟通政府各部门的使命。[①] 在竞选过程中,与个体的候选者相较,政党推选的候选人更容易赢得大众的信赖,政党有相对稳定的政纲与组织,更能对其竞选承诺负责。政党用各自的政纲吸引选民,候选人在当选后需兑现选举承诺;执政党则集体对其施政承担责任,其功过得失与人民满意与否,将通过下一轮选举结果体现出来。所以说,议会政治的民主精神,"不是表现于政治制度之中,而是表现于政党政治的运用方式之中"。[②]

民国北京政府时期的国会是由派系而非政党组成的。美国哥伦比亚大学汉学家黎安友(Andrew J. Nathan)有专著研究民初的派系主义(factionalism),认为其正是民初宪政失败的重要原因。所谓派系,主要是基于各种关系(比如亲属关系、师生关系、同学关系、同乡关系、世谊世交关系、僚属关系、同僚关系、姻亲关系等等)与利害而组成的政治小集团。"关系"在北洋政界是重要的政治资源,也是结盟、谈判的基础。[③] 当时主要的派系有直系、以段祺瑞为中心的皖系及其培植的安福俱乐部、研究系、交通系、新交通系等等。[④] 这些派系并没有稳定的政纲,缺乏意识形态上的共识,基础薄弱;派系内部非常不稳定,各派系之间的关系经常发生变动。虽然这些派系也组成了所谓的政党,但是政党纪律涣散,议员们往往兼跨多党,也常常因为金钱与官位的诱惑而脱党叛党。以势力最大的安福系为例,其本身也并非稳定的政团:"它看起来不像一个稳定的政党,也不像一个学会。原来段祺瑞一派并没有具体的组织,段氏在政治上根本没有什么理想,他以为有某些北洋军人拥护,便拥有了全局,从来不曾思索要组织一个现代性的政党。他的得力助手徐树铮也没有一个称为意识形态的想法。他们共同的观念是掌握军政大权,成为一个坚强的势力。安福系是在无意中产生的,竟成为一个运作控制的工具。……并不是一个严密的组织,除了一些事务性质的机

---

① 参见邹文海:《代议政治》,台湾帕米尔书店1988年版,第37—45页。
② 参见同上书,第46页。
③ See Andrew J. Nathan, *Peking Politics 1918—1923: Factionalism and the Failure of Constitutionalism*, Berkely, Los Angeles, London: University of California press, 1976, pp.50—57.
④ Ibid., at 225—261.

构,没有信条或党纲。组织安福俱乐部的目的在于联络人际关系。"① 清末的革命党与立宪派有激进与保守之分,辛亥之后则两派混同。考察民初的政党,其党义并无明显不同,各党派均以争夺国会议席为宗旨,"人人欲显身手,只问目的,不择手段,原有的党派性格消失。除了少数具有远见者,民国政党人物并不以发展党派为职志。"所谓政党,乃是"虚有其名,派系其实"。②

北洋政府的"派系政治"需要各派系的妥协以维持国会与整个政局的稳定,但派系合作的基础过于脆弱,因为各派系本身便不稳定,其达成的共识自然难免以破裂而告终,随之而来的便是政局的反复动荡。而当时并没有一个能够集军权、政权、财权于一身的政治强人作为稳定力量;权力倾向于分散,而非集中;相应地争夺权力的斗争也是分散的,而非趋于统一。以派系作为政治组织的基础,必然会导致混乱的局面。③ 国会风雨飘摇,政府方面也不免"城头变换大王旗";议员们则南来北往、就食于诸侯。在这个过程中,我们只见派系的分分合合,未见政党的成熟与民主政治的曙光。

(二) 国会选举制度的缺失与贿选的盛行

Joseph Schumperter 有言:"有选票则有民主,无选票则无民主"。民初的国会选举有选票吗?选举制度如何?选民与总人口的关系如何?有多少人曾投下了神圣的一票?……对于这一连串问题的回答多半是负面的。④

选举的第一步是确定选民人数,可中国直到1953年才有第一次人口普查,民初的国会选举并无完整的统计数据,"选民调查可以说是敷衍了事,甚至于完全凭空'造报'"。而选民占总人口的比例极低,约为百分之十到十五。⑤ 当时大多数老百姓对选举并没有认识,"宁愿弃权,无心过问是什么投票,什么是神圣的一票,'冷漠'是一个极为普遍的现象"。"真正投了票的人极少。"⑥

就选举制度而言,民初两次国会(议员)选举采用的是复式选举而非直选的方式,即第一轮由选民直接投票,产生选举人,再由选举人互选产生定额议员。复式选举不仅程序繁复,而且容易被人操纵,第二轮选举人互选时"往往贿赂横行,当选者大多数为富有的人,正直或财力不足者,只有望洋兴叹"。⑦ 民初的两次国会选举,在制度上和现实操作上可谓是一届不如一届。

贿赂不仅用来争取选票,也在派系斗争中用来打击对手。以第二届国会(安福国会)选举为例,徐树铮便"用金钱打散了研究系"。当时上海的《时报》报导说:"湖北

---

① 参见张朋园:《中国民主政治的困境 1909—1949:晚清以来历届国会选举述论》,吉林出版集团有限责任公司 2008 年版,第 128—129 页。
② 同上书,第 90—91 页。
③ See Andrew J. Nathan, *Peking Politics 1918—1923*: *Factionalism and the Failure of Constitutionalism*, pp. 222—224.
④ 参见张朋园:《中国民主政治的困境 1909—1949:晚清以来历届国会选举述论》,第 2 页。
⑤ 同上书,第 212 页。
⑥ 同上书,第 213 页。
⑦ 同上书,第 210—211 页。

选出的安福系参议员,'大多为研究派改嫁者'。""江苏省原为研究系的地盘,但该系当选的议员多为安福系所收买"。① 很多人从初选便开始贿赂,购买每张选票只需一角或两角,在江苏扬州便发现有人在投票时持大把购来的选票一齐塞入票箱。复选时则每张票价可能高至 200 元以上,所谓物以稀为贵,当选举气氛紧张时,七八百元都一票难求;反之票价可能遭到压抑,贿买选票者可以制造谣言,令出卖者难以出手,二三十元亦无人认购。更有甚者,将选举商业化、买票公司化,比如江西省的参众两院选举,安福系为了压低收购价格,以公司组织方式进行收购。"多人合伙,统一价格,可以压低,不可抬高。"但也有人出面组织选举人,"非有一定价格,绝不出卖"。安福系控制着政局,作为选举主办方他们"上下其手","一方面以金钱贿买选票,一方面掌握票匦的开启,双管齐下。既有金钱运作于先,不难控制票匦于后。"②"关于竞选,党派出现之前,是个人的竞争,党派兴起之后,变成有组织的竞争。"而当权者操纵选举、打压异己的情况十分严重。"在安福国会时期,已有政党竞争,采政党提名的方式。徐树铮把持选举,以电报指定议员,视为提名。"故而有"名为选举,实为官派"与"迹近指派"之讥。③

贿选不仅发生于国会议员自身的选任当中,也发生于国会议员对政府官员行使选举权与同意权之时。北洋政府的国会在立法方面几乎毫无作为,其重要的职权仅余制宪权与人事同意权。与行政官员相较,当时国会议员在腐败方面更加严重,也更加赤裸裸。国会议员本来没有什么实权,但他们握有选票,对于总统有选举权、对握有实权的政府大员(如内阁成员)拥有提名的同意权。买票便成了当时立法、行政两机关之间关系的一大特色。④

三、"法统"之争与"法统"的废弃

本节第一部分所述南北(新旧)国会之争十分热闹,其实南北"均未必真以'法治'为鹄","双方之争执,以'法'为名,实则皆以'权'为目的也"。⑤ 就当时政局而言,"法统"更多地只是借口;就国会议员而言,"法统"则不过是争取饭碗的口号与图谋私利的遮羞布。当权者借"法统"来"正名",以巩固其权位;而以"法统象征"自居的国会议员们也乐得与狼共舞、利益均沾。最终砸了"法统"这块招牌,也断送了国会本身。

(一) 饭碗之争与"法统"之争

直奉大战之后,战胜掌权的直系曹锟、吴佩孚以"恢复法统"为号召,部分留粤和离粤议员纷纷应邀北上,于是旧国会又于 1922 年 8 月 1 日复会于北京。⑥ 依常理旧

---

① 参见张朋园:《中国民主政治的困境 1909—1949:晚清以来历届国会选举述论》,第 153 页。
② 同上书,第 155—156 页。
③ 同上书,第 213 页。
④ See Andrew J. Nathan, *Peking Politics 1918—1923*, p.72.
⑤ 参见钱端升等著:《民国政制史》(上册),上海人民出版社 2008 年版,第 125 页。
⑥ 参见罗志渊编著:《近代中国法制演变研究》,第 323 页。

国会议员们本身对于法统恢复应该不会有异议,但是自1917年第二次解散国会以来,旧国会自身的问题已经复杂化了。"在广州自由集会的旧国会,所以称为'非常国会',就是因为只有国会的半边;民国八年用非常手段补完,到九年军政府瓦解后,又只剩下小半边了;并且所剩小半边的成分,以民国八年新补的成分为多,所以称为'民八'国会。"此次恢复旧国会,本是未赴广州与后来从广州退出的旧国会议员与直系军阀勾结的产物,以恢复1917年(民国六年)国会解散时的原状为目的,所以称作"民六"国会。"民六"国会的恢复,就是要拆"民八"国会的台,"民六"、"民八"议员便发生饭碗之争,成为政治舞台上的"双包案"。"民六"议员凑足了法定人数,到1922年8月1日在北京开议。"民八"议员在上海组织了"法统维持会",在北京组织了"法统学会",互相呼应,高唱"民八"为正统之说,"民六"议员也反唇相讥。"民八"议员纷纷北上,于8月30日闯入众议院议场,索打议长。"民八"、"民六"议员彼此相持多日,国会无法开会,"民六"国会乃于9月18日闭会,"以为无抵抗之抵抗"。"后来政府设置一个什么政府讨论会以谋安插'民八'可怜的失业者,'民八'分子的大部分渐渐软化了,始得到一个不解决的解决。"①当时率先与"民六"国会争饭碗的,尚不是"民八"议员,而是所谓"新新国会"议员。1920年"安福国会"解散后,徐世昌曾以大总统命令依照1912年国会选举法及组织法选举国会议员,但当时遵令举办选举的只有11省区,已经选出的所谓"新新国会"议员滞留北京已经一年有余,因为不足法定人数,所以无法开议。恢复"民六"国会之议起,"新新国会"议员便起而攻击,自谓乃"新民意所归",但当权者对此并不理会,"新新国会"议员便作鸟兽散。② 对于这场"正统"之争,李剑农先生评价说③:

> 所谓"法统",……从光明的方面说,是革命派的人士借此作反抗北洋军阀的招牌的;从黑暗的方面说,竟是百十个议员借此维持他们的铁饭碗的招牌。民国二年选出的国会议员,法定的任期分明只有三年(参议员任期六年),到了民国十一年还要恢复集会,又不是全国的选民死尽了,无可再进行选举;……这样的法统理路,若把他所蒙政治上的外衣脱去,真不知从何说起。然当时一般舞文弄法的政客和一般舞枪玩法的武夫,竟说得"像煞有介事"。一般急求和平的国民也以为南北的纷争,真实为法统,法统一统一,统一便无问题,天下便太平了。哪里晓得招牌只是招牌,纷争的问题还是问题呢!

(二)民初国会的"最后自杀"

旧国会再次恢复后,发表宣言继续"民六"国会之工作,其中首要任务即完成制宪。可1922年国会复会后,宪法会议常常因为人数不足而流会,为尽快完成制宪,国会便修法降低法定出席与可决人数,更增设出席费20元以利诱议员到会,于是议员

---

① 参李剑农:《中国近百年政治史》,第517—518页。
② 参陈茹玄:《中国宪法史》,第126—127页。
③ 参李剑农:《中国近百年政治史》,第513页。

于岁费旅费之外,又多了一份外快,"贪鄙之风,为世所仅见。其不为舆论所容固其宜也"。①

当时国会议员们发生分歧,接受直系曹锟津贴的议员主张先解决复位的黎元洪总统任期问题,尽快重新选举总统;而另一派则主张国会当下应专注于制宪大业,待到宪法公布后,再行改选总统。② 曹党以暴力逼走复位不久的黎元洪,此举引起部分议员的反弹。1923 年 8 月,国会议员离京南下的已有 385 人,但"南下者亦多为利而来,初无一定宗旨"。8 月 24 日北京议员开谈话会,议定议员每次出席费 100 元以利诱南下议员回京,再加上众议员任期当年 10 月 10 日即将届满,又提议延长任期至下届议员选出为止。于是南下议员纷纷返京。两院常会复开,通过了延长众议员任期案。③

当时曹锟一党为了掩饰其急于谋夺大位的野心,宣言"先宪后选",但宪法会议久未开成,曹党终于猴急,由卖身议员提案先举行总统大选,先以 500 元出席费利诱议员参加总统选举会却仍凑不足法定人数,只好再填送 5000 元至万元不等大额支票收买选票,曹锟终于"合法"地当选总统。④

曹锟贿选之所以能够成功,当然是由于多数南下议员经不起银弹攻势的诱惑。但他们南下之后再行北返,乃是打着制宪的旗号。"所以在以选票换了支票之后,无论为实践诺言,或为掩饰他们受贿卖身的罪恶,都不能不对制宪一事,有所交代。"于是在选举总统之后,国会竟只用了三日便匆匆完成了宪法草案的二读与三读程序,并于 1923 年 10 月 10 日曹锟就职之日予以宣布。在这种情况下完成的宪法,当然不会得到人民的尊重与承认。1924 年段祺瑞执政府成立后,便将这部宪法予以废止。平心而论,这部宪法的内容本身是比较进步的,甚至有的方面的规定还走在世界的前列。这样一部神圣而庄严的宪法,"在军阀政客及野心家的阻挠破坏之下,从起草到宣布,久经挫折,历史凡十一年,而其存在期间,却只不过一年,便被弃置,尤其是还落了个贿选宪法的恶名"。⑤

"民国十三年以前,中国政治问题表面上所争的,只是一个'法'字。自所谓法统恢复后,那些坐在法统椅子上的先生们演出卖身的活剧,制成一部'遮羞的宪法'。从此没有人理会这个'法'字了。""国会既实行最后的自杀,从此法统也断绝了,护法的旗帜也没有人再要了。"⑥法之不存,国会焉附。1924 年 11 月 24 日,段祺瑞在北京组织执政政府,根本废弃所谓"法统",国会也至此消亡。

四、"濒临破产"的议会政治

回顾民初十几年的国会史,我们发现:国会屡被解散、功能不彰;国会选举无序、

---

① 参见陈茹玄:《中国宪法史》,第 129 页。
② 参见荆知仁:《中国立宪史》,台湾联经出版事业公司 1984 年版,第 328 页。
③ 参见陈茹玄:《中国宪法史》,第 132 页。
④ 同上书,第 133 页。
⑤ 参见荆知仁:《中国立宪史》,第 332 页。
⑥ 参见李剑农:《中国近百年政治史》,第 536—537 页。

贿选层出不穷;国会之内派系林立,却没有组成现代意义上的政党;很多议员素质不佳、甚至卖身沦为"猪仔议员",造成国会的最后自杀。这是一段毁法造法的历史,不但军阀政客不尊重宪法(约法)与法律,身为制宪者与立法者的国会议员同样为了便宜行事而毁法造法。例如,南方国会为凑足法定人数,借用民国二年《议院法》"开会后满一个月尚未到院者,应解其职"的规定,将未到会议员开除由候补议员替补。①再如,1922年国会复会后,为避免流会、尽快完成制宪,国会便修改《国会组织法》以降低法定出席与可决人数。② 如此这般,形同儿戏。

议会政治本非完美无缺,民初又将其恶的一面演到极致。"卧榻之侧,岂容他人鼾睡",当政者本就不喜欢一群自命"民意代表"的人在其跟前吵吵嚷嚷、碍手碍脚甚至指手画脚,偏偏这些代表自己又不争气。国会制度这个外来户在中国尚未站稳脚跟,就已低人一等,更有被驱逐出境的危险。民初的两场失败的政治试验——自由主义代议政治和独裁政体,"似乎彼此是在相互斗争中消灭的"。"袁世凯认为,议会和省自治是削弱了民族国家,相信在帝国主义的时代的民族国家,应该是强大的中央集权制。因此他要废除议会和地方自治极其辅助的制度,如互相竞争在政党和不受检查的新闻自由等。"袁迅分集权的主张也并不受欢迎,其结果是"独裁政体和君主制度一起垮台了","自由主义的舆论虽得重新出现",但在政治上取得优势的却是分散的军事霸权主义,在军阀统治之下,士兵成为"军阀唯一的选民","中国的政治斗争进一步军事化",不再有真正意义上的议会政治。③ 1927年,国民党组建国民政府于南京,在其法西斯统治下,民国时期议会政治的火种宣告熄灭。④

第二节　南京国民政府的国民大会

在南京国民政府时期,不再有典型西方意义上的国会,代之而起的是"政权机关"(国民大会)⑤与专职立法机关(立法院)⑥。《中华民国宪法》1947年施行后,立法院在作为专职立法机关的同时,也作为欧美式的代议机关行使监督政府的职能;而专职监察机关(监察院)在选任与职权上类似于美国参议院。故而有人说,国民大会、立法

---

① 参见陈茹玄:《中国宪法史》,第105—106页。
② 同上书,第128—129页。
③ 参见〔美〕费正清编:《剑桥中华民国史》(上卷),杨品泉等译,中国社会科学出版社1994年版,第248页、第310—312页。
④ 参见张朋园:《中国民主政治的困境1909—1949:晚清以来历届国会选举述论》,第219页。
⑤ 根据《训政纲领》,在实行"宪政"之前的"训政时期",由国民党全国代表大会代表国民大会领导国民行使政权;国民党全国代表大会闭会时,以政权付托中国国民党中央执行委员会执行之,国民党中央执行委员会下属之中央政治会议兼有立法职能。
⑥ 在军政时期,广州国民政府立法机关大致是以党代政;就政府立法权而言,在党治初期,大多数法律由国民党中央执行委员会或政治委员会制定,1927年中央政治会议曾一度取消,由国民政府行使完全立法权;1928年2月中央政治会议决议:一切法律概由中央政治会议议决,中央政治会议俨然成为党治下的立法机关。"直至五院制度确立,立法院产生,国民政府始有正式、永久而独立之立法机关。"(参见《中华民国史法律志》(初稿),台湾"国史馆"1994年版,第26—27页。)

院、监察院共同相当于欧美之国会。①

一、孙中山关于国民大会的构想

（一）孙中山学说对于代议政治的扬弃——"权能分治"理论

北洋时期十几年时间里，国会屡被解散、功能不彰；很多议员素质不佳，在国会上演了一幕幕活剧。议员们与军阀政客勾结，打着"法统"的旗号为当权者正名，为自己牟利；他们毁法造法、受私利驱使南来北往、互相争夺饭碗、为自己延任加薪，最后甚至卖身沦为"猪仔议员"，造成国会的"最后自杀"与"法统"的废弃。② 法之不存，国会焉附，"先天不足"的近代中国议会政治难逃夭折的命运。③

议会政治（代议政治）本身存在一些缺陷，议员素质不高、国会立法粗制滥造成为普遍的批评；更严重的是，由于政党的操纵使得代议政治已经变质，议员不再是民之喉舌，而沦为政党的打手，与民主的理想渐行渐远。④ 比较与民国约同一时期的各国政治，议会的问题都很突出，要么议会专权行政无能，要么行政专权议会不能作主：第三共和国时代的法国困于政党的分裂与倾轧，屡屡发生倒阁，政局长期不稳，政府效能无法实现⑤；而魏玛共和国时代的德国，国会软弱而分裂，行政权在大部分的时间里与俾斯麦时代一样专断，其实不待希特勒上台，德国早已走上独裁的局面。⑥

各国对于议会政治的弊端采取了不少补救方案，而孙中山先生则另辟蹊径，提出了更为根本的改革办法——权能区分（权能分治），由人民掌握政权，政府实施治权。他相信必须权能划分才能兼顾民主与效能，"全民政治"配合"万能政府"，使得人民有权、政府有能，将权与能都最大化，这是孙中山宪法思想的核心，其"五权宪法"的思想也是建立在的权能分治理论基础之上。

孙中山否定"代议政体"为民主政治的最后归宿，转而提倡"全民政治"："欧美人民从前以为争到了'代议政体'，便算是心满意足。我们中国革命以后，是不是达到了'代议政体'呢？所得民权的利益究竟是怎么样呢？大家都知道现在的代议士，都变成了'猪仔议员'，……各国实行这种'代议政体'，都免不了流弊。不过传到中国，流弊更是不堪问罢了。"中国不能步欧美代议的后尘，而应该"驾乎欧美之上"，"用我们的民权主义把中国改造成一个'全民政治'的民国。"⑦实行"全民政治"，同时也是为了制衡"万能政府"："现在讲民权的国家，最怕的是得到了一个万能政府，人民没有办法节制他；最好的是得到一个万能政府，完全归人民使用，为人民谋幸福。"⑧

---

① 本节的内容限于国民大会，至于立法院的部分参见本书"近代宪法史"一章，监察院的内容参见本书"近代监察制度"一章。
② 参见李剑农：《中国近百年政治史》，第 536—537 页。
③ 参见朱勇："论民初议会政治失败的原因"，载《中国法学》2000 年第 3 期，第 134—243 页。
④ 参见邹文海：《代议政治》，台湾帕米尔书店 1988 年版，第 164—167 页。
⑤ 参见邹文海：《各国政府及政治》，台湾正中书局 1961 年版，第 519 页。
⑥ 参见同上书，第 447—448 页。
⑦ 参见孙中山：《三民主义》，台湾三民书局 1988 年版，"民权主义"之第四讲。
⑧ 参见同上书，"民权主义"之第五讲。

孙中山把政治权力分为政权与治权两种："政是众人之事,集合众人之事的大力量,便叫做政权,政权就可以说是民权。治是管理众人之事,集合管理众人之事的大力量,便叫做治权,治权就可以说是政府权。所以政治之中包含两种力量,一个是管理政府的力量,一个是政府自身的力量"。他认为,"要把中国改造成新中国,必须把权和能分开。政权完全交到人民手内,要人民有充分的政权,可以直接去管理国事";治权则"完全交到政府的机关之内,要政府有很大的力量,治理全国事务"。中国应该建设"全民政治"的国家,若想实现"全民政治"国家的理想,他认为人民真正应掌握有的权利应含选举权、创制权、复决权及罢免权这四权。同时这四权又可分为两类。一类是人民管理政府的官吏即选举权与罢免权。他主张"人民要有直接民权的选举权",全国实行分县自治,人民直接选举官吏,直接选举代表参加国民大会,组成最高权力机关。但人民只有直接选举权还不能管理官吏,还必须有罢免权。另一类是管理法律的权力,即创制权与复决权。也就是人民有公意创订一种法律或根据需要废止一种法律抑或修改一种法律。孙中山强调说,真正的中华民国必须保障人民有此四种权,人民有了四个权,才算是充分的民权,才能真有直接管理政府之权。人民有了这四个大权,就能与行政、立法、司法、考试、监察五权相维[1]的"万能政府"彼此平衡,最大限度地兼顾民主与效能。[2] 中国国土广阔,人口众多,人民如何行使作为直接民权的政权？在孙中山手书《建国大纲》中是如此设计的:地方政权由公民直接行使之,全国(中央)政权由国民大会行使之。"一完全自治之县,其国民由直接选举官员之权,有直接罢免官员之权,有直接创制法律之权,有直接复决法律之权。""宪法颁布之后,中央统治权则归于国民大会行使之,即国民大会对于中央政府官员,有选举权,有罢免权;对于中央法律,有创制权,有复决权。"[3]

（二）孙中山"权能分治"理论与密尔政治哲学的关系

有学者通过研究发现,孙中山"权能分治"学说与英国密尔(John Stuart Mill)的思想有相当重要的关联或者说是近似之处。[4]

密尔主张精英政治,但同时认为主权必须保留在人民手中。因此在民主政府的设计上,他强调兼顾"参与"(participation)与"才能"(competenence)的原则,这与孙中山主张的权能分治非常接近。密尔提出,监督政府的权力与管理众人之事的才能应加以区分,国会的角色应定位在监督政府,以及"审议乃至促成"良好的法律,至于立法,应如同行政、司法一样,交由专家去处理。他说:"人数众多的人民议会极不适合立法,而使良法被制定则为其适当的任务。……因此有必要成立一立法委员会,……此委员会是由少数受过高度训练的政治人才组成,在国会决定制定某一法律时,宜由其负起立法的任务;国会拥有通过或拒绝通过法律草案的权力,但不能加以改变,而只

---

[1] 五个治权之间强调的是"分工专职"与配合,而非互相制衡,这就是所谓"五权分立,彼此相维"。
[2] 参见孙中山:《三民主义》,"民权主义"之第五讲、第六讲。
[3] 参见"五权宪法学会"编:《五权宪法文献辑要》,台湾帕米尔书店1963年版,第38—39页。
[4] 以下内容详见李酉潭:"约翰弥勒与中山先生权能区分理论之比较研究",载《中山社会科学译萃》第3卷第3期;也可参见张明贵:《约翰弥尔》,台湾东大图书公司1986年版,第五、六、七章。

能将提议的修正案送交该委员会处理。"①在密尔的另一篇文章里,他认为国会应该由两院构成,一院是代表人民的议会,第二院由专家(在英国,主要包括立法委员会委员、资深法官、曾任高级官员者,以及教授等等)组成,但无论如何,两院之中代表人民的"人民议院"(the Popular House)是政治的最高决定者。②

孙中山权能分治理论与上述密尔政治哲学有颇多接近之处:其一,就其理论基础而言,孙中山"权能平衡与兼顾"的理念与密尔提出的"参与和才能并重"原则可说是异曲同工,二者都综合了精英民主与参与民主两种民主理论。其二,在制度设计上,密尔的立法委员会与孙中山"五权宪法"中的立法院在人员组成与职能方面都非常接近;而孙中山设想的"国民大会",也与密尔的"人民议院"制度若合符节。但是,两者的区别也是明显的。首先,孙中山是革命领袖,无暇从事系统化的理论建构,他提出的实践政治的方法与其权能分治的理论并不能一一对应、前后一致;而密尔则是学者,力求其思想的系统化与圆融。二者在更深层面上的差异是基于双方所处的截然不同的政治环境,密尔是在肯定英国代议政治传统的基础上小心翼翼地弥补其既有的缺陷;孙中山面对无能无德的民初国会,则是以革命家的气魄大大咧咧地呼唤一个新的范式(paradigm)。

(三)孙中山学说对国民大会的定位

1. 国民大会的性质

国民大会的性质与其组成直接相关,后者决定了它究竟是代议政治的国会还是一个直接民权机关。孙中山学说把国大当作行使直接民权("政权")的机关,但其《建国大纲》明定国大的组成是由"每自治单位之县"选举一人,组成国民大会。但这样几千人组成的大会,是否能被视作直接民权机构,颇值得怀疑。"国民大会由各县选举的代表组织而成,行使直接民权中的四权,而其代表名额不过两千余人。在瑞士创制权一项的提议,须经三万人签字,然后交付公民投票。其投票数亦在二三十万左右。奈何我国将此人民所享有的直接民权交付在二千人之手中,岂不与直接民权的意义大相违反。"③

一般的说法是孙中山虽然向往直接民权,但考虑到中国的实际情况(广土众民,教育交通条件有限,又缺乏民主的经验),所以退而求其次。其实在孙中山遗教中有关"直接民权"的命意,本来就前后不一致。所以有人认为国民大会乃是孙中山一时权宜之计,是一种过渡性的暂行办法;待将来教育普及、交通发达之后,就无须国大"代庖",必须将政权交还全国人民直接行使。④ 而更激进的如张君劢则提议"由全国人民行使四权","合四万万人为国民大会"(无形国大);即使因条件局限不能实现这

---

① J. S. Mill, *Autobiography*, Poston: Houghton Mifflin Company, 1969, p. 157. 转引自李酉潭:《约翰弥勒与中山先生权能区分理论之比较研究》。

② J. S. Mill, "Considerations or Representative Government", *Collect Works of John Stuart Mill*, XIX, Toronto: University of Toronto Press, 1977, p. 440. 转引自同上。

③ 参见张君劢:《中华民国民主宪法十讲》,商务印书馆 1947 年版,第 51 页。

④ 参见孙科:"新宪法与五五宪草",载"五权宪法学会"编:《五权宪法文献辑要》,第 335—336 页。

一直接民权理想,至少应将直接民权"推广于全国的乡县议会",由全国的地方议会成员组成一个规模较大的国民大会。① "无形国大"的构想在孙中山学说中也可找到印证之处,"他在民权主义中介绍美国克利浮莱城最新最好的自治机关时说:'今则七十万人中,苟有七万人赞成署名,可开国民大会,有三十五万人以上之赞成,即成法律。'可见所谓国民大会指的就是全县公民的总投票。从中山先生一再举瑞士与美国为例即知,他所心仪的直接民权是不折不扣的直接民权,而不是委任行使的直接民权。"② 也有人认为孙中山国民大会的构思源自美国的总统选举人团制度和修宪程序,美国的总统选举原采间接的方式,经过政治的发展实际上收到了直接民主的效果,其修宪程序亦然。③ 所以"美国非无国民大会也,特无国民大会之名耳",中山先生不过是将美国模式的民权范围加以扩充,"并赐以国民大会之名耳"。④

其实,由于中国广土众民、又欠发达,直接民权行于地方各县已经困难重重,更何况行于中央。问题在于权能分治的理论与国民大会的设想本来就是基于对国会代议制的批判而生,可等国大长出来人们发现其实又是一个代议国会,自然无法接受。面对这个困境,有人得出了折衷的结论:国大这样的设计是"最小限度的代议制",它上承人民、下接政府,是人民与政府间的联系机关⑤;它是"政权发动机关","其职责在'辅助'人民行使政权,而非'代替'人民行使政权"。⑥

2. 国民大会与立法机关(立法院)的关系

在孙中山学说里,国民大会是政权机关;负责立法的立法院则是治权机关,不是民意机关,而是一个专职的立法机构。国民大会可以创制立法原则要求立法院据以立法,也可复决立法院通过的法律。国大拥有中央法律的创制、复决权,以此指挥、监督立法院立法权的行使。在《建国大纲》更赋予国大以立法院成员的人事任免权。

孙中山学说常常前后矛盾,他一直说立法院是治权机关,这意味着立法院与欧美的国会有着本质的区别,但在其论述中又常常把立法院与欧美国家的国会等同。孙中山在其1921年《五权宪法》中说立法人员相当于欧美的国会议员;在其1923年《中国革命史革命之方略》中也说由全国人民投票"选举代议士,以组织立法院",又说司法、考试、监察三院之院长由总统征得立法院同意任命之,但三院并不对总统及立法院负责,而是五院皆对国民大会负责。1924年《国民政府建国大纲》是孙中山关于其宪法思想最完整也是最后的表述,所以国民党在对国父遗教的理解发生分歧时常常以此为据,《建国大纲》规定国民大会对中央政府官员(自然包括五院成员)有选举和罢免权。据此,立法院立法委员也应由国大选举产生,因此自然不再具备直接民意基

---

① 参见张君劢:《中华民国民主宪法十讲》,第49、52页。
② 参见苏永钦:《走向宪政主义》,台湾联经出版事业公司1994年版,第102页。
③ 美国总统选举制度的发展可参见邹文海《代议政治》,第125页。
④ 参见何会源:"论孙中山先生关于中央政治制度之设计",载何勤华、李秀清主编:《民国法学论文精萃·宪政法律篇》,法律出版社2002年版,第409页。
⑤ 参见金鸣盛:《五权宪法论集》,中华书局1936年版,第34页。
⑥ 参见陈春生:《中华民国宪法原理》,台湾明文书局1998年版,第252—253页。

之同意为之。"①

国民党二中全会针对政协十二原则,通过修改宪草原则之决议。其中第 1 条就是"国民大会为有形组织,行使四权"。

政治协商会议组织了宪草审议委员会根据政协十二原则制定"五五宪草"修正案(史称"政协宪草"),在政协宪草的起草过程中,张君劢个人起了重要作用。新宪草虽不能将国民大会彻底无形化,但与"五五宪草"相较,它大大缩减了国民大会的权力;同时,又将立法院由"五五宪草"中的中央专职立法机关变为代表人民行使主权的机关②,将监察院设计成与美国参议院组成与职权接近的机关③。这就从根本上放弃了孙中山"权能分治"的理论,重新采用了代议政治的制度。

三、从"制宪国民大会"到"行宪国民大会"(1946—1948)

(一)伪国大("制宪国民大会")的召集与 1946 年《中华民国宪法》的通过

1946 年 11 月 15 日,"制宪国民大会"在南京召开;12 月 25 日,国大通过了"中华民国宪法"。该"宪法"由国民政府于 1947 年元旦公布,同年 12 月 25 日施行。

在制宪国大上,占代表总额压倒多数的国民党籍代表企图否定政协宪草、复辟"五五宪草"。在宪草审查会上,大有将政协宪草的原则一一推翻之势,这其中重中之重便是国大问题。国民党代表企图将"五五宪草"所规定的国大职权完全恢复,立法委员和监察委员改由国大选举罢免;并将国大会期增加,改为每两年召开一次。民社、青年两党坚决反对变更政协原则,并以退出制宪国大相要挟。在蒋介石本人对国民党代表的弹压下,1946 年国民大会最后通过的《中华民国宪法》除文字上略作更动外,基本上与政协宪草保持一致。④

制宪者通过巧妙的设计将国民大会的权力大为缩减,其方式有二,其一是减少其开会的次数(常会六年只开一次);其二是拖延(冻结)其行使创制复决两权。⑤ 国大成为接近美国总统选举人团式的大会,于总统任满前 90 天集会;同时也担负"修宪"的责任。至于创制、复决两权则暂不行使,根据《宪法》第 27 条第 2 项,只有当全国过半数的县市曾经行使创制复决两权时,再由国民大会制定办法并行使之。⑥ 这实际上就将国民大会行使创制复决的权力长期冻结。

(二)"行宪国民大会"与"动员戡乱时期临时条款"的制定

新通过的"宪法"规定国大由各县市代表、蒙古和西藏代表、华侨代表、职业团体代表和妇女团体代表共同组成。1947 年国民政府又公布了《国民大会组织法》、《国大代

---

① 参见蒋匀田:《中国近代史转折点》,第 31—34 页、第 48—49 页。
② 参见雷震:《制宪述要》,(香港)友联出版社 1957 年版,第 24—25 页。
③ 监察院监察委员由各省选派,并对司法院大法官与考试委员行使人事同意权。
④ (制宪)国民大会审议及通过宪草经过可参见(制宪)国民大会秘书处编:《国民大会实录》,1946 年版;最后通过"宪法"与政协宪草不同点可参见陈茹玄:《中国宪法史》,第 284—289 页。
⑤ 可参见萨孟武:《中国宪法新论》,台湾三民书局 1993 年版,第 536 页。
⑥ 据张君劢回忆,该条限制是国民党秘书长代表吴铁城提议的。参见民社党中央党部编:《张君劢先生年谱初稿》,台湾 1976 年自刊,第 57 页。

表选举罢免法》和《国大代表选举罢免法施行条例》,随之办理了国大代表的选举。

1948年3月29日,第一届"行宪国民大会"于南京国民大会堂召开。依选举法规定代表总额为3045人,实际上依法选出了2908人,当日出席代表为1679人,已达法定人数。①

这次国民大会制定了"动员戡乱时期临时条款",并选举蒋介石为总统。当时中国已经进入激烈的内战时期,国民大会召开之初,就有国大代表提议修改"宪法"。其主要原因是国民党籍的国大代表企图翻盘,通过修改"宪法"回归"五五宪草"。张知本等689位代表提议修改《宪法》,增加国民大会的职权并将国大改为每两年开会一次,青年党、民社党两党代表坚决反对,会场发生激辩。最后采用折衷的办法,用动员戡乱时期临时条款的形式对"宪法"作出一定修正。关于临时条款的性质,王世杰有如下说明:其一,临时条款属于"修宪";其二,之所以不直接修改"宪法"本文,是因为临时条款适用的时间是有限的,这与"宪法"本身的条文不同。②

临时条款主要内容有:其一,赋予总统"紧急处分"大权。其二,规定国民大会至迟于1950年12月25日召集临时会,讨论修宪问题,据此,国民党内的保守派始终念念不忘督促蒋介石兑现临时条款"修宪"的承诺,以回归"五五宪草"。③ 国民党政府逃到台岛后,伪国大因为不足法定人数,便擅改法定程序、曲解"宪法"本意,以恢复集会,延续"法统";其复会之始便与"总统"做交易,共同扩权。发展到极致,它居然"修宪自肥",增加出席费、设立常设机关,甚至于延长自己的任期,更利用"修宪"权打击"立法院"、报复"大法官"。国大可谓无所不用其极,终于"自作孽,不可活",最终"修宪自杀",彻底终结了国大制度。④

四、国大的悖论

1. 人数的难题

国民大会大致而言由每县选举一人组成,总计大约二三千人,看起来代表性要高于民初国会。但是,"按人口计算,英国下议院每个议员代表4.3万人,我们的国民大会每个代表反要代表15万人,二者相比,孰为直接民主?……谓采用国民大会制,即可改革普通国会代议制的弊端,似不可信。"⑤就实际来看,由三千人组织的国民大会如何运作呢?就直接民主的要求来说,国大人数太少;就功能而言,国大人数太多,无法作为常设机关运作。这样组成国大既满足不了直接民权的需要,也不符合实际政治运作的效能要求。张君劢曾建议由全国人民直接行使政权(首先是选举权)而称之为(无形)国民大会,或者仿照美国总统选举人团的设计组成非常设的国大,但因其与孙中山《建国大纲》的构想相去甚远而未被采纳。国大在组成人数上的悖论始终没能

---

① 参见谢政道:《中华民国修宪史》,第199页。
② 同上书,第45—56页。
③ 参见张知本:"一张有信用的支票总是要兑现的",载张知本:《中国立宪故事》,第127页。
④ 参见谢政道:《中华民国修宪史》。
⑤ 参见程经远:"再论宪法初稿修正案中之中央政制与国民大会",载俞仲久编:《宪法文选》,第1031页。

解决。国大代表只是一群人数更多,但职权相对并不完整的代议士,远谈不上直接民权的象征。

2. 权力的困境

国大没有立法权、预算权、监察权等西方国家国会代表人民控制政府的工具,"修宪又不是经常的事,而所谓政权,除了选举权以外,有人将罢免权当成'搁置在门后的巨棒'(big stick behind the door),有人把创制与复决两权,以'门后的两支枪'(two guns behind the door)来形容,为'备而不用,不是经常要拿来用的权力。'因此,这样设计的国民大会能否有效控制政府,殊值得吾人怀疑。"[①]国大虽然没有控制政府的能力,却很有"修宪作乱"的本钱,可谓"成事不足,败事有余"。"在权力结构中,国民大会所处的位置蕴涵着矛盾。因为国民大会会期短、功能少,但国大代表采任期制,而非任务制。只要国大代表在任期中想要有所表现,彰显国民大会为一重要宪政机关,甚或扩张权力与利益,采取修宪作为就会影响原有的权力生态,尤其会与同属议会性质的立法院发生冲突,其他宪政机关也可能会遭受不可预期的风险。"[②]如果国大仅仅是一个人数众多、很少集会的松散机构,虽握有大权,但行使渠道不畅,情况还不是很严重;一旦国大走向常设化,其恣意扩权就很难避免。

"权力导致腐败,绝对的权力导致绝对的腐败。"权力不仅滋生腐败,还会自我"增值",因此我们也可以说"权力有自我扩张的趋势,绝对的权力会导致无限的扩权"。国大垄断"修宪"的权力,要想国大"修宪"时不做交易、不寻租、不扩权,恐怕很难。比照民国初年国会的种种丑行,我们可以说国大有过之而无不及。

3. "法统"的迷思

研究中华民国宪法史,"法统"的观念至关重要。国民党将其统治的正当性("法统")寄托于国大代表,这是一种自欺欺人的办法。它使得国大代表以"法统的象征"自居,贪得无厌地要钱要权,败坏了国大的风气。与民初一样,当权者标榜形式的"法统",却玩弄民主法治本身,"民意代表"们也乐得与狼共舞、利益均沾。最终砸了"法统"这块招牌,也断送了国大本身。

4. 国大的异化

国大的消亡并不能根本否定国大的意义,国大的悖论也不能完全归咎于孙中山先生国民大会(权能分治)思想本身;国大的制度设计是在一个广土众民的国度里实现民主的重要探索,这一点不能抹煞。国民大会是一种区别于西方国会的制度设计,国大是主权者(政权行使者),相应地立法院是立法专职机关。与三五百人的国会相比,数千代表组成的国大的确更不容易被腐化、被控制,民意基础也更广泛。1946年的制宪者(如张君劢)把国大设想成美国选举人团式的模式,是比较理想的。但后来的演变是国大国会化,国大代表职业化、议员化,国大与立法院争夺作为议会的政治资源,这才是乱象之源。

---

① 参见李酉潭:《约翰弥勒与中山先生权能区分理论之比较研究》。
② 参见钟国允:《宪政体制之建构与发展》,台湾翰芦图书出版公司2006年版,第232—233页。

第十五章　近代监察制度

与西方的议会监察传统①不同,中国监察制度源远流长、自成一体。传统的御史和谏官制度萌芽于夏商周、成于秦、大行于汉、绵延于后世。在近代中国的政制实验田里,基于中国传统的独立监察制度和源自西方的议会监察制度互相竞争。孙中山先生创设的五权宪法理论,其中很重要的一条就是将传统监察制度改造成监察院,成为与西方传统三权(立法、行政、司法)并列的一权。经过民国初期平政院肃政厅的探索与南京国民政府"训政时期"监察院的实践,1946年《中华民国宪法》将美国式的参议院制度与中国传统监察制度融于一炉,使得监察院无议会之名,却有议会之实。这样中西合璧的制度探索受到了很多的批评,最主要的原因是监察院的议会化导致其不再是一个独立的监察机关。但无论如何,监察院制度的弊端并不构成废除独立监察制度的理由,源自中国传统的独立监察制度至今仍有重大价值。

第一节　北洋政府的监察制度

1912年《中华民国临时约法》仿行欧美的国会监察制度,袁世凯上台后又设立了源自中国传统的肃政厅。但在武人当政、军阀混战、政局动荡的年代,监察制度的实际效果颇令人怀疑。

一、国会监察

民初约法时期,国会拥有三种监察权:质问权、查办权、弹劾权。②

1. 质问权

质问权行使的对象为内阁总理和各部总长。质问的方式可以由议员连署的方式提出书面质问,也可由议员个人提出口头质问。这是一种对于行政机关不大有威慑力的监督方式,其效果仅止于一问一答而已。质问者对于被问者的答复即使不满意,除了提出再质问外,别无他法制约之。

2. 查办权

查办权制度不但为我国古代所未有,亦为西方所无,它是1912年《临时约法》所创设。根据《临时约法》第19条第10款,"参议院得咨请临时政府查办官吏纳贿违法事件"。但其并非国会自行查办,而是咨请国会查办,所以确切地说不是查办权,而是

---

①　所谓国会监察,"是中央民意代表机关对政府机关的人员、财物、施政和其他法定事项的监察,包括同意、弹劾、纠举、纠正、审计和监视以及为达成这些任务所必需的质问、视察和调查,以对违法失职的事前防止和事后惩处"。参见陶百川:《比较监察制度》,台湾三民书局1978年版,第45页。

②　详见常泽民:《中国现代监察制度》,台湾商务印书馆1979年版,第81—93页。

谘请查办权。其查办对象是政府之一切文武官吏,就实际情况而言,当时被查办的主要是各省都督。1913年国会正式成立后,依据同年颁布之《议院法》规定,国会参众两院均得行使(咨请)查办权,但查办案非有议员十人以上连署不得提出,查办案由议会表决通过后即咨达政府,政府查办终结应咨复议会。1914年,"袁记约法"公布,未将查办权列入,故而查办权的历史非常短促。

3. 弹劾权

依据《临时约法》第19条第11、12款,国会弹劾权行使的对象限于大总统和国务员(即内阁总理和各部总长)。大总统被弹劾的原因仅限于叛逆;国务员被弹劾的原因则及于一切违法或失职,这与当时各国弹劾多限于违法、不及于失职有所不同。弹劾案由议员连署提出,以国会的绝对多数可决。根据1913年《议院法》,议会通过弹劾大总统案后,当日将全案通告最高法院,最高法院应在5日内组织特别法庭审判之;至于对国务员案的弹劾案,则在国会通过后、不经审判程序,直接提请大总统将其免职,但大总统可将弹劾案交付参议院复议一次。

二、(平政院)肃政厅

1914年5月,袁世凯以总统教令的形式先后发布《平政院编制令》、《纠弹令》、《平政院处务规则》和《行政诉讼条例》,平政院成立。① 平政院并非单纯的行政法院,除院长与负责审理诉讼的评事外,其还设有肃政厅,长官为都肃政史,有肃政史编制16名,掌官吏纠弹。肃政史依法纠弹官员违法失职、对人民提起行政诉讼,并监督平政院判决。肃政厅虽设于平政院,但独立行使职权,它直接对大总统负责,行使职权不受平政院之监督与指挥。其处务规则与印章亦由大总统直接制颁或颁发。肃政厅独立对外行文、批示、饬令,其与平政院间往来公文也是采用平级间的"函"或"咨",而非用上下级间的"呈"或"饬"。对于肃政史提出的纠弹案,由平政院评事5人组成合议庭审判,如认为应交付惩戒或司法审判,则呈明大总统分别交主管官署为之。② 1917年肃政厅被裁撤,《纠弹令》被废止,平政院失去察理纠弹权,成为单纯的行政裁判机关。③ 肃政厅的监察权回归国会。

第二节 孙中山宪法思想中的独立监察机关

南京国民政府监察院的创设乃是基于孙中山先生的宪法思想,如果不是他的鼓吹与坚持,中国传统的监察制度(也包括考试制度)恐怕很难在近代复兴。

---

① 平政院组织参见罗志渊编著:《近代中国法制演变研究》,台湾正中书局1974年版,第409—412页。
② 参见常泽民:《中国现代监察制度》,第98页。
③ 参见黄源盛:"平政院裁决书整编与初探",载黄源盛:《民初法律变迁与裁判》,台湾政治大学法学丛书编辑委员会2000年版,第148页。

一、监察机关的独立

孙中山主张监察独立的理由有二:"第一,是比较研究外国民主政治制度后的创见;第二,对于古代监察制度价值与理想性的肯定。"① 早在辛亥革命之前六年,孙中山在东京《民报》周年纪念会上的演讲"三民主义与中国民族之前途",就提出设立独立于国会之外的监察权(和考试权)的五权宪法构想,他认为监察机关是各国皆必有的,在《中华民国宪法》中这个机关注定要独立:"中国从古以来,本有御史台主持风宪,然亦不过君主的奴隶,没有中用的道理。就是现在立宪各国,没有不是立法机关兼有监督的权限。那权限虽有强有弱,总是不能独立,因此生出无数弊病。比方美国纠察权归议院掌握,往往擅用此权,挟制行政机关,使他不得不俯首听命。因此常常成为议院专制,……况且,从心理上说,裁判人民的机关,已经独立,裁判官吏的机关,却在别的机关之下,这也是论理上说不过去的。故此机关也要独立。"②

孙先生的演讲批评中国古代御史不过是君主的鹰犬、监察功能不佳,同时也指责欧美国会监察体制下的"议会专制",并由此推导出监察权(监察机关)必须独立。中山先生以上论述也并非无懈可击,国会是否会滥用监察权以挟制行政机关、造成议会专制? 以美国的例子,国会是很少使用弹劾权的,但是也不能因此否定议会专权的可能,当时的法国(第三共和国时期)便是议会专权行政无能,由于政党的分裂与倾轧,屡屡发生倒阁,政局长期不稳,政府效能无法实现。

二、五权宪法中的监察院

在上述演讲中,孙中山对中国传统监察制度尚持保留态度,说御史台不过是"君主的奴隶";而在其《三民主义》之"民权主义"第六讲中,孙中山则更加理想化了中国传统,把监察权(和考试权)作为中国几千年来独立于皇权的权力,认为这是中国传统的"三权分立",应用其来改造美国式的三权分立为五权分立:"美国独立之后便实行三权分立,后来得了很好的成绩,各国便都学习美国的办法。不过外国从前只有三权分立,我们为什么要五权分立呢? 其余两个权从什么地方来的呢? 这两个权是中国固有的东西。中国古时举行考试和监察独立制度,也有很好的成绩。……就是中国的专制政府从前也可以说是三权分立的……中国在专制政府的时候,关于考试权和监察权,皇帝还没有垄断,所以分开政府的大权,便可以说外国是三权分立,中国也是三权分立。……我们现在要集合中外的精华,防止一切的流弊,便要采用外国的行政权、立法权、司法权,加入中国的考试权和监察权,连成一个很好的完璧,造成一个五权分立的政府。像这样的政府,才是世界上最良善的政府。"③

关于立法、行政、司法、考试、监察五权的关系,孙中山的设想不是三权分立之下的分权制衡关系,而是分工合作关系("五权分立、彼此相维")。五权政府是一个"万

---

① 陈新民:《中华民国宪法释论》,台湾 2001 年自刊,第 713 页。
② 参见"五权宪法学会"编:《五权宪法文献辑要》,台湾帕米尔书店 1963 年版,第 3 页。
③ 孙中山:《三民主义》,台湾三民书局 1988 年版,第 173—174 页。

能政府",它避免了三权政府彼此的倾轧与事务的拖沓;而节制这个万能政府的则是代表"全民政治"的国民大会。孙中山的理想是造就一个"人民有权,政府有能"的良善政府,最大限度地兼顾民主与效能。尽管孙先生强调五权之间的关系是合作而非制衡,但是不可否认的是,监察权本身便是对其他四权的一种制衡。

三、监察机关的组成

关于监察机关的组成,孙中山的构想是"监察委员文官化",他称行使监察权之人员为"监察官",他们也有高低官等之分,并且必须经过国家统一考试及格。中国古代监察官僚体系与其他行政官僚体系相类似,历代御史、谏官往往需要经过科举考试的选拔,孙中山的构想大约也受到中国传统的影响。①

辛亥革命之后,孙中山的宪法思想并不为人们所青睐,民初的制宪者眼中心中的榜样是美国的总统制或欧洲的内阁制、甚至君主立宪制,很少有人心仪中山先生中西合璧的五权宪法。1912年,孙中山曾以临时大总统身份提出一个临时政府组织大纲修正案,其中隐含了考试、监察两权独立之意:"临时大总统除典试、察吏、审计院、平政院之官职及考试惩戒事项外,得制定文武官制官规。"②但这个提案未被参议院接受。终北洋政府之世,除短命的肃政厅外,监察权并未脱离国会而独立。直到1927年南京国民政府成立后,孙中山的五权宪法思想方由理念变为制度现实,监察院体制才真正在中央政府得以确立。③

第三节 南京国民政府的监察院

一、"训政"时期的监察院

1928年10月3日,南京国民政府颁布《(修正)国民政府组织法》④,确立了五权宪法的中央政府体制,同年11月据此颁布修正之《监察院组织法》,规定监察院职权为弹劾与审计两项,而后者由监察院下属审计部掌理。南京国民政府之所以在党国体制下确定"总理遗教"为最高指导思想、根据孙中山手书《建国大纲》建立行政、立

---

① 参见陈新民:《中华民国宪法释论》,第718页。
② 转引自常泽民:《中国现代监察制度》,第410页。
③ 1925年8月1日,根据孙中山先生的思想,广州国民政府成立"军政"时期之监察院。但该监察院职权甚广,不仅限于监察权。(军政时期监察院的组织及职权可参监察院实录编辑委员会编:《国民政府监察院实录》(一),台湾"监察院秘书处"1981年版,第30—31页。)而广州国民政府并未建立五院体制,更重要的是该政府本身也不是全国性的政权(当时的"合法"政权仍是北洋政府),所以本书略过了这一时期的监察院。
④ 在1947颁布、施行《中华民国宪法》之前的近二十年时间里,《国民政府组织法》是南京国民政府在政府组织方面首先的宪法性文件。1931年公布的《中华民国训政时期约法》在政府组织方面则言之不详。

法、司法、考试、监察五院体制①,一方面是基于孙中山在国民党内无可取代的权威,更重要的是蒋介石在党内政治斗争中需要借助"总理遗教"的大旗以确立其"正统"地位。监察院便是在这样的背景下由理论变为现实。

从1928年底到1931年初是监察院的筹备期,这段时间监察院的主要工作是监察制度的研究与相关法规的拟定。其间对于人民的申诉,由监察院秘书处收受,根据性质分别转达相关机关处理或者留待监察院正式成立后处理。经过数年的筹备,训政时期的监察院于1931年2月2日正式成立,首任院长于右任。② 同月,国民政府改原来的审计院为审计部,隶属监察院。根据1928年《国民政府组织法》,监察院设院长、副院长各1人,院长因故不能执行职务时,由副院长代理之(第42条);监察院设委员19至29人,由监察院长提请国民政府任命之(第43条);监察会议以监察委员组织之,以监察院院长为会议主席(第44条)。③ 监察院成立后,因为案件日多,人员不足,国民政府又多次修正《国民政府组织法》,以增加监察委员名额。

"训政时期"的监察委员,与孙中山的五权宪法思想中经过考试选拔的"监察官"不同,也并非经由选举产生。关于其任用资格并无法律明文规定,但实际上出任此职的,多为有一定社会地位与名望的"硕学通儒"。监察委员职等为简任官,这在国民政府的官等中与部长同列,中国历代的普通监察官一向是"位卑权重",从未获得如此高的等级。国民政府还颁布了《监察委员保障法》,对监察委员的职位、言论、身体自由与安全予以充分保障。④ 关于监察委员的任期,在训政时期法律并无明文规定,实际上大都任期终身。监察委员不得兼任其他公职,并厉行自律,在1922年1月22日该院第18次会议上,还决议通过监察院人员概不得为他人写介绍书信请托。关于监察委员的个人素质,有学者通过研究指出他们"可谓是国民政府的政治精英和文化精英,在一定程度上为监察工作提供了人员保证",其根据是对于当时国民政府监察委员的年龄、学历、学科、经历、籍贯等所作的量化分析:当时监察委员所受教育程度很高(有出国留学经历的占41%,没受过大学教育的只占1%)、阅历丰富、素质较高;其群体有较合理的年龄与学科结构;区域结构分布广泛,有一定的代表性。⑤

监察院实行委员制,一切监察程序均由监察委员自主,监察院院长、副院长只是

---

① 1924年1月,《国民党第一次全国代表大会宣言》宣誓国民政府中央政制应"以孙先生所创之五权分立为原则"。同年4月孙中山先生亲订《国民政府建国大纲》共25条,清楚地规定了三民主义、五权宪法等建国方略。1929年国民党第三次全国代表大会上通过了"确定总理遗教为训政时期中华民国最高根本法决议"。1931年《中华民国训政时期约法》第28条规定:"训政时期之政治纲领及其设施,依建国大纲之规定。"

② 国民政府曾于1928年和1929年先后任命蔡元培和赵戴文为监察院长,但二人均拒不就任,导致监察院迟迟不能成立。

③ 1928年《国民政府组织法》相关条文可参见夏新华等整理:《近代中国宪政历程:史料荟萃》,中国政法大学出版社2004年版,第788页。

④ 《监察委员保障法》规定:监察委员行使职权时所发表之言论,对外不负责任;非经监察委员本人同意,不得随意调换其工作;监察委员除非被开除党籍("训政"时期的监察委员均为国民党党员)或受刑事处分,不得免职、停职或罚俸;监察委员除现行犯外,非经监察院同意,不受逮捕、拘禁。

⑤ 参刘云虹、李青玉:"政治经营与权力监督——1931—1949年国民政府监察委员组成分析",载《东南大学学报》(哲学社会科学版)2006年第3期。

综理全院行政事务,并不亲自参与、干涉弹劾业务。依前述《国民政府组织法》第44条,监察院会议是由监察院院长、副院长、全体监察委员参加的合议制机构,监察院提出各种法律案或法律修正案,均须监察院会议议决。而监察院会议及处务规则,由监察院自定之。

根据1933年国民政府修正公布之《监察院组织法》第6条,"训政时期"还在地方设立了中央派出监察机关(监察使署)以巡回监察,其长官为监察使,"监察区及监察使巡回监察规程,由监察院定之"。① 监察院会议议决通过将全国划分为十四个监察区,嗣后又改为十六个监察区。1935年6月,苏、皖赣、湘鄂、冀、豫鲁及甘宁青等七个监察区之监察使署先后成立。1936年4月,国民政府公布《监察使署组织条例》,旋准监察院所请,于各监察区设置监察使署。监察使承监察院长之命,综理全署事务,监察地方、行使弹劾之权。监察使得由监察委员兼任,任期两年,可由监察院调往他区巡回监察。监察区涵盖两省以上者,监察使署则于各省适当地点设立办事处。行署的主要任务是巡查、视察和调查。这一巡回监察制度与中国传统的派出监察制度(如秦之监御史、西汉之部刺史、唐之观察使/巡按使、明清之道御史)乃一脉相承,其特色在于在全国划分若干的监察区(如西汉之"州部"与明清之"道"),由中央派出独立行使职权之监察使,监察地方政事。

二、"五五宪草"—"政协宪草"时期监察院制度的变化:监察院的国会化

(一)"五五宪草"关于监察院的设计

训政之始的监察院(包括整个五院)体制都是国民党自说自话,而孙中山的五权宪法思想也逐渐被神化为国民党的最高意识形态,到了《中华民国宪法草案》("五五宪草")起草的时候,党外的人士才有了参与国是讨论的机会。当时有两个极端的意见,一方承民初制宪者之余音,认为孙中山五权宪法学说不符合欧美宪政通例,监察权还是应该由民意代表(议员)掌理;另一方则认为监察院之设乃是伟大的创举,当前的问题不是恢复五权为三权,而是监察院职权太小,监察院不仅应掌理弹劾权,还应将弹劾案的审判权划归监察院。② "五五宪草"设计的监察院,对训政时期的监察院制度作了较大改动,它实际上折衷了辩论双方的意见,一方面将监察委员"国会议员化",一方面又赋予了监察院更大的权力。

首要的改动是监察委员选任与任期的变化:"监察委员由各省、蒙古、西藏及侨居国外国民所选出之国民代表,各预选二人,提请国民大会选举之,其人选不以国民代表为限。"("五五宪草"第90条)其理由是"监察院由监察全国公务员之责任,故监察委员之选举,应顾及地域之分配"。"监察委员任期三年,连选得连任。"("五五宪草"第91条)其理由是"监察委员任职三年,成绩如何,已可认定,称职者固可连选连任,

---

① 《监察院组织法》相关条文可参见夏新华等整理:《近代中国宪政历程:史料荟萃》,第860页。
② 参见高一涵:"宪法上监察权的问题",载俞仲久编、吴经熊校:《宪法文选》,上海法学编译社1936年版,第48—55页。

不称职者亦可藉此改选,且国民大会每三年召集一次,改选亦甚便利"①。监察委员由各省、地方及海外侨民的国民间接推举(由国民选出的国民大会代表推选),每省2人,并由国民大会复决,这明显是仿行美国参议员由每州选举2人的制度;而有关任期的规定也使得监察委员变得更像议员了,是为监察院参议院化(国会化)之始。

其次,在宪法草案的审议过程中,有人提出监察院应拥有西方国会的质询权,宪草审议委员们在讨论中俨然将监察院质询与立法院质询并列,并为监察院的质询权划定了范围:"在未弹劾前,监察院可向各部会提出质询。如认为答复圆满,则毋须弹劾。故监察院向各院部会提出质询权,系辅助弹劾案之行使。"最终于宪草增设了一条:"监察院为行使监察权,得依法向各院、各部、各委员会提出质询。"("五五宪草"第88条)②这样监察院变得更像是议会了。

第三个变化是监察院除了弹劾、审计权之外,又增加了惩戒权,之前隶属于司法院的公务员惩戒权转由监察院掌理(总统、立法、行政、司法、考试四院院长、副院长的弹劾案由国民大会审理)。也就是说,监察院集公务员弹劾与审查处理之权于一身。其理由是:"惩戒与弹劾相需为用,有如法院之检察与审判关系,故惩戒以归监察院掌理为宜。"③其实,南京国民政府虽然实行检审合署,裁撤地方各级检察厅、将检察官配置于各级法院,于最高法院内则设检察署,但是检察权与审判权仍然是各自独立的,检察官与法官分属不同的系统,这与委员制的监察院兼掌弹劾与惩戒大不相同。由同一个机关同时行使弹劾与惩戒之权,监察院获得了不受控制的权力,所幸"五五宪草"并未实行,无法印证其弊。

(二)政协协议与政协宪草对监察院的定位

抗战期间的两次宪政运动对于"五五宪草"中监察院的部分均未特别关注,直至政协协议,监察院的定位又发生重大变化,监察院从组织、职权上基本参议院化,只是同时仍行使监察权。根据1946年政治协商会议关于宪法草案达成的十二原则第三项,"监察院为国家最高监察机关,由各省级议会及各民族自治区议会选举之。其职权为行使同意、弹劾及监察权。(同意权指司法院院长、副院长、大法官及考试院院长、副院长、委员等,由总统提名,监察院同意任命。)"④据此制定的"政协宪草"规定:"监察院为国家最高监察机关,行使同意、弹劾及监察权"(第96条)。"监察院由各省、市议会及民族自治区议会选举之"(第97条)。"监察院设院长、副院长各一人,由监察委员互选之"(第98条)。

监察委员由地方选举产生,监察委员对于司法院院长、副院长、大法官及考试院院长、副院长、委员的任命行使同意权⑤,监察院院长、副院长由监察委员互选之,所有这一切都符合美式参议院的样板。至此,监察院不再是一个单纯的监察机关,它基本

---

① 立法院宪法草案宣传委员会编:《中华民国宪法草案说明书》,正中书局1940年版,第59页。
② 参见吴经熊、黄公觉:《中国制宪史》,商务印书馆1937年版,第545—546页。
③ 立法院宪法草案宣传委员会编:《中华民国宪法草案说明书》,第58页。
④ 政协十二原则可参见夏新华等整理:《近代中国宪政历程:史料荟萃》,第1092页。
⑤ 至于对行政院长的同意权,则由立法院行使之。

上参议院化(国会化)了。关于监察院的监察权,政协宪草言之不详,其规定的监察院职权为同意、弹劾、监察三项,弹劾并不包括于监察之中,以此推论,在政协宪草中,监察院仍保留了五五宪草赋予其的惩戒(审理)权。(在"政协宪草"司法一章中,司法院掌理权限也未包括公务员惩戒。)

三、1946年《中华民国宪法》的"最终"结论:"监察院""国会化"之弊及其修正

在1946年制宪国大(第四审查委员会)对宪草的分组审查过程中,关于监察院有两大争议问题,其一是监察院是否应当行使同意权,不少人认为同意权应由一个机关(立法院)行使,而非分由两机关(立法院与监察院)行使,这也有利于减少监察院的政治性,维持监察机关之超然地位。第二大争议是惩戒权究竟应交给监察院还是司法院。① 如果说惩戒权的归属的争议是技术性争议的话,监察院是否应当行使同意权则是政治性的争议。当时的情况是国民党希望维持中央集权的单一制政体,其他党派希望打破国民党一党专政的垄断,实行联邦制的地方自治,由地方选举产生的监察委员对于中央官员行使同意权,意味着地方力量对于中央政府统治的介入,这是国民党所不愿意接受的,也是其他党派积极希望促成的。双方在争论中所关心的,不再是监察职权本身,而是监察院能否代表地方影响中央人事决策的问题。在这里,监察院首先是参议院,其次才是监察机关,其组织、功能首先服务于参议院的角色,而非监察机关的角色。

国民党为了宪法的顺利通过,最终对其他党派作了让步。经过制宪国大综合审查委员会的修正,监察院得以保留了同意权,但惩戒权则交由司法院掌理。② 根据1946年《中华民国宪法》,"监察院为国家最高监察机关,行使同意、弹劾、纠举及审计权。"(第90条)③"监察院设监察委员,由各省议会、蒙古西藏地方议会、及华侨团体选举之。"监察委员名额分配为:每省5名,直辖市2名,蒙古、西藏、华侨各8名。(第91条)"监察委员任期为六年连选得连任。"(第93条)④ 从监察院委员的选举以及其行使同意权的规定来看,监察院为类参议院的机构。

事实上,《宪法》的颁布并未平息相关的争议,随着1949年国民党政府逃到台湾,关于"监察院"制度的争议也继续在我国台湾地区延续,而争论的焦点仍是"监察委员"的选任及行使同意权的问题,也即"监察院"作为监察机关是否并为"参议院"的问题。反对"监察院"参议院化的意见如下⑤:

其一,监察权与同意权合一将损害"监察院"的威信,因为其对官员行使同意权之后又弹劾之,难免给人留下"监察院"反复无常的印象;

---

① "国民大会秘书处"编:《中华民国宪法之制定》,台湾1961年自刊,第47页。
② 国大相关审查报告参见同上书,第96—101页。
③ 在宪法条文规定之外,监察院还拥有监试权与巡回监察权,前者是监督公务人员考试之权,后者是由监察院在全国分区巡察的权力。
④ 宪法同时规定立法院立法委员任期为3年(第65条),与监察委员任期相对照,明显是模仿美国众议员任期短而参议员任期长的模式。
⑤ 以下意见转引自林纪东:《中华民国宪法逐条释义》(三),台湾三民书局1993年版,第196—197页。

> 赋予监察院以同意权,不但不能增加其权威,且可因此降低其声望。……监察院之所同意者,未必皆能守法奉公也,即同意之于先,自难纠弹之于后,如是则为偏私;若谓监察院有两种面目,始可以行使同意权而拥护之,继则可以行使监察权以纠弹之,如是则为反复。以至庄至严之监察院,成为偏私反复之机关,是岂孙中山先生所始料所及。

其二,当"监察委员"们对某官员的看法截然对立时,将可能发生过半数的监委同意任命该官员,而少数的监委又弹劾该官员,造成自相矛盾的窘境:

> 所谓同意者,未必能获得一致也。《中华民国宪法》第九十四条云:"监察院依本宪法行使同意权时,以出席委员过半数之议决行之。"是所预期者,也只为过半数耳。然多数虽可利用同意权以拥护之,不能禁止少数之利用监察权以纠弹之,如是则纠纷起于萧墙之内,而监察院自身,遂成为政争之旋涡。

总之,监察权与同意权本来无法融合,1946 年《宪法》将"监察院"参议院化实在是东施效颦、不伦不类:

> 监察权之性质,与同意权根本不能融合。监察委员为执法之官,其地位应超然独立,只应监察政府之用人,不能同意政府之用人,兹乃集二者于同一机关,以中国之台谏,兼行外国议会之职权,其为不伦,无待费词矣。……将同意权赋予监察院,实有百害而无一利,制宪者之用意,除模仿美国,强以监察院比作参议院,作东施效颦外,未知尚具何种理由也。

"监察院"职权扩充后,不再仅仅是行使消极的弹劾权,而是积极地担负起监督政府一般政策的责任了;同意权的行使更增加了"监察院"的"政治性"色彩,使之不复为单纯的、相对中立的监察机关。① 尽管拥护"宪法"规定的人也能找出种种理由回应,但在实践中,"因为监委操纵对行政官员的纠弹之权,使得孙中山当年所摒弃的,外国议会拥有弹劾权来压迫行政权之弊端,又变成另一种'病症'出现——即监委产生的贿选风气。"② 这样的结果,与孙中山的思想其实是背道而驰的。1992 年,"监察院"的人事同意权被取消,其任命方式也改为经台湾地区首长提名、代议机关同意而任命之,"监察院"最终被"去议会化",成为单纯的监察机关,"监察委员"的人数也大大削减,改为定额 29 人。

在时下的台湾,也有人认为应该将"监察院"(也包括"考试院")完全废除,改五权政府为三权政府,这大半是基于意识形态的考虑,部分也由于"监察院"与他院(主要是"立法院")的权力重叠与冲突,以及其本身功能不彰。但经过仔细探讨,人们发现"监察院"仍有继续存在的理由:其一,独立监察制度与"监察院"传统已植入政治文化之中,不可轻言废弃。"只要监察院进行有成效的改革,则依仗此传统形象而重建威信的努力,应比新设机关欲赢得人民信赖所需付出的成本要经济许多。"其二,

---

① 参见雷震:《监察院之将来》,台湾 1953 年自刊,第 94、105、112 页。
② 陈新民:《中华民国宪法释论》,台湾 2001 年自刊,第 717 页。

"监察院"的职能,如调查、弹劾、审计,事实上都有独立于立法和行政部门行使的必要。比如说审计权,其重点是"能够独立,并且能有效协助立法权,而不是在其形式上应隶属于哪一权或哪一院之下"。由"监察院"及其内设的"审计部"独立行使上述权力其实是一个较好的制度安排。其三,"监察院"成效不彰不能构成将其废除的理由,因为"机关效能不彰往往与其所享有之资源与工具息息相关"。"监察院"之所以效能不彰,很大程度上是因为其"人力与财源不足,业务范围又极为广泛,且能使用之政策工具又十分有限"。"如能调整监察院之相关制度与职权内容,并给予应有之资源与工具配备,它仍有提升效能的可能性。""废院是政策问题,而效能是技术问题,二者层次不同,不应混淆。"其四,从国际发展趋势来看,独立监察制度仍然十分必要;就现状而言,立法、司法机关对于公权力侵害人民权利的救济仍有很多盲点。以"护民官"为目的的监察制度有弥补上述盲点的功能。[①] 另外,由"监察院"独立行使监察职权可以避免立法权的过分膨胀,有利于缓和行政与立法两权的冲突,对于稳定政局有一定价值。[②]

四、监察院监察职权[③]的行使及其实效

(一) 监察职权的行使

监察院的监察职权主要有三:弹劾权、纠举权、调查权。调查权乃是监察院行使纠举、弹劾等权力的前提,它规定于《监察院组织法》第3条:"监察院为行使职权,向各官署及其他公共机关查询或者调查档案册籍,遇有疑问时,该主管人员应负责为详实之答复。"纠举权与弹劾权有类似之处,可以说是简化手续的弹劾。在训政时期监察院成立之初并无纠举制度,是到了抗战期间,为适应非常时期的需要,以迅速达成监察的目的,监察院拟定《非常时期监察权行使暂行办法》,创设了这一权限。1946年《中华民国宪法》又将监察院于抗战期间为便宜行事而创设的纠举权正式入宪,成为与弹劾权并列的宪法职权之一。纠举之理由在于案件具有紧急性,旨在巡视惩办和救济。纠举由监察委员或地方监察使一人为之,不须连署,更不必交付审查,"充分发挥古代御史单独纠弹之精神"[④]。

监察院行使弹劾权的程序,分为四阶段:提出、审查、移送、公布。弹劾案之提案权属于监察委员,监察委员和各区监察使得单独提出弹劾案。监察院院长对于任何弹劾案均不得指使或干涉;弹劾案提出后,不得撤回。(《弹劾法》第4、8、9、11条)弹劾案提出的依据包括:人民申诉(《弹劾法》第13条)、各部会或地方最高行政长官送请审查(《公务员惩戒法》第11条)、审计部呈控(《审计法》第15条)、报章杂志揭批(如同古代御史之"风闻弹事")或监察委员自行调查。根据《弹劾法》第5条,弹劾案

---

① 参见陈淳文:"监察院变革方向刍议",载叶俊荣等:《宪改方向盘》,台湾五南图书出版股份有限公司2006年版,第156—160页。
② 参见《监察院报告书》,台湾自刊2007年版,第8页。
③ 至于同意权和由审计部掌理的审计权在此处则略去不论。
④ 常泽民:《中国现代监察制度》,第166页。

提出后,由提案委员之外的监察委员三人审查之,若多数认为应付惩戒,弹劾案即成立。若多数认为不应惩戒,而提案委员有异议,则将弹劾案交付另外五名委员审查,作终局之决定。审查弹劾案的委员最初由监察院院长指定,后改为由全体监察委员按序轮流担任,有回避情节者除外。弹劾案经审查成立后,即由监察院移交有关之惩戒机关审理。① 关于弹劾案之审理程序,除政务官与军事长官的审理另有规定外,均按《公务员惩戒法》规定为之。监察院移送之弹劾案,经惩戒机关审理认为确实者,得为以下处分:免职、降级、减俸、记过、申诫,对于涉及犯罪的,移送法院审判。弹劾案在监察院未经移付惩戒机关之前,应行保密;对于移付之后监察院可否公布的问题则存在争议。1931 年 6 月监察院第十一次会议时,监察委员田炯锦提议,弹劾案移付后,如果原弹劾人认为应即行公布的,秘书处应将该案公布;该提议获得院会通过。此后,弹劾人及监察院为了引起国人注意,造成反对被弹劾人的舆论,常常于弹劾案移付惩戒机关后将弹劾文在报章上予以公开,这对国民党当局形成很大的舆论压力。1934 年,国民党中央政治局会议决定限制监察院的公布权,监察院院长于右任为此愤而辞职返乡、以示抗议。不久之后,上述限制决议就被取消。②

至于纠举权的行使程序,根据《非常时期监察权行使暂行办法》第 2 条规定,"监察委员或监察使对于公务人员违法或失职行为,认为应速去职或其他急速处分者,得以书面纠举。"纠举案须交由监察院院长审核,再向被纠举人主管长官或上级长官提出;监察使于监察区内行使纠举权,则于呈报监察院的同时直接向被纠举人主管长官或上级长官提出。纠举案提交给被纠举人主管长官或上级长官后,相关长官须立即决定裁撤或其他处分,如认为不应处分的,应说明理由并立刻回复。若相关长官在收到纠举案一个月内不处分又不说明理由,或虽回复却缺乏正当理由的,监察院可以不经一般弹劾案的审查程序直接将该纠举案转为弹劾案,移付惩戒机关。上述相关长官于被弹劾人受惩戒时,应同负责任。

(二) 监察的效果

监察院成立之初,社会上关于行使监察职权的实效有两派观点,有一派认为在国民政府的黑暗统治下,监察院只是政治的点缀,无法真正发挥实效,监察委员们只能小打小闹地抓些小赃官,而不敢撼动当权派。这派的代表人物是蔡元培,作为国民党内的元老,他被任命为首任监察院院长,但他坚决不肯就任,还说:"监察制度在民主国家,发挥过相当作用,可是在豺狼当道安问狐狸的局面下,有什么可为呢?"另一派则以监察院长于右任为代表,以"明知其不可为而为之"的精神,兢兢业业地努力,在独裁者的压力下"假戏真做",也取得了一定的成绩。于右任是在国民政府先后任命的两位院长(蔡元培和赵戴文)均不肯就任,监察院迟迟不能组建的情况下就任监察院院长的,直到 1949 年国民政府垮台,他一直担任监察院院长。于右任就任后积极创建监察机构、制定监察制度、清理多年积案,他还提名了不少仗义直言的人担任监

---

① 弹劾案的惩戒机关参见《监察院公报》第 21 期所载之《惩戒机关一览表》及《军事长官惩戒委员会会务规程》。

② 以上史实参见常泽民:《中国现代监察制度》,第 159—160 页。

察委员以行使弹劾职权、监督各级官吏。监察院设立之初,就弹劾了两名县长,社会上赞赏之余也有"监察院只拍苍蝇不打老虎"的舆论。于右任则表示说:"一个苍蝇,一个老虎,只要它有害于人,监察院都给它以平等待遇。"这表达了他察小吏也察大官的决心。① 就在于谈话之后的1933年,监察院真的打了一批老虎,当年弹劾的省主席就有6名,他们分别受到申诫、撤职和送交刑事司法机关查处的处分。事实上,监察院先后弹劾过不少权贵。例如1932年行政院长汪精卫与日本签订了卖国的淞沪停战协定,监察院便以未依据法定程序将协定送立法院审议便与日本人签约为由弹劾汪氏。监察院还曾弹劾司法院长居正利用职权贪污失职和立法院长孙科违法失职。② 1947年2月,因为当时的行政院长宋子文和中央银行行长贝祖贻运用黄金政策不当,导致震撼全国的"黄金风潮",监察院对宋子文和贝祖贻提起弹劾,宋子文已在弹劾书提出的前一天即辞职,贝祖贻则受到相应处分。③ 此外,监察院还弹劾过外交部长王正廷、铁道部长顾孟余、东北边防司令张学良,更弹劾过多名次长、省主席、省府委员、军团司令、军长等要员。

从数据上看,从1931年监察院开始行使职权至抗战前的1936年6月,监察院共成立弹劾案件727件,弹劾官员1337人(其中军人27名),这其中又包括了选任官④1名,特任官15名。⑤ 从1937年到1947年12月25日《中华民国宪法》施行之前,监察院总计弹劾1524人(其中军人110名),这其中包括了选任官1名,特任官9名,将官18名。⑥ 从1948年到1949年,监察院共成立弹劾案71件,弹劾官员115人,其中包括弹劾"东北剿总司令"卫立煌失职。⑦ 综合以上数据,南京国民政府时期监察院成立之弹劾案可谓不少,而且弹劾了不少要员,包括两名行政院长(汪精卫和宋子文),以及多名部长、省主席和军队的将官。就数据而言,监察院确实做到了于右任所谓的"既打老虎又打苍蝇"。

当然,监察院提出弹劾并不等于被弹劾者事实上受到了惩戒,惩戒权属于惩戒机关,而非监察院。事实上,在蒋介石独裁统治以及整个国民政府贪腐的大气候之下,很多弹劾案常常不了了之,其中特别是"打老虎"的大案往往困难重重。例如,1932年监察院弹劾汪精卫卖国,汪精卫便以辞职相要挟,在蒋介石的干涉下,该案最后不了了之。1933年,监察院弹劾汪精卫的亲信铁道部长顾孟余在向外国购买铁路设备时有丧权舞弊行为,并向社会公布了案情。顾孟余不但未受到惩戒,汪精卫还通过国

---

① 以上蔡元培和于右任的言论参见徐矛:"于右任与监察院——国民政府五院制度掇要之二",载《民国春秋》1994年第2期。
② 相关史实可参见孙学敏:"南京政府监察权的行使及其评价",载《辽宁大学学报》(哲学社会科学版)2005年第6期。
③ 该案史实参见徐矛:"于右任与监察院——国民政府五院制度掇要之二",载《民国春秋》1994年第2期。
④ 根据国民政府官制,五院院长和总统为选任官,部长为特任官。
⑤ 统计数字参见钱端升等著:《民国政制史》(上册),上海人民出版社2008年版,第279页。
⑥ 统计数字参见傅启学等著:《中华民国监察院之研究》,台湾1956年自刊,第227页。
⑦ 参见陶百川:《比较监察制度》,第456—458页,统计数字根据该书提供数据计算而得。

民党中央政治会议常会作出决议,通过了对《弹劾法》的补充办法,限制监察院公布案情的权力,以打击报复监察院。在这两个事件中,监察院长于右任都以辞职相抗议,但收效甚微。尽管对监察院公布案情的限制后来取消了,但汪精卫和顾孟余都逃脱了惩戒,弹劾的目的没有达到。① 有不少人据此认为监察院只有弹劾权而无惩戒权,无法真正达到监察的效果,所以应将惩戒权也划归监察院,南京国民政府时期和今天都有这样的意见。② 而正如上文所述,在"五五宪草"时期的确也尝试在宪法上作这样的职权调整,但1946年最后通过的《中华民国宪法》却依然维持了弹劾权与惩戒权分离的原状。笔者认为这其中的原因有两点,其一,在现代司法的分权原则之下,起诉与审判权必须分离,否则很容易造成裁判者的专制。监察权其实是一种类司法的权力,也应遵循这一分权原则,将弹劾权与惩戒权(审理判决弹劾案的权力)分离,可以避免监察院的专制独裁。赞成弹劾权与惩戒权合一的观点只看到了弹劾案交付惩戒机关后不了了之的可能,而忽视了集弹劾权与惩戒权于一身的监察院造成冤案的危险,毕竟监察官不是圣人,他们可能会偏听偏信、判断失误,甚至党同伐异。其二,在任何时代的任何国家,监察官并非最高主权者,在中国古代,最后的裁决者是皇帝,在现代民主社会,最后的裁决者应是人民(或者由人民选举产生的权力机关)。纵使监察院集弹劾权与惩戒权,它事实上仍然受制于"高权者",因为它既不掌握军权也不掌握财权。在国民政府之下,(假设掌握了惩戒权的)监察院就弹劾案作出违背最高统治者的意志的,该裁决将很可能无法执行,监察院本身甚至有遭到当权者报复的危险,上述顾孟余案中汪精卫的报复就是一个例子。

其实独立监察机关与源自西方的议会一样,其运作的好坏不仅取决于该机关自身的制度完善与人员素质,还受制于一国总体的政治文化背景。在南京国民政府蒋介石独裁统治下吏治不佳的大背景下,监察院的监察效果必然受到很大的制约,但是我们不能忽略监察院所作出的成绩(它毕竟弹劾了大量官吏,使其中不少人受到惩戒,也造成了一定的社会影响),更不能因此否定独立监察机关的"存在合理性"。

第四节 小 结

从孙中山五权宪法思想提出直至今日,反对设立监察院(同时也是反对孙中山五权宪法思想)的声音始终不绝于耳,其主要的理由便是中西政治传统完全相左,独立监察机关与议会制度根本不能相容,将中国传统独立监察机关与西方传统的三权政府体制嫁接可谓不伦不类。于是有人说"三权已足,五权不够"(唐德刚语),也有人称"五权宪法"为"龙的宪法"(李鸿禧语,意为五权宪法乃是画蛇添足)。

关于监察院的争论从根本上说是中国现代化进程中如何对待传统与西方的问

---

① 汪精卫和顾孟余弹劾案参见徐矛:"于右任与监察院——国民政府五院制度撷要之二",载《民国春秋》1994年第2期。

② 参见高一涵:"宪法上监察权的问题",载俞仲久编、吴经熊校:《宪法文选》;张本顺:"训政时期南京国民政府监察权力运作低效之原因探析",载《开封大学学报》2002年第2期。

题,主张废除监察院(独立监察机关)的根本态度是中西政治文化传统完全不能相容,独立监察机关代表了落后、专制的皇权政治的遗产,对其应当加以摒弃。但事实上,中国传统的独立监察制度自有其闪光点,在推翻君主专制之后,监察院这一老干新枝完全可能祛除其受制于独裁者的弊病,进一步发挥传统固有的独立监察效用;西方国会制度与独立监察制度完全可能并行不悖,瑞典监察专员制度的实践和它在世界范围内的广泛传播也证明了这一点[①]。更何况独立监察传统已经深深植根于我们的政治文化之中,独立监察机关在中国政治体制中有其历史惯性。从历史看,除短暂的北洋时期之外,独立监察机关(制度)也始终保持了旺盛的生命力。

  惩处、遏制官员腐败、实现政治清明是中国古代政府十分重视的问题,与之相应的独立监察制度也有数千年的历史。辛亥革命之后的近代中国政府引进了西方的国会监察制度,人们同时也对中国传统的监察制度念念不忘。不管是北洋时期的(平政院)肃政厅,还是基于孙中山五权宪法思想的监察院,都是对中国古代独立监察制度的回归。贯穿整个民国监察制度史的一大矛盾便是如何平衡中国传统监察制度与源自西方的国会监察制度,也即处理监察机关与议会的机构设置与职权冲突。

  近代中国的监察制度经历了一个从中西截然对立、非中即西到亦中亦西、中西融合的过程,"西化"也好,"融汇中西"也好,都有一个"过犹不及"的问题。中西方政治文化传统差异很大,其监察制度的源流相去甚远,想要融合新旧中西不是一件容易的事情。辛亥革命之后草创的中华民国全面学习了西方的现代政治制度,建立了新式的立法、行政、司法机关,监察职权起初也依照西方国会监察的传统交由国会行使,这就废除了中国传统的独立监察制度。但是北洋时期的国会功能不彰、监察不力,而中国独立监察制度又影响深远,在袁世凯当权的时期就发生了传统御史制度(肃政厅)的复辟。北洋时期照搬西方议会民主宪政的模式非常不成功,继之而起的南京国民政府遵循孙中山的五权宪法思想,将西方传统的"三权"加上中国传统的"两权"(监察、考试),五权(五院)并立,监察院与立法院各司其权,独立监察机关与现代立法机关和谐并存,政府体制亦中亦西。而1946年制定的《中华民国宪法》最后定位的监察院,则是冶中西监察制度于一炉,监察院除行使监察职能外,同时拥有了美式参议院的职权,其组成也类似于美国参议院,这不能不说是一个非常有挑战性的制度嫁接。但是,监察院究竟是中西监察制度的完美结合还是简单拼凑?这其中是否有窒碍难行之处,是否能实现最佳的监察效果,会不会同时丧失了议会监察和专职机关监察的优势?

[①] 创始于19世纪初的瑞典监察专员制度在20世纪上半叶先后移植于芬兰、丹麦和挪威等北欧国家,后来逐渐发展成一种北欧的"出口产品"。1978年,国际监察专员组织(International Ombudsman Institute, IOI)得以成立。目前已有超过110个国家及地区成为该组织会员,它们均采行独立监察制度。尽管各国(地区)监察机关的名称、组织及职权有所差异,但其基本特点均在于监察机关独立行使职权、以避免权力专制与腐化。"监察权是否得以伸张,其超然独立之特性为首要之条件,多年来世界各国,为求能独立与超然行使监察权,亟思将其排除于国会影响之外,在人选产生方面,容有国会之适度参与,然在监察权之运作上,无不竭尽心力,脱离国会之干预,北欧国家监察权之运作,采用独立于行政、司法、立法以外的设计,即在避免监察权力之行使受到掣肘。"(参见《监察院报告书》,第9—10页。)

事实上，1946年《宪法》造成的监察院国会化乃是监察院体制最为人诟病之处。但这不但不能构成否定独立监察机关存在价值的理由，反而印证了监察职权（机关）的重要性。因为将监察院参议院化事实上不是监察院吸收了参议院的职权，而是议会（参议院）反噬了监察院，导致监察机关不能独立。因为监察院不得不同时行使两种可能存在矛盾的职权（同意权与纠弹权），扮演自相矛盾的角色（任命者与纠弹者）；再加上地方选举产生的监察委员可能由于地方势力与选举政治的压力而影响到其职权行使的独立性。监察院无议会之名，却有议会之实（选举产生、行使同意权）与议会之弊。"监察制度之可贵，在司监察者能独立行使职权，并非有民主色彩。"①否则直接赋予议会监察职权即可，无须另设专职机关监察；如果因为民主元素的融入反而导致监察机关有不能独立行使职权的危险，可就真应了时人东施效颦、不伦不类之讥。1947年根据《宪法》将监察院政治机关化、参议院化之后，弹劾案的数量与过去相比"少之又少"（年平均弹劾人数约为"训政"时期的三分之一②），反倒侧重于政治性的事务（如提出纠正案与行使同意权等等），监察功能不彰，便是明证。③

监察院的弊端与功能不彰并不构成废除独立监察制度的理由。弊端可以通过制度改革来革除④，监察功能更可以通过技术性的手段加以提升。更何况，监察功能（不管是独立机关监察还是国会监察）的发挥受到政治社会大环境的制约，仅靠监察机关而无民主法制不可能保障政治的清明。我们没必要过高估计监察机关的能量，更不能把吏治的好坏完全归因于监察制度（机关）本身。

孙中山先生五权宪法思想创设的监察院，是中国人在推翻帝制、建立现代政府的过程中颇具中国特色的体制探索，其理论与实践价值都不可小觑。民国监察院的具体制度及其变迁，例如监察委员的选任与职务保障、监察机关的内部运作、分区巡回监察制度等等，也包括历次体制变革的利弊得失，对于我们今天监察制度的完善仍有一定参考价值。

---

① 常泽民：《中国现代监察制度》，第419页。
② 弹劾案的数量比较可参前引数据，1931—1947年17年间弹劾人数近3000人，年均接近180人；1948年、1949年两年弹劾人数为115人，年均不到60人，可见监察院国会化之后其弹劾权行使大为减少。
③ 参雷震：《监察院之将来》，第111—112页。
④ 具体制度包括监察官的选任、监察机关的职权与内部机构设置、地方巡察制度，等等。

第十六章　近代司法制度

除近代检察机关的设立与改革外,本章主要关注中国司法制度近代化中的两个重要问题:中央司法机关的改造和地方司法审判体系的再造。从中国古代的三法司,到清末、北洋时期的大理院—平政院—司法部(法部)并立,再到南京国民政府司法院下的最高法院—行政法院—公务员惩戒委员会—司法行政部,中国中央司法机构已经充分现代化,与此同时仍保留了所谓"中国元素"。近代地方司法改革的中心,则是打破传统的司法行政合一的体制,在行政体制之外,再造独立的司法审判体系。从民国北京政府的四级三审制到南京国民政府的三级三审制,近代中国政府面对匮乏的人才与经费,不得不把司法改革理念与现实相妥协,但同时仍未放弃理想,其间的经验与挫折均值得今人深思。

第一节　中央司法机关:从三法司到司法院

一、回顾:中国古代的三法司

中国古代政府虽无分权的观念,但也有职能的分工。从秦汉至清,更在中央一级逐渐形成、完善了刑部、大理寺、都察院(明以前称御史台)"三法司"的中央司法体系。三法司制度从萌芽到终结前后历经两千年,其内涵"随着朝代的更替、政治体制的变革而有着巨大的变化"。概言之,"中国古代三法司制度并非'万古如长夜',而是'苟日新,日日新,又日新'。"[①]

(一)三法司体制的形成("一法司"→"二法司"→"三法司")

中国古代其实是经历了一个从"一法司"的时代到"二法司"的时代,再到"三法司"的时代的过程:

秦以前为"一法司"的时代,当时于中央和诸侯国掌理最高司法(审判)权的,只有一个机关。夏代有"大理",商周设"司寇",战国秦晋置"廷尉",齐曰"大理",楚称"廷理"。

春秋时期的秦国即设御史,掌"记事纠察之任"。秦统一天下后,设御史大夫,为众御史之长,除掌纠察之外,也兼理司法,对于特别案件(主要是贵族和官员犯罪)有审判权。[②] 作为特别审判机关的御史系统与普通审判机关廷尉并列,是为"二法司"时代之始。汉代的情况有所不同,一方面,汉代监察机关御史体系发展为三(御史台、丞相府司直和司隶校尉),三个监察机关独立行使职权,并互相监察;另一方面,汉代

---

① 那思陆:《中国审判制度史》,台湾正典出版文化有限公司2004版,第35页。
② 参见同上书,第36—37页。

在一定程度上将纠弹机关与审判机关分立,监察机关只司纠弹,纠弹案件涉及枉法问题时,其审判机关为廷尉。①

西汉成帝以前中央审判机关仍然只有廷尉和御史台,前者是普通审判机关,后者是特别审判机关。成帝以后的三公曹尚书和东汉光武帝以后的二千石曹尚书又先后成为审判机关。西晋在尚书台体系内掌理审判的改为吏部曹尚书,北魏、北齐和隋代则为都官尚书,发展到唐代刑部(尚书)的设立,三法司体系最终确立。②(廷尉在北齐更名为大理寺,其名称沿用至清。)

(二) 三法司体制的发展

之所以在尚书台体系内出现第三个"法司",主要根源于中朝官(尚书)与外朝官(三公六卿)的对立,也即君上与大臣的权力冲突,皇帝总是企图直接参与或指挥审判。天子总是亲近臣③而疏大臣,天子"畏帝权傍落,俱大臣窃命,欲收其权为已有,常用近臣以压制大臣。历时即久,近臣便夺取了大臣的职权,因之大臣乃退处于备员的地位,而近臣却渐次变为大臣。近臣一旦变为大臣,天子便又欲剥夺其权,而更信任其他近臣。这样由近臣而大臣,演变不已",而我国的中央官制(包括司法系统)也渐趋复杂。④

皇帝虽然是国家的主人与政府的首脑,但皇帝与国家(政府)之间也有内在矛盾,因为皇帝的本性要求独裁,政府运转的逻辑要求体制化(理性化),这二者存在根本冲突。天子近臣在职权扩张的过程中渐次转化为体制化的国家大臣而非天子私人,"有为"的天子又不时地通过任用近臣(私人)以挑战体制这一风车。御史本是人主左右记事之官,被授以耳目之任,逐渐变成监察大臣之官,还部分侵夺了九卿之一廷尉的司法权。可是御史大夫逐渐体制化为"三公"之一,皇帝又开始信赖身边的尚书系统、以至"事归台阁",司法审判权也成为尚书台的权力之一。唐代尚书台发展为六部,渐趋体制化。宋太宗时为防止刑部与大理寺舞弊,于宫中设立了审刑院,复审刑部、大理寺呈送的案件。审刑院审级相当于中央第二审,它侵夺了刑部的职权,使之成为闲散衙门,自己变成最高审判机关。⑤ 但是皇帝也无法长期对抗渐趋复杂化、精密化的官僚系统,宋神宗时又废除了审刑院,将其职权并入刑部。元代仅设刑部及御史台两个法司,不设大理寺。明代以后虽然恢复了大理寺,但刑部权重,其审判权逐渐超过了都察院与大理寺。究其原因,乃是因为明初朱元璋废除丞相后由皇帝直接统领六部,刑部直属于天子,其权力自然会大大扩张。⑥

在三法司体系的发展过程中,尚书系统以行政而兼司法,最终成为首要的司法机

---

① 参见萨孟武:《中国社会政治史》(一),台湾三民书局1998年版,第323—324页。萨孟武先生作出这一判断的根据是《汉书》卷七十七"盖宽饶传"所谓盖宽饶"为司隶校尉,刺举无所回避,小大辄举,所劾奏众多,廷尉处其法,半用半不用"。盖宽饶所提弹劾案,经过廷尉审判,只有一半弹劾成功,可见审判权与弹劾权是分开的。
② 参见那思陆:《中国审判制度史》,第43页。
③ 近臣原为侍奉天子左右之官,汉时称为内朝官或中朝官。
④ 萨孟武:《中国社会政治史》(一),第107页。
⑤ 审刑院参见那思陆:《中国审判制度史》,第47—48页。
⑥ 参见同上书,第52—53页。

关;监察系统(明以后御史台改称为都察院)逐渐失去了独立的审判权;大理寺这个三法司中资格最老的审判机关也蜕变成"慎刑"机关。

二、清末司法改革

"三法司"制度发展至清末,由刑部在三机关中起主导作用,它复审地方上诉案件、审理中央官吏违法案件、主持司法行政与修订律例工作;大理寺行使复核权,为慎刑机关,刑部审理不当,则由大理寺驳回重审;都察院掌监督,刑部与大理寺行使职权不当,则由都察院纠劾。遇有特别重大案件,则由"三法司"会同审理。①

在西潮的冲击下,1902 年,清廷开始变法修律,而司法制度的改革,一直是其重点,也是废除领事裁判权的前提之一,因为旧式的审判制度,正是列强所特别反感者。1906 年清廷改革官制,下诏:"刑部,着改为法部,专任司法;大理寺,着改为大理院,专掌审判。"②但是司法改革也并非一帆风顺,到了 1907 年,便发生了法部与大理院之间基于审判权和人事权归属的争议,史称"部院之争"。③ 1910 年,清廷正式颁布《法院编制法》,并下谕:"自此颁布《法院编制法》后,所以司法之行政事务,着法部认真督理,审判事务,着大理院以下审判各衙门,各按国家法律审理,从前部院权限未清之处,即着遵照此次奏定各节,切实划分。"④至此,最高审判权悉归于大理院,中央审判机关(大理院)与司法行政机关(法部)权限亦作严格区分。终清之世,司法改革(也包括整个法律改革)虽规模初具,但所拟定制度多未及施行,或虽施行却徒有其名。

三、北洋政府时期的中央司法机关

辛亥之后颁布的宪法性文件《中华民国临时约法》规定了审判公开与独立原则,以及司法官地位的保障,并将诉讼制度设计为普通诉讼与行政诉讼分流的二元制度,但关于法院的编制则交由法律规定。1912 年 3 月,在北京就任临时大总统的袁世凯下令在民国法律未经议定颁布以前,暂行援用前清法律(与民国国体抵触者除外)。⑤1910 年《法院编制法》亦被援用⑥,北洋政府在中央设立大理院,由其掌理民刑案件的最高审判权,并行使统一解释法令之权;司法行政则归于司法部。至于行政诉讼,则于 1914 年颁布《平政院编制令》,规定由平政院掌理行政诉讼,并察理⑦官吏纠弹

---

① 明清两朝的中央司法制度可参见那思陆的两本专著:《明代中央司法审判制度》和《清代中央司法审判制度》,北京大学出版社 2004 年版。
② 《清实录》第五十九册《德宗景皇帝实录》(八),卷五六四,中华书局 1987 年版(影印本),第 468 页。
③ 部院之争可参见李贵连:《沈家本传》,法律出版社 2000 年版,第 234—241 页;张从容:《部院之争:晚清司法改革的交叉路口》,北京大学出版社 2007 年版。
④ 《清实录》第六十册(附)《宣统政纪》,卷二十八,中华书局 1987 年影印版,第 518 页。
⑤ 参见黄源盛:"民初大理院",载黄源盛著:《民初法律变迁与裁判》,台湾政治大学法学丛书编辑委员会 2000 年版,第 22—23 页。
⑥ 唯一的变化只是将颇具帝制色彩的大理院正卿、少卿的官名取消,大理院改设院长一人,综理院务。
⑦ 所谓"察理",是监察与审理之义。参见黄源盛:《平政院裁决书整编与初探》,载黄源盛著:《民初法律变迁与裁判》,第 145—147 页。

案件。①

（一）大理院

大理院设院长一人，总理全院事务，并监督院内行政事务。大理院内依民刑分立和事务繁简置民庭事和刑事庭各若干，每庭设推事若干人、庭长一人，庭长由推事或推丞兼任。大理院还设有民刑事处，下辖民刑事科，各设推丞一人，由某庭庭长兼任，监督本科事务，并决定案件分配。

北洋政府时期，刑法与民商法典均未颁布，削足适履地"暂行"援用前清法制，必将发生疑义。大理院通过行使最高审判权和法令统一解释权，作成判例和解释例②，各法原则，略具其中，其实形同造法。即使到了1927年国民政府定都南京之后，大理院判例和解释例除了与制定法明显抵触者外，仍得以继续沿用。大理院作为民初最高司法机关取得空前的独立审判权、规范控制权与行政自主权；大理院院长、庭长、推事亦学养深厚、相对洁身自好。在军阀混战、政局动荡的纷乱年代里，大理院为中国司法史留下一页清白。③

1. 最高审判机关

大理院是普通民刑案件的终审机关；对于法定属于大理院特别权限的案件，大理院是第一审也是终审机关。大理院审判采合议制，以推事五人组成的合议庭行使审判权。根据《大理院编制法》第37条，大理院审理上告案件，如解释法令的意见与本庭或他庭成案冲突，则由院长根据案件性质召集民事科或刑事科或两科的总会决议。

大理院作出的判例影响很大，其性质与效力"等同于判例法"。从判例作成的密度来看，自1912年到1921年，大理院几乎凡有一判即有一例；1921年以后，判例则明显减少，这主要是因为1921年之后，立法已经相对齐备，又有大理院之前的成例可循，所以无须别开新例。④

2. 规范控制者

据《大理院编制法》第35条，大理院长有统一解释法令权；《大理院办事章程》第203条更赋予大理院法令解释以普遍拘束力（"就同一事类均有拘束之效力"），这就赋予大理院当时各国最高法院所未有之抽象规范审查权。《大理院编制法》第35条同时也规定，大理院长行使统一解释法令权"不得指挥审判官所掌案件之审判"。

大理院行使解释权，通常是依中央和地方政府机关的申请以解答质疑，但也可径行纠正相关公署及其人员对于法令的误解。依《大理院办事章程》第206、207条，请

---

① 参见罗志渊编著：《近代中国法制演变研究》，台湾正中书局1974年版，第409—412页。
② 大理院判例和解释例汇编参郭卫：《大理院判决例全书》，上海会文堂新记书局1931年版；郭卫编：《大理院解释例全文》，上海会文堂新记书局1931年版。
③ 大理院成员素质、操守、从事风格以及相应制度保障参见黄源盛："民初大理院"，载黄源盛著：《民初法律变迁与裁判》，第35—61页；张生："民初大理院审判独立的制度与实践"，载《政法论坛》2002年第4期。
④ 参见黄源盛："民初大理院"，载黄源盛著：《民初法律变迁与裁判》，第74页。关于大理院通过审判实践塑造民初法制的研究参见卢静仪：《民初立嗣问题的法律与裁判：以大理院民事判决为中心》，北京大学出版社2004年版；周伯峰：《民国初年"契约自由"概念的诞生：以大理院的言说实践为中心》，北京大学出版社2006年版；张生："民国初期的大理院：最高司法机关兼行民事立法职能"，载《政法论坛》1998年第6期。

求解释文件,由大理院院长分别民刑事类,分配相关庭长审查并草拟复稿,请求解释文件和复稿应经相关推事审阅,必要时,得开民事或刑事全体推事会议讨论;解释文件办结,则交由大理院院长作最后决定。大理院行使统一解释法令权前后达16年,形同"法官造法"。

3. 院务自主权

大理院因沿革和法制上的理由,与内阁的司法部处于平行地位。"司法部所颁行行政规则,于大理院向不适用","所有大理院的司法行政事务,均由大理院院长自定规则,监督施行。"① 在1921年民刑诉讼法颁布之前,大理院适用的一切程序,也均由大理院开推事总会自行议定,公告施行。② 大理院人事任免案、惩戒案、预算案虽由司法部长转呈,但后者不得拒绝或修改。

(二) 平政院(肃政厅)

平政院是"中西合璧"的产物,它结合了中国古代监察机关行使特殊审判权的传统及欧陆行政审判与普通审判分流的经验。它并非纯粹的司法机关,直接隶属于大总统,与行政权"似离又即"。③ 平政院组成人员有:院长一人,负责指挥、监督全院事务;评事15人,负责审理行政诉讼和纠弹案件;肃政厅④,它虽设于平政院,但独立行使职权,其长官为都肃政史,有肃政史编制16名,掌官吏纠弹。平政院由评事5人组成合议庭审判,审理行政诉讼或肃政史提出的纠弹案;肃政史需依法对人民提起行政诉讼、纠弹官员违法失职、监督平政院判决。⑤ 在行政诉讼中,肃政史与平政院的关系类似于检察官之与法院的关系;在纠弹案件中,肃政厅与行政法院的关系又类似于后世国民政府五院体制下的监察院与司法院下的公务员惩戒委员会的关系。1916年,袁氏帝制失败,接任总统的黎元洪明令恢复民元约法旧制,同年6月29日,贴有袁记标签的肃政厅被裁撤、《纠弹法》被废止,监察权回归国会,平政院失去察理纠弹权,成为单纯的行政裁判机关。⑥

1914年与1915年,中央设立文官高等委员会及司法官惩戒委员会,分别由总统派大理院院长及平政院院长充任委员长,此开南京国民政府司法院公务员惩戒委员会之先河。⑦

(三) 司法部

司法部上承清末之法部,其职能与欧洲大陆国家的司法部接近,掌管司法行政,

---

① 参见黄源盛:"民初大理院",载黄源盛著:《民初法律变迁与裁判》,第34页。
② 同上书,第31页。
③ 参见罗志渊编著:《近代中国法制演变研究》,第409—412页;黄源盛:"平政院裁决书整编与初探",载黄源盛著:《民初法律变迁与裁判》,第144页。
④ "肃政"之名可追溯到后周的"肃政台"(即御史台)。
⑤ 平政院组织参见赵晓耕主编:《中国法制史原理与案例教程》,中国人民大学出版社2006年版,第430页。
⑥ 参见"监察院实录编辑委员会"编:《国民政府监察院实录(一)》,台湾自刊1981年版,第27页。
⑦ 参见〔美〕费正清编:《剑桥中华民国史》(上卷),杨品泉等译,中国社会科学出版社1994年版,第232页注③。

并监督各级检察机关。首先需要强调指出的是,司法部的司法行政权不及于与其处于平行地位的大理院和平政院。另外,清末司法改革以来除了区分司法审判与司法行政,也将审判与起诉分离,自大理院以下,对应各级审判机关,设立总检察厅和各级检察厅以行使检察职权,各级检察机关归司法部统一指挥。

四、南京国民政府时期的中央司法机关①

(一) 南京国民政府前期的司法院

1927年南京国民政府成立,改北洋时期大理院为最高法院,一方面为全国民刑案件终审机关,一方面行使法律解释之权,是为当时全国最高司法机关。同时设司法部,掌理全国司法行政。② 1928年10月,国民政府第三次修正颁布《国民政府组织法》③,根据孙中山五权宪法学说,国民政府设置行政、立法、司法、考试、监察五院。该组织法规定:"司法院为国民政府最高司法机关,掌理司法审判、司法行政、官吏惩戒及行政审判之职权。"④1928年10月,国民政府公布《司法院组织法》,又于同年11月修正公布,司法院遂告成立。根据《司法院组织法》第1条,"司法院以下列机关组织之:一、司法行政部;二、最高法院;三、行政法院;四、公务员惩戒委员会。"⑤也就是说,以上四机关都是司法院的一部分,它们是司法院的内设机关。最高法院掌民刑案件终审(是民刑事案件的最高审判机关),行政法院负责行政诉讼(一审终审),公务员惩戒委员会审议公务员惩戒案件。某种意义上说,民初平政院的职权被一分为三,行政法院司行政审判,监察院代替肃政厅掌纠弹官吏违法失职,公务员惩戒委员会则对官吏违法失职事件进行审查处理。司法院院长综理全院事务、指导司法行政,并组织最高法院院长及相关庭长统一解释法律、命令。⑥

司法院成立之初,原司法部亦隶属于司法院,1928年11月改组为司法行政部,该部就主管事务对地方最高行政长官有指示监督之责。司法行政部部长综理部务,监督高等以下各级法院及分院,及全国各级检察机构。司法行政部监督权之行使,不影响审判独立。⑦ 司法行政部与最高法院、行政法院与公务员惩戒委员会同为司法院内平行单位,故而司法行政部管辖权不及于此三个院会,由其各自院长(委员长)掌理其

---

① 南京国民政府的司法院体制参见本章附图2,也可参见聂鑫:"民国司法院:近代最高司法机关的新范式",载《中国社会科学》2007年第6期。
② 参见"司法院史实纪要编辑委员会"编:《司法院史实纪要》,台湾自刊1982年版,第3页。
③ 在1946年《中华民国宪法》公布之前,南京国民政府虽于1931年颁布《训政时期约法》,但其对于政府组织言之不详,故而《国民政府组织法》是当时关于中央政府组织的最高指导规范。
④ 参见夏新华等整理:《近代中国宪政历程:史料荟萃》,中国政法大学出版社2004年版,第788页。
⑤ 参见同上书,第857页。
⑥ 司法院院长获得了原属于南京国民政府草创时最高法院(北洋时期大理院)院长的统一解释法令的组织权与裁决权,他亲自主持统一解释法令和变更判例会议,并以司法院名义公布解释。依1928年《司法院组织法》第3条,"司法院院长经最高法院院长及所属各庭庭长会议议决后,行使统一解释法令及变更判例之权","司法院长为前项会议主席",故而是以会议的方式行使统一解释法令权。(参见"司法院史实纪要编辑委员会"编:《司法院史实纪要》,第2页、第1181—1182页。)
⑦ 参见"司法院史实纪要编辑委员会"编:《司法院史实纪要》,第7页。

内部行政事务,由司法院院长综理司法院内的重要行政事务。①

从司法院设立之初到1946年先后颁布《中华民国宪法》和修正《司法院组织法》,关于司法院的权限始终存在三大争议:其一,司法行政权的归属。1928年司法院成立时司法行政部属司法院,1932年它被划给行政院,1934年又回归司法院,直至1943年司法行政部最终归于行政院。其二,公务员惩戒委员会的归属。在《中华民国宪法草案》("五五宪草")的草拟过程中,有人认为应让监察院获得"完整的监察权",也就是说除弹劾权之外,它还应拥有弹劾案的审判权,这就意味着需要将公务员惩戒委员会由司法院转给监察院。② 据此,1936年由立法院修正通过的"五五宪草"将公务员惩戒排除在司法院职权之外,而转由监察院管辖。(第76条、第87条)③其三,是否仿照美国最高法院一元的司法审判的模式,不再区分民刑普通审判与行政审判(公务员惩戒),司法院内不再设立最高法院、行政法院与公务员惩戒委员会。④

(二) 1946年《中华民国宪法》以及《司法院组织法》颁布之后的司法院

1946年颁布的《中华民国宪法》在司法机关方面的一大创新是设立了大法官,并由其负责解释宪法和和统一解释法律命令,这样司法院就将其抽象规范的解释权(规范控制权)扩大到宪法解释领域。(《宪法》第78、79条)同年12月修正公布的《司法院组织法》第3条规定解释权由大法官会议行使,该会议由大法官组织之,司法院院长为会议主席。至于长期存在争议的公务员惩戒权仍然归于司法院。

关于司法院是否应掌理司法行政,上述宪法并未言明。1943年修正《国民政府组织法》以来,高等法院以下法院和各级检察部门的司法行政长期隶属于行政院下设的司法行政部管辖。由于宪法没有明文规定司法院掌理司法行政,司法行政部(附带还有各级检察部门)自1943年调整划归行政院便"一去不复返"。所以司法院虽是宪法上的"最高司法机关",但其司法行政权却是不完整的,只及于其直接隶属的最高法院、行政法院和公务员惩戒委员会。⑤

---

① 大理院基于最高司法机关地位所获得的自主权(如独立的人事权与预算权)也移转给司法院院长。司法院院长综理事务包括院内司法官的调动权、准立法的规则制定权、相关法律提案权与预算编列权,等等。

② 相关意见参见高一涵:"宪法上监察权的问题",载俞仲久、吴经熊校:《宪法文选》,上海法学编译社1936年版,第48—55页。

③ 参见夏新华等整理:《近代中国宪政历程:史料荟萃》,第987—988页。

④ 比较各国司法制度,司法审判体系有一元和多元之分。美国采用的是一元的司法体系,即所有的诉讼案件,不分民刑、行政或宪法争讼,均以统一的司法体系管辖,其最高法院是真正唯一的"最高"的审判机关(终身机关)。而与之相对的欧陆传统,则是普通民刑诉讼与行政诉讼以及其他诉讼多元并行的司法体系,典型如德国,其刑事诉讼由普通法院管辖,终审机关为最高法院;而行政诉讼由行政法院管辖,财税争讼由财务法院管辖,劳工诉讼由劳工法院管辖,社会福利问题由社会安全法院管辖,这些专业法院自成系统,有其各自的终审机关。各个法院系统之间互不统属,各司其专业审判领域。我们近代以来的司法制度是直接习自日本,间接取自德国,采用的是多元的司法体系,这也与中国传统的三法司体系有一定暗合之处。但是,二战期间我国的盟友为英美法系国家,而敌人则为大陆法系之日、德,因此社会上有一种思潮认为我们之前是采大陆法系制度,今后应考虑改采英美法系之制度,美国最高法院一元制的审判模式也受到一定程度的青睐。(参见翁岳生:"大法官功能演变之检讨",载翁岳山著:《法治国家之行政与司法》,台湾月旦出版公司1994年版,第414页。)

⑤ 司法院后来根据《宪法》第77条司法院掌理民刑审判的规定要求附属于民刑审判的各级法院司法行政权,但行政院和司法行政部长期对此置之不理。

1947年3月颁布的《司法院组织法》，本来打算部分吸收英美一元的审判模式，力图革新，规定司法院内分庭，不再设立最高法院、行政法院和公务员惩戒委员会（第4条）。可是该法一经颁布，立刻遭到代表既有体制利益的最高法院院长和全体法官的公开抵制。① 国民政府只好于当年12月修正组织法，仍然维持司法院内设立最高法院、行政法院和公务员惩戒委员会这三院（会）的旧制。（第5条）

　　关于司法院的性质，著名学者萨孟武先生有一个精妙的归纳，他说："因为国人善于应用归纳法，乃把许多性质不同而应独立的裁判机关均装入司法院之中"②，我们也可以说，司法院是一个筐，国民政府把所有的司法机关、准司法机关均装入这个筐之中，这才造就了一个五权宪法上的"最高司法机关"。但在这"包山包海"的司法院之内，司法行政权、最高审判权（包括普通民刑案件与行政诉讼）、规范控制权三者并未真正集于一体，它们是合中有分，彼此仍发挥一定制衡功能。③ 司法院隶属的大法官会议和三院（会）虽然"上戴司法院院长，受其监督"④，但就其职权来说，均属独立。

五、近代中央司法制度变迁中的断裂与延续

　　以现代分权的观念看，古代中国的三法司的权限分配十分模糊，清代刑部在司法体系中居于首位，兼掌审判、司法行政与修律职权；都察院对于公权力行使有关的案件或者官员违法、不当有纠举、参审权；大理寺的职权相对较小，是"慎刑"机关。遇有重大案件则三法司会审甚至"九卿圆审"，君主保有最终裁判权。1906年以后，刑部改法部，掌司法行政（民国时期先后更名为司法部和司法行政部）；大理寺改大理院，为最高审判机关（南京国民政府时期更名为最高法院）。都察院的职能在民国后为平政院所继承，但在其内部已经分化出独立的肃政厅作为涉及公权力案件的公诉机关，形成审判者与起诉者的分立。南京国民政府时期分权更加细化。平政院行政审判的职能转由行政法院行使，其审判公务员违法与不当的职能则由公务员惩戒委员会所承袭；继肃政厅而起的则为政治地位更高的监察院。南京国民政府时期，关于公务员惩戒委员会应归属于司法院还是监察院存在争议，最后的结果是仍是归于司法院，这也符合审判与起诉分权的理性化原则。

　　回顾中国古代"一法司"→"二法司"→"三法司"的中央司法制度演变，我们可以说近代中国其实是经历了一个逆向的"三法司"→"二法司"→"一法司"的过程，司法行政机关与监察机关逐渐失去了审判权，掌理司法审判权最终归于一个司法机关。清末为刑部、大理寺、都察院"三法司"分享司法审判权，尽管其职权各有侧重。清末司法改革之后到北洋时期则为"二法司"的时代，至此司法行政机关（清末之法部/北

---

① 参见李学灯："释宪纪要"，载"司法院"编：《司法院大法官释宪五十周年纪念文集》，台湾自刊1998年版，第713页。
② 参见萨孟武：《中国宪法新论》，台湾三民书局1993年版，第263页。
③ 参见苏永钦："宪法解释方法上的错误示范"，载苏永钦著：《走入新世纪的宪政主义》，台湾元照出版公司2002年版，第393页。
④ 参见萨孟武：《中国宪法新论》，第262页。

洋之司法部/南京国民政府之司法行政部)不再兼理司法审判;大理院是普通审判机关;平政院是特别审判机关,但其仍保留了中国古代监察机关的特色,直接隶属于大总统,内部还设有纠弹机关肃政厅。南京国民政府时期只有一个"法司"——司法院,监察机关监察院不再拥有审判权,在司法院之内三院(会)分别掌理普通民刑诉讼、行政诉讼与公务员惩戒。(其变迁过程参见附图1)

从三法司到司法院其实也经历了一个从"主权在君"到"主权在民"的过程。秦汉以来,在君主专制日益加深的大背景下经历了从"一法司"到"三法司"的转变,如前所述,其制度日趋复杂化的主要动因是皇帝总是企图超越体制,控制、监督甚至直接指挥司法审判。天子先通过监察机关参与、监督审判,再通过其直接指挥的行政系统(尚书台)侵夺大理寺的司法审判权,甚至企图通过在内廷设立审刑院集司法权于自身。北洋时期,想做皇帝的袁世凯设立直接隶属于其本人的平政院肃政厅,也是想复辟古代御史系统,让其插手司法审判。但历史潮流浩浩荡荡,建立民国之后想要复辟帝制已不可能,从"三法司"到"一法司"的制度理性化进程也势不可挡。

总的来说,经过几十年的发展,传统的三法司体系被"西方化"、理性化了,但其中的中国特色仍不可抹煞:

(1) 司法行政权的独特安排。

刑部集司法审判与司法行政权于一身,晚清司法改革后,法部与大理院分掌司法行政与司法审判;而北洋时期大理院则保有院务自主权;南京国民政府时期的司法院更集司法审判、准司法审判、规范审查与司法行政多项权力于一身,但在司法院内部则各职权相互独立。这即体现了法律现代化中理性化的一面,又在这个过程中保有了基于自身政治文化背景的特色。①

(2) 司法机关的抽象规范审查权。

修律是清代的刑部的重要职权;大理院因为特殊的政治背景取得了抽象的规范审查权,统一解释法律,形同造法;司法院(大法官会议)更将最高司法机关的规范审查权扩展到宪法解释的领域,如此发展,可谓一脉相承。

(3) 特殊审判机关与普通民刑机关审判分立(多元的司法审判模式)。

中国早在秦代便由御史大夫作为特殊审判机关,掌理贵族官吏违法犯罪案件的审判,与作为普通审判机关的廷尉分立。北洋时期则是平政院与大理院分立,平政院除掌理行政诉讼外,还有官吏纠弹案件。南京国民政府司法院体制下则是最高法院、行政法院、公务员惩戒委员会分立,分工更加细化。这一方面是基于中国的传统,一方面也吸收了欧陆多元司法审判模式的经验。

---

① 中国人对于权力的独特理解对西方机械的权力分立理论创新性地作出了修正。在西方传统的分权观念下,司法审判属于司法权,司法行政属于行政权,彼此分立。但事实上,司法权很可能会受到司法行政权的不当影响。举个例子,德国联邦宪法法院设立于1950年,到1952年,宪法法院公开发表备忘录,要求摆脱司法部对其内部人事行政以及预算的控制,同时要求宪法法院院长应当与国会两院议长、政府总理等同为国家最高级别的官员,经过漫长的斗争,直至1960年,这些要求才完全得以实现。(Vicki C. Jackson & Mark Tushnet, *Comparative Constitutional Law*, 2nd ed., New York: Foundation, 2006, p.532.)而我国北洋的大理院就已经拥有完全的人事与预算自主权,司法院更是自始就具有权力和级别上的优越地位。

制度变迁是法制史研究的重点之一,所谓"变迁",不外是关于"连续性"与"非连续性"(或者说断裂)的思考。一般而言,传统与现代被看成两个对立的概念,但实际上,二者之间并没有明确的楚河汉界,它们仍有清楚的传承关系。正如有学者所说:"现代法律思想或制度虽有其自己的特征,但尚包含以前各时代的遗产;又法律制度或思想上一时代的特征,即为对前时代的反动,或为其补充及继续发展。"传统可能是个包袱,但同时也是变迁的基础与借镜。① 附图1"秦汉以来的中央司法机关变迁"正说明了20世纪以来的司法改革(包括整个法律体系的现代化)并未完全斩断与传统的联系。中国传统的三法司在西方分权的原则之下进行了重组,这也符合韦伯(Max

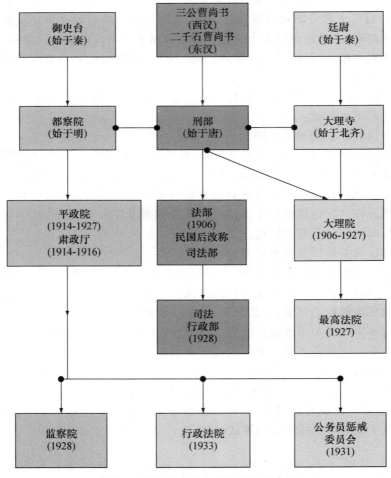

附图1　秦汉以来的中央司法机关变迁
(三法司在近代演变成审判、司法行政与监察三个独立的系统。)

---

① 参见黄源盛:"中国法制史课程结构的回顾及现况",载黄源盛等:《中国法制史课程教学研讨会论文集》,台湾政治大学法律学系1993年版,第22—23页。

Weber)所谓制度理性化的必然规律。但是,就整个司法、监察组织而言,现代化("西化")只是重组了分子结构,并未劈开中国传统的原子。如果从功能而非结构的视角去看,我们的制度与西方的"样板"更是大大不同。就后一个问题,笔者在哈佛大学法学院时曾与邓肯·肯尼迪(Duncan Kennedy)教授先后讨论(争论)了三次,他认为法律全球化本身即是西方制度与文化的入侵(invasion);笔者则坚持,至少就中国而言,鸦片战争以来列强的入侵只是中国改革的催化剂(catalyst),没有外部的刺激,中国法律传统很难转型,但这并不意味着"强势"的西方制度与文化能够左右中国的转型,在全球化中,我们仍然保有了自己的特色。

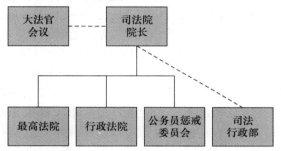

附图2　司法院的内部组织

(司法行政部有时属于司法院,有时属于行政院,所以其与司法院院长的关系标为虚线;大法官会议是在1946年《宪法》和《司法院组织法》颁布后设立的,在此之前则无,故而其与司法院院长之间的连线也标为虚线;其他的标志为实线。)

第二节　地方各级司法机关与审级制度:从四级三审到三级三审

审级制度的合理安排是实现司法正义理想与国家司法统一的前提。审级制度包括两个问题:从中央到地方各级法院的配置("几级法院")与复审的次数("几审终审")。一般而言,审级越多,复审(复核)的可能次数就越多,司法裁判便越审慎,判决最终实现司法正义的可能就越大;而复审次数越多,上级法院(特别是最高法院)参与复审(终审)的概率也越高,越有利于实现司法统一。但法谚有云:"迟到的正义是对正义本身的否定"(Justice delayed is justice denied),审级过于繁复很可能造成司法的无效率,反而妨碍了司法正义的实现。就现实而言,一国之内各级法院的普设与复审次数的安排一方面要与该国既有的版图与垂直的政府组织结构①相配合,另一方面也受到现实的人才、经费与交通状况的制约。中国从清末到1949年以前的审级制度变迁也反映了以上问题:在"学习西方",具体说是大陆法系司法体制的大背景下,近代中国创设了"与西方接轨"的审级制度,但审级制度改革(也包括整个司法改革)的理念由于政治与社会的局限却无法真正变为现实,甚至理念与现实截然对立,以至于

---

① 所谓"垂直的政府组织机构",也即从中央到地方各级政府组织(如省、市、县)的建制与权力分配。法院的体系因联邦制与单一制国家结构而不同,其审级也常常受到地方建制的影响。

制度不得不设置例外、法外造法，以迁就现实。但政府也念念不忘司法改革的理想，还创设了各种变通的制度与机构以谋求补救。终民国之世，虽然原则上贯彻了三审终审的制度，但省以下地方各级法院的搭建却始终未能上轨道。"困窘与挣扎"成为近代司法改革的主题词。

一、清末司法改革：从"六级六审"到"四级三审"①

与一般想当然的看法（如"中国古代司法不讲程序、草菅人命"）不同，中国古代的审级制度的设计集中体现了"慎刑"的思想。以清代为例，发生在地方的死罪案件往往需要经过州县→府→（道）②→按察司（"臬司"）→督抚→刑部/三法司③前后六级六审方可完结，最后还需送皇帝圣裁（勾决），等于七级七审。徒罪以上案件，不论被告是否服判，都必须解送上司衙门复审，其中相对较重的案件（除无关人命的寻常徒罪案件之外）至督抚尚不能结案，还需上报中央的刑部核覆。④ 这可能是全世界最慎重的复审制度。但是审级的"叠床架屋"，不仅导致终局裁判的迟延，事实上也无益于发现案情真相与最终实现司法正义。所谓六级六审大都流于形式、"形同唱戏"。究其缘由，除了外在的因素（如官场氛围等）之外，各级审判官员（除刑部司员外）大都以行政而兼理司法，他们本身并非专家，往往要仰仗幕友、也受制于书吏，而各级官员的书吏、幕友上下一气、因循苟且，便造成司法的僵化与整个司法机制的最终失灵。杨乃武与小白菜一案便是司法机制失灵的典型例子，案情本身并不复杂，但是县官初审的偏见与失误却无法被层层的复审所发现，上下蒙蔽、因循，所谓复审只是依样画葫芦，甚至杨家京控、中央发交浙江巡抚、按察使重审，省里将案件移交异地知府、知县"别勘"，均无法昭雪冤案，酿成中外闻名的滔天大案。⑤

有人总结说："吾国往时，司法与行政不分，民事与刑事不分，检察与审判不分，所谓司法制度，即行政机关审理制度之级数耳……此种制度，重视人命，是其所长，随时可以翻覆，积案不结，又是其短，且最后决定，出君主一人独裁，尤与近代合议制之审判大背。"⑥

在西潮的冲击下，1902 年，清廷开始变法修律，其中的一大动机是借此废除领事裁判权。时人认为造成列强在中国坚持领事裁判权的原因，是因为清朝法律不良、刑

---

① 古代中国的审理层级与现代审级制度有所差异，因古代是"逐级转审"、"审而不判"。相关论述可参见郑秦：《清代司法审判制度研究》，湖南教育出版社 1988 年版。

② 案件复审有时经由"道"，有时则否。

③ 寻常死罪案件通常由三法司奉旨审核，而情节重大的死罪案件则往往由刑部奉旨复核。之所以如此安排，是因为情节重大死罪案件往往是"必死"之罪，比较容易处理；而寻常死罪案件罪犯"在生死之间"，需要三法司会商处理。这也体现了"慎刑"的思想。

④ 相关制度参见那思陆：《中国审判制度史》，台湾正典出版文化有限公司 2004 年版，第 11 章"清代的审判制度"。至于民事案件，则往往由州县官一审结，但也可沿府、道上诉至省的布政使（"藩台"），甚至诉到中央的户部。

⑤ See William P. Alford, Of Arsenic and Old Laws: Looking Anew at Criminal Justice in Late Imperial China, *California Law Review*, Vol. 72, No. 6, 1984.

⑥ 王用宾：《二十五年来之司法行政》，司法行政部 1936 年版，第 8—9 页。

罚严酷、司法行政不分,以及司法审判中漠视程序、民刑不分、滥用刑讯等等,因而也就以为修订法律、改良司法之后,列强能自动放弃领事裁判权。而列强对此也有允诺①,日本更有变法维新后废除领事裁判权的先例。

1906 年清廷仿行宪政、改革官制,下诏:"刑部,著改为法部,专任司法;大理寺,著改为大理院,专掌审判。"②同年,大理院上《审判权限厘定办法折》,建议采纳以日本为代表的所谓"外国通例",实行四级三审的审级制度。之所以选择日本或者说大陆法系的司法审判体制,究其缘由,其一,司法改革是晚清仿行宪政运动的一部分,当时日、德是君主保留了大权的所谓二元制君主立宪国,这与英国"虚君"的议会君主立宪体制迥异,更符合清王室的利益,所以在整个制度引进中晚清政府倾向于向日、德学习;其二,就政治社会传统来说,日、德两国均有政府威权色彩浓厚的特色,与英国"小政府、大社会"的传统不同,更符合中国的国情;其三,日本与中国相邻,文字也有接近之处,便于学习,而且日本由于变法维新以小国战胜大国俄国的经历也让深深震动了中国人,通常我们也认为中国在法律现代化的过程中选择大陆法系的体制,是直接习自日本,间接取自德国。

1907 年 11 月法部奉旨颁行《各级审判厅试办章程》,尝试在大理院以下,在地方设立与各级行政机关分立的各级审判厅。1910 年,清廷正式颁布《法院编制法》,仿行日本、德国体制,建立了四级三审的司法体系。③ 该法规定于中央设立大理院、各省设高等审判厅、各府(或直隶州)设地方审判厅、各州县设立初级审判厅以审理民刑案件;相应地设立总检察厅和各级检察厅以行使检察职权。这就打破了数千年传统的司法、行政合一体制。在四级三审制下,轻微的民刑案件由初级审判厅作为一审法院,并可经过上诉程序,地方和高等审判厅则分别为二审和终审法院;其他相对较重大案件则由地方审判厅为一审法院,可依次上诉至高等法院和大理院。

"四级三审制度与六级六审制比较起来,级数即减少了三分之一,审判次数更减少了一半了",这一安排"是比较适合晚清中国国情的"④;更重要的是,地方各级司法机关得以独立,这改变了以往由地方各级行政机构的"正印官"兼理司法的传统,极大地促进了司法的专业化;检控机关也实现了与审判机关分离,保证了诉讼中审判官的相对中立性。

在 1911 年辛亥革命之前的短短几年里,清廷在各省省城、商埠设立了各级审判厅。但四级三审的新式审判体系推行之初,便陷入司法经费拮据与合格司法人员缺乏的窘境。晚清捉襟见肘的财政无法支付各级审判厅(法院)建筑与维系其正常运转

---

① 首先作出这种承诺的乃是第一个在中国攫取领事裁判权的英帝国。光绪二十八年(1902 年)八月签订的《中英续议通商行船条约》第 12 条规定:"中国深欲整顿本国律例,以期与各西国理论同一律。英国允愿尽力协助以成此举。一俟查悉中国理论情形及其审断办法,及一切相关事宜皆臻妥善,英国即允弃其治外法权。"(参见《光绪朝东华录》,光绪二十八年八月。)翌年与美、日、葡等国签订的条约中,亦有内容几乎完全相同的条款。
② 《清实录》第五十九册《德宗景皇帝实录》(八),卷五六四,中华书局 1987 年影印版,第 468 页。
③ 参见李启成:《晚清各级审判厅研究》,北京大学出版社 2004 年版,第 66—81 页。
④ 参见同上书,第 81 页。

的费用(如审判官的薪资),法部编订的司法经费预算表形同虚文。尽管废除科举后,学习法政成为"干禄之终南捷径",但社会上有真才实学的法律人才并不充足;传统司法体系中的人员充斥于各级新式审判机关,他们又成为新式法律人才进入审判机关的障碍。①《法院编制法》规定的四级三审制度并未得以落实,新式审判机构在全国绝大多数府厅州县未能设立,新设立的审判厅也纷纷面临经费与人才两大难题。

二、民国北京政府时期有名无实的"四级三审制"

辛亥革命之后的南京临时政府理论上暂行援用前清的《法院编制法》,实际上则并没有审级方面的统一规定,各地做法不一。孙中山本人则提倡四级三审制,认为不能因为前清采用该制便轻易废弃之,他还专门驳斥"轻案可以采取二审制"的看法是"不知以案情之轻重,定审级之繁简,殊非慎重人民命财产之道,且上诉权为人民权利之一种。关于权利存废问题,岂可率尔解决。"②民国北京政府(北洋政府)成立后,很快在法制上对四级三审制度进行了修正,初级审判厅被裁撤,改由县知事兼理司法,在省高等审判厅之下设立了各种变通的审判机构。除了政治社会背景之外,这样的修正主要是由于人才与经费的局限。据统计,到1926年,除大理院与设于各省会的23所高等审判厅,以及位于通商要埠的26所高等审判厅分庭之外,在全国仅设立了66所地方审判厅及23所地方审判厅分庭。县知事兼理司法衙门多达1800所。③

(一)地方官制的改订与初级审判厅的裁撤

1914年,为了集权于中央政府,大总统袁世凯下令改订地方官制,将清末以来的府、州、厅、县等各行政区域都归并为县级,中央到地方由原来的中央→省→(道)→府→厅/州/县五级改为中央→省→(道)→县四级。④"道"的性质为派出机构,在前清即并非案件审理的必经机关,"府"一级裁撤之后,《法院编制法》规定的各级审判厅与省、府、厅/州/县的对应关系也被打乱。同年4月,由于各省行政与军事长官的倡议,加上司法人才的缺乏与财政等现实因素的考量,政治会议裁撤了原初级审判厅。⑤《法院编制法》也进行了相应修订,改为于地方审判厅内设简易庭,受理原属于初级审判厅一审管辖案件,这其实是将同一法院强分为两级,以贯彻所谓四级三审之制,至此四级三审之制名存实亡。⑥

---

① 参见李启成:《晚清各级审判厅研究》,第185—192页。
② 《南京临时政府公报》第34号,转引自张生、李麒:"中国近代司法改革:从四级三审到三级三审",载《政法论坛》2004年第5期,第122页。
③ 数据参见欧阳正:"民国初期的法律与司法制度",载那思陆:《中国审判制度史》,第342—343页。
④ 参见同上书,第339页。
⑤ 当时由热河都统姜桂题发起,会同各省都督、民政长官,向中央提议,因经费和人才两方面的原因,主张分别裁留各省司法机关,具体方案是"地方初级审检两厅及各县审检所帮审员,均宜暂行停办,应有司法事件,胥归各县知事管理,以节经费。至于交通省份及通商口岸,仍设高等审检两厅,延揽人才,完全组织,以为收回领事裁判权之预备。"政治会议折衷两个方案,作出决定:"各省高等审检两厅,与省城已设之地方厅,照旧设立。商埠地方酌量繁简,分别去留。其初级各厅,以经费人才两俱缺乏,拟请概予废除,归并地方。"(参见李启成:"民初覆判问题考察",载《清华法学》第5辑,清华大学出版社2005年版,第190—191页。)
⑥ 参见王用宾:《二十五年来之司法行政》,第9页。

（二）四级审判机关之外的分支审判机关（分支法院）

北洋政府时期除大理院和高等、地方、初级审判厅之外，还设立了各种分支审判机关。凡此种种，皆因事实需要而变通设置。我国版图辽阔，而当时又交通不便；再加上大理院和高等、地方审判厅人力有限、案件积压，各级法院不得不在下级法院或官厅设立分支审判机关以解决现实的问题。

1. 大理分院

各省因距离北京较远或交通不便可以在其高等审判厅之内设置大理分院（《法院编制法》第40条）。大理分院得仅置民刑各一庭（第41条）。大理分院推事除由大理院选任外可以由分院所在省的高等审判庭推事兼任，但每庭兼任推事以2人为限（第42条）。大理分院各庭审理上告案件如解释法令之意见与本庭或他庭"成案"有异，应函请大理院开总会审判之（第44条）。①《法院编制法》第42条与第44条都是对变通设置的大理分院进行一定的规范，首先，兼任推事不得过半数②；其次，大理分院的裁判受到"成案"的约束，如果其裁判与"成案"不符，则应交由北京的大理院最终裁决。

2. 高等审判分厅

高等审判厅为一省的最高审判机关，依《法院编制法》，"各省因地方辽阔或其他不便情形得于高等审判厅所管之地方审判厅内设高等审判分厅"（第28条）。高等审判分厅对事的管辖权与高等审判厅本厅相同。高等审判分厅可置民事、刑事各一庭（第29条）。高等审判分厅的推事（法官）除由高等审判厅选任之外，可以由分厅所在的地方审判厅或临近地方审判厅的推事兼任，但此种兼任推事三人合议庭每庭以一人为限，五人合议庭以两人为限（第30条）③。从第30条的规定我们可以看出当时司法人员（推事）缺乏的现实，以至于高等审判分厅推事必须部分由分厅所在地方审判厅推事兼任，其所在地方审判厅推事不敷使用，甚至还可从临近地方审判厅借人。但《法院编制法》仍然试图对这种权宜的办法加以限制，故而规定兼任法官在合议庭中必须是少数。事实上，由于当时司法人才的缺乏，不仅需要由地方审判厅的推事兼差于高等分厅，也可能由高等审判厅的推事兼任于其附设的地方审判厅参与审判。这就造成一个问题：同一名推事可能先后参与同一案件的两级审判，当地方审判厅是第二审时，情况尤为严重，因为如果再由同一名推事参与的高等审判分厅法庭为第三审（终审）判决，等于在事实上剥夺了当事人通过上诉获得公平审判的权利，三审终审的制度有等同于二审终审的危险。当时湖北、江西、河南、陕西等省纷纷提出这个问题，北京政府于是通令各省高等审判厅分厅兼任地方庭所为第二审判决之终审应划归高等审判厅本厅受理。④ 由此也可看出北京政府在现实的局限之下仍试图贯彻现

---

① 相关条文参见（北京政府）司法部编印：《改订司法例规》，司法部1922年版，第61—62页。
② 大理院及大理分院审判实行合议制，以推事5人组成合议庭审判。
③ 相关条文参见（北京政府）司法部编印：《改订司法例规》，第60—61页。
④ 参见（北京政府）司法部编印：《改订司法例规》之"高等厅兼任地方庭所为第二审判决之终审划归本厅受理文"，第475—478页。

代司法的理念。

3. 设于道署的高等分庭与附设司法人员

道(守道)乃前清旧有的一级区域,民国成立,道存而未废,总计全国有九十余道。1913年1月北京政府颁布《划一现行各道地方行政官厅组织令》,规定各道之长官为观察使;1914年5月又颁行道官制,在各道设行政公署,其长官为道尹。① 道署是民国北京政府时期省与县之间的唯一行政组织,在各县与省城距离遥远,上诉不便的情形之下,于道署设立分支审判机构,是理所当然的选择。

1914年9月24日,北京政府颁布《高等分庭暂行条例》,在《法院编制法》规定的高等审判分厅之外,又规定在距离省城较远的地方,可暂设高等分庭于道署所在地。高等分庭置推事3人,以合议方式审理案件。高等分庭对事的管辖权小于高等审判厅及其分厅,民事上诉讼标的与刑事上处罚超过一定限度,则由高等审判厅直接受理。但如有移送不便情形时,可以由高等审判厅委托高等分庭代为受理,但其判决仍由高等审判厅核定后方可宣告;当事人若不愿由高等分庭代为受理,也可声明抗告。②

于道署(道尹公署)附设司法人员,乃"补救办法中之补救办法"。由于财政与人才的局限,在全国省与县之间的广大区域里,高等审判厅分厅与分庭并未普遍设立,地方审判厅的设置也是极少的例外。"人民上诉每感不便,中央为谋补救计",令各省高等审判厅,就省内各县指定若干县,使其可以受理临县的上诉案件。③ 但各县级别相同,以甲县作为乙县之上诉机关,其审理上诉之时,难免有因循顾忌之虞。"另置上诉机关之需要日急一日",于是改为在道署设置司法人员以受理一定范围内的上诉案件。该设置以"去省较远而附近又无上诉机关之道"为限,其对事的管辖权受到一定限制,并且规定一旦各处高等分庭设置成立,该司法人员便应立即裁撤。④

4. 地方审判厅分庭⑤

地方审判厅分庭之制始于1914年,当年初级审判厅裁撤,地方审判厅受理案件骤增,诸多积压;且初级案件归并地方审判厅为第一审,其第三审均上诉于中央的大理院,"不胜其烦"。于是司法部于同年3月13日饬令前京师地方审判厅在初级审判厅原署设立地方分庭,将初级案件归其管辖。次年5月7日司法部又通令各省仿造京师办法一律设置地方审判厅分庭。到1917年4月22日司法部厘定《暂行各县地方分庭组织法》十四条,颁行各省,将此项制度推及各县。至此,所有已设地方法院区域内均得于附近各县政府内设置地方分庭,以县行政功能区域为其管辖区域,即称为某地方审判厅某县分庭(《地方分庭组织法》第1、2条)。在其管辖区内原属于初级

---

① 参见钱端升等著:《民国政制史》(下册),上海人民出版社2008年版,第480—482页。南京国民政府成立后,道署在各省先后被废止。
② 参见同上书,第457—460页。
③ 当时还订立了《邻县上诉制度暂行章程》。(参见北京政府司法部编印:《改订司法例规》,第501—502页。)
④ 参见钱端升等著:《民国政制史》(下册),第460—461页。
⑤ 参见秦烛桑编述:《法院组织法》,北京中国大学讲义1942年版,第123页;《(司法部)筹设地方简易庭通饬》与《暂行各县地方分庭组织法》参见(北京政府)司法部编印:《改订司法例规》,第76—78页。

或地方审判厅第一审管辖的民刑案件,均归该分庭审理(第3条)。对于分庭判决的上诉,原初级一审管辖案件上诉于地方审判厅,地方审判厅一审管辖案件则上诉于高等审判厅或其分厅(第5条)。

(三)审判厅之外的县级审判机关

1. 审检所①

民国草创,各县并未普设初级审判厅,1912年3月在未设初级审判厅之县,开始设立审检所。审检所附设于县政府之内,除县知事外,设帮审员1—3人。帮审员之职务为办理其管辖境内之民刑事初审案件,办理邻县审检所之上诉案件。帮审员除审理诉讼外,不可兼任本县之行政事务。检察事务则由县知事掌理。对于帮审员的裁决的上诉,原初级一审管辖案件上诉于地方审判厅,其距离地方审判厅较远者可上诉于邻县之审检所;地方审判厅一审管辖案件则上诉于高等审判厅或其分厅。1914年4月县知事兼理司法制度颁行后,审检所制度即被废弃。

2. 县知事兼理司法

1914年4月的政治会议裁撤了初级审判厅,同月,北洋政府颁布了《县知事兼理司法事务暂行条例》和《县知事审理诉讼暂行章程》,规定凡未设审判厅各县第一审应属初级或地方厅管辖之民刑诉讼均由县知事审理。(《县知事审理诉讼暂行章程》第1条)因县知事事务繁忙、无法专注于司法审判,县政府内又设承审员1—3人,助理县知事以审理案件。承审员由县知事呈请高等审判厅厅长核准委用,在事务较简之地方,亦可暂缓设置。(《县知事兼理司法事务暂行条例》第4条)设有承审员各县,属于初级管辖案件由承审员独自审判,用县政府名义行之,但由承审员独自承担责任;属于地方管辖案件,可由县知事交由承审员审理,其审判由县知事与承审员共同承担责任。②

县知事作为一县之行政长官而兼理司法,其对于司法事务很难兼顾,更有复辟前清地方官集行政、审判与检控权于一身之嫌;助理其之承审员司法素质与独立性均堪忧,其承审诉讼难免有错误及不公之情形。③ 1914年9月,也就是在县知事兼理司法制度实行后不到半年,北洋政府即颁布《覆判章程》,规定由县知事审理的刑事案件无论被告人上诉与否,都须限期将案卷等移送高等审判厅或其分厅审查("覆判"),以济兼理司法之弊。④

---

① 参见钱端升等著:《民国政制史》(下册),第614页。
② 参见秦烛桑编述:《法院组织法》,第120页。
③ 民初以来长期任职于司法部门的阮毅成总结兼理司法制度有如下几点弊端:其一,"以一县之大,由一二承审员包办民刑诉讼、履勘、验尸、执行判决,职重事繁,难期'妥'、'速'";其二,承审员待遇清苦,且不具备法官身份,以至"中才之士"也不愿担任承审员;其三,县长往往干预司法,以彰显其"威信";其四,县政府为行政机关,县长为了达到行政目的,可能会结交、迁就士绅,由此影响承审员公平判决……。(参见韩秀桃:《司法独立与近代中国》,清华大学出版社2003年版,第283—284页。)
④ 详见李启成:"民初覆判问题考察",载《清华法学》第5辑,第187—203页。

3. 县司法公署①

为了进一步革除县知事兼理司法之弊,1917年5月北京政府颁布《县司法公署组织章程》②,规定凡未设初级审判厅之县原则上应设立县司法公署(第1条)③。县司法公署所在地的所有初审民刑案件,不分案情轻重均归该公署管辖(第4条)。县司法公署设于县行政公署内,由1—2名审判官与县知事组织之(第2、4条)。审判官由高等审判厅厅长依《审判官考试任用章程》办理,并呈由司法部任命之(第5条)。关于审判事务概由审判官完全负责,县知事不得干涉;关于检举、缉捕、勘验、递解、刑事执行及其他检察事务,概归县知事办理,并由其完全负责(第7条)。《县司法公署组织章程》长期只是具文,以至于时人批评说正是"章程"第1条所谓的"原则"规定造成了"例外"的滥用。④ 直至1922年后各县始有设立,南京国民政府成立后相沿未改。⑤

三、南京国民政府时期的"三级三审制"

1927年南京国民政府成立之初,四级三审制在法制上并未立刻变动,只是改称大理院为最高法院,各级审判厅改称法院。1932年10月28日,南京国民政府公布《法院组织法》,根据该法将改行三级三审制,从中央到地方设最高法院、高等法院、地方法院三级,以三审为原则、二审为例外。⑥ 地方法院审理案件原则上取独任制,高等法院审判案件为3人合议,最高法院为5人合议审判(第3条)。该法颁布后政府迟迟未将其予以施行,其主要的障碍便在于无法普设地方法院。直至1934年底,新法仍无法贯彻,于是缩小地方法院权限,增设高等法院分院,以变更管辖。到1935年6月11日,政府明令该法于同年7月1日施行;旋即又于当月18日由司法部颁布训令,准予广东等九省暂缓一年施行。⑦ 截至1947年,全国设立37所高等法院和119所高等法院分院,只有748个县设立了新式的地方法院,绝大多数的县份仍未能建立新式的法院。⑧ 检讨南京国民政府时期的审级制度,除了对此前北京政府的制度进行有限的修补之外,在组织法上改名存实亡"四级三审制"为"三级三审制",其本身也算不得

---

① 参见秦烛桑编述:《法院组织法》,北京中国大学讲义1942年版,第121—123页;《县司法公署组织章程》参见(北京政府)司法部编印:《改订司法例规》,第78—79页。

② 依钱端升等所著《民国政制史》,县司法公署制度始于民国1914年审检所废止后,与县知事兼理司法制度同时产生;在制度上前者是原则,后者为例外(参见该书下册,第614—615页);但王用宾、秦烛桑等人均认为县司法公署之创设乃是济县知事兼理司法制度之弊,始于1917年。考虑到《县司法公署组织章程》颁布于1917年,本书采用后一种说法,认为县司法公署制度后于县知事兼理司法制度而创设。

③ 《章程》第1条原文为:"凡未设法院各县应设司法公署。其有因特别情形不能设司法公署者,应由该管高等审判厅厅长、高等检察厅厅长、或司法筹备处处长、或都统署审判处长具呈司法部,声叙窒碍缘由,经核准后得暂缓设置,仍令县知事兼理司法事务。"

④ "其章程第1条,即明定得因特殊情形呈准缓设,而开方便法门,而各省多借词不办,其已筹办之少数省份,率复旋即废止,无人理会,……是故终北京政府时代,全国兼理司法之县数恒在百分之九十以上。"(参见王用宾:《二十五年来之司法行政》,第16页。)

⑤ 参见钱端升等著:《民国政制史》(下册),第615页。

⑥ 参见郑保华:《法院组织法释义》,上海会文堂新记书局1936年版,第58—59页。

⑦ 参见钱端升等著:《民国政制史》(上册),第251及第306页"注196"。

⑧ 数据参见谢冠生:《战时司法纪要》,司法行政部1948年版,"二、"之第1页。

什么了不起的变革。这段时间的主要问题如下：

（一）县行政长官兼理司法问题

肇始于北洋政府的县行政长官兼理司法制度，其明显弊端至少有三：其一，审检混合不分；其二，承审员位卑俸低、素质堪忧，司法易受行政牵制；其三，律师制度之不适用。① 尽管北洋政府创设了县司法公署以济其弊，但其设置并不普遍，直至1936年全国由县长兼理司法者尚有1436县。② 1929年司法行政部编订《训政时期工作分配年表》，本有分年筹设全国地方法院之六年计划，并以县法院为其过渡组织，但"计划自计划，事实自事实"，到1935年六年期满，计划全部落空；1932年颁布之《法院编制法》第9条所谓于各县市设立地方法院也只停留在纸面上、理论上。③

但政府也并非完全无所作为，1933年国民政府考试院公布《承审员考试暂行条例》，通过资格考试对（助理县长进行审判的）承审员资格进行限制。以中国之大，兼理司法县份之多，普设地方法院于各县明显无法一蹴而就，作为一种过渡的办法，司法行政部草拟了《县司法处组织暂行条例》，并经立法院于1936年3月27日通过，当年7月1日公布施行。"其编制及法意与民国六年五月间公布之县司法公署组织章程，有相似之处。"④根据该条例，凡未设法院各县之司法事务，暂于县政府设司法处处理之（第1条）。县司法处置审判官，独立行使职权（第2条）。审判官由高等法院院长于具备相当法律专业资格的人员中选取并呈请司法行政部核准任命，这与原兼理司法制度下承审员由县长（县知事）提请高等法院院长（高等审判厅厅长）任命相较，任命条件与程序更为严格；审判官享受荐任官待遇，根据国民政府官制，这意味着其与县长平级。（第5条）县司法处检察职务则由县长兼理（第4条）。立法院在通过该条例时增订一条，明定其施行期间以三年为限（第13条）。立法院法制委员会委员吴经熊对该条例草案的审查报告称：

> 县长兼理司法，确为一种畸形制度，久为世人诟病，自法院组织法公布施行后，原期将此种畸形制度一举而廓清之，但因经费人才关系，各县多不能普设法院，以至县司法仍由县长兼理。在此过程中，仍在未设法院之县，暂设司法处，确定审判独立原则，藉培将来设法院之初基。同人明此种过渡办法，并非施行法院组织法之真精神，惟较县长兼理司法似有进步，且仅规定施行期为三年。在三年之内仍请司法行政两院妥筹司法经费，健全法院之组织。⑤

司法行政部于《县司法处组织暂行条例》颁布后，根据3年的时限通令各省高等法院，自1936年7月1日至1937年12月底，以6个月为一期，分期将各省所有兼理之县改设县司法处；自1938年1月1日起至1939年6月底，以6个月为一期，分期将

---

① 参见郑保华：《法院组织法释义》，第303—305页。
② 数据参见王用宾：《二十五年来之司法行政》，第19页。
③ 参见王用宾：《二十五年来之司法行政》，第16—17页。
④ 参见郑保华：《法院组织法释义》，第309页。
⑤ 转引自郑保华：《法院组织法释义》，第309—310页。

各省所有县司法处改制为地方法院。① 根据"各省第一期改设县司法(处)一览表",第一期全国共改设司法处384县,其中,1936年7月1日山东、甘肃、陕西三省即全数改设司法处完毕;国府所在的江苏省则免于改设县司法处,直接开始分期改设地方法院;但仍有7省尚无动作或未将数据呈报司法行政部。② 很快,日军侵华的烽火打乱了司法行政部的计划,我们现在无从得知如果没有战争三年计划能否实现,但可推知第二阶段计划的在全国各县普设地方法院的难度会比设立县司法处大很多。

到1946年全国除新疆外县长兼理司法制度已一律废止③,当年统计在案的有992个县是由附属于县政府的司法处兼理司法。④ 1947年全国司法行政检讨会议以县司法处为过渡组织,建议司法行政部定期一律改为正式法院。⑤ 但建议归建议,现实归现实,南京国民政府统治的最后两年在建设地方法院方面并无大的进展。

(二) 分支法院问题

与民国北京政府时期类似,南京国民政府依然设有各种分支法院,其设置的法定理由仍为"区域辽阔",两个时期的法律条文内容也很接近。如地方法院分院(《法院组织法》第9条)、高等法院分院(第16条)。制定组织法时在最高审判机关(最高法院)是否可以设置分院的问题上存在争议。一方面,"我国幅员辽阔、诉讼繁多,若终审案件,均以中央政府所在地之最高分院为汇归,深恐寄递稽迟、案件积压,在民事则难免事过境迁、纠纷逾甚,在刑事则更或停囚待决、瘐毙堪虞。故由人民方面言之,尤见最高法院分院有不得不设之势。"⑥可见这也是一种司法便民的举措,但是民国经历了二十几年的建设,到南京国民政府时期交通邮政状况也有所改善,而最高审法院设置分院在理论与实践上均有害于法制的统一。1930年4月司法院草拟了《法院组织法草案》,中央政治会议据此开列的立法原则第六项规定:"在交通未发展以前,得于距离中央政府所在地较远之处,设立最高法院分院,但关于统一解释法令之事项,应加以限制。"⑦这是为了避免司法解释不统一造成司法实践领域的混乱。到1932年7月,司法行政部部长罗文干又拟具《法院组织法立法原则修正案》及说明理由,其中一项是"最高法院不设分院",由行政院转呈中央政治会议重付讨论;于是中央政治会议便将"最高法院之唯一"列为《法院组织法》制定的原则之一,1932年10月颁布的《法院组织法》最终不再设置最高法院分院。⑧

(三) 二审终审抑或三审终审的争议

本章开篇便提及审级并非越多越好,多设审级有利于法院管辖权的划分⑨与人民

---

① 参见王用宾:《二十五年来之司法行政》,第18页。
② 统计表参见同上书,第21—23页。
③ 参见谢冠生:《战时司法纪要》,"二、"之第1页。
④ See Ch'ien Tuan-sheng, *The Government and Politics of China*, Harvard University Press, 1950, p.254.
⑤ 参见谢冠生:《战时司法纪要》,"二、"之第1页。
⑥ 参见谢振民:《中华民国立法史》(下册),中国政法大学出版社2000年版,第1043页。
⑦ 同上。关于(司法院设立之前)最高法院统一解释法令之权,可参见聂鑫:"民国司法院:近代最高司法机关的新范式",载《中国社会科学》2007年第6期。
⑧ 参见谢振民:《中华民国立法史》(下册),第1045—1049页。
⑨ 根据案情轻重划分不同级别法院管辖。

上诉权的保障;但审级的增设将加大对于人力与财政的需求,更将造成终局判决的迟延与人民的观望心理。① 1927 年武汉国民政府改行所谓"二级二审制",一般案件均以两审终审,死刑案件可以三审终审,随着"宁汉合流"武汉国民政府的这项制度被废弃,但精简审级的呼声并未就此消失。南京国民政府司法院首任院长居正便认为审级制度之繁乃是封建遗迹,"狡黠者挟其财力,一再上诉抗告,致使一起小案也要经年累月。法律保民之宗旨反而为程序繁杂而破坏。长此以往,人民不仅视司法为弊政,进而要对政府失去信仰。"很快晚清以来推行的四级三审制被废弃,改采三级三审制;并设立二审终审的例外规定,以减除人民缠讼之苦。由于法院积案越来越多,又有不少人提出应完全改行二审终审的制度、以求诉讼之早结。但也有不少学者坚持三审终审,其首要理由是:三审制虽有增加讼累的风险,但在当时一审与二审法院很不健全,很多地方还是以县长兼理司法的情况下,保留中央最高法院行使第三审的职权对于人民诉讼权利的保障与司法的统一至关重要。②

(四) 巡回审判的设置与废弃

巡回审判的制度可追溯到 12 世纪早期的英国,1176 年英王亨利二世将一批固定的法官分为 6 组,派遣巡回全国审判,每组由 3 名法官组成。③ 亨利二世之所以设立巡回法院,主要是以"送法(普通法)下乡"的方式超越封建主的藩篱,将其王权推行到全国各地,"使整个王国的治理超越国王具体身体的限制"。④ 可以说巡回审判制度是在特定背景下(如政治割据或交通不便)为了特定目的(将中央的法制推行到地方)的产物。现代英国已经不再有严格意义上的巡回法院,巡回法院在 1972 年被改组为刑事法院,尽管仍有流动的法官(包括高等法院法官、巡回法官等)分别在固定的开庭地点进行刑事审判。支持设置巡回法院的人常常也会谈及美国联邦巡回法院的例子,可是今天的所谓联邦巡回法院,其大名是"联邦上诉法院"(The United States Court of Appeals),早已不再巡回审判,不是原初意义上的"巡回法院"(The Circuit Court)了。⑤

南京国民政府设立巡回法院,始于 1928 年 8 月司法部⑥拟具的《暂行法院组织法

---

① "轻微案件,影响于民权不大,多一审级,徒使人民生观望之心,其害一。……审判之原则,判决主谨慎,而执行主敏捷,审级越多,则执行不免迟滞,其害二。"(参见郑保华:《法院组织法释义》,第 77—78 页。)

② 相关争议参见张生、叶麒:"中国近代司法改革:从四级三审到三级三审",载《政法论坛》2004 年第 5 期,第 122—124 页。

③ 参见伯尔曼:《法律与革命——西方法律传统的形成》,贺卫方等译,中国大百科全书出版社 1993 年版,第 535—536 页。

④ 参见李猛:"除魔的世界与禁欲者的守护神:韦伯理论中的'英国法'问题",载李猛编:《韦伯:法律与价值》,上海人民出版社 2001 年版,第 200 页。

⑤ 现在联邦最高法院与联邦地区法院中间的一级上诉法院的名称中已不含有"巡回"字样,现在所谓"巡回法院",只是基于习惯的非正式提法,1948 年《联邦司法法》(The Judicial Code)将早先的 The Circuit Court of Appeals 更名为 The United States Courts of Appeals。(See Richard H. Fallon, Daniel J. Meltzer, David L. Shaprio, *Hart and Wechsler's The Federal Courts and The Federal System*, Foundation Press, 2003, p.51.)至于美国巡回法院的历史,下文还将述及。

⑥ 1928 年 10 月《司法院组织法》颁布后,原司法部改组为司法行政部。

草案》，在交通不便的辽阔地区设立法院分院费用较巨，故而司法部考虑酌采"巡回审判"制度以部分代替之。① 在草拟《法院组织法》时，曾有人提议设立巡回法院，但巡回审判制度有如下两点不便之处，故而未被采纳："（1）诉讼发生，宜于随时处理，巡回未及之际，贻误将多；（2）调查证据，往往不能立时完毕，审判开始后，久驻其地，转失巡回之本意。"② 以上所引见解在今天看来尤为精辟，英美的巡回审判都是很久之前的司法制度，当时交通不发达、人们前往法院诉讼非常困难，且案件审判所需时间较短；现代社会交通便捷、人们来往法院比较容易，而审理一个案件耗时可能要超过一年，巡回审判制度就不适合了。到 1932 年中央政治会议议定《修正法院组织法原则》时，认为对于外国的巡回审判制度可以"略师其意"：有些地方距离法院很远，但平时少有案件发生故而不值得设立法院分院，当地遇有案件可由高等法院及地方法院指派推事前往该地，借用当地官署临时开庭审判。③ 1932 年《法院组织法》第 64 条据此规定：高等法院或地方法院于必要时得在管辖区域内未设分院地方临时开庭；参与临时开庭的推事除就本院推事中指派外，在高等法院得以其所属分院或下级地方法院推事兼任，在地方法院得以其所属分院推事兼任。但实际上因为高等与地方法院均可设立分院，分院在一定程度上替代了巡回法院的功能，《法院组织法》第 64 条规定的情形只是分院制度的例外与补充，不是真正意义上制度化的巡回审判。

　　南京国民政府巡回审判制度的真正实行，始于抗日战争时期，当时"战区各地交通失其常态，当事人上诉不便，第二审之审判与其当事人就法官，毋宁以法官就当事人"。1938 年《战区巡回审判办法》及《战区巡回审判民刑诉讼暂行办法》先后由司法院颁行，政府为此还专门致函中华民国驻英、美大使，让他们收集英、美有关巡回审判的资料。根据《战区巡回审判办法》第 1 条，"高等法院或分院于战区内为谋诉讼人之便利得派推事巡回审判其管辖之民刑诉讼案件"。明定巡回审判适用于战区第二审法院。"巡回审判就其管辖区域内司法机关或县政府或其他适宜处所开庭"（《战区巡回审判办法》第 5 条）。"关于书记官、录事、执达员、检验员、司法警察、庭丁、工役之事务由当地司法机关或县政府派人承办。但巡回审判推事于必要时得酌带法院人员办理。"（《战区巡回审判办法》第 7 条）1944 年司法行政部以"巡回审判除司法本身价值之外能兼收提高人民法律常识之效果"，拟在非战区的后方各省交通不便地区推行巡回审判制度，并就此拟定了《高等法院巡回审判条例草案》。但因为抗战旋即结束，1945 年 12 月《战区巡回审判办法》与《战区巡回审判民刑诉讼暂行办法》被废止，巡回审判制度随即终结。④

---

① 参见谢振民：《中华民国立法史》（下册），第 1039 页。此外，1925 年广州国民政府曾试行巡回法院制度；南京国民政府又于 1928 年批准甘肃省采用巡回法院审理上诉案件。
② 参见郑保华：《法院组织法释义》，第 243 页。
③ 参见谢振民：《中华民国立法史》（下册），第 1047 页。
④ 上述抗日战争时期国民政府巡回制度参谢冠生：《战时司法纪要》，"五、"之第 1—2 页。

四、小结

(一) 近代审级制度改革的挫折及其缘由

通过对近代中国审级制度变迁的审视,我们发现:从外国(主要是大陆法系国家)引进的现代司法理念创设的审级制度无法完全得以实现,基于现实的政治社会、人力财力原因,政府在不放弃现代司法理念大原则的前提下不得不设置例外,用特别法修改一般法。迁就现实的例外反倒成为常态,制度中所谓"原则"(理念)变得"毫无原则";在实践中发挥效力的是特别法(如条例、暂行章程等),而一般法(法院编制法、组织法)描绘的四级三审或三级三审制度成为一个美好的远景(理想),在"六法全书"中聊备一格。

兼理司法制度是这其中最典型的例子,由县长(县知事)及其下属兼理司法事务,本来只是一个权宜的办法,因为纠纷的发生不可能等到普设新式法院之后才有,于是在政府有足够的经费与人才之前,暂时规定兼理司法制度,结果却是"权宜之计"的长期化。事实上,直至1949年,在中国绝大多数的县,始终未曾建立新式法院。这造成了司法体制的分裂:在各省会和重要城市,都有新式的法院、施行新式的诉讼程序;"但在其他大多数的城乡,法律的执行与诉讼纷争的解决,相较于前清时代,进展可能并不太多"。[①]

近代中国引进源自西方的现代审级制度,其所遭遇的障碍,除了人们普遍提及的人力财力,以及大的政治环境之外,至少还有以下两个因素:

1. 地方各级政府的建制

关于将地方各级法院的建制依托于各级地方政府的优劣,人言人殊,反对者主要认为这容易滋生法院地方保护主义,但总的说来,这是一种比较方便的做法,也被大多数单一制国家所采纳。古代中国是依托中央→省→(道)→府→厅/州/县各级政府设立审判机关;晚清司法改革采四级三审制,是依托于中央→省→府→厅/州/县四级地方政府。1914年袁世凯改订地方官制,裁撤了府这一级地方政府,打乱了原有的地方建制,四级审判机关所依托的四级政府变为三级政府,四级三审制自然无所依托、不得不废。[②] 南京国民政府在设置省与市/县中间一级行政组织方面于各省进行了一些探索,如安徽首席县长制、江苏行政区监督制、浙江宪政督察专员制与江西行政区长官制等,并根据各省经验创设了行政督察专员制加以推广。[③] 但直到新中国成立后才结合中国实际,经过摸索在地方完成省、市/地区、市辖区/县、县级市三级地方政府的建制,相应地也建立了中央的最高法院与地方的三级法院。可见在地方建制未能稳定之前,地方各级法院的建设也必然困难重重。

---

① 参见欧阳正:"民国初期的法律与司法制度",载那思陆:《中国审判制度史》,第345页。
② 民国北京政府在地方虽设有"道",但其性质为派出机关,而非正式的一级地方政府,只相应设立了高等审判厅分庭或附设司法人员,而不能设立一级正式的审判机关。
③ 参见钱端升等著:《民国政制史》(下册),第487—509页。

2. 社会心理因素

新式法院在设立之后,在文化上并未获得民众的积极认同:

> 吾国司法,方在萌芽,基址未臻巩固,非常之原,又为黎民所惧闻,人且侈为平议,刻在庸流,通都尚胥动浮言,刻为僻壤。况法律知识未尽灌输,骤语以宪法之条文,共和之真理,鲜不色然骇者。至于法院,则更多不识其名。①

而新式法院的设立并不必然伴之以司法公正的实现,劣质法官之为祸有甚于前清之父母官:

> 司法独立之本意,在使法官当审判之际,准据法律,返循良心,以行判决,而干涉与请托,无所得施……建国以来,百政草创,日不暇给,新旧法律,修订未完,或法规与礼俗相戾,反奖奸邪。或程序与事实不调,徒增苛扰。大本未立,民惑已滋。况法官之养成者既乏,其择用之也又不精,政费支绌,养廉不周,下驷滥竽,贪墨踵起。甚则律师交相狼狈,舞文甚于吏胥,乡邻多所瞻徇,执讯太乖平恕,宿案累积,怨仇繁兴,道路传闻,心目交怵。②

更令人发指的是,"司法独立"的理念与制度设计竟成了法官们枉法裁判、徇私舞弊的护符:

> 今京外法官,其富有学养、忠勤举职者,固不乏人。而昏庸尸位,操守难信者,亦所在多有,往往显拂舆情,玩视民瘼,然犹滥享保障之权,俨以神圣自命,遂使保民之机关,翻作残民之凭藉。岂国家厉行司法独立之本意哉?③

在当时的社会文化背景下,民众心理与现代司法理念有隔膜,而法官素质不高与司法腐败的现实又加剧了民众对于现代法院与法官的不满。在这样的背景下,现代审级制度的建设乃至整个司法体制改革必将触礁。综观民国司法史,"一系列司法改革提案未能尽付实施,整个国家政治生活中,司法腐败是受社会指责最多的对象之一",这也是导致民国政府失去民心的主要原因之一。④

(二) 正视前人的努力与经验

(1) 在认清近代中国审级制度建设困窘的现实的同时,我们也要看到前人不懈的努力与其中的挣扎与艰辛。

民国政府尽管用条例、"暂行办法"去修正司法改革的理念,在法定审级之外设立各种分支法院、创设兼理司法制度,但在司法体制的大法(《法院编制法》/《法院组织法》)条文中始终维持着四级三审或三级三审的原则,这看似虚伪,但其不肯放弃理想的一面也值得我们重视。

民国政府在迁就现实的过程中创设了无数的例外,但其也努力规范例外:县政府

---

① 北洋时期司法总长许世英语,转引自韩秀桃:《司法独立与近代中国》,第 233 页。
② 李启成:"民初覆判问题考察",载《清华法学》第 5 辑,第 189 页。
③ 同上。
④ 张仁善:《司法腐败与社会失控(1928—1949)》,社会科学文献出版社 2005 年版,第 6 页。

附设审判人员素质不佳、无法独立审判,便通过资格考试制度加以规范,并提高审判人员级别待遇以求"独立";为革除兼理司法之弊,进而又创设了县司法公署与县司法处以代替之。高等审判机关分支法院与地方审判机关推事不足不得不互相兼任,又立法规定兼任推事在合议庭中必须是少数。分支法院兼任推事有参与两级审判的可能,审判机关就将这类案件的二审管辖权由分支法院收归本院。最高审判机关的分支法院有害于司法统一,于是在南京国民政府制定《法院组织法》后终被废弃。尽管改三审终审为二审终审的呼声始终未曾停息,但鉴于一审与二审法院建制尚未完善、审判质量堪忧,当局为保障人民诉权与司法统一始终不肯废除三审终审的制度。

(2)理解在一个中国这样一个国家建设现代司法制度必将经历一个长期的过程,其间必将交织着理念与现实的碰撞与冲突。

任何新生事物、制度在其幼年时期难免囿于现实而"因陋就简",早期美国联邦法院的经历也证明了这一点,但我们必须用发展的眼光去看待它。清末司法改革规定了四级三审制度,力求在中央到地方普设新式法院,其立意甚高,实行起来却处处碰壁。还是以兼理司法制度为例,民国北京政府面对人才与经费缺乏的现实,不得不在法外创设该制度,在发现其弊后企图用县司法公署制度以替代之,但县司法公署的设立也举步维艰。南京国民政府最终将县司法处(其立意与县司法公署类似)推行于全国以替代县长兼理司法;同时政府也承认县司法处只是过渡措施,并在立法中明定施行期限,司法行政部也订定方案,计划到期将在全国普设新式法院。南京国民政府未实现其普设新式法院的理想,这一理想在新中国成立后逐步得以实现,方有今天中央→省→市/地区→市辖区/县/县级市四级法院的建制。晚清四级法院建制的理想,经历了半个世纪以上的努力,方在新中国得以实现。

(3)通过对照过去,我们可以体会到新中国在司法体制建设方面的成绩,也能更深刻地理解当前改革中遇到的难题。

近年,中国的司法改革一波三折,这一方面是因为理念的冲突,一方面也是困于现实。例如,在大多数法官专业素养与职业道德堪忧的情况之下,司法独立的后果也值得怀疑。但就司法体制建设而言,1949年以来,新中国政府依然是沿着半个世纪以来的中国司法改革方向前行,并最终在县一级基层地方政府完全实现了司法与行政机构的分立,实现了四级法院体制的构想。不知是历史的偶然还是必然,尽管1949年后我们主要的效仿对象由德、日转向原苏联,但苏联仍是承袭大陆法系的体制,这也为近三十年中国法制重新向德、日等国学习创造了基础。今天,当我们批评新中国成立以来通过复转军人充实下级法院的现实时,不可忽略国家几乎是从无到有地搭建起地方新式法院的成绩。

第三节 检察机关:从审检并立到审检合署

北洋政府习自日、法两国,检察机关与审判机关比肩,自大理院以下,对应各级审判机关,设立总检察厅和各级检察厅以行使检察职权。南京国民政府认为审检并立之制导致审检官阶员额皆同,耗费经费过多,力求变通。于是裁撤各级检察厅,将检察官配置于法院之内,等于法院内之一"特别庭",是为"审检合署"。除最高法院内置检察署外,其他各级法院均仅设检察官,其中有检察官二人以上者,以一人为首席检察官,首席检察官只是在经验、资历等方面优于其他检察官,他与其他检察官的关系类似于律所中资深合伙人与一般合伙人的关系,而非科层制下的绝对领导。

但是,"审检合署"以精简机构、强调专业为核心的改革最后只是流于形式,原因有二:其一,在官僚文化之下,首席检察官并不以"首席"为满足,其往往把自己所在的检察部门称为某某法院检察处,本人也以处长自居。其二,在法院之内,检察部门常常会就经费、人事等问题与法院院长发生纠纷,当纠纷无法协调而提交中央的司法行政部裁决时,由于检察部门是由司法行政部指挥、是其直接的下属,司法行政部往往在纠纷处理时偏袒检察部门。久而久之,法院院长不得不为检察部门划出独立的一块,在财务、人事等方面与检察"处长"井水不犯河水,检察部门成为法院之内的独立王国,在官僚体制的逻辑之下,检察机构必然逐渐膨胀。

第十七章 民国六法全书体系与革命根据地法律制度

民国学者仿照日本等国,将法规分成宪法、民法、刑法、商法、诉讼法和法院组织法六类①,将其汇编在一起,称为《六法全书》,亦称《六法大全》。在修订六法体系过程中,有学者坚持行政法为六法之一,商法可纳入民法或行政法内。这种意见被采纳后,六法体系变为:宪法、民商法、刑法、诉讼法、行政法、法院组织法②。它是民国成文法的总称,构成了其法律制度的基本框架。大致与南京国民政府处于同一时期,中国共产党领导的革命根据地借鉴苏俄经验、结合中国实际需要,探索了一条在体系和内容上与六法全书模式有所区别的法制建设路径,建立了革命根据地法律制度,这其中不少制度对当今中国仍有一定影响。

第一节 六法全书体系与民国立法概况③

一、民国北京政府时期

北京政府的立法活动,首先为援用、删修清末新法律。1912年3月10日,袁世凯在北京宣誓就任中华民国临时大总统时,即发布《暂准援用前清法律及新刑律令》:"现在民国法律未经定议定颁布,所有从前施行之法律及新刑律,除与民国国体抵触各条,应失效力外,余均暂行援用,以资遵守。"④4月3日,临时参议会又通过了《议决暂时适用前清之法律咨请政府查照办理文》,指出:"所有前清时规定之法院编制法、商律、违警律及宣统三年颁布之新刑律、刑事民事诉讼律草案,并先后颁布之禁烟条例、国籍条例等,除与民主国体抵触之处,应行废止外,其余均准暂时适用。惟民律草案,前清时并未宣布,无从援用,嗣后凡关民事案件,应仍照前清现行律中各条规定办理,唯一面仍须由政府饬下法制局,将各种法律中与民主国体抵触各条,签注或签改后,交由本院议决公布施行。"⑤

1912年北京政府成立后,设立了专门的法律编纂机构"法典编纂会",由法制局长兼任会长,从事民法、商法、民刑事诉讼法的起草修订工作。1914年2月,政府裁撤"法典编纂会",设立"法律编查会",隶属于司法部,由司法总长兼任会长。1918年7

---

① 有的分成宪法、民法、商法、刑法、民事诉讼法和刑事诉讼法六类。
② 宪法的内容见本书"近代宪法史"与"近代国会史"两章,法院组织法的内容见本书"近代司法制度"一章。
③ 六法之中的宪法部分本书已有专章,法院组织法的部分亦见之于"近代司法制度"一章,这里均不再赘述。
④ 北京《临时公报》,1912年3月11日。
⑤ 转引自谢振民:《中华民国立法史》(上册),中国政法大学出版社2000年版,第55—56页。

月,又改称"修订法律馆",任用一些留学归国的法律人才,并聘请若干外国专家做顾问,继续开展制定、修改法律法规的工作。

(一) 行政法

(1) 文官制度。这是北京政府时期行政立法的重点之一。当时关于文官的考试、任用、纠弹、惩戒和抚恤都有专门的法律规定,由此中国初步形成了近代化的文官管理法律体系。

(2) 治安法规。包括《戒严法》、《治安警察条例》、《违警罚法》、《国籍法》、《缉私条例》等。

(3) 财政税收法规。包括《盐税条例》、《印花税法》、《税契条例》、《特种营业税条例》、《贩卖烟酒特许牌照税条例》、《所得税条例》、《官产处分条例》、《国币条例》及《实施细则》、《会计法》、《审计法》等。

(二) 民法

1. "现行律民事有效部分"

1912年4月3日,参议院开会议决:"嗣后凡关于民事案件,应仍照前清现行律中规定各条办理。"1914年大理院作出上字第304号判例。这些前清现行律中继续有效的民事各条,被称为"现行律民事有效部分",它包括《大清现行刑律》中的"服制图"、"服制"、"名例"中有关条款和"户役"、"田宅"、"婚姻"、"钱债"等内容。以及清《户部则例》中户口、田赋等条款。"现行律民事有效部分"一直施行到南京国民政府《民法》公布实施后,才当然废止,所以是"民国以来之实质民法"。

2. 《民律草案》的修订

民国成立后,由法典编纂会开始草拟民法。1915年法律编查会将民律亲属编草案编成,其章目大致与大清民律亲属法草案相同。1922年后,修订法律馆以清末制定的民律草案为基础,并调查各省的民商事习惯[①],参照各国最新立法例,于1925—1926年完成民律各编草案,称为"民律草案"。但由于政局动荡,这一草案终未能成为正式民法法典。北京政府"民律草案"分总则、债、物权、亲属和继承五编。相较于清末制定的民律草案,总则、物权两编变更较少;债权编改为债编,间采瑞士债务法;亲属、继承两编则加入了经由历年大理院解释例、判例的增损,已经有所变化的"现行律民事有效部分"的内容。该草案曾经司法部通令各级法院作为事理援用。

(三) 商法

北京政府在修订商律时,本拟制定民商合一的法典,但考虑到制定民商合一的法典,繁而且难,不是短期内所能完成的。为迅速编订各项法典,以利于收回领事裁判权,北京政府最终放弃了民商合编的计划,决定区分民商、分别着手,开始拟定商事法规草案。由于北京政府在成立伊始,即考虑到商律的出台要付诸时日,于是首先删修、援用清末制定的商律,其后在此基础上修订公布了一系列单行的商事条例,并拟定了一些单行法草案。其中比较重要的为:《公司条例》、《商人通例》、票据法草案、

---

① 参见南京国民政府司法行政部编:《民事习惯调查报告录》,中国政法大学出版社2000年版。

破产法草案、公司法草案等。

（四）刑法

1.《暂行新刑律》及其《补充条例》

袁世凯发布暂时援用前清法律命令后，又令法部对《大清新刑律》进行删修，并改名称为《暂行新刑律》，1912年4月30日公布。1914年，袁氏为复辟帝制，企图以礼教号召天下，以重典胁服人心，遂于12月24日公布《暂行刑律补充条例》共15条，内容与《大清新刑律》所附的《暂行章程》5条大致相同，且有所扩充，并加重刑罚。

2. 两个刑法修正案

其一，《修正刑法草案》。1914年北京政府"法律编查会"成立，开始修订刑法。1915年4月13日，《修正刑法草案》全编完成并进呈审核。该次修订的要旨是："立法自必依乎礼俗"、"立法自必依乎政体"和"立法又必视乎吏民之程度"。①

其二，《刑法第二次修正案》。1918年7月，北京政府设修订法律馆，董康、王宠惠为总裁。该馆成立以后，认为以前法律编查会在编订《修正刑法草案》时，尚处于袁世凯的专制之下，就不免要迎合或顾忌袁氏的意旨。随着时势的变迁，刑事法律也应当予以变更，后编成《刑法第二次修正案》。虽名为修正案，但在立法原则与立法体例上都有重要的改进。

（五）诉讼法

1.《民事诉讼条例》与《刑事诉讼条例》

1921年修订法律馆编成《民事诉讼法草案》与《刑事诉讼法草案》，后改称为《民事诉讼条例》与《刑事诉讼条例》，于1922年1月1日在部分地区先行施行，1922年7月1日起，在全国施行。②《民事诉讼条例》包括"总则"、"第一审程序"、"上诉审程序"、"抗告程序"、"再审程序"和"特别诉讼程序"六编。《刑事诉讼条例》包括"总则"、"第一审"、"上诉"、"抗告"、"非常上告"、"再审"、"诉讼费用"和"执行"八编。

2.《诉愿法》与《行政诉讼法》

《诉愿法》与《行政诉讼法》于1914年公布施行。《诉愿法》主要内容是规定人民对于中央或地方行政官署之违法或不当处分，致损害其权利或利益者，得向原处分行政官署之直接上级行政官署提起诉愿，如不服其决定，并得向原决定行政官署之直接上级行政官署再提起诉愿。《行政诉讼法》则包括"行政诉讼之范围"、"行政诉讼之当事人"、"行政诉讼之程序"和"行政诉讼裁决之执行"4章，共35条。

（六）判例与解释例

由于当时成文法典多未颁行，"大理院乃酌采欧亚法理，参照我国习惯，权衡折中，以为判决，日积月累，编为判例汇编，……一般国人，亦视若法规，遵行已久，论其性质，实同判例法矣。"③北洋时期正是中国法律大变革的时期，法律疑义甚多，大理院不得不应相关方面要求或主动作出解释，而其解释"亦不厌长篇累牍论述学理、引

---

① 参见谢振民：《中华民国立法史》（下册），中国政法大学出版社2000年版，第888—891页。
② 实际上只施行于北京政府统治下各省，西南各省仍遵行《刑事诉讼律》。
③ 参见"司法院史实纪要编辑委员会"编：《司法院史实纪要》，台湾自刊1982年版，第3页。

证事实,备极精详"①。"大理院又有最高审判的权限以为贯彻法令间接的后盾,故此种权限实足增长大理院的实力;而大理院解释例全国亦均奉为圭臬,用作准绳。"②

二、南京国民政府时期

(一) 行政法

(1) 政府组织法。这在一定意义上是宪法性法律,在宪法颁布之前,南京国民政府的政府体制是由该法规范的。该法始于1925年7月1日广州国民政府颁行的《中华民国国民政府组织法》,在南京政府成立后历经多次修正,确立了行政、立法、司法、考试、监察五院的政府体制。

(2) 文官法。包括官等、官俸、文官考试、任用、弹劾,都有相关具体的规定。

(3) 内政事务法规。包括国籍法及其施行条例、户籍法、监督慈善团体法、救灾准备金法等。

(4) 单行的行政法规。包括教育、财政、交通、司法行政四类。主要有:中央学会与中央研究院组织法、大学组织法、专科学校组织法、中学法、小学法、师范学校法、职业学校法、国民体育法、教育会法;会计法、审计法、预算法、统计法、营业税法、印花税法、国民政府监督地方财政暂行法;国道条例、港商条例、航路标记条例、监督商办航空事业条例;司法官惩戒法、警械使用条例等。

(二) 民法典的颁行

1928年5月23日,南京国民政府公布了"民法总则",1929年11月又公布了"债"、"物"两编,1930年底公布了"继承"、"亲属"两编。《中华民国民法》共5编,计1225条。

在南京国民政府颁布的《民法》的亲属与继承编中,保留了较多中国传统民事习惯的内容,具体包括:

其一,确认传统婚姻制度。亲属编规定未成年人订立婚约应得法定代理人之同意;如解除和违反婚姻,必须负赔偿之责。

其二,确认男尊女卑的父家长统治权。亲属编第6章"家"规定:家置家长、家长管理家务。第2章"婚姻"规定:妻姓冠以夫姓;子女从夫姓,妻以夫之住所为住所;夫妻联合财产由夫管理,子女之特有财产由父管理;父母对子女行使亲权的意见不一致时,由父行使之。

其三,确认传统的继承制度。民法之继承编及有关判例、解释例规定:直系血亲卑亲属为第一顺序继承人,以亲等近者为先;妻无权继承夫之遗产,即使当时无人继承,也不得视为该妇财产;守节妇可代理应继承人,承受夫产,进行管理,但不能成为财产继承人,更不得滥行处分;女子继承财产,应以未嫁之女为限;养子女的应继份为婚生子女的二分之一。

---

① 参见郭卫:《大理院解释例全文》之"编辑缘起",上海会文堂新记书局1931年版。
② 参见黄源盛:"民初大理院",载黄源盛著:《民初法律变迁与裁判》,台湾政治大学法学丛书编辑委员会2000版,第33页。

（三）民商合一的编制体例

法国于18世纪路易十四时代，最早创立了独立的商法，其商法独立于民法之外；1901年瑞士将商法定入民法典内，首创民商合一制。中国清末及北洋政府都采用民商分立制，分别编订民法典、商法典草案。南京国民政府原来也打算分别制定民法典和商法典。到1925年5月民法总则颁布后，立法院院长胡汉民等人向国民党中央政治会议呈递编订民商统一法典提案。随后，国民党中央政治会议通过《民商划一提案审查报告》，递交立法院，报告认为：中国自古以自然经济为主，未形成独立的商人阶级，无须单独为其规定立法；商法规定的事项无一定的范围，很难以总则统率全体；在民商分立国家，商法的法律原则仍须缓用民法原则，在适用上也互有重复；民商合一在世界上已成为趋势；商事活动中越来越多的非商人参加，如一方为商人，另一方为非商人，将出现适用法律的困难。国民党政治会议采纳了该报告的意见，决定"将通常属于商法总则之经理人及代办商、商行为之交互计算、行纪、仓库、运送营业及承揽运送"，均编入民法债权编，其他商事法规不能编入者，则另定单行法规。单行法规主要包括《公司法》、《票据法》、《海商法》、《保险法》四大部分。①

（四）刑法

1. 1928年刑法

1928年3月10日，国民政府正式公布《中华民国刑法》，这是我国历史上第一部以"刑法"为名称的刑法典。《中华民国刑法》分总则和分则两编，总则有14章，分则有34章，共387条。

2. 1935年新刑法

1935年1月1日，国民党政府公布修正后的《中华民国刑法》，人们通常称这部刑法为"新刑法"。此法分两编，总则编分12章，99条，分则编分35章，258条，共计357条。从具体内容来看，它与1928年《中华民国刑法》基本上是一脉相承的。其特色有：其一，确立罪刑"法定主义"原则。1928年《中华民国刑法》第1条就规定："行为时之法律，无明文科以刑罚者，其行为不为罪。"在其"修正理由"说道："本条为刑罚之根本主义，不许批附缓引，即学者所谓罪刑法定主义。凡行为受法律科处者为罪，否则不为罪是也。"1935年又把它修改为："行为之处罚，以行为时法律有明文规定者，为限。"其二，增加了"保安处分"的规定。在新刑法中仿效1930年意大利法典，列有"保安处分"专章，详细规定保安处分的适用原则，保安处分的宣告，执行以及保安处分的种类。

3. 刑事特别立法

国民政府除制定了《中华民国刑法》和修正的《中华民国刑法》外，在不同时期还先后颁布了许多特别刑事法规，它们构成了整个刑法体系的重要组成部分。特别刑事法规一般抛开通常的立法程序，直接由国民政府颁布，或由军事委员会或其他部、会进行制定公布，甚至由国民党中央或地方党部秘密颁发。这类特别立法包括：《惩

---

① 参见谢振民：《中华民国立法史》（下册），第802—803页。

治盗匪暂行条例》、《暂行反革命治罪法》、《危害民国紧急治罪法》、《维持治安紧急办法》、《惩治盗匪暂行办法》、《反省院条例》、《反革命案件陪审暂行法》等。这是对国民政府普通法典中的"罪刑法定主义"、"法官独立审判"等现代法治原则的最大嘲弄。

（五）诉讼法

1.《刑事诉讼法》和《民事诉讼法》

南京国民政府成立之初，援用广州军政府和北京政府颁行的刑事诉讼法、民事诉讼法。1927年国民政府第29次会议决定：最高法院和西南各省继续援用广州军政府1921年3月2日公布的《民事诉讼律》和《刑事诉讼律》，其他各省则继续适用北京政府颁布的《民事诉讼条例》和《刑事诉讼条例》。

1928年，南京国民政府以北京政府的《刑事诉讼条例》为蓝本，参照刑法典制定《刑事诉讼法》。该法分"总则"、"第一审"、"上诉"、"抗告"、"非常上诉"、"再审"、"简易程序"、"执行"、"附带民事诉讼"，共9编513条。为适应刑法典的修改，南京国民政府于1931年对《刑事诉讼法》也进行修订，1935年1月1日公布，同年7月1日施行。

1928年7月，南京国民政府以北京政府《民事诉讼条例》为蓝本，拟定《民事诉讼法草案》五编，第一编至第五编前三章，由南京国民政府1930年12月26日公布。第五编第四章，于1930年12月据民法典"亲属"、"继承"两编重新起草，经立法院通过，由南京国民政府1931年2月13日公布。《民事诉讼法》分"总则"、"第一审程序"、"上诉程序"、"再审程序"、"特别诉讼程序"，共5编600条。为与修改后的民法典相适应，南京国民政府立法院于1934年12月19日通过了修订的《民事诉讼法》，由南京国民政府1935年公布、施行。修订后的该法分"总则"、"第一审程序"、"上诉程序"、"抗告程序"、"再审程序"、"督促程序"、"保全程序"、"公示催告程序"、"人事诉讼程序"，共9编636条。

2. 律师与公证制度

中国近代律师公证制度，始于民国北京政府时期。1912年9月北京政府制定的《律师暂行章程》、《律师登录暂行章程》，是中国律师立法之始；1920年东三省特别区域法院沿用俄国旧例办理公证，是中国公证制度的滥觞。南京国民政府在此基础上，先后制定了律师与公证法规，包括《律师章程》（1927年）、《律师法》（1941年）、《公证暂行规则》（1935年）及其《试行细则》（1936年）、《公证法》（1943年）等。

（六）判例与解释例

南京国民政府司法院、最高法院继续援用北京政府大理院的判例、解释例，并于实践中大量增补。司法院从1929年2月16日至1948年6月23日，仅解释例就达4097号。上述判例、解释例是制定法的重要补充。

（七）"平均地权"原则的放弃与《土地法》的立而不用

有学者认为，孙中山先生提出的三民主义，其民生主义所包含的"平均地权、节制资本"，在清末民初的政治与经济背景下显得有些激进：资本主义工商业在近代中国还刚起步,节制资本的社会政策有可能限制了资本主义的发展;而在政治上,地方士绅是立宪派的基础,对于地主地权的限制乃至剥夺无疑将其置于革命的对立面。三民主义之中,最能引起人民共鸣的应是民族主义之"驱逐鞑虏",当时"革命排满"的口号"几成为无理由之宗教"。① 在同盟会成立之后,孙中山先生修正过的土地政策与之前相较已经比较温和,由土地国有、"不耕者不有其田"转变为"核定地价、涨价归公"。到1912年3月,同盟会吸收包括唐绍仪在内的其他士绅团体,由革命团体改组为公开政党——国民党。此次改组使国民党的政策发生重大变化,为达成妥协,国民党放弃了同盟会之前相对激进的社会革命政策,在其党纲中删除了同盟会"男女平权"的主张及孙中山关于地租与"地权"的政策。孙中山的土地政策尽管已经变激进为温和,但仍然让"出身上层社会"的人感到不安。②

尽管在地租与地权问题上,国民党为团结士绅,于民国草创之时即与其达成了妥协,但当时仍有很多人认为中国农村贫困的根源在于土地分配不均。1924年孙中山改组中国国民党,实行"联俄、联共、扶助农工"的新三民主义后,又重提"耕者有其田"的理想。南京国民政府成立后,在立法院长胡汉民的领导下,1930年立法院通过了《土地法》以解决农村土地问题。《土地法》规定了佃租率的最高上限(收获量的37.5%);还提出消除地主所有制的远景,规定不在乡地主的佃户若连续耕作其土地十年以上,有权购买其土地。可是,"1930年土地法始终不过是一份极好的表达意向的文件,因为南京政府从未执行过。佃户继续缴纳主要收获量50%至70%的地租"。土地法没有真正实施的原因在于:国民政府害怕搞乱农村的社会经济关系;他们不希望因为土地政策疏远地主;"他们害怕解决租佃制度会引起社会革命,其结果他们既不能控制,也无法预见。"不管是基于什么理由,租佃率在南京国民政府时期并无实质变化。③ 土地改革的使命落在了中国共产党肩上。

第二节 根据地的法律革命④

一、从《苏维埃共和国宪法大纲》到《华北人民政府组织大纲》

1930年7月,党中央成立"中国工农兵苏维埃第一次全国代表大会中央准备委员会",负责草拟宪法。1931年11月7日,第一次全国工农兵代表大会在江西瑞金召开,通过了《苏维埃共和国宪法大纲》。1934年1月的第二次代表大会作了某些修改,最主要的是在第一条内增加"同中农巩固的联合"条文。《宪法大纲》规定苏维埃政权的性质、政治制度、公民权利义务、外交政策等内容,共17条。主要内容是:其

---

① 侯宜杰:《二十世纪初中国政治改革风潮——清末立宪运动史》,中国人民大学出版社2011年版,第128页。
② 参见〔美〕费正清编:《剑桥中华民国史》(上卷),杨品泉等译,中国社会科学出版社1994年版,第211页。
③ 参见〔美〕费正清、费维恺编:《剑桥中华民国史》(下卷),刘敬坤等译,中国社会科学出版社1994年版,第150页。
④ 参见赵晓耕主编:《中国法制史原理与案例教程》,中国人民大学出版社2006年版,第十四章;赵晓耕主编,王平原、聂鑫副主编:《中国近代法制史专题研究》,中国人民大学出版社2009年版,第九章。

一,规定了苏维埃国家性质:"是工人和农民的民主专政国家"。其二,规定了苏维埃国家政治制度是工农兵代表大会,实行民主集中制和议行合一原则。其三,规定了苏维埃国家公民的权利和义务,内容包括政治、经济、文化等各方面。其四,规定了苏维埃国家的外交政策。宣布中华民族完全自由独立,不承认帝国主义在中国的特权及不平等条约。

1948年9月27日,作为新中国中央政府的草创和雏形,在原晋察冀解放区和晋冀鲁豫解放区合并的基础上,具有新民主主义政权性质的华北人民政府正式成立。在其存续的一年多时间里,其在宪政制度方面颁布了一系列法律法令,包括《华北人民政府施政方针》、选举法规、《华北人民政府组织大纲》、《华北临时人民代表大会议事规程》、《华北人民政府各部门组织规程》、《华北人民政府办事通则》、《华北区村县人民政权组织条例》、《华北人民政府关于建立县村人民代表会议的指示》、《华北区县区政府编制暂行办法》、《华北人民政府关于重新调整行政区划的决定》等,其中尤以《华北人民政府组织大纲》及《华北人民政府各部门组织规程》最具代表意义,其规定的典型制度如"人民代表大会制度",成为之后新中国开国建设直接借鉴和参照的蓝本。① 其主要内容包括如下几方面②:

(1)规定华北人民政府由华北临时人民代表大会决议产生,华北临时人民代表大会是其权力机关。

(2)规定华北人民政府委员会是华北人民政府的领导和执行机关,行使各项行政职权。

(3)规定华北人民政府主席、副主席职责,民政部、教育部、财政部、人民法院、人民监察院、华北银行等各部门与华北人民政府的隶属关系和各自分工。

(4)设立政务会议综合解决各部门有关问题。

(5)设立专职监察机关,加强自身监督。1948年8月华北人民监察院的建立,依照《华北人民政府组织大纲》和《华北人民政府各部门组织规程》的相关规定,华北人民监察院设院长一人,由华北人民政府副主席兼任;在院长领导下,设人民监察委员会,以院长和华北人民政府委员会任命的人民监察委员五人至九人组成;人民监察院不仅行使纪律监察职能,而且也承担了部分司法职能,成为新中国成立之后人民检察院和纪检监察机关的重要基石。

二、土地法与土地制度改革

1927年党的"八七会议"确定的土地革命方针政策,是土地立法的指导思想。当时颁布了《井冈山土地法》、《兴国土地法》、闽西《关于土地问题决议案》等。在苏区时代,1931年《中华苏维埃共和国土地法》适用时间最长,受"左"倾思想干扰很大,错误严重。1934—1937年,中国共产党土地立法逐渐排除"左"的干扰,为实行抗日民

---

① 相关法规参见中国法学会董必武法学思想研究会编:《华北人民政府法令选编》,2007年印制。
② 参见赵晓耕、王杨:"华北人民政府宪政制度考察",国务院"纪念华北人民政府成立60周年座谈会"(2008年)发言稿。

族统一,发布了《关于改变对富农的策略》及《停止没收地主土地》的政策。

1937年8月颁布的《抗日救国十大纲领》确立了"减租减息"的原则。各根据地以此为指导制定本地区的土地法规。陕甘宁边区土地立法最有代表性。1940年以前,重点在保护农民既得利益,确认农民分得地主土地的所有权。1939年《陕甘宁边区土地条例》是这一时期的重大成果。1940年7月以后,重点转为减租减息、保障佃权和低利借贷。先后制定有《陕甘宁边区土地租佃条例》及1944年《晋冀鲁豫边区土地使用暂行条例》。

解放战争爆发后,为发动农民准备自卫战争,1946年5月4日党中央发布"五四指示",决定改"减租减息"为"没收地主土地"的政策,开始了解放区土地立法序幕。1947年10月10日,党中央召开全国土地会议,制定公布了《中国土地法大纲》,共16条,其土地改革的方针是是依靠贫农、巩固地联合中农,消灭地主阶级及旧式富农的土地剥削制度,真正实现"耕者有其田"。

三、劳动法与劳动者的保护

作为奉行共产主义理念的工农政权,与国民政府相较,革命根据地特别强调对于劳动者权益的保障。在工农民主政权时期,根据中共"六大"的劳动政策,各地先后制定了一些关于劳动问题的决议和法令。中央工农政权建立后,制定了《中华苏维埃共和国劳动法》。1931年10月中央又重新修订颁布的新劳动法,对某些过高的福利要求作了适当限制,增加了调整农村劳动的条文。但就当时的条件而言,这部劳动法明显是过于超前了,由于过于机械地实行8小时工作制,并且安排了过多的休假日,导致在当时经济条件下根本无法实行,连工人都感觉难于实行,许多中小业主由于无法达到这样的规定要求只好关门停业。这不仅没有实现对工人权益保护的目的,反而造成了工人失业情况的加剧。

抗日战争期间,1940年毛泽东在为中共中央起草的党内指示《论政策》一文中提出:在中国目前的情况下,8小时工作制还难于普遍推行,在某些生产部门内还须允许实行10小时工作制,其他生产部门则应随情形规定时间。劳资间在订立契约后,工人必须遵守劳动纪律,必须使资本家有利可图。工厂关门对于抗战不利,也害了工人自己。至于乡村工人的生活和待遇的改良,更不应提得过高,否则就会引起农民的反对、工人的失业和生产的缩小。这一时期的劳动立法吸取了苏区劳动立法的经验教训,体现了"调节劳资双方利益,团结资本家抗日"的原则,具体包括1942年陕甘宁边区《劳动保护条例草案》及1941年晋冀鲁豫边区的《劳动保护暂行条例》。

四、婚姻法与男女平等、婚姻自由

婚姻自由、一夫一妻、男女平等是现代婚姻法的基本原则,但是在旧中国,婚姻是以父母包办、男权至上、一夫一妻多妾[①]为特征。中国共产党在婚姻法领域应该说是

---

① 尽管国民政府民法规定一夫一妻制,但社会上仍大量存在一夫一妻多妾的情况。

领时代之先,由于中国共产党在婚姻法领域的革命性突破,婚姻法成为男女平等、婚姻自由等精神原则的重要保障与体现,婚姻法与婚姻法学由此获得特殊的法律与政治地位,在新中国的法律体系中长期独立于民法与民法学之外。

1931年11月《中华苏维埃共和国宪法大纲》第11条规定:"中华苏维埃政权以保证彻底地实现妇女解放为目的,承认婚姻自由,实现各种保护妇女的办法,使妇女能够从事实上逐渐得到脱离家务束缚的物质基础,而参加全社会经济的政治的文化的生活。"1931年12月中华苏维埃第一次全国工农兵代表大会通过《中华苏维埃共和国婚姻条例》。1934年4月,中华苏维埃第二次工农兵代表大会在总经实践经验的基础上,制定颁行了《中华苏维埃共和国婚姻法》。该法规定[①]:"男女婚姻以自由为原则,废除一切包办强迫和买卖的婚姻制度,禁止童养媳";"男女结婚须经双方同意,不许任何一方或第三者加以强迫";"离婚自由,男女一方坚决要求离婚的,即可离婚"。这一规定不仅全面确立了婚姻自由的原则,还将这一原则细化为结婚自由和离婚自由两个方面。土地革命时期各个革命根据地在中国历史上首次确立并实行婚姻自由原则,对以后的婚姻家庭立法产生了重大影响。

1941年7月7日,晋察冀边区行政委员会指示信第51号《关于我们的婚姻条例》指出:"男女在社会上、政治上、经济上、家庭地位上,一律平等实行严格的一夫一妻制,这是边区新民主主义社会的一种表现","婚姻自由、自主、自愿,婚姻要建筑在双方感情意志的融洽上,这是反对封建主义的一个具体内容","我们的婚姻条例正贯彻着这种现实的真正的结婚离婚自愿自主的精神"。[②]

五、"马锡五审判方式"与巡回审判(就地审判)、调解制度

马锡五在担任陕甘宁边区庆环专区、陇东专区副专员期间曾兼任陕甘宁边区陇东分庭庭长,先后审理了华池县封捧与张柏婚姻案、李能与胡生清婚姻案、曲子县苏发云"谋财杀人案"、慕荣祥与慕荣华土地纠纷案等在当地较有影响的案件,由于他在案件审理过程中经常深入基层,依靠群众调查了解案情,从案发地的实际情况出发,实事求是,不拘泥于形式,就地审理案件,公平合理地对案件进行处理,得使一些长期缠讼的案件得到了彻底的解决,被当地群众赞誉为"马青天"。由于其审理的华池县封捧与张柏婚姻案被当地的文艺工作者改编为戏曲进行传唱,从而使马锡五这一处理案件的方式得到广泛的流传。1944年3月13日《解放日报》在头版刊登了介绍马锡五审理案件的事例,并发表了社论,将这种审判方式称为"马锡五同志的审判方式",将这一审判方式的特点归纳为:深入调查;在坚持原则、坚决执行政府政策法令,又照顾群众生活习惯及维护其基本利益的前提下,合理调解;诉讼手续简单轻便,审判方法是就地座谈式而不是坐堂式的。从此,马锡五审判方式就成为革命根据地巡

[①] 参见厦门大学法律系、福建省档案馆选编:《中华苏维埃共和国法律文件选编》,江西人民出版社1984年版,第231页。

[②] 参见韩延龙、常兆儒编:《中国新民主主义革命时期根据地法制文献选编》第四册,中国社会科学出版社1981年版,第816—825页。

回审判、就地审判和调解工作的典型代表。①

革命根据地的巡回审判制度最早是在第二次国内革命战争时期出现的,从诞生之初,其就带有就地审判的特点。当时的地方审判机关可以组织巡回法庭,到出事地点去审判比较有重要意义的案件,以方便广大群众参加旁听,而且当时的中华苏维埃法令规定法庭在审理案件时必须要当庭宣判。在抗日战争时期,巡回审判制度在各根据地得到了广泛的采用,陕甘宁边区政府提出要建立便利人民的司法制度;晋西北边区提出设立便捷诉讼程序的要求;山东省抗日民主政府也提出不拘泥成法,凡不利于审判实践的诉讼手续,应酌予变通或修改。革命根据地的巡回审判制度不仅包括设立巡回法庭,还包括审判人员及审判组织深入群众,到现场接受群众的立案申请,深入群众进行案件事实和证据的调查、取证,组织群众旁听,甚至组织部分群众直接参与审判活动,就地进行案件的审理,以及当庭进行调解、宣判等。

我国人民调解发轫于第一次国内革命战争时期的农民运动中,而在土地革命时期开始法律化。在土地革命时期,人民调解是以政府调解为主要形式。抗日战争时期,各抗日根据地采取了多种调解形式,包括民间自行调解、群众团体调解、政府调解和法院调解。从1941年起,各根据地抗日民主政府便在系统总结工作经验和群众创造的基础上,相继颁布了一系列适用于本地区的有关调解工作的单行条例和专门指示,从严格意义上讲,人民调解作为我国特有的法律制度,正是在抗日战争时期形成和发展起来的。随着解放战争的胜利,人民调解制度也由农村向城市发展。1949年2月25日华北人民政府颁布的《关于调解民间纠纷的决定》,强调人民调解也适用于城市;1949年3月15日天津人民政府公布的《关于调解程序的暂行规程》,较为明确细致地规定了人民调解制度。

---

① 参见张希坡:《马锡五审判方式》,法律出版社1983年版。

基本参考书目

沈家本:《历代刑法考》,中华书局1985年版。
程树德:《九朝律考》,中华书局2003年版。
钱穆:《中国历代政治得失》,生活·读书·新知三联书店2005年版。
陈寅恪:《隋唐制度渊源略论稿·唐代政治史述论稿》,生活·读书·新知三联书店2001年版。
万绳楠整理:《陈寅恪魏晋南北朝史讲演录》,黄山书社1987年版。
李剑农:《中国近百年政治史》,复旦大学出版社2002年版。
钱端升等著:《民国政制史》,上海人民出版社2008年版。
谢振民:《中华民国立法史》,中国政法大学出版社2000年版。
罗志渊编著:《近代中国法制演变研究》,台湾正中书局1974年版。
荆知仁:《中国立宪史》,台湾联经出版事业公司1984年版。
吕思勉:《中国制度史》,上海教育出版社2002年版。
杨鸿年、欧阳鑫:《中国政制史》,武汉大学出版社2005年版。
张荫麟:《中国史纲》,商务印书馆2003年版。
郭廷以:《近代中国史纲》,格致出版社·上海人民出版社2012年版。
瞿同祖:《中国法律与中国社会》,中华书局2003年版。
瞿同祖:《清代地方政府》,范忠信等译,法律出版社2003年版。
瞿同祖:《中国封建社会》,上海人民出版社2003年版。
萨孟武:《中国社会政治史》(一),台湾三民书局1975年版。
萨孟武:《中国社会政治史》(二),台湾三民书局2007年版。
萨孟武:《中国社会政治史》(三),台湾三民书局1975年版。
萨孟武:《中国社会政治史》(四),台湾三民书局1975年版。
杨鸿烈:《中国法律发达史》,中国政法大学出版社2009年版。
杨鸿烈:《中国法律思想史》,中国政法大学出版社2004年版。
陈顾远:《中国法制史概要》,台湾三民书局1977年版。
徐道邻:《中国法制史论略》,台湾正中书局1976年版。
徐道邻:《中国法制史论集》,台湾志文出版社1975年版。
戴炎辉:《中国法制史》,台湾三民书局1966年版。
林咏荣:《中国法制史》,台湾1976年自刊。
杨一凡主编:《新编中国法制史》,社会科学文献出版社2005年版。
刘广安:《中国法制史》,高等教育出版社2008年版。
赵晓耕主编:《中国法制史教学案例》,北京大学出版社2006年版。
赵晓耕主编:《中国法制史原理与案例教程》,中国人民大学出版社2006年版。
赵晓耕主编:《中国近代法制史专题研究》,中国人民大学出版社2009年版。
赵晓耕:《宋代官商及其法律调整》,中国人民大学出版社2001年版。
赵晓耕:《大衙门》,法律出版社2007年版。

张希坡主编:《中国法制通史》之第十卷《新民主主义政权》,法律出版社1999年版。
〔日〕仁井田陞:《中国法制史》,牟发松译,上海古籍出版社2011年版。
〔日〕滋贺秀三等:《明清时期的民事审判与民间契约》,王亚新等译,法律出版社1998年版。
〔日〕寺田浩明:《权利与冤抑》,王亚新等译,清华大学出版社2012年版。
〔日〕织田万:《清国行政法》,中国政法大学出版社2003年版。
〔美〕马伯良:《宋代的法律与秩序》,杨昂等译,中国政法大学出版社2010年版。
高道蕴、高鸿钧、贺卫方编:《美国学者论中国法律传统》,清华大学出版社2004年版。
中国政法大学法律史学研究院编:《日本学者中国法论著选译》,中国政法大学出版社2012年版。
李贵连:《沈家本传》,法律出版社2000年版。
黄源盛:《中国传统法制与思想》,台湾五南图书出版有限公司1998年版。
黄源盛:《民初法律变迁与裁判》,台湾政治大学法学丛书编辑委员会2000年版。
那思陆:《中国审判制度史》,台湾正典出版文化有限公司2004年版。
那思陆:《明代中央司法审判制度》,北京大学出版社2004年版。
那思陆:《清代中央司法审判制度》,北京大学出版社2004年版。
那思陆:《清代州县衙门审判制度》,中国政法大学出版社2006年版。
苏亦工:《明清律典与条例》,中国政法大学出版社2000年版。
范忠信、郑定、詹学农:《情理法与中国人》,北京大学出版社2011年版。
夏新华等整理:《近代中国宪政历程:史料荟萃》,中国政法大学出版社2004年版。
许倬云:《西周史》,生活·读书·新知三联书店2012年版。
许倬云:《汉代农业:早期中国农业经济的形成》,张鸣等译,江苏人民出版社2012年版。
田余庆:《东晋门阀政治》,北京大学出版社2005年版。
阎步克:《察举制度变迁史稿》,辽宁大学出版社1997年版。
阎步克:《乐师与史官——传统政治文化与政治制度论集》,生活·读书·新知三联书店2001年版。
阎步克:《士大夫政治演生史稿》,北京大学出版社1996年版。
王家范:《中国历史通论》,生活·读书·新知三联书店2012年版。
王健文主编:《政治与权力》,中国大百科全书出版社2005年版。
黄清连主编:《制度与国家》,中国大百科全书出版社2005年版。
邢义田、林丽月主编:《社会变迁》,中国大百科全书出版社2005年版。
黄宽重、刘增贵主编:《家族与社会》,中国大百科全书出版社2005年版。
陈弱水、王汎森主编:《思想与学术》,中国大百科全书出版社2005年版。
康乐、彭明辉主编:《史学方法与历史解释》,中国大百科全书出版社2005年版。